典型契約の税法務

― 弁護士のための**税法** × 税理士のための**民法** ―

中村　芳昭
　　　　　【監修】
三木　義一

日本加除出版株式会社

はしがき

　本書は，典型契約の税法務というタイトルのもとで，民法の典型契約の簡潔な説明とともに典型契約に基づく経済取引に対する課税関係や課税問題を述べることを目的としています。

　租税が市場における経済活動（市場経済取引）に対して課税される，という理解は，租税法の分野では，ひろく共通のものとなっています。そして，そこにいう市場経済取引は基本的には私法関係として形成されます。

　本書でとりあげる民法の典型契約は，そうした市場経済取引の基礎となる私法関係の中心的なものです。その意味で，この典型契約に基づく経済取引に対する課税関係は租税実体法の解釈適用の中心を占めるので，税務実務では大変に重要であるといえます。

　こうした各典型契約をめぐる課税関係は，一般的には，その契約の成立，履行，終了の各段階で整理するようにすると法的には理解しやすくなると思われます。しかしながら，一口にそれらの課税関係といっても一筋縄で捉え切れるわけではありません。各契約の段階における課税関係は複雑な場合が少なくありません。

　契約の成立の段階では，租税実体法においてもっとも重要な問題の１つである租税回避行為の問題も，このような契約関係の形成の一側面（限界問題）とみることができます。近年の「売買」か「交換」かの事件の判決（東京高判平成11年６月21日）は，まさにその例といえます。この判決では格別の売買契約の選択による租税負担の軽減が認容されました。また，契約上の特約条項の課税関係への効果なども類似の課税問題といえます。

　契約の履行，終了の段階では，契約の内容と異なる売上値引きやより高額の支払い等，契約の取消しや解除等がその課税問題となります。

　これらは，契約をめぐる課税問題のほんの一端ですが，各契約の段階には複雑多岐の課税関係や課税問題が存在することを容易に理解していただけると思います。

はしがき

　本書は約1年間にわたって，執筆担当者間で何回かの意見交換の機会を経てまとめられました。典型契約における複雑な課税関係や課税問題について，現時点における税務実務をふまえ，関係する裁判例とともに，関係する議論を整理してまとめるように努めました。くわえて，本書は典型契約を対象としているので，改正民法における関係する部分にも言及しています。

　本書における各典型契約の説明とその課税関係や課税問題の説明は，それぞれ分担執筆されています。そのため，その書きぶりには，多少，統一性に欠けるところが見受けられるかも知れませんが，編集上この点は最小限の手直しにとどめることにしました。

　本書は，その執筆者全員が青山学院大学大学院法学研究科を卒業した修了生であり，その修了者の共同による初めての出版物であることも，ここで付言したいと思います。これらの執筆分担者のほとんどが弁護士，税理士，公認会計士として多忙な業務を行う中で執筆を分担されたことに対し，改めて感謝致します。

　本書の企画から出版に至るまで，日本加除出版の編集担当者である前田敏克さんには大変にお世話になりました。前田さんの適切なアドバイスや支援に対してもお礼申し上げます。

　　2018年3月

　　　　　　　　　　　　　　　　　　　　　　　　　　中村　芳昭

凡　例

［法令］

民法又は現行民法	平成29年法律44号による改正前の民法
改正民法	平成29年法律44号による改正後の民法
民訴	民事訴訟法
民執	民事執行法
人訴	人事訴訟法
行訴	行政事件訴訟法
地法	地方税法
通則法	国税通則法
所法	所得税法
所法令	所得税法施行令
法法	法人税法
法法令	法人税法施行令
消法	消費税法
消法令	消費税法施行令
相法	相続税法
相法令	相続税法施行令
租特	租税特別措置法
租特令	租税特別措置法施行令
租特規	租税特別措置法施行規則
災害減免法	災害被害者に対する租税の減免、徴収猶予等に関する法律

凡　例

［通達］

所基通　所得税基本通達
相基通　相続税法基本通達
法基通　法人税基本通達
評基通　財産評価基本通達
消基通　消費税法基本通達

［裁判例］

最判平4年7月14日民集46巻5号492頁
　→　最高裁判所平成4年7月14日判決最高裁判所民事判例集46巻5号492頁
（　）内に関しては，最判平4.7.14民集46-5-492

［その他略称等］

民　　録　大審院民事判決録
民　　集　大審院民事判例集・最高裁判所民事判例集
裁判集民　最高裁判所裁判集民事
裁判集刑　最高裁判所裁判集刑事
高　　民　高等裁判所民事判例集
行　　集　行政事件裁判例集
税　　資　税務訴訟資料
訟　　月　訟務月報
判　　時　判例時報
判　　タ　判例タイムズ
金　　判　金融・商事判例
金　　法　金融法務事情

目 次

総　論　　　　　　　　　　　　　　　　　　　　　　　　　　　［木山　泰嗣］

1 税の種類と基本的な仕組み ··· 1
　(1) 租税の意義　1
　(2) 税の種類　2
　　ア　国税と地方税　2
　　イ　収得税・財産税・消費税・流通税　2
　　ウ　期間税と随時税　3
　(3) 基本的な仕組み　3
　　ア　租税実体法　3
　　イ　租税手続法　5
　(4) 主要な国税の仕組み　7
　　ア　所得税　7
　　イ　法人税　10
　　ウ　相続税・贈与税　11
　　エ　消費税　13
2 契約と税法 ·· 13
　(1) 契約に関する民法の原則　13
　　ア　民法の規定　13
　　イ　契約の成立要件　14
　　ウ　契約の有効要件　15
　　エ　無効と取消し　15
　　オ　契約自由の原則　15
　　カ　典型契約　16
　　キ　条件と期限　17
　　ク　損害賠償　18
　　ケ　契約の解除　18
　(2) 税法規定の特色と契約　19
　　ア　税法適用の前提になる私法上の法律関係　19
　　イ　税法の解釈適用の際に参照される民法の概念（借用概念）　20
　　ウ　小　括　20
　(3) 税法解釈上の課税関係の理解における契約擬制的アプローチ　21
　　ア　契約擬制的アプローチ　21
　　イ　財産分与に対する課税　22

目次

　(4) 私法関係形成の中心となる契約と税法の関係性　22
　　ア　給与所得と事業所得の区別（所得区分①）　22
　　イ　その他の所得（所得区分②）　24
　　ウ　人的帰属　24
　　エ　納税義務者　25
　(5) 契約関係と所得の年度帰属の判定　26
3　租税回避・節税と契約 ･･･ 27
　(1) 契約関係の選択決定の重要性　27
　(2) 正常な契約関係と仮装行為　28
4　契約関係の段階と課税関係 ･･･ 29
　(1) 契約締結段階　29
　　ア　所得区分　29
　　イ　納税義務の成立時期　30
　　ウ　特約や条件　30
　　エ　書面による契約と書面によらない契約　31
　(2) 契約終了段階　31
　　ア　履行された場合　31
　　イ　解除された場合　31
　　ウ　損害賠償請求権が発生した場合　31
5　典型契約以外の課税関係　32
　(1) 複合契約　32
　(2) 当事者双方の課税関係　34

第1章　贈与契約　　　　　　　　　　　　　　［山本　悟・道下　知子］

民法編 ──────────────────────────── 37
　1　定義・法的性質 ･･ 37
　2　書面によらない贈与・よる贈与 ･･････････････････････････････････････ 39
　3　負担付贈与 ･･ 40
　4　死因贈与 ･･･ 40

税法編 ──────────────────────────── 42
　1　贈与契約で成立する課税関係の概要 ･････････････････････････････････ 42
　　(1) 贈与税について　42

ア　法的性質　42
　　　イ　贈与税の計算　43
　　　ウ　贈与税の確定申告と納税　44
　　　エ　贈与税の配偶者控除の適用　44
　　　オ　相続時精算課税の適用の検討　44
　　(2)　贈与契約で成立する課税関係　45
　2　贈与契約で成立する具体的な課税関係 ································ 46
　　(1)　個人から個人への贈与　46
　　　ア　贈与税　46
　　　イ　所得税　47
　　(2)　個人から法人への贈与　48
　　　ア　法人税　49
　　　イ　所得税　49
　　(3)　法人から個人への贈与　51
　　　ア　法人税　52
　　　イ　所得税　53
　　　ウ　消費税　55
　　(4)　法人から法人への贈与　55
　　　ア　法人税　56
　3　贈与契約で成立する課税関係をめぐる諸論点 ··················· 56
　　(1)　贈与税の課税時期　57
　　　ア　贈与契約の成立―民法との違い　57
　　(2)　書面によらない贈与と取得時期―民法との違い―　58
　　　ア　贈与の取得時期が契約成立時とした裁判例　58
　　　イ　贈与の取得時期が「その履行が終わったとき」とした裁判例　59
　　　ウ　贈与の履行という債務控除を認めた裁判例　61
　　(3)　書面による贈与と取得時期　62
　　　ア　合理的な理由があったケース　63
　　　イ　合理的な理由がなかったものとされたケース　65
　4　負担付贈与 ·· 72
　　(1)　負担付贈与と贈与税の課税関係　72
　　　ア　土地等及び家屋等にかかる評価　73
　　　イ　上場株式にかかる評価　75
　　(2)　負担付贈与の所得税法上の問題点―裁判例による見解―　75
　5　死因贈与 ·· 79
　　(1)　死因贈与の課税関係　79
　　　ア　基本的な課税関係　79
　　　イ　地方税の課税関係　80

（2）生前贈与か死因贈与か　80
　6　法人との贈与契約 ……………………………………………………… 84
　　（1）個人とみなされ課税される一定の団体　85
　　（2）公益法人への贈与等の特例　86
実務編 ──────────────────────────── 88
　1　履行の時期の認定基準 …………………………………………… 88
　　（1）不動産の引渡し　88
　　（2）金銭の送金　89
　2　個人間贈与の課税関係の留意点―対価性を有し，相続関係が生じない者の間の贈与行為の課税関係― ……………………………………… 92
　3　贈与契約と名義変更―贈与契約が成立したものか，単なる名義変更か― ……………………………………………………………………… 94

第2章　売買契約　　　　　　　　　　　［山本　悟・櫻井　博行］

民法編 ──────────────────────────── 99
　1　定義・法的性質 ………………………………………………………… 99
　2　売主の義務 ……………………………………………………………… 100
　3　手　付 …………………………………………………………………… 101
　4　代物弁済 ………………………………………………………………… 103

【前　注】────────────────────────── 105
第1　売買の所得区分 ──────────────────── 105
税法編―売買の所得は何所得に該当するのか― ──────────── 105
　1　所得区分の重要性 ……………………………………………………… 105
　2　売買があった場合の所得区分 ………………………………………… 106
　　（1）売買の性質によって決定する　106
　　（2）売買の所得区分を考える　107
　3　譲渡所得 ………………………………………………………………… 108
　　（1）譲渡所得の本質　108
　　（2）譲渡所得の対象となる「資産」　108
　　（3）譲渡の意義　109

	4	生活用動産の譲渡 ·· 109
	5	事業所得 ·· 110

実務編——売買の所得は何所得に該当するのか —————————————— 112
　1　譲渡所得と事業所得との区別 ·· 112
　2　事業用固定資産を譲渡した場合 ·· 113
　3　事業所得と雑所得との区別 ·· 114
　4　売買であっても不動産所得に該当する場合がある ·· 115
　5　配当所得になる売買 ·· 115
　6　売買でも源泉徴収する場合がある ·· 116

第2　売買の時点 ———————————————————————— 118

税法編——税法上，売買を認識するのは，いつの時点をいうのか —————— 118
　1　年度帰属の問題 ·· 118
　2　権利確定主義 ·· 119
　3　根拠条文 ·· 119
　4　管理支配基準 ·· 121
　5　有力な反対意見 ·· 123
　6　別段の定め ·· 123
　　(1)　小規模青色申告者の事業所得等（所法67条）　123
　　(2)　延払条件付販売等（所法65条），長期割賦販売等（法法63条） 124
　7　手付金 ·· 124

実務編——税法上，売買を認識するのは，いつの時点をいうのか —————— 125
　1　課税実務上の取扱い ·· 125
　2　売買の場合 ·· 126
　　(1)　原　則　126
　　(2)　例　外　126

第3　低額譲渡 ———————————————————————— 128

税法編——低額譲渡（個人間）———————————————————— 128
　1　所得税法の売買の価額 ·· 128
　　(1)　収入金額の通則　128
　　(2)　収入金額に計上する金額　129
　2　個人間の低額譲渡をめぐる税務 ·· 129

(1)　問題点　129
　　(2)　固定資産の低額譲渡　129
　　(3)　棚卸資産の低額譲渡　130
　　(4)　みなし贈与　130
　　(5)　消費税の取扱い　133

実務編―低額譲渡（個人間）――――――――――――――――――― 134
1　低額譲渡の設例（個人間） 134
2　生活用動産の低額譲渡 135

税法編―低額譲渡（法人間）――――――――――――――――――― 136
1　法人税法の売買の価額　136
　　(1)　益金の通則　136
　　(2)　益金の額　137
2　法人間の低額譲渡 137
　　(1)　問題点　137
　　(2)　益金の額に算入すべき金額　137
　　(3)　時価取引を擬制する理由　139
3　組織再編税制とグループ法人課税制度 139
4　消費税法の取扱い 140
5　移転価格税制 141

実務編―低額譲渡（法人間）――――――――――――――――――― 142
1　差額の取扱い 142
2　具体的事例 143
　　(1)　一般的設例　143
　　(2)　関連会社間で譲渡を繰り返した場合　144

税法編―低額譲渡（個人・法人間）――――――――――――――― 146
1　個人と法人間の売買の価額 146
2　個人と法人間の低額譲渡 147
　　(1)　譲渡者が個人の場合　147
　　(2)　著しく低くない対価での譲渡　148
　　(3)　譲渡者が法人の場合　149
3　消費税法の取扱い 150

実務編―低額譲渡（個人・法人間）――――――――――――――― 151

1 設　例··151
  2 棚卸資産の低額譲渡··153
    (1) 個人から法人への棚卸資産の譲渡　153
    (2) 法人から個人への棚卸資産の譲渡　154

第4 高額譲渡··155

税法編··155
  1 根拠条文がない··155
    (1) 裁判例　156
  2 まとめ··159

実務編··161

第5 買戻特約と譲渡担保··162

税法編··162
  1 概　要··162
  2 譲渡担保による財産の移転··163
  3 買戻しが行われた場合の取得価額···163
  4 買戻しが行われなかった場合··164
  5 消費税の取扱い··165
  6 相続税の取扱い··165

実務編··167
  1 課税実務上の取扱い···167
  2 国税庁通達··167
  3 設例（不動産販売業者の場合）···169
  4 不動産取得税と登録免許税の取扱い···169

第3章 交換契約　　　　　　　　　　　　〔山本　悟・櫻井　博行〕

民法編 ──────────────────────────── 171
 1　定義・法的性質 ································ 171
 2　交換の目的物の価値 ························ 171

税法編 ──────────────────────────── 173
 1　意外と多い交換契約 ························ 173
 2　交換も譲渡である ···························· 173
 3　交換の場合の譲渡所得の金額 ········ 174
 4　補足金付交換契約（交換差金）···· 174
 5　交換特例 ·· 176
 6　その他 ·· 177

実務編 ──────────────────────────── 178
 1　実務上の条件 ···································· 178
  (1)　交換当事者がそれぞれ1年以上所有していた固定資産で，かつ，交換の相手方が交換目的で取得した資産ではないこと　178
  (2)　交換取得資産を交換譲渡資産の譲渡直前の用途と同一の用途に供すること　179
  (3)　土地と土地，建物と建物のような同種の資産との交換であること　179
  (4)　交換による譲渡資産と取得資産との差額が20％以内であること　180
 2　借家権をめぐる設例 ························ 181
 3　等価と認識して行った交換 ············ 181

第4章　消費貸借契約　　　　　　　　　　〔池田　清貴・藤間　大順〕

民法編 ──────────────────────────── 183
 1　概　説 ·· 183
  (1)　契約成立段階の法律関係　184
  (2)　履行段階の法律関係　184
   ア　借主の権利義務　184

　　　　イ　貸主の権利義務　185
　　(3)　契約終了段階の法律関係　185
　　　　ア　借主の権利義務　185
　　　　イ　貸主の権利義務　186
　2　保証契約 ·· 186
　　(1)　性　質　186
　　(2)　連帯保証　187
　　(3)　求償権　187
　3　贈与か金銭消費貸借か ·· 188

税法編 ──────────────────────────────── 190
　1　概　要 ·· 190
　2　貸主の課税関係（契約継続中） ·· 190
　　(1)　貸主が個人の場合（所得税・相続税）　190
　　(2)　貸主が法人の場合（法人税・消費税）　191
　3　借主の課税関係（契約継続中） ·· 192
　　(1)　借主が個人の場合（所得税・贈与税・相続税）　192
　　(2)　借主が法人の場合（法人税・消費税）　193
　4　弁済以外の形による契約終了段階の課税関係 ································ 193
　　(1)　貸主の課税関係　193
　　(2)　借主の課税関係　194
　5　裁判例・設例 ·· 195
　　(1)　依頼人死亡時の相続税負担リスク　202
　　(2)　債務免除時の法人税負担リスク　203

実務編 ──────────────────────────────── 204
　1　実はオーナーの無利息融資も完全に安全ではありません ············· 204
　2　外国の会社に利子を払ったら，日本の所得税を払わなければならない ·· 206
　3　貸したお金を返してもらえないのに損をしていない？ ················· 209
　4　お金を貸した時点で寄付になる？ ·· 212
　5　借入金を返せないのに税金は負担しなければならない？ ············· 213
　6　踏んだり蹴ったりの保証人の救済措置 ·· 217

第5章 使用貸借契約　　　［池田　清貴・峯岸　秀幸］

民法編 ─────────────────────── 221
1　概　要 ─────────────────── 221
　(1)　成立段階の法律関係　221
　(2)　履行段階の法律関係　222
　(3)　終了段階の法律関係　222
　　ア　期間満了　223
　　イ　目的による使用・収益の終了　223
　　ウ　借主の死亡　223
　　エ　貸主の解除　223
　　オ　借主の解除　223
2　使用貸借か賃貸借か ───────────── 223
3　同居相続人の使用権原 ───────────── 224

税法編 ─────────────────────── 226
1　総　論 ─────────────────── 226
2　使用貸借と所得税・法人税・贈与税 ──────── 227
　(1)　地主も借地人も個人である場合の課税関係　227
　(2)　地主が法人で借地人が個人である場合の課税関係　229
　(3)　地主が個人で借地人が法人である場合の課税関係　230
　(4)　地主も借地人も法人である場合の課税関係　230
3　使用貸借契約と相続税 ───────────── 230
　(1)　使用貸借していた土地に係る使用権の相続税評価額　231
　(2)　使用貸借に係る土地の相続税評価額　231
　(3)　小規模宅地等の特例と使用貸借　233

実務編 ─────────────────────── 237
　(1)　建物X及び土地Yの相続税評価額について　238
　(2)　土地Zの相続税評価額について　238
　(3)　土地Yと土地Zへの小規模宅地等の特例の適用可能性について　238

第6章　賃貸借契約　　　　　　　　　　　［池田　清貴・峯岸　秀幸］

民法編 ———————————————————————————— 241
 1　概　　要 ————————————————————————— 241
  (1)　成立段階の法律関係　241
  (2)　履行段階の法律関係　242
  (3)　終了段階の法律関係　243
 2　終了事由について ————————————————————— 244
  (1)　期間満了　244
   ア　土地賃貸借の場合　244
   イ　建物賃貸借の場合　246
  (2)　解約申入れ（建物賃貸借のみ）　246
  (3)　解　　除　247
  (4)　建物の滅失　248
 3　当事者の変更について ——————————————————— 248
  (1)　賃貸人たる地位の移転　248
  (2)　賃借権の譲渡，賃借物の転貸　248

税法編 ———————————————————————————— 250
 1　総　　論 ————————————————————————— 250
  (1)　賃貸借契約の税務の概要　250
  (2)　所得税・法人税の基本的な課税関係　251
   ア　所得税　251
   イ　法人税　257
 2　契約成立段階の課税関係―敷金等の課税関係 ————————— 258
 3　契約履行段階の課税関係 —————————————————— 260
  (1)　賃料・更新料の課税関係　260
   ア　所得税・法人税における賃料・更新料の収入・収益計上時期　260
   イ　賃料の設定と所得税・法人税　262
   ウ　賃料と消費税　266
  (2)　必要費・修繕費の課税関係　267
 4　契約終了段階の課税関係 —————————————————— 269
  (1)　原状回復費・有益費の課税関係　269
   ア　原状回復費　269
   イ　有益費　270
  (2)　立退料の課税関係　271

ア　借主側の所得税・法人税の課税関係　271
　　　イ　貸主側の所得税・法人税の課税関係　272
　　　ウ　消費税の課税関係　273
　5　リース取引の課税関係 ……………………………………………………………… 276
　　(1)　リース税制が存在する理由　276
　　(2)　リース税制の概要　278
　　　ア　対象となるリース取引　278
　　　イ　金銭消費貸借として処理するリース取引の具体的な税務処理　279
　　　ウ　売買として処理するリース取引の具体的な税務処理　280
　　　エ　消費税法上のリース取引の取扱い　282
　6　借地権の課税関係 ………………………………………………………………… 282
　　(1)　はじめに　282
　　(2)　地主も借地人も個人である場合の借地権の課税関係　283
　　　ア　借地権設定の基本的な課税関係　283
　　　イ　権利金に代わり保証金の授受があった場合　284
　　　ウ　権利金の授受がない場合　284
　　　エ　借地権の返還の課税関係　285
　　(3)　地主が法人で借地人が個人の場合の借地権設定の課税関係　286
　　　ア　借地権設定の基本的な課税関係　286
　　　イ　権利金の授受がない場合　286
　　　ウ　相当の地代の改訂　287
　　　エ　無償返還の届出をしている場合　288
　　　オ　借地権の返還の課税関係　289
　　(4)　地主が個人で借地人が法人の場合の借地権設定の課税関係　289
　　　ア　借地権設定の基本的な課税関係　289
　　　イ　権利金の授受がない場合　290
　　　ウ　借地権の返還の課税関係　290
　　(5)　地主も借地人も法人である場合の借地権設定の課税関係　291
　　　ア　借地権設定の基本的な課税関係　291
　　　イ　権利金の授受がない場合　291
　　　ウ　借地権の返還の課税関係　291
　　(6)　定期借地権の課税関係　291
　7　賃貸借契約と相続税 ……………………………………………………………… 292
　　(1)　土地の相続税評価額と賃貸借契約　293
　　　ア　概　要　293
　　　イ　貸宅地　294
　　　ウ　貸家建付地　294
　　　エ　小規模宅地等の特例　299

(2) 借地権の相続税評価額と賃貸借契約　302
　　　ア　概　要　302
　　　イ　相当の地代を支払っている場合　303
　　　ウ　無償返還届を提出している場合　303
　　　エ　法人である借地人の場合の特別な取扱い　304
　　　オ　小規模宅地等の特例　306
　　(3) 家屋の相続税評価額と賃貸借契約　306
　　(4) 株式の相続税評価額と賃貸借契約　307
実務編 ─── 309
　　(1) 土地Ｘとアパートｚの相続税評価額について　310
　　(2) 土地Ｙの相続税評価額について　311
　　(3) 株式会社Ｄの株式の相続税評価額について　312
　　(4) 土地Ｘと土地Ｙへの小規模宅地等の特例の適用可能性について　313

第7章　雇用契約　　　　　　　　　　［髙原　崇仁・岡田　俊明］

民法編 ─── 315
　1　「民法」と民法以外の「特別法」 ─── 315
　　(1) 民　法　315
　　(2) 特別法　316
　　(3) 民法と特別法の関係　316
　2　労働契約の成立 ─── 317
　　(1) 労働契約の合意　317
　　(2) 労働契約と請負契約（労働者性）　318
　3　労働契約の履行 ─── 319
　　(1) 労　働　319
　　(2) 金銭の支払い　320
　4　労働契約の終了 ─── 322
　　(1) 合意などによる場合など　322
　　(2) 合意などによる場合以外の場合　322
税法編 ─── 323
　1　雇用者側の課税関係 ─── 324
　　(1) 源泉徴収義務　324

(2) 給与の対象となるもの　325
　　(3) 典型的な費用　326
　2 労働者側の課税関係 ･･ 326
　　(1) 給与所得　326
　　(2) 退職所得　327
実務編 ──────────────────────────────── 330
　1 労働環境の変化と所得課税 ･･･ 330
　2 給与所得の必要経費 ･･･ 332
　3 年末調整 ･･ 333
　4 源泉徴収と確定申告 ･･･ 334

第8章　請負契約　　　　　　　［髙原　崇仁・岡田　俊明］

民法編 ──────────────────────────────── 337
　1 民法と特別法 ･･ 337
　2 請負契約の成立 ･･ 337
　　(1) 民　　法　337
　　(2) 特別法などの修正　338
　3 請負契約の履行 ･･ 340
　　(1) 民　　法　340
　　(2) 特別法などの修正　341
　4 請負契約の終了 ･･ 341
　　(1) 民　　法　341
　　(2) 特別法などの修正　342
税法編 ──────────────────────────────── 343
　1 発注者の課税関係 ･･ 343
　　(1) 源泉所得税及び消費税の追徴課税　343
　　(2) 給与所得と事業所得の相違　344
　2 請負人の課税関係 ･･ 346
実務編 ──────────────────────────────── 349
　1 収入金額の計上時期 ･･･ 349

(1) 権利確定主義　349
　　　(2) 請負契約の収入計上時期　349
　2 消費税法における取扱い ……………………………………… 351
　3 源泉徴収義務 ………………………………………………… 353
　4 無償による役務提供 …………………………………………… 353
　5 印紙税 ………………………………………………………… 354

第9章　委任契約　　　　　　　　　　　　　　　　　［馬渕　泰至］

民法編 ─────────────────────────── 357
　1 委任契約とは（成立段階） ……………………………………… 357
　　　(1) 委任契約とは　357
　　　(2) 他の法形式との違い，見分け方　358
　　　　ア　準委任との違い　358
　　　　イ　雇用との違い，見分け方　358
　　　　ウ　請負との違い，見分け方　359
　　　　エ　使者との違い　360
　　　　オ　代理との違い　360
　　　(3) 法的性質（無償，片務）　361
　2 委任契約の履行段階（債権債務関係） ………………………… 361
　　　(1) 受任者の債権債務関係　361
　　　(2) 委任者の義務　363
　　　(3) 民法以外の法律による債権債務（忠実義務，誠実義務など）　364
　3 委任契約の終了 ……………………………………………… 365
　　　(1) 終了事由　365
　　　(2) 任意解除権　365
　　　(3) 債務不履行解除，損害賠償　367
　　　(4) 委任契約終了後の事務処理　367

税法編 ─────────────────────────── 368
　1 課税対象 ……………………………………………………… 368
　2 事業所得と雑所得 …………………………………………… 368
　3 事業性の判断 ………………………………………………… 369

	4	給与所得の例外（役員報酬）	369
	5	受任者が法人の場合の留意点	369
	6	印紙税	370

実務編 371

	1	報酬の収入計上時期（年度帰属の問題）	371
	(1)	権利確定主義　371	
	(2)	権利確定主義の限界　371	
	(3)	管理支配基準　372	
	2	課税における委任契約と雇用契約の区別	374

第10章　寄託契約　　　［田村　裕樹］

民法編 377

	1	寄託契約とは	377
	2	寄託の成立要件	378
	3	寄託の効果	378
	4	寄託の終了	379
	5	消費寄託	380
	6	混合寄託	380

税法編 382

	1	概　要	382
	2	受寄者の課税関係	382
	(1)	受寄者が個人の場合（所得税・相続税）　382	
	(2)	受寄者が法人の場合（法人税）　382	
	3	寄託者の課税関係	383
	(1)	寄託者が個人の場合（所得税・贈与税・相続税）　383	
	(2)	寄託者が法人の場合（法人税）　383	
	4	印紙税	383

実務編 384

	1	ゴルフ会員権の預託金〜値下がり分を損益通算できるか〜	384

2　利子・利息の所得分類 ……………………………………………………… 385
(1) これって預金？　386
(2) 担保預金なのに利子所得課税される？　387
3　相続税法上の名義預金の扱い ……………………………………………… 388

第11章　組合契約　　　　　　　　　　　　　　　　［背戸柳　良辰］

民法編 ─────────────────────────────── 389
1　組合契約の意義と性質 ……………………………………………………… 389
(1) 意　義　390
(2) 法的性質　390
2　出資と財産 …………………………………………………………………… 390
3　組織と運営 …………………………………………………………………… 392
4　解散と清算 …………………………………………………………………… 393
5　匿名組合契約について ……………………………………………………… 393
(1) 匿名組合の意義と成立　393
(2) 匿名組合員の権利　394
　　ア　営業執行請求権　394
　　イ　内部的な業務参加権（特約による）　394
　　ウ　競業避止の請求権　395
　　エ　営業者の地位譲渡に対する同意権　395
　　オ　匿名組合員の営業監視権　395
　　カ　匿名組合契約の解除権　395
　　キ　利益配当請求権　396
　　ク　出資価額返還請求権　396
(3) 匿名組合員の義務　397
(4) 民法の組合契約と匿名組合契約の相違　397
6　共同事業性 …………………………………………………………………… 398
(1) 営業者と匿名組合員の法的関係　398
(2) 「組合の共同事業」と「匿名組合の事業」　399

税法編 ─────────────────────────────── 401
1　総　論 ………………………………………………………………………… 401
2　個人における取扱い ………………………………………………………… 403

(1)　契約の成立　403
　　(2)　契約の履行　403
　　　ア　計算期間　403
　　　イ　分配の割合　404
　　　ウ　計算方法　404
　　　エ　収入の所得区分　406
　　　オ　不動産所得に対する特例　408
　　(3)　契約の終了　408
　3　法人における取扱い ·· 409
　　(1)　組合契約の成立　409
　　(2)　契約履行時　409
　　　ア　利益等の帰属の時期　409
　　　イ　利益等の額の計算　409
　　　ウ　組合事業等による損失がある場合の課税の特例　410
　　(3)　組合契約の終了　411
　　(4)　裁判例　411

実務編 ─────────────────────── 414
　1　匿名組合に対する税法の取扱い ··· 414
　　(1)　匿名組合契約による組合員の所得　414
　　(2)　匿名組合員が法人の場合　415
　2　航空機リース（匿名組合）の裁判例 ·· 415
　3　裁判例に関する批判的検討 ··· 417

第12章　終身定期金契約　　　　　　　　　［背戸柳　良辰］

民法編 ─────────────────────── 419
　1　意義と性質 ·· 419
　2　契約の成立と継続 ·· 421
　3　契約の終了 ·· 422
　　(1)　死　亡　422
　　(2)　契約の解除　422
　　(3)　時　効　422
　　(4)　撤　回　423

4　契約の準用と損害賠償 ·· 423
税法編 ·· 425
　1　総　論 ·· 425
　2　公的年金 ·· 427
　　(1)　加　入　427
　　(2)　年金の受給　427
　　(3)　終　了　428
　3　個人年金保険 ·· 428
　　(1)　契約の成立と履行　428
　　(2)　契約者が死亡した場合　429
　　(3)　契約の終了　431
実務編 ·· 433
　1　企業年金の減額等 ·· 433
　2　相続税と所得税の二重課税 ··· 435

第13章　和解契約　　　　　　　　　　　　　　　　　［田村　裕樹］

民法編 ·· 439
　1　和解契約とは ·· 439
　　(1)　概　要　439
　　(2)　裁判上の和解　440
　2　和解の要件 ··· 441
　3　和解の効力 ··· 441
税法編 ·· 444
　1　損害賠償金に当たるか ·· 444
　2　基本的な取扱い ··· 445
　　(1)　価額の算定　445
　　(2)　当事者の課税関係　446
　　　ア　対象が金銭の場合　446
　　　イ　対象が金銭以外の資産の場合　446
　3　損害賠償金の取扱い ··· 446

xxiii

(1)　個人の場合　446
　　　ア　受け取る側　446
　　　イ　支払う側　447
　　(2)　法人の場合　447
　　　ア　受け取る側　447
　　　イ　支払う側　447
　　(3)　商品先物取引の損害賠償金　448
　　(4)　和解金の年度帰属　449
　　(5)　和解金の分割払い　449
　4　慰謝料 450
　5　共有物の分割 451
　　(1)　現物分割の場合　452
　　(2)　代金分割の場合　452
　　(3)　価格賠償の場合　452
　6　更正の請求の特則 452
　　(1)　概要　452
　　(2)　馴れ合い訴訟　452
　7　相続 454
　　(1)　遺産分割　454
　　(2)　みなし贈与　454

実務編 455

　1　税務署長と手打ち？ 455
　2　和解契約を解除したら更正の請求ができる？ 455
　3　遺産分割を間違えた！ 457
　4　外国法人に払った和解金で源泉徴収義務？ 459
　5　和解したら所得区分が変わった？ 460

総　論

1　税の種類と基本的な仕組み

まず，税の種類と基本的な仕組みを概観します。

(1)　租税の意義

　一般に税あるいは税金といわれるものを，税法では講学上，租税といいます。租税については，憲法が租税法律主義（84条，30条）を定めるのみで，税法にも定義規定はありません。しかし，租税とは，「国家が，特別の給付に対する反対給付としてではなく，公共サービスを提供するための資金を調達する目的で，法律の定めに基づいて私人に課する金銭給付である」といわれています[1]。これを分析すると，①公益性，②権力性，③非対価性の3要素になります。最高裁も「租税は，国家が，その課税権に基づき，特別の給付に対する反対給付としてでなく，その経費に充てるための資金を調達する目的をもって，一定の要件に該当するすべての者に課する金銭給付である」（最大判昭60.3.27民集39-2-247），「国又は地方公共団体が，課税権に基づき，その経費に充てるための資金を調達する目的をもって，特別の給付に対する反対給付としてでなく，一定の要件に該当するすべての者に対して課する金銭給付は，その形式のいかんにかかわらず，憲法84条に規定する租税に当たる」（最大判平18.3.1民集60-2-587）と判示し，3要素を租税の定義に入れています。

---

1 ）金子宏『租税法』（弘文堂，第22版，2017）8 〜 9 頁。

(2) **税の種類**

このような租税には，どのような種類があるのでしょうか。

ア　国税と地方税

まず，だれが課税主体になるかという視点でみると，国税と地方税に分けることができます。前者は国が課税主体になるもので，所得税や法人税，相続税，贈与税，消費税などが典型例です。後者は地方団体（地方税法では道府県又は市町村のことを地方団体といいます（地法1条1項1号））が課税主体になるもので，事業税，住民税のほか，固定資産税，不動産取得税などが典型例です。地方税は，さらに課税主体が道府県の場合は道府県税（例えば，不動産取得税），市町村の場合は市町村税（例えば，固定資産税）に分けることができます（なお，東京都の場合は，道府県税の規定が都に準用され，市町村税の規定が特別区に準用されます（地法1条2項））。

イ　収得税・財産税・消費税・流通税

内容・性質に着目すると，一般には，(1)収得税，(2)財産税，(3)消費税，(4)流通税に分けることができます[2]。(1)収得税は，所得税や法人税（以上は国税），住民税や事業税（以上は地方税）などで，収入を得た（収得した）という事実に対する課税のことをいいます。(2)財産税は，相続税や贈与税（以上は国税），固定資産税や自動車税（以上は地方税）などで，財産の所有という事実に対する課税です。(3)消費税は，消費税，酒税（以上は国税），地方消費税，たばこ税，ゴルフ場利用税（以上は地方税）などで，物品やサービスを購入・消費という事実に対する課税です。そして，(4)流通税は，登録免許税，印紙税（以上は国税），不動産取得税，自動車取得税（以上は地方税）などで，権利の取得・移転などの取引に関する事実や法律行為に対する課税です。

ほかにも，①所得課税（所得税，法人税，住民税，事業税等），②資産課税（相続税，贈与税，不動産取得税，固定資産税等），③消費課税（消費税，酒税等）の3つ

---

2) 金子・前掲注1) 14～17頁。

に整理する分類もあります[3]。実務的には，この分類が一般的で馴染みがあるものでしょう。いずれにしても，さまざまな税目（所得税，法人税，相続税などの個々の税金の種類のことを税目といいます）を用意し，満遍なく課税することで安定した税収を得られるというタックス・ミックスの考え方が，現行の税制では採られています。

ウ 期間税と随時税

一定の期間を区切りその期間を対象に定期に課税するものを期間税といいます。所得税，法人税（以上は国税），事業税，住民税（以上は地方税）などは期間税です。

これに対し，課税の対象になる行為や事実が発生するときに随時に課税するものを随時税といいます。相続税，印紙税（国税）や不動産取得税（地方税など）が随時税です。

(3) 基本的な仕組み
ア 租税実体法

このような租税について，国民は法律の規定に基づき納税の義務を負うことになるため（憲法84条，30条），納税義務の成立要件である課税要件は，それぞれの税法に規定されることになります。国税については，一税目一法律主義の原則が採用されており，相続税法に2税目（相続税と贈与税）が規定されているほかは，所得税は所得税法に，法人税は法人税法に，消費税は消費税法にというように，原則どおりにそれぞれ規定されています。これに対し，地方税については，いずれの税目も地方税法に全て規定されており，地方税条例主義（憲法84条，94条）の下，地方税法という枠法（国法）をベースにしながら，各地方団体が税条例（東京都都税条例，横浜市市税条例等）を制定しています（最判平25.3.21民集67-3-438参照）。

---

[3] 金子宏「租税法の諸課題―わが国税制の現状と課題―」税大ジャーナル1号（2005）4頁，財務省「国税・地方税の税目・内訳」参照。

総論

　税法の適用場面である実務では，納税義務の成立要件である課税要件を把握することが重要です。課税要件とは，どのような場合にだれにどのような納税義務が発生するのかを定めた法律要件で，納税義務の存否及び具体的な税額に直結するからです。税法の解釈適用が問題になるものの多くが，課税要件（租税実体法）です（なお，租税法律主義にいう課税要件法定主義・課税要件明確主義では，「課税要件」に課税の手続も含めて理解されていますが，ここでは両者を区別し，手続は次のイで述べます）。

　課税要件については，一般に共通するものとして，①納税義務者，②課税物件，③帰属（人的帰属），④課税標準，⑤税率の5つがあります。これらは，所得税法，法人税法などの各税法（租税実体法）をみると，必ず規定されています（各税法にある条文の見出しがヒントになります）。

　①納税義務者とは，だれが納税義務を負うのかという人（主体）の問題です。②課税物件とは，課税の対象（客体）のことです。例えば，所得税でいえば個人の所得，法人税でいえば法人の所得が課税物件になります。①が人であり，②が物であるということもできます。両者の結びつきを，③帰属（人的帰属）といいます。具体的には名義人と実質的な利益の享受者が異なる場合などに問題になります（実質所得者課税の原則）。このように課税物件と納税義務者との結びつきが明らかになっても，具体的な⑤税率を適用するためには，課税物件が数値化される必要があります。こうして税率を適用するために課税物件を数値化したものを，④課税標準といいます（例えば，所得税は総所得金額（実質的には課税総所得金額），法人税は各事業年度の所得の金額が，これにあたります）。税率には，担税力に応じて税率が上がる累進税率と，一定の税率である比例税率があります。明治時代に制定された最初の所得税法（明治20年勅令第5号）では，1年に300円以上の所得があると1％，1000円以上は1.5％，1万円以上は2％，2万円以上は2.5％，3万円以上は3％という5段階（所得金額により異なるものの適用される税率は1つのみ）の単純累進税率が採用されていました（同法4条）。これは，プロイセンの「階級税及び階層別所得税」に影響を受けたものであり，税率と同時に「等級」を規定したものでした。しかし，現在では公平な税負担の観点から，195万円以下の金額部分

は5％，195万円を超え330万円以下の金額部分は10％というように段階ごとに税率が変わる超過累進税率が採用されています（所法89条。7段階で最高税率は45％），相続税（相法16条。最高税率55％），贈与税（同法21条の7。最高税率55％）。また，比例税率は，法人税（法法66条1項。標準税率23.2％），消費税（消法29条（6.3％）。地方消費税は，地方税法72条の83（消費税額の63分の17。1.7％））で採用されています。なお，改正により，平成31年10月1日より消費税及び地方消費税の標準税率は，それぞれ7.8％，消費税額の78分の22（2.2％）になる予定です。

　課税要件を定める租税実体法は，各種税法に定められている本則のほかに，政策税制として適用期間を定めるなどして修正される特例があります。前者を定めた法律を本法といいます（所得税法，法人税法，相続税法，消費税法等）。これに対して後者は，租税特別措置法（措置法）に規定されています。

イ　租税手続法

　以上は，納税義務の成立要件という実体に関する部分でした（租税実体法）。納税義務を確定する手続及び確定した税額を徴収する手続は，国税については国税通則法・国税徴収法に規定があり，地方税については地方税法に規定されています（地方税法は，租税実体法と租税手続法の両者を包含するものです。また，課税要件を定めた租税実体法部分について，一税目一法律主義を採用していません）。

　納税義務の確定については，成立と確定に分けて規定されています（通則法15条，16条）。例えば，所得税の納税義務は暦年の終了時に成立し（通則法15条2項1号），翌年2月16日から3月15日（法定納期限）までに確定申告書を提出することで確定するのが原則です（同法16条2項1号，所法120条1項。ただし，税務調査により適正な税額ではないと判断されると，第二次的に税務署長が税額を確定します。無申告の場合は決定処分（通則法25条），過少申告の場合は更正処分（同法24条）がなされます）。このように納税者による納税申告（期限内申告（同法17条），期限後申告（同法18条），修正申告（同法19条）等）によって納税義務が確定する方式を申告納税方式といいます。これに対し，税務署長が納税義務を確定させる方式を賦課課税方式といいます。所得税，法人税，相続税，贈与税，消費税

といった国税の主要税目では、申告納税方式が採用されています。戦前は賦課課税方式が採用されていましたが、戦後の民主化とともにGHQがアメリカの制度を示唆し、申告納税制度が原則として国税で採用されることになりました。ただし、所得税のなかでも租税収入の割合でいうと8割を占める源泉所得税については[4]、法律が源泉徴収義務を定める所定の支払（例えば、給与等の支払（所法183条1項）、退職手当等の支払（同法199条）、報酬等の支払（同法204条1項）等）のときに納税義務が成立し、同時に何らの手続を経ることなく確定します（通則法15条2項2号、同条3項2号）。これを自動確定方式といいます（他には、延滞税、印紙税等があります（同法15条3項各号））。支払者は、支払の際に源泉所得税を徴収し（通常は天引徴収）、翌月の10日までに国（税務署）に納付しなければなりません（源泉徴収義務）。この期限（法定納期限）を徒過すると、税務署から納税告知という徴収を開始する処分がなされます（同法36条1項2号）。自動確定方式により支払時に法律上は税額が確定するため、納税告知処分は課税処分ではなく徴収処分になります（最判昭45.12.24民集24-13-2243）。

なお、申告をしたものの過大であった場合は、法定申告期限から5年以内であれば減額更正をするよう税務署長に請求をすることができます（更正の請求。通則法23条1項。後発的事由による更正の請求もあります（同法23条2項））。更正の請求がなされると、税務署は調査をし、理由があれば税務署長が減額更正を行いますが、理由がない場合は税務署長が更正をすべき理由がない旨の通知（通知処分）を行います（同法22条4項）。

税務署長等からなされた更正、決定、納税告知、通知の各処分に対して不服がある納税者は、3か月以内に国税不服審判所長に審査請求（行政不服申立て）を行うことができます（同法75条1項1号ロ、77条1項）。棄却の裁決が下さ

---

[4] 平成27（2015）年度の租税収入（決算額）において、源泉所得税は14兆7731億5400万円で、申告所得税は3兆339億8300万円です。国の租税収入で第1位を記録する所得税（17兆8071億3700万円）の82.96％を源泉所得税が占めていることになります。ちなみに、第2位は消費税（17兆4262億9200万円）、第3位は法人税（10兆8274億300万円）、第4位は揮発油税（2兆4645億5500万円）、第5位は相続税（1兆9684億4000万円）です（国税庁「国税庁レポート2017」62頁参照）。

れた場合，6か月以内に原処分の取消しを求める訴訟を提起することができます（取消訴訟（同法115条1項1号，行訴14条1項本文））。いくつかの例外はありますが（通則法115条1項ただし書），原則として審査請求を経ないと訴訟の提起ができないのです（不服申立前置主義（同法115条1項本文）。自由選択主義の例外となります（行訴8条1項ただし書））。

(4) 主要な国税の仕組み

以下，国税の主要税目（所得税，法人税，相続税・贈与税，消費税）について，その仕組みを簡潔にみておきます（典型契約の税務をテーマにする書籍であるため，所得税・法人税を中心に，必要な限度でごく簡潔に各税法を概観するにとどめます）。

ア 所得税

まず，所得税は個人の所得に対する税金です（所法5条1項，2項，2条1項3号，5号）。課税単位は，戦前は世帯単位主義が採られていましたが，個人主義の日本国憲法の下で戦後は個人を単位とすることが原則とされました（個人単位主義）。もっとも，事業所得者等が生計を一にする配偶者等に支払った給与については原則として必要経費に算入できないことを定めた例外規定があります（同法56条。ただし，その例外として更に青色事業専従者給与（同法57条1項），事業専従者控除（同法57条3項）の要件を満たせば，前者については相当な対価について，後者は所定の金額について必要経費算入が認められます）。帰属については，単なる名義人ではなく実質的な利益の享受主体になります（実質所得者課税の原則。同法12条）。

上述のとおり，所得税（申告所得税）の納税義務は暦年の終了時に成立し（歴年課税），原則として確定申告により確定します（申告納税方式）。源泉所得税は，所定の支払時に成立し，同時に確定します（自動確定方式）。

所得税の納税義務者は，居住者及び非居住者です（所法5条1項，2項。ただし，法人（内国法人，外国法人）が例外的に納税義務者になる場合もあります（同法5条3項，4項））。居住者とは日本に住所を有するか，日本に1年以上の居所がある個人をいいます（同法2条1項3号）。非永住者以外の居住者は，世界の

どこで得た所得でも日本の所得税の納税義務（無制限納税義務）を負うことになります（同法5条1項，7条1項1号。全世界所得課税）。非永住者とは居住者のうち，日本の国籍を有しておらず，かつ，過去10年以内において国内に住所又は居所を有していた期間の合計が5年以下である個人をいいます（所法2条1項4号）。これに対し，非永住者・非居住者は国内源泉所得（同法161条）を有するなどの場合に限り納税義務（制限納税義務）を負います（同法5条2項，7条1項2～3号）。

　課税物件である個人の所得ですが，包括的所得概念といって，所得は担税力を増加させる利得（あらたな経済的価値の流入）全てがこれにあたります。

　もっとも，所得を得た理由や原因，その性質によって，担税力には相違があります。例えば，資産性の所得は勤労性所得よりも担税力は高く，反復・継続性のある所得（所得源泉性のある所得）は，一時的・偶発的な所得（所得源泉性のない所得）に比べ担税力は高いと，理論的には考えられています。そこで，公平な課税負担を実現するため，その原因や性質に応じて，所得は10種類に分類されます（所法23条～35条）。これを所得区分，又は所得分類といいます。そして，所得ごとに，その収入を得るために投下した資本の部分（例えば，必要経費）をどこまで引くことができるかなど所得金額の計算方法に違いがあります（同法23条2項，24条2項，26条2項，27条2項，28条2項，30条2項，33条3項，34条2項，35条2項）。詳細は略しますが，事業所得の金額は総収入金額－必要経費（実額控除）であるのに対し（同法27条2項），給与所得の金額は収入金額－給与所得控除額（概算控除）が原則である（同法28条2項。ただし，給与所得控除額の2分の1を超える実額支出があるなどの要件を満たす場合には，例外的に実額控除が認められる特定支出控除あり（同法57条の2））という違いなどがあります。なお，所得にあたる場合でも，例えば個人からの贈与や相続には贈与税・相続税が課されることになるため，二重課税を排除するべく所得税を課さないとする（同法9条1項16号）などの非課税規定もあります（同法9条1項各号）。これらの非課税規定が適用される場合，所得税は課されません（非課税所得）。

　このようにして計算された各種所得の金額は，所得，つまり利益（儲け）

をあらわしていますが，政策的見地などから，所得控除や税額控除といった控除を更に行うことになります。その順序は，1年に得た所得区分が複数ある場合は，退職所得，山林所得を除き，全ての所得金額を合算します（所法21条1項2号。総合課税。退職所得，山林所得は，各別に合算しないで計算される分離課税）。また，この際に，損益通算といって，赤字の所得がある場合で要件を満たす場合には，黒字の所得から相殺することもできます（所法69条，21条1項2号）。合算したものを総所得金額といい（同法22条2項），そのあと基礎控除，配偶者控除，扶養控除，生命保険料控除などの所得控除（同法72～87条）を行い，課税総所得金額を計算します（同法21条1項3号）。これに税率（超過累進税率。同法89条）をかけることで算出所得税額を計算し（同法21条1項4号），さらに外国で納めた税金がある場合には外国税額控除（同法95条），配当所得があった場合には配当控除（同法92条）といった税額から直接引くことができる税額控除を行い，納付すべき所得税の額を計算します（同法21条1項5号）。

なお，暦年を1期間として課税される所得税では，いつの年分の所得になるのかを決める必要があります。収入の年度帰属については，権利確定主義が原則で（所法36条1項），現実の収入を得なくとも所得が発生すれば（具体的には，収入の原因となる権利が確定した時点で），所得が実現したと判断されます（最判昭40.9.8刑集19-6-630，最判昭49.3.8民集28-2-186，最判昭53.2.24民集32-1-43）。経費（必要経費）の年度帰属については，費用が収益に直接対応する直接対応（個別対応。同法37条1項前段。費用収益対応の原則）のものではない間接対応（一般対応，期間対応）のものには債務確定主義（同法37条1項後段）が採用されています（債務確定基準。所基通37-2参照）。

以上は所得税法が定める所得税額の計算の基本的な仕組みですが，実際には利子所得の分離課税（租特3条1項），土地建物の譲渡所得の損益通算の否定（同法31条1項，32条1項）など，租税特別措置法でさまざまな特例が定められています。そのため，措置法の規定には注意が必要です。

イ 法人税

　法人税は，法人の所得に対する税金です。所得税の対象が個人の所得であるのに対し，法人税の対象は法人の所得といえます。法人といいましたが，株式会社等の法人格を有するものに加え，人格のない社団等（法法2条8号。福岡高判平11.4.27訟月46-12-4319，最判昭39.10.15民集18-8-1671参照）も法人とみなされます（同法3条1項）。確定した決算に基づき計算された（確定決算主義。同法74条）各事業年度の所得の金額（課税標準。同法21条，22条）に比例税率（原則として，23.2％の標準税率又は19％の軽減税率）を適用して（同法66条），当該事業年度の法人税額が計算されます。事業年度は，原則として会計期間を基準にします（同法13条1項）。

　法人税の納税義務者は，内国法人（法法2条3号）及び外国法人（同法2条4号）です。内国法人は，法人の性質により全世界所得課税で無制限納税義務者になる場合と，公益法人等（同法2条6号）のように収益事業を行う場合にのみ課税される場合とに分かれます（同法4条1項。なお，公共法人（同法2条5号）は法人税の納税義務を負いません（同法4条2項））。外国法人は，国内源泉所得（同法138条1項）を有するときなどに限り法人税の納税義務を負います（制限納税義務者。同法4条3項）。帰属については，所得税と同様に実質所得者課税の原則があります（同法11条）。また，法人税の納税義務は事業年度の終了時に成立し（通則法15条2項3号），法人税の申告により原則として確定します（申告納税制度。法法74条，通則法16条1項1号）。課税単位は法人ごとが原則ですが（単体課税の原則），グループ単位で課税する連結納税制度（法法4条の2～4条の5）もあります。

　個人と異なり，生身の人間として消費を行ったり，家族を養ったり病気になったり事故にあったりといったことはない法人（その性質については法人擬制説と法人実在説があります）は，所得税のように原因や性質に応じて所得の種類を設けたり，担税力に配慮した所得控除を行う必要はありません。そこで，法人税は，各事業年度の所得の金額を，益金－損金で算定するシンプルな計算式が採用されています（法法22条1項）。そして，企業会計（企業の場合。非企業の場合はそれぞれの会計基準）をベースに計算することが前提とされる法人税

では，会計上の収益が原則として益金の金額になり，会計上の費用（原価・費用・損失）が損金の金額になります（同法22条2項，3項各号，4項。ただし，会計基準は一般に公正妥当と認められるもの（公正処理基準）でなければなりません（同法22条4項，最判平5.11.25民集47-9-5278））。

このような原則と異なる「別段の定め」が，公平かつ適正な所得を計算する見地から，法人税法に規定がされています（受取配当等の益金不算入（同法23条），還付金等の益金不算入（同法26条），役員給与の損金不算入（同法34条），寄附金の損金不算入（同法37条））。なお，交際費等の特例については，法人税法ではなく措置法に規定されています（租特61条の4）。

ウ　相続税・贈与税
(ア)　相続税

相続税は，人の死亡により開始する相続（民法882条）が発生した場合に，その遺産に対して課される税金です。遺産に対する税金なのか（遺産税説），遺産の取得に対する税金なのか（遺産取得税説）という法的性質のとらえ方がありますが，日本の相続税は遺産取得税方式を原則として採用しています。遺産の取得は，所得（あらたな経済的価値の流入）を得ることですが，所得税に優先して相続税が課されることになります（所得税の補完税。所法9条1項16号参照）。相続税は，相続のほか，遺贈，死因贈与の場合に課されます（相法2条，1条の3第1項第1号かっこ書）。課税の対象は，民法が規定する相続財産（民法896条）を基礎にしながら，経済的にみて相続により取得したのと同じといえる場合に課されるみなし相続財産（相法3条，4条，7条～9条の6）もあります。相続税の納税義務は，相続又は遺贈（死因贈与を含む。）による財産の取得の時に成立し（通則法15条2項4号），相続開始を知った日の翌日から10か月以内を法定申告期限とする相続税の確定申告により確定します（相法27条1項，通則法16条1項1号）。

相続税の計算は，大きく分けて4段階あります。まず，①課税価格の合計から基礎控除額を控除し，課税遺産総額を計算します（相法15条1項）。課税価格は，原則として相続又は遺贈によって取得した財産の価額の合計額です

総論

(同法11条の2第1項。無制限納税義務者)。課税価格から控除される債務控除(同法13条)があり,課税価格に算入されない非課税財産もあります(同法12条1項)。ただし,制限納税義務者の場合は,国内財産のみが課税価格に算入されます(同法11条の2第2項)。次に,②課税遺産総額を各相続人が法定相続分どおりに相続したと仮定して法定相続分ごとに分けた各取得金額にそれぞれ超過累進税率を適用し算出された金額を合計して,相続税総額を計算します(同法16条。法定相続分課税方式)。更に,③相続税総額に相続財産が占める各相続人が相続した財産の課税価格の割合を乗じて,各相続人の相続税額を計算します(同法17条)。最後に,④各相続人の相続税額について,加算(2割加算。同法18条1項)や,控除(税額控除)を行い,各相続人の納付すべき相続税額を計算します(同法19条の2~20条の2等)。

(イ) 贈与税

贈与税は,相続税の補完税であるため(生前贈与による相続税の回避を防止する目的),相続税法に規定されています(一税目一法律主義の例外)。贈与税は,原則として個人からの贈与に課される税金です(相法2条の2第1項)。個人から贈与を受けた者は,当該贈与財産の時価相当額について所得を得たことになりますが,所得税に優先して贈与税が課されます(所法9条1項16号)。法律上の贈与ではない場合も,経済的にみて無償で経済的利益を得たといえる場合として法が規定する場合には,みなし贈与財産として贈与税が課されます(相法5条~9条の6)。贈与税の納税義務は,贈与(死因贈与を除く)による財産の取得の時の時に成立し(通則法15条2項5号),翌年2月1日から3月15日を法定納期限とする贈与税の確定申告により確定します(同法28条1項)。

贈与税の計算は,贈与税の課税価格(相法21条の2)から,基礎控除額(同法21条の5)及び配偶者控除額(同法21条の6)を控除した課税価格に超過累進税率を適用し(同法21条の7。一般贈与財産に適用される一般税率のほか,特例贈与財産に適用される特例税率あり(租特70条の2の5)),税額控除を行う(相法21条の8)ことで計算します(同法21条)。贈与税は暦年課税で,課税価格は,原則として,その年中の贈与によって取得した財産の合計額になります(同法21条の2第1項。無制限納税義務者)。ただし,国内財産のみを課税価格とする制

限納税義務者もあります（同法21条の2第2項）。なお，課税価格に非課税財産は算入されません（同法21条の3，21条の4）。

　エ　消費税

　消費税は，①国内において，②事業者が行った，③資産の譲渡等及び特定仕入れに対する税金です（消法4条1項，5条。なお，輸入取引に対する課税もあります（消法4条2項））。①国内取引か否かは，内外判定基準により判断します（同法4条3項，消法令6条）。②納税義務者である事業者は，個人事業者及び法人を指します（同法2条1項4号）。③資産の譲渡等は，事業として対価を得て行われる資産の譲渡及び貸付け並びに役務の提供のことです（同法2条1項8号）。消費税の納税義務は，課税資産の譲渡等若しくは特定課税仕入れをした時等に成立し（通則法15条2項7号），課税期間に対応した所定の法定申告期限までに行う消費税の確定申告により確定します（消法42条1項）。

　消費税額の計算は，事業者の売上高に比例税率を適用し売上税額を計算します（同法45条1項1～2号）。次に，事業者の仕入高に課税された消費税額（仕入税額）を計算します（同法30条）。以上の売上税額から仕入税額を控除することで，納付すべき消費税額を計算します。

2　契約と税法
(1)　契約に関する民法の原則
　ア　民法の規定

　民法は，私法の一般法で，私人間の法律関係の原則を定めたものです。全部で1044条あり，第1編「総則」（同法1条～174条の2。改正後は169条。），第2編「物権」（同法175条～398条の22），第3編「債権」（同法399条～724条。改正後は724条の2），第4編「親族」（同法725条～881条），第5編「相続」（同法882条～1044条）から成ります。これらを内容でみると，財産法（総則，物権，債権）と家族法（親族・相続）の2つに分けることができます。また，財産法のなかでも，総則部分を①民法総則，物権部分を②物権及び③担保物権，債権部分を④債権総論及び⑤債権各論に分けることが，講学上は一般に行われています。

同じ1つの民法（民法典）を構成するものですが，財産法のうち物権部分（②，③）を物権法，債権部分（④，⑤）を債権法といい，家族法のうち親族部分は親族法，相続部分は相続法ということもあります。

本書の主題である典型契約は，このうち財産法の⑤債権各論（契約，事務管理，不当利得，不法行為）に属するものですが，典型契約などの各種契約を定めた条項である債権各論を理解するためには，債権の原則を定めた④債権総論（債権の目的，債権の効力，多数当事者の債権及び債務，債権の譲渡，債権の消滅）や，⑤債権各論の契約の総則部分（契約の成立，契約の効力，契約の解除）はもちろん，民法全体に共通する原則を定めた民法総則（①）の知識も必要になります。また，税法の適用との関係では，例えば，財産分与における所得課税を考えるためには親族法の知識が必要になり，相続税では親族法・相続法の知識が必要になります（家族法）。

イ　契約の成立要件

以下では，典型契約を理解するために必要な民法の基本知識（債権各論（契約総則）・民法総則）を簡潔に整理しておきます。まず，契約は意思表示と意思表示の合致により成立します（契約の成立要件）。このように契約は複数の当事者の意思表示の合致が必要になる点で，遺言（民法960条）や債務免除（同法519条）など一方当事者の意思表示で完結する単独行為とは異なります（ただし，契約も単独行為も特定の法律効果を発生させる法律行為にあたる点では，共通します）。契約が成立するためには，外形的な意思表示の合致があればよく（例えば，売主の「A土地を5000万円で売りましょう」という意思表示と，買主の「A土地を5000万円で買いましょう」という意思表示の合致があればよい），内心でどのように思っていたかは関係がありません。契約の成立要件は，現行民法に規定はありませんが，改正民法では「契約は，契約の内容を示してその締結を申し入れる意思表示（以下「申込み」という。）に対して相手方が承諾をしたときに成立する。」と定められ，これまでの考え方が明文化されました（改正民法522条1項）。

ウ 契約の有効要件

このように契約が成立したとしても，その契約が有効になるためには，有効要件を満たすことが必要です（契約の有効要件）。契約の有効要件は，客観的有効要件（①確定性，②実現可能性，③適法性，④社会的妥当性）と，主観的有効要件の２つがあります。客観的有効要件とは，①契約内容が確定できること（確定性），②契約内容が実現可能であること（実現可能性），③法律違反ではないこと（適法性），④公序良俗違反がないこと（社会的妥当性）を意味します。主観的有効要件とは，①意思の欠缺（心裡留保（同法93条），虚偽表示（同法94条），錯誤（同法95条））がないこと（意思表示が無効ではないこと），②瑕疵ある意思表示（詐欺・強迫（同法96条））による取消し（同法120～121条）がないことで，これらは民法総則に規定されています（ただし，錯誤の効果は，改正民法では無効ではなく取消しに変わります。）。

エ 無効と取消し

なお，無効と取消しは異なる概念です。無効とは，原則として，いつでも，だれでも主張できる瑕疵で，追認によっても無効であることは変わりません（同法119条本文。ただし，新たな法律行為をしたものとみなされます（同法119条ただし書））。

これに対して，取消しは，取り消すことができる者（取消権者）が法定され（同法120条），取消しを主張できる期間（取消期間）があり（同法126条），追認も可能です（同法122条～125条）。そのため，取消権者が取消期間内に取消しを主張し（法律関係の変動を求める形成権の行使にあたります），裁判所等により取り消されて初めて当該法律行為の効力が遡って無効になります（遡及的無効。同法121条本文）。

オ 契約自由の原則

民法には，次の基本原理があるとされています。①権利能力平等の原則，②所有権絶対の原則，③契約自由の原則の３つです（これに加えて，④過失責任の原則が挙げられることもあります）。このうち，③契約自由の原則は，本書の

総論

テーマである典型契約を理解するための基本事項になります。

　契約自由の原則は，私的自治の原則が妥当する私人間で締結される契約については，当事者間の自由に委ねられるという考え方です。具体的には，(1)契約締結の自由，(2)相手方選択の自由，(3)契約内容の自由，(4)契約方式の自由の4つが挙げられます。契約自由の原則についても，これまでは明文規定はなかったのですが，改正民法では明文規定が置かれました。具体的には，(1)「何人も，法令に特別の定めがある場合を除き，契約をするかどうかを自由に決定することができる。」(改正民法521条1項。契約締結の自由)，(3)「契約の当事者は，法令の制限内において，契約の内容を自由に決定することができる。」(同法521条2項。契約内容の自由)，(4)「契約の成立には，法令に特別の定めがある場合を除き，書面の作成その他の方式を具備することを要しない。」(同法522条2項。契約方式の自由)と定められました。

　契約自由の原則は，特に(3)契約内容の自由が重要ですが，上記改正民法521条2項で明文化されたとおり，「法令の制限内において」という制約があり，これを超えると認められません(例外)。これは上述（2(1)ウ15頁）の契約の客観的有効要件（③適法性，④社会的妥当性）にかかわるもので，公序良俗違反（民法90条）や，消費者契約法などの強行規定に違反する内容は，当事者が合意をしたとしても無効になるという歯止めがあることになります。なお，(4)契約方式の自由の例外には，例えば保証契約があります。連帯保証契約を含めた保証契約は，書面によらないと効力が生じません（同法446条2項）。

　カ　典型契約

　民法は，このような契約のうち，特に典型的なタイプのものを13種類用意し，明文で規定しています（典型契約）。具体的には，贈与（民法549条，売買（同法555条），交換（同法586条），消費貸借（同法587条），使用貸借（同法593条），賃貸借（同法601条），雇用（同法623条），請負（同法632条），委任（同法643条），寄託（同法657条），組合（同法667条），終身定期金（同法689条），和解（同法695条）です。

　こうした典型契約の内容・性質をみる際には，(i)有償契約か無償契約か，

(ⅱ)双務契約か片務契約か，(ⅲ)諾成契約か要物契約かといった視点があります。具体的には，(ⅰ)は契約当事者双方に対価的な意義をもつ経済的負担が必要か否か，(ⅱ)は契約当事者双方が対価的な意義をもつ債務を負うのか否か，(ⅲ)は意思表示の合致だけでよいのかという観点で分類されています。

　民法に規定された典型契約以外の契約を，非典型契約（無名契約）と呼びます。契約自由の原則がありますから，非典型契約（業務委託契約，業務提携契約など）も，上記の契約の有効要件を満たす限り，有効に成立します。

キ　条件と期限

　契約には，条件や期限をつけることもできます。条件と期限については，民法総則に規定があります（民法127条〜137条）。

　条件は，発生するか否かが不確実な事実に契約の効力をかからせる附款（特約）のことです。条件には，停止条件と解除条件があります。停止条件とは，条件が成就すると効力が生じるものです（同法127条1項）。これに対し，解除条件は，条件が成就すると効力を失います（同法127条2項）。試験に合格したら100万円をあげようというのは，試験の合格を停止条件にした贈与契約です（停止条件付法律行為）。100万円をあげるけど，1年以内に会社を退職した場合はなしにするというのは，解除条件付贈与契約です（解除条件付法律行為）。

　一方，期限は条件と異なり，将来発生することが確実な事実に契約の効力をかからせるものです。もっとも，年月日のようにいつ到来するかも明確なものと，発生することは確実でもいつ到来するかは未定のものもあります。前者を確定期限といい，後者を不確定期限といいます。期限には，始期と終期もあります。契約の効力が発生する期限を始期といい，契約の効力が消滅する期限を終期といいます。始期の場合は，期限が到来するまでは履行の請求ができません（同法135条1項）。終期の場合は，期限が到来した時に効力が消滅します（同法135条2項）。

総　論

ク　損害賠償

締結された契約について，債務者に不履行があった場合，要件を満たせば，債権者は債務者に対して損害賠償請求をすることができます（民法415条）。こうした債務不履行に基づく損害賠償請求権は，履行遅滞，履行不能，不完全履行の場合に発生します。

なお，契約関係がない場合でも，故意又は過失，損害，因果関係などの要件を満たせば，被害者は加害者に対して損害賠償請求をすることができます（民法709条）。こうした不法行為に基づく損害賠償請求権は，契約関係がある場合にも要件を満たせば発生します（取引的不法行為）。また，その場合，債務不履行に基づく損害賠償請求権と不法行為に基づく損害賠償請求権も同時に発生することになるため，どちらを行使してもよいと解されています（請求権競合）。

ケ　契約の解除

契約の解除は，有効に成立した契約の効力を一方当事者の相手方当事者に対する意思表示によって，遡及的に消滅させるものです（民法540条1項，545条1項本文。直接効果説）。契約の解除には，解除の原因（解除事由）が法律の規定を根拠とする場合の法定解除と，当事者が締結した契約を根拠にする場合の約定解除があります。また，法定解除にも，相手方当事者の債務不履行を理由とする債務不履行解除（民法541条〜543条）と，そうではない民法の規定による解除（同法535条3項（改正後は，削除），557条，561条，562条，563条2項，564条，565条，566条，567条1項，568条1項，570条，579条，594条，612条2項等）があります。なお，当事者双方の合意によって契約の効力を消滅させる場合を合意解除といいます。

このような解除と類似のものに，解約があります。解約は継続的な契約の場合に履行済みの部分は有効にしながら，将来に向かって契約の効力を消滅させる点で，解除とは異なります（民法620条，630条，652条等）。

(2) 税法規定の特色と契約
　ア　税法適用の前提になる私法上の法律関係
　このように契約関係は私法の一般法である民法により規律されているものですが，税法は私法によって確定された契約関係を前提に適用されるのが原則です（後述3の否認規定が適用される場合などの例外を除く）。
　例えば，民法上の組合（任意組合）から組合員が得た利益に対する課税については，所得税法にも法人税法にも明文規定がありません。そして，法人税法では人格のない社団等に該当しなければ，法人格のない組織体（団体）に法人税の納税義務が生じることはありません。そこで，任意組合に対して法人税を課すことはできず，組合員に所得が帰属するものとして構成員に課税をすると解されています（パス・スルー課税。最判平13.7.13訟月48-7-1831の原審・仙台高判平11.10.27訟月46-9-3700，福岡地判平11.1.26税資240-222，東京高判平23.8.4税資261順号11728）。ここでは，税法が適用される前提として民法が規定する組合契約（同法667条）の法的構造が前提にされています。
　もう1つ例を挙げると，外国法人（買主）との間で造船契約を締結した内国法人（売主）が造船の完成引渡しの期限を徒過したため外国法人から債務不履行解除をされた事案があります。契約に従い前払代金を返還し当該代金の受領から返還までに所定の割合で計算したinterestを支払ったところ，外国法人に対する「貸付金（これに準ずるものを含む。）……の利子」（平成26年法律第10号による改正前の所法161条6号。現行法161条1項10号）の支払に該当するとして，源泉所得税の徴収をする納税告知処分がされました。裁判所は，当該造船契約が売買契約であると契約内容を認定した上で，前払代金は返還約束を要件とする消費貸借契約ないしこれに準ずるものとはいい難いとして，当該処分を取り消しました（大阪高判平21.4.24裁判所HP）。
　このように，税法を適用する前提として，私法上の法律関係を確定することが重要になる場面は多いです。そこでは民法の典型契約を前提にした法律関係が検討されることになります。

イ　税法の解釈適用の際に参照される民法の概念（借用概念）

　税法が特に定義規定を設けずに，民法など他の法分野の概念を用いている場合，その概念を借用概念といいます（例えば，法人，利子など）。借用概念は，租税法律主義（憲法84条）が要請する法的安定性や予測可能性の見地から，原則として同じ意味に解すべきと考えるが判例・通説です（統一説）。

　例えば，相続税・贈与税や所得税の納税義務者（相法1条の3，1条の4，所法2条1項3号，5条）を判定するためには，「住所」概念（民法22条）をとらえることが必要になります（最判平23.2.18裁判集民236-71，東京高判平20.2.28判タ1278-163）。また，所得税の配偶者控除では「配偶者」概念（同法725条2号，739条1項）が，扶養控除では「親族」概念（同法725条）が問題になりますが，判例は統一説に立ち，内縁（事実婚）の妻や，内縁の妻の未認知の子や連れ子について，配偶者控除・扶養控除を否定しています（最判平9.9.9訟月44-6-1009，最判平3.10.17訟月38-5-911）。

　ただし，譲渡所得（所法33条1項）の課税要件である「資産の譲渡」については，増加益清算課税説（最判昭43.10.31訟月14-12-1442，最判昭47.12.26民集26-10-2083）の趣旨解釈により，例えば，金銭債権は「資産」にあたらないと課税実務では理解されています（所基通33-1）。また，夫の特有財産（不動産）を妻に離婚の際に行った財産分与も「譲渡」にあたると解されています（最判昭50.5.27民集29-5-641）。このように，税法が独自に定める固有概念（例えば，所得，資産など）として理解されるものもある点には，注意が必要です。

ウ　小　括

　税法が適用される際に前提となる私法上の法律関係を確定させるためには，民法の典型契約を中心とした契約解釈が必要になる場面があります。

　また，税法を解釈する際に，民法の借用概念がある場合には，その民法上の意義をとらえることが重要になります（ただし，固有概念には注意が必要です）。

(3) 税法解釈上の課税関係の理解における契約擬制的アプローチ
　ア　契約擬制的アプローチ
　このように民法が規定する契約や概念に対する理解を前提に適用される税法ですが，民法などの私法の考え方にはない税法独特な理解をする場面もあるため，注意が必要です。
　税法においては，適用される法律関係や事実行為については，私法（民法が中心）により規律される法律関係が重視されるものの，税法固有の独特な経済的実質をとらえた解釈が行われる場合があります。租税法律主義の下では，税法が定める課税要件を充足する場合でなければ課税を行うことはできませんが，例えば，次のような場面で，税法解釈の際に，現実の法律関係として存在していない契約があったと擬制して課税することがあります。
　その典型は，法人税における二段階説（有償取引同視説）と呼ばれる考え方です。法人が無償で資産（土地・建物等）を譲渡した場合，無償譲渡ですから，代金は１円ももらえないにもかかわらず，無償譲渡をした法人には，当該資産の譲渡時における時価で収益があったものとして益金算入されます（法法22条2項）。また，このように無償による資産の譲渡においても適正な時価で課税されることとの均衡から，時価より低い価額による譲渡（低額譲渡）の場合にも，当該譲渡価額に適正な時価と譲渡価額の差額を加えた額（つまりは，適正な時価）で収益があったとして益金算入されると解されています（最判平7.12.19民集49-10-3121）。
　こうした規定の趣旨については，法人税法は公平な課税を目的とするため（法法1条），現実に得た所得ではなくとも，適正な所得（あるべき所得）に課税するものであると説明するのが一般的です（適正所得算出説）。しかし，別の考え方として，いったん有償で譲渡（適正な時価相当額で譲渡）をした上で，その代金相当額を返した（贈与した）ものととらえ，二段階で契約関係を擬制的にとらえる考え方も有力です（二段階説）。裁判例をみても，二段階説によった説明をしているものがあります（大阪高判昭53.3.30判時925-51）。

イ 財産分与に対する課税

上記(2)イの財産分与における譲渡所得課税について，最高裁は「財産分与の権利義務の内容は，当事者の協議，家庭裁判所の調停若しくは審判又は地方裁判所の判決をまつて具体的に確定されるが，右権利義務そのものは，離婚の成立によつて発生し，実体的権利義務として存在するに至り，右当事者の協議等は，単にその内容を具体的に確定するものであるにすぎない。」と判示しています（最判昭50.5.27民集29-5-641）。これは，段階的形成権説といって民法の財産分与の法的性質を前提にするものですが，離婚によって抽象的に発生した夫の妻に対する分与義務が，財産分与により具体的に確定するという理解です。

このような理解をすることで，税法の適用においては，分与義務の消滅という経済的利益が分与者（夫）に生じているとして，いっけんすると無償譲渡にみえる財産分与を有償譲渡ととらえるのです[5]。譲渡所得の要件である「譲渡」は，有償譲渡と無償譲渡を特に区別しないと解されていますが（最判昭50.5.27民集29-5-641），財産分与を無償譲渡ととらえると，分与を受けた者（妻）に，個人からの贈与（無償譲渡）として贈与税が課されることになってしまいます。しかし，有償譲渡ととらえると，贈与税は発生しないことになります（課税実務においても，財産分与を受けた者には原則として贈与税は課されません（相基通9-8））。

(4) 私法関係形成の中心となる契約と税法の関係性

ア 給与所得と事業所得の区別（所得区分①）

所得税では，所得区分の判定が重要になります。そして，どの所得にあたるかについては，当該所得を得た性質や原因をみることが必要になり，どのような私法上の法律関係に基づくものであったのかを，まずは検討すべきことになります。例えば，弁護士が顧問契約に基づき受領した顧問料が給与所得と事業所得のいずれにあたるかが争われた事例で，最高裁は「弁護士の顧

---

5) 石井健吾「判解」最高裁判所判例解説民事篇昭和50年度225頁参照。

問料についても，これを一般的抽象的に事業所得又は給与所得のいずれかに分類すべきものではなく，その顧問業務の具体的態様に応じて，その法的性格を判断しなければならない」として，法的性格の検討を挙げています。その上で，「給与所得とは雇傭契約又はこれに類する原因に基づき使用者の指揮命令に服して提供した労務の対価として使用者から受ける給付をいう。」と判示し，給与所得に該当するための要件として，雇用契約又はこれに類する原因（雇用類似要件）を掲げています（最判昭56.4.24民集35-3-672）。そこで，民法の典型契約の1つである雇用契約があるか否かをみることが重要になります。雇用契約に限らずこれに類する原因も挙げられており，例えば，取締役や監査役など会社との間の委任契約に基づき得た役員報酬はこれにあたると解されています（広島高岡山支判平26.1.30税資264順号12402，神戸地判平元.5.22税資170-315参照）。

　もっとも，こうした典型的な雇用契約や役員と会社との間の委任契約に限らず，外国親会社とのストック・オプション契約や，登録された塾講師や家庭教師との業務委託契約についても，給与所得とされたものがあります（最判平17.1.25民集59-1-64，東京高判平25.10.23税資263順号12319）。特に，後者の裁判例で「当該所得の給与所得該当性等の検討に当たって，当事者の認識（意思）をも考慮すべきであるが，これを他の要素よりも格別重視しなければならないとする根拠はない。例えば，実質が雇用契約であるにもかかわらず，業務を行う側にとって労務提供等の対価を事業所得とし，支払をする側にとって外注費に当たるような形式の契約を締結したからといって，雇用契約に基づく報酬としての収入（支払）が給与所得でなくなるものではなく，このように解したからといって，私人間の契約を著しく軽視することにはならない。」と判示されている点には，実務上，留意すべきです。

　ほかにも，民法上の組合契約を締結していた組合員が組合から労務費として支給された金員について，特に雇用に類する契約関係を具体的に認定することなく，実質的にみて給与所得にあたるとした最高裁判決があります（最判平13.7.13訟月48-7-1831）。この点から，所得区分の判定においては，どのような契約が締結されているかという私法上の法律関係が重要であるものの，

それ以外の実質的要素も考慮されることを指摘する論文があります[6]。

イ　その他の所得（所得区分②）

いずれにせよ，まずみるべきものが私法上どのような契約関係にあったのかである点は間違いありません。他の所得についても，例えば，不動産所得該当性が争われた事例で「不動産等の貸付けとは，これによって貸主に一定の経済的利益をもたらすものであるから，有償双務契約である賃貸借契約（民法601条）がその中心となる」と判示し，典型契約である賃貸借契約（民法601条）がベースであることを指摘したものもありますし（名古屋高判平17.9.8税資255順号10120），利子所得（所法23条1項，2条1項10号，所法令2条）について「預金の発生原因となる契約（預金契約）は，法的には……金銭消費寄託契約の性質を有するものということができ，預金の利子の発生原因は，当該金銭消費寄託契約における利息の約定であるということができる。」と判示し，民法が定める消費寄託契約（民法666条）がベースになることを指摘したものもあります（東京高判平18.8.17訟月54-2-523）。

ウ　人的帰属

実質所得者課税の原則（所法12条，法法11条，地法24条の2の2，72条の2の3，294条の2の2）については，名義人と私法上の真実の所有者とが異なる場合に私法上の真実の所有者に所得が帰属する考え方（法律的帰属説）と，私法上の帰属と経済上の帰属が異なる場合に経済上の帰属をもって所得の帰属者とする考え方（経済的帰属説）の2つがあります。法律的帰属説が通説であると理解されていますが，最高裁がどちらの立場を採用しているのかは明確ではありません[7]。

6）小柳誠「所得発生原因の法的性質と所得区分」税大ジャーナル27（2017）75頁。
7）最判昭37.6.29裁判集刑143-247，最判昭33.7.29裁判集民32-1001，最判昭37.3.16裁判集民59-393，最決平12.2.8裁判集刑278-43。判タ1412（2015）296頁，金子宏「所得の人的帰属について―実質所得者課税の原則―」『租税法理論の形成と解明　上巻』（有斐閣，2010）540頁参照。

この点,不動産の売買及び賃貸により売却代金・賃料の収入を得ていた株式会社が当該収益について法人税の申告をしていたところ,実質所得者課税の原則が適用され,法人ではなく代表者個人に帰属するとして弁護士及び元妻が起訴された事例があります。この事例で,裁判所の判断は分かれましたが,第1審では法律的帰属説の立場から,契約当事者(売主)及び登記名義人である法人に所得が帰属するとして,無罪判決が言い渡されました(東京地判平26.5.21判タ1412-296)。「課税の対象である利益は,経済活動ないし経済現象に基づいて発生するものであるところ,その経済活動ないし経済現象は,第一次的には私法によって規律されているのであるから,課税は,原則として私法上の法律関係に即して行われるべきものであり,このことは,租税法律主義の目的である法的安定性を確保するためにも必要なことといえる。したがって,前記条文の意味する『実質』も,法による枠組みを離れた犯罪行為等による収益の場合を除いては,基本的に法的な意味での実質をいうものと解される。そして,本件における各収益が,直接には本件各不動産の売買契約又は賃貸借契約に基づいて発生していることからすれば,これらの契約当事者である売主又は貸主が,収益を享受する者といえる。」という判示でした。ただし,控訴審では,判断基準が誤っているとして破棄差戻しがなされています(東京高判平28.2.26判タ1427-133)。

　実質所得者課税の原則(人的帰属)については,そのとらえ方や具体的な基準についてはさまざまな考え方がありますが,少なくとも法律的帰属説の立場でみる限り,私法上の法律関係が重視されることになります。

エ　納税義務者

　外国法上の組織体が日本の税法上の法人といえるかが争われた事案で,最高裁は,①「当該組織体に係る設立根拠法令の規定の文言や法制の仕組みから,当該組織体が当該外国の法令において日本法上の法人に相当する法的地位を付与されていること又は付与されていないことが疑義のない程度に明白であるか否かを検討」し,これができない場合には,②「当該組織体が権利義務の帰属主体であると認められるか否かを検討して判断すべきものであり,

総論

具体的には，当該組織体の設立根拠法令の規定の内容や趣旨等から，当該組織体が自ら法律行為の当事者となることができ，かつ，その法律効果が当該組織体に帰属すると認められるか否かという点を検討する」という判断基準を示しました（最判平27.7.17民集69-5-1253）。前者を外国私法基準説，後者を内国私法基準説といいます[8]。これは，日本の民法の典型契約をみるものではありませんが，権利義務の帰属主体といえるか否かを当該組織体の設立準拠法令（外国法）の私法の規定や，日本の民法が規定する法人概念を実質的にみるものです。

(5) 契約関係と所得の年度帰属の判定

所得の年度帰属を判定においても，民法を中心とした私法上の法律関係がまず検討されることになります。収入の年度帰属については，上述のとおり権利確定主義が採用されていると解されていますが，収入すべき権利がいつ確定したといえるかについて問題になることが，実務上も多くあります。

この点について，例えば，事業所得者が事業用不動産を売却した事例について，売買代金債権について「法律上これを行使することができるようになつたときと解する」とし，土地の売買契約の成立時ではなく，履行期の年度に帰属するとされたものがあります（最決昭40.9.8刑集19-6-630）。また，この判例では，契約手附として受領した金額について，民法上の契約手附（民法557条）の法的性質を前提に受領した段階では収入すべき金額にはならないとされています。「所論2000万円は，……いわゆる解約手附として受取つたものであるところ，解約手附は，両当事者が契約の解除権を留保するとともに，これを行使した場合の損害賠償額となるものとして，あらかじめ授受するに過ぎないものであつて，それを受取つたからといつて，それを受取るべき権利が確定しているわけではないから，そのままでは，前記収入すべき権利の確定した金額には当らない」という判示でした。

典型契約である消費貸借契約（民法587条）に基づく貸付金の利息や遅延損

8）衣斐瑞穂「判解」法曹時報68-6（2016）163～169頁。

害金についても，履行期の到来により原則として権利確定すると解されています（最判昭46.11.9民集25-8-1120）。

このように，所得の年度帰属を考えるにあたっても，民法を中心とした私法上の法律関係を考えることが重要になります。

3 租税回避・節税と契約
(1) 契約関係の選択決定の重要性

契約関係の選択決定が，税法の適用に直結することがあります。当事者が締結した契約は売買契約（民法555条）であったものの，当事者が互いにそれぞれ所有不動産を売買し合う契約が同日付けで締結されており，両者の契約は事実経過をみても密接に関連する不可分一体のものでした。そこで，当事者が締結した契約は売買契約のかたちをとっているが，真の意図は交換契約であったとして更正された事案があります（このような否認の方法を私法上の法律構成による否認といいます）。交換契約の場合は譲渡所得の総収入金額は取得した不動産の時価であるのに対し，売買契約の場合は代金が総収入金額になるため，交換契約よりも売買契約とした方が譲渡所得課税を軽減できる事案で，当事者もそのことを認識した上で売買契約を締結したものでした。

第1審では課税庁の主張が認められましたが（東京地判平10.5.13判時1656-72），控訴審では当事者が選択した私法上の契約を根拠規定なく否認することはできないとして原判決を取り消し，更正が違法と判断されました（東京高判平11.6.21高民52-26。最決平15.6.13税資253-9367で確定）。「いわゆる租税法律主義の下においては，法律の根拠なしに，当事者の選択した法形式を通常用いられる法形式に引き直し，それに対応する課税要件が充足されたものとして取り扱う権限が課税庁に認められているものではないから，本件譲渡資産及び本件取得資産の各別の売買契約とその各売買代金の相殺という法形式を採用して行われた本件取引を，本件譲渡資産と本件取得資産との補足金付交換契約という法形式に引き直して，この法形式に対応した課税処分を行うことが許されないことは明かである。」という判示でした。

このように税負担の軽減を目的として選択されたものであっても，当事者

が選択決定した私法上の契約を明文の否認規定なく否認することはできないという判断は，裁判所の判断としてほぼ確立されています（名古屋高判平17.10.27税資255順号10180，名古屋高判平19.3.8税資257順号10647，東京高判平22.5.27判時2115-35）。この点について明示した最高裁判決はありませんが，私法上の法律構成による否認が採用された原審（大阪高判平12.1.18訟月47-12-3767）と同じ結論を採りながら，その理由はこれによらず，法人税法が定める減価償却資産該当性（平成13年法律第6号による改正前の法法31条1項）の要件を満たさないとして損金算入を否定した判例（最判平18.1.24民集60-1-252）があることから，裁判所は基本的にこの考え方は採らない方向で定着したものと考えることができます（なお，最判平23.2.18裁判集民236-71の須藤正彦裁判官の補足意見も参照）。

　もっとも，明文の否認規定がある場合は，その否認規定の適用ができるか否かを判断することになります（最判平28.2.29民集70-2-242，最判平28.2.29民集70-2-470，東京高判平27.3.25判時2267-24）。

(2) 正常な契約関係と仮装行為

　このように私法上の法律構成による否認は租税法律主義の下で許されないと考えられていますが，他方で私法上の契約が仮装であった場合は別です。契約の有効要件（2(1)ウ15頁）で述べたように，民法でも公序良俗違反（民法90条）の契約や，仮装行為（虚偽表示）の契約（同法94条1項）は無効になるからです。

　この点について明確に判示された裁判例があるので，少し長めになりますが引用すると，次のとおりです（東京高判平成14.3.20訟月49-6-1808。最決平16.4.22税資254順号9636（不受理）で確定）。

　「所得税法33条1項にいう譲渡所得に対する課税は，資産の値上がりによりその所得者に帰属することとなった増加益を当該資産が譲渡される機会をとらえて所得として把握しようとするものであり，当該資産の譲渡の原因である私法上の取引行為等が存在することを前提とするものであるところ，このうち私法上の取引行為は，私的自治の原則上，取引行為の内容，契約類型

の選択等につき，それが公序良俗に反していたり，不当な目的を実現するために濫用されるものでない限り，当事者の自由な意思にゆだねられているものである。したがって，譲渡所得に対する課税は，原則として，当事者の自由な意思によって成立した契約内容，契約類型等を前提として，これに即して行われるべきものであり，租税法律主義の下においては，当事者の合意内容や当事者の選択した契約類型を他の契約類型に引き直して，これを前提として課税することは，特に法律の根拠がない限り許されないものというべきである。ただし，当事者によって用いられた契約文言や契約類型が不当に課税を回避すること等を目的としてされた，当事者の真の意図を隠蔽する仮装のものである場合には，当事者の真の意図による取引が存在するものとして扱われるべきことは，意思表示の合理的解釈の見地からも，また実質課税の原則からも，当然のことである。」

　私法上の契約の選択決定が課税に直結する場合であっても，当該契約が民法上，有効に成立しているといえるかは判断される，ということです。これは民法においても当然のことですから，やはり重要なのは，税負担の軽減を目的とする場合であっても当事者が選択決定した私法上の契約が税法適用の前提になるという点です。

4　契約関係の段階と課税関係

(1)　契約締結段階

ア　所得区分

　契約締結段階において課税関係を考えることが重要になることは，すでに述べたとおりです。例えば，交換契約なのか売買契約なのかの例でみたように，どの契約を選択するかで所得区分が変わり，税負担の軽重に影響が生じる場合がありました（他方で，給与所得の裁判例でみたように所得区分の判定は私法契約のみによって決まるものではないため，雇用契約とは異なる契約を締結すればそれだけで給与所得ではなくなるものではなかったことには注意が必要です）。

総論

　イ　納税義務の成立時期

　所得税や法人税の納税義務の成立時期は，期間の終了時（暦年終了時，事業年度終了時）でした。これに対し，期間にかかわらず，納税義務が成立するものもありました。

　例えば，贈与税の納税義務の成立時期は贈与による財産の取得の時（通則法15条2項5号）であり，消費税の場合は課税資産の譲渡等若しくは特定課税仕入れをした時等（同法15条2項7号）です。また，相続税の納税義務の成立時期は，相続又は遺贈による財産の取得の時です（同法15条2項4号）。このような税目においては，財産等の取得時等が重要になりますが，これらを定める契約関係が影響を与えることになります。

　ウ　特約や条件

　契約に付随する特約が課税関係に影響を与える場合もあります。例えば，負担付贈与契約を締結した場合，贈与者に経済的利益をもたらすか否かによって譲渡所得課税がされるか，贈与として繰り延べられるか否か（所法60条1項1号の適用の有無）に違いが生じることになります（最判昭63.7.19判時1290-56）。

　契約の附款としての条件が課税関係に影響を与えることもあります。例えば，解除条件付債権放棄がされた事例で，解除条件は停止条件と異なり契約の効力は生じているとして権利確定には影響しないと判断されたものがあります（東京地判平13.3.2訟月48-3-757。上告審・最判平16.12.24民集58-9-2637も結論は同旨）。「本件債権放棄をみると，その内容は，前記事実関係からすると，民法127条2項にいう解除条件に当たり，その意思表示後条件成否未定の間も債権放棄の法的効力は発生しており，その効力は，抽象的なものではなく，訴訟においても本件債務の不存在が確認される程度に具体的に発生しているのであるから，損失の発生は確定しているというべきである。」という判示でした。しかし，この事件の控訴審では異なる判断がされており（東京高判平14.3.14訟月49-5-1571），条件の付いた私法上の法律行為の解釈が課税関係に影響を及ぼすことがわかります。

エ　書面による契約と書面によらない契約

　書面の作成をしなくても効力が生じる契約の場合でも、書面を作成したか否かで、課税関係が異なる場合があります。

　民法が書面作成をした場合とそうでない場合とで効果に違いを設けている贈与契約について（書面によらない贈与の撤回（同法550条。改正後は解除。））、財産の取得時の解釈をめぐり贈与税の発生が争われた例があります（名古屋高判平10.12.25訟月46-6-3041）。

　また、そもそも、文書を課税物件とする印紙税では（印紙税法2条）、書面を作成したかしないかが、課税されるか否かに影響を与えることになります（同法2条、7条）。

(2) 契約終了段階

ア　履行された場合

　契約終了時にも、法律関係が変動するため課税関係が問題になります。契約どおりに履行された場合は、その契約どおりの法律関係が発生します。例えば、資産の譲渡をした個人には譲渡所得課税がなされます（所法33条1項。法人の場合には、収益として益金に算入されます（法法22条2項））。

イ　解除された場合

　契約が予定どおり履行されずに終了する場合にも、課税関係を考える必要があります。契約の効力を遡及的に消滅させる解除がなされた場合、更正の請求を行うことで権利確定主義の下で生じていた課税関係を解消させることができます（通則法23条2項3号、通則法施行令6条1項2号）。ただし、法定解除と異なり、合意解除の場合は、やむを得ない事由が要件に加えられています（同法施行令6条1項2号）。

ウ　損害賠償請求権が発生した場合

　債務不履行等により損害賠償請求権が発生した場合にも、課税関係を正確にとらえることが必要です。損害賠償請求権を取得すると、原則として収入

すべき（収益を得るべき）権利が法的に確定したことになります。そこで，所得が発生したことになり所得課税，法人税課税が問題になります。

　法人税の場合は債務不履行又は不法行為により損害賠償請求権が発生すると，それに伴い生じた損失を損金算入する（法法22条3項3号）と同時に当該請求権を収益として益金算入する（同法22条2項）ことになります（同時両建説。最判昭43.10.17訟月14-12-1437，東京高判平21.2.18訟月56-5-1644）。ただし，例外的に異時両建てが認められる場合もあります（最判平4.10.29訟月39-8-1591，法基通2-1-43等）。これに対して，所得税の場合は，被った損失を回復することはそもそも所得を発生させるものではないと理論的には考えられるため，所定の要件を満たす場合には収入金額に算入されません（所法9条1項17号，所法令30条）。

　損害賠償金を支払う側については，経費控除（必要経費，損金算入）の問題になりますが，事業所得等を生ずべき業務に関連して故意又は重過失によった場合などにこれを制限する規定があります（所法45条1項7号，所法令98条）。

5　典型契約以外の課税関係

(1)　複合契約

　課税関係を考える上では，民法が規定する典型契約以外にも目が向けられなければなりません。1つの法律関係に複数の契約等の要素が複合されたものが出現しています。そのような場合には，複合化した私法上の法律関係（契約関係）を，まずはとらえることが必要になります。

　例えば，①デット・アサンプション契約について「デット・アサンプション取引のために締結された本件各契約は，各支払日を返還期限として，A金員の寄託を受け，A金員に寄託を受けた期間に係る利子に相当する本件金員を加算した額をB金員として返還するという預金契約と，預託されたA金員及びその利子を原資として，B金員を本件各社債発行会社に代わって支払うという委任契約とが複合した契約であ」ると判示されたもの（東京高判平18.8.17訟月54-2-523），②デット・エクイティ・スワップ（DES）について「DESを〔1〕現物出資，〔2〕混同による消滅及び〔3〕新株発行という各段階

の過程で構成される複合的な行為と捉えることが」できると判示されたもの（東京高判平22.9.15税資260順号11511）などがあります。

また，ゴルフクラブからの退会の際に返還された預託金が譲渡所得（所法33条1項）にあたるかが争われた事案で，裁判所は「本件ゴルフ会員権は，いわゆる預託金会員制ゴルフ会員権であり，その法的性質は，〔1〕ゴルフ場施設の優先的利用権，〔2〕預託金返還請求権及び〔3〕会費納入義務等が一体となった契約上の地位であると解される」とし，「本件ゴルフ会員権の第三者への譲渡が所得税法33条1項にいう資産の譲渡に該当することは明らかである」とした上で，「預託金会員制ゴルフ会員権については，会員が，預託金返還請求権を行使する前提として，ゴルフ場経営会社に対し，ゴルフクラブを退会する旨の意思表示をすることを必要としており，かかる意思表示によって，ゴルフ場の優先的利用権やその後の会費納入義務などの権利義務関係は消滅し，ゴルフ会員権の内容としては，無利息でゴルフ場経営会社に据え置かれていた預託金の返還請求権を残すのみである」と判示し[9]，預託金返還請求権を，ゴルフ会員権という私法上の複合的な法律関係を前提に判断しています（名古屋地判平17.7.27判タ1204-136）。ゴルフ会員権が，上記判示のように契約上の地位であり，これを譲渡する場合は，契約上の地位の譲渡である点は，過去の最高裁判決で示されていました（最判平7.9.5民集49-8-2733）。課税を考える場合にも，ゴルフ会員権の私法上の法律関係について複合的な契約上の地位であるとしたこの判例が前提にされたのです。

なお，複合的契約そのものではありませんが，人的帰属（実質所得者課税の原則）について，家族による農業経営や歯科医の親子経営などでは，経営の主宰者（経営主体）に帰属すると解されている点にも留意が必要です（最判昭33.7.29裁判集民32-1001，最判昭37.3.16裁判集民59-393，東京高判平3.6.6訟月38-5-878。

9）「原告が取得した資産は，各種の権利義務が一体となった契約上の地位としての本件ゴルフ会員権であるのに対し，本件取引は，自らの意思で預託金返還請求権以外の権利義務等を消滅させた上，同請求権を行使したものであるから，両者の資産としての内容・性格は大きく異なっており，その間に差額を生じているとしても，これをもって所得税法33条1項にいう『……譲渡（略）による所得』ということはできない。」という結論でした。

総　論

所基通12-2, 12-3, 12-4, 12-5)。

(2) **当事者双方の課税関係**

　債権譲渡（民法466条）や債務免除（同法519条）といった，典型契約ではないものの民法に規定されている法律行為があります。こうした法律行為に対する課税関係を考える場合，それぞれの当事者の立場ごとに課税関係を判断することが必要です。

　債権譲渡の場合であれば，債権者（譲渡人），債務者，譲受人の三者について考える必要があります（もっとも，債権譲渡における債務者は債務を免れるものではありませんので，課税関係は生じません。債務者が債務を免れることになる免責的債務引受（現行民法に明文規定はありませんが，改正民法では明文化されます（改正民法472条））の場合には，債務者に生じる債務免除益課税を検討することが必要になります）。また，債務免除についても債権者と債務者に分けて課税関係を考えることが必要です。これらの場合に更に留意すべき点は，それぞれの当事者が個人なのか法人なのかによって，適用される税法及び条文が異なることです。

　例えば，債務免除の場合，まず債務免除を受けた債務者に対する課税を考えると，次のようになります。債権者が法人で債務者が個人の場合は，債務者には債務免除益について所得税課税が生じ（所法36条1項かっこ書，2項。ただし，同法44条の2が適用される場合の例外があります），所得区分が問題になります（最判平27.10.8裁判集民251-1，東京高判平22.6.23税資260順号11455，大阪高判平24.2.16訟月58-11-3876，仙台高判平17.10.26税資255順号10174，東京高判平28.2.17裁判所HP等)。給与所得に該当する場合は，債権者に源泉徴収義務が生じます（同法183条1項。最判平27.10.8裁判集民251-1)。債権者が個人で債務者が個人の場合は，債務者に，原則としてみなし贈与課税がなされます（相法8条本文)。ただし，資力を喪失して弁済をすることが困難な場合には，例外的に課税されません（同法8条ただし書)。債権者が法人で債務者が法人の場合，又は債権者が個人で債務者が法人の場合，債務者は債務免除益を収益として益金に算入することになります（法法22条2項。東京高判平20.3.25税資258順号10925，福岡高判平元.3.16税資169-571)。

5 典型契約以外の課税関係

　次に，債務免除を行った債権者については，債権者が法人の場合は貸倒損失（同法22条3項3号）や寄附金（同法37条），役員給与と認定される場合には役員給与の損金不算入規定（同法34条1項，2項）の適用が問題になります（東京高判平20.3.6税資258順号10912）。また，債権者が個人の場合は，資産損失としての貸倒損失（所法51条）の適用が問題になります。

　債権譲渡の場合，金銭債権は「資産」（所法33条1項）にあたらないと考えられています（所基通33-1）。債権譲渡が売買契約を原因として行われる場合には，「資産の譲渡」に該当しそうです。しかし，所得税法が譲渡所得の要件として定める「資産」は値上り益を生じるようなものに限られると解されています。そこで，損失が生じても譲渡損失にはなりません。この場合，資産損失として処理されることになります（同法51条）。貸倒損失が認められるためには，客観的に全額が回収不能といえることが必要になります（名古屋高判平4.10.21行集43-10-1260）。この点は，法人税の場合も同様です（法法22条3項3号。最判平16.12.24民集58-9-2637参照）。

　貸倒損失が認められる場合については，課税実務上は法人税基本通達に法律上の貸倒れ（法基通9-6-1）と事実上の貸倒れ（法基通9-6-2）に分けた詳細な規定があります。

1 定義・法的性質

━━ 民 法 編 ━━

Point
・物の授受がなくても意思の合致があれば贈与契約が成立します。
・書面によらない贈与は履行が終わるまで撤回可能です。
　➡契約内容を確実に履行させたいときは書面を作成する必要があります。
・負担付贈与や死因贈与など，特殊の贈与契約は性質が異なります。

1　定義・法的性質

　贈与とは，当事者の一方が自己の財産[1]を無償で相手方に与える意思を表示し，相手方が受諾をすることによってその効力を生ずる契約をいいます（民法549条）。実務上，親族や知人間で行われることが多く，いわゆる寄附も贈与に当たります。

　贈与契約は，贈与者が「差し上げます。」と伝え，受贈者が「了解しました。」などと回答すれば成立する契約類型です（いわゆる「諾成契約」です。）。物の所有権が現実に移転しなくても契約が成立するということに注意してください。

1）現行民法549条では「自己の財産」とされていますが，改正民法549条では「ある財産」とされ，他人物贈与も有効であることが明確化されています。

すなわち，贈与契約は，契約当事者の一方が目的物を「贈与する」と意思を表示し，もう一方が「受領する」という意思を表示すれば成立する契約であって，物の授受までは契約の成立に必要がないということです。契約が成立すれば，「贈与する」と意思を表示した当事者は，「受領する」と意思を表示した当事者に対し，目的物を渡す義務を負うという効果が生じます。

弁護士等の法律家以外の方には，贈与契約成立のために目的物を渡すところまで必要と思われることが多いですが，実際には意思の一致があれば契約が成立し，目的物の引渡義務という効果が発生する，ということを理解しておいてください。

以下，少々専門的な契約の性質論を述べておきます。この部分は読み飛ばしていただいても差し支えありません。

贈与契約は売買契約，交換契約とともに権利移転型契約に属しますが，売買・交換契約が有償・双務・諾成契約であるのに対し，贈与契約は諾成契約ではありながら無償・片務契約に当たります。その意味で珍しい契約類型といえます。

有償契約とは，契約の両当事者が対価的意味をもつ給付をする契約をいい（売買では，お金を払う代わりに，物という対価的意味をもつ給付を受けます。），無償契約とは，契約の一方の当事者が対価的意味をもつ給付をする義務を負わない契約をいいます（贈与では，一方的に物を給付する約束をするだけです。）。

また，双務契約とは，契約の両当事者が共に債務を負う契約をいい，片務契約とは，契約の一方当事者のみが債務を負う契約をいいます。双務契約であれば，同時履行の抗弁権（民法533条）や危険負担（民法534条以下，改正民法の場合536条以下）の適用がありますが，片務契約にはありません。

ほとんどの契約類型が，双務契約であれば有償契約，片務契約であれば無償契約であり，贈与契約も無償・片務契約です。

諾成契約とは当事者の合意のみで成立する契約をいい，これに対し要物契約とは受取という物の授受を必要とする契約をいいます。無償・片務契約には要物契約のものが多いのですが，贈与契約は，無償・片務契約でありながら，諾成契約であることに特徴があります。

なお，契約の成立に一定の方式を必要とする契約を要式契約といい，これを不要とする契約を不要式契約といいますが，贈与契約は不要式契約であり（民法上の契約は原則として不要式契約です。），口頭上での意思の合致でも契約が成立することにも留意してください。

2　書面によらない贈与・よる贈与

　「書面によらない贈与」とは，いわゆる口約束での贈与をいいます。一方，書面で記載された贈与を，「書面による贈与」といいます。

　上記のとおり，贈与契約は口頭でも成立し，目的物の引渡義務が生じますが，人が生活していれば，贈与の口約束が至るところでなされることは想像に難くありません。贈与の口約束全てに縛られてしまうとすると，生活もしにくくなってしまいます。

　そのため，書面によらない贈与は，履行が終わった部分を除き，各当事者が撤回することができることになっています[2]（民法550条）。書面によらない贈与は真実か否か疑わしく確実性を欠くことと，当事者の軽率な契約を戒める趣旨だといわれています。

　撤回は相手方に対する意思表示によって行います。一方的な意思表示で足りるので，合意は必要ありません。撤回は原則として履行が終わるまではいつでも可能であり，撤回によって贈与契約は遡及的に無効になります。

　履行の終了時期ですが，動産の贈与の場合には，引渡しがあったときに履行が終了します。不動産の贈与の場合には，引渡しか登記移転のいずれかがあれば履行が終了したとみる考えが有力です。

　一方で，書面による贈与は撤回できません。書面によらない贈与契約が成立し，その後に書面を作成したときも，書面作成後から撤回できなくなります。贈与契約書に拘束力を求めたいときには，書面を作成すべきです。

　なお，メールやSNSでの発言が「書面による」といえるかについては，結

---

2)「撤回」という言葉の意味が明確ではないため，改正民法550条では「解除」に改められます。

論が出ていない状況です。確かに法の趣旨からすれば，メール等で意思が明確になっていれば足りると考えることができそうです。しかし，メール等が「書面による」を充足すると示された先例的価値を有する裁判例はなく，そのように記載された公刊物も存在しないので，受贈者側はできる限り書面を作成してもらうようにすべきでしょう。

3 負担付贈与

　負担付贈与とは，受贈者が贈与者又は第三者に対して一定の負担を負うという贈与をいいます。例えば，時価100万円の自動車を贈与する代わりに50万円の残ローンを負担してもらうといった場合が負担付贈与に当たります。負担付贈与には，贈与の規定のほか，負担の限度で双務契約に関する規定（同時履行の抗弁権，危険負担，解除など）が適用されます（民法553条）。

　例えば，裁判例では，養子が養親を扶養すること等を条件として，養親が養子に対して行った負担付贈与が，養子が負担である義務を履行しなかったことにより解除されたものもあります（最判昭53.2.17判タ360-143）。

　負担付贈与が書面によらないでなされたときには，贈与者が履行を終わるまでの間，当事者が撤回可能なのは通常の贈与と同様ですが，負担付贈与の場合，負担が贈与の目的物の価値に比べて極めて小さい等の特別の理由がない限り，負担が履行された後には各当事者は撤回ができなくなると考えられています。

4 死因贈与

　死因贈与とは，通常の贈与と異なり直ちに贈与の効力を生じさせないで，贈与者の死亡によって効力を生じる贈与をいいます。例えば，「私が死んだら土地を譲る。」と約束した場合が死因贈与に当たります。

　死因贈与には，その性質に反しない限り，遺贈に関する規定が準用されます（民法554条）。通常であれば相続人に法定相続分で相続されるはずの相続財産を被相続人の意思により無償で財産を処分する点で，死因贈与と遺贈はよく似ています。もっとも，死因贈与は贈与契約の一種であり成立には贈与

者と受贈者の意思の合致が必要である一方，遺贈は遺言で行われる単独行為であり遺贈者の意思だけで足りる点が異なります。

また，遺贈は遺言によって行われますから厳格な要式行為ですが，死因贈与は厳格な方式を必要としません。そのため，自筆証書遺言が要式を満たさず無効となった場合も，死因贈与として有効となるのではないかと主張されることがあります。

その他，死因贈与契約の特徴を挙げると，口頭での死因贈与契約も有効ですが，贈与ですから履行が終わるまでは撤回される可能性があります（民法550条）。また，15歳以上の者は単独で有効に遺贈を行うことができますが（民法961条），未成年者が死因贈与を行う場合には法定代理人の同意が必要です。

遺贈の場合，後に遺贈を撤回したり，遺贈と矛盾する行為がなされたりした場合，遺贈は効力を失います。死因贈与の場合にも，裁判例は，民法1022条以下の遺言の撤回の規定が死因贈与に準用されるとしています（最判昭47.5.25民集26-4-805）。

一方，負担付死因贈与で負担が履行された場合，裁判例は「負担の履行期が贈与者の生前と定められた負担付死因贈与契約に基づいて受贈者が約旨に従い負担の全部又はそれに類する程度の履行をした場合においては，贈与者の最終意思を尊重する余り受贈者の利益を犠牲にすることは相当でないから，右贈与契約締結の動機，負担の価値と贈与財産の価値との相関関係，右契約上の利害関係者間の身分関係その他の生活関係等に照らし右負担の履行状況にもかかわらず負担付死因贈与契約の全部又は一部の取消をすることがやむをえないと認められる特段の事情がない限り，遺言の取消に関する民法1022条，1023条の各規定を準用するのは相当でないと解すべきである」として，原則として撤回を認めていません（最判昭57.4.30民集36-4-763）。

税　法　編

1　贈与契約で成立する課税関係の概要

(1)　贈与税について

　贈与契約によって納税義務が成立する主たる税目として，贈与税が挙げられます。そこで，贈与契約により成立する課税関係の具体的検討に入る前に，ここでは贈与税の概要について整理しておくことにします。

ア　法的性質

　贈与契約により受ける財産について，我が国の所得税法は，それを「所得」としながらも，所得税を課さずに（所法9条1項16号），相続税法のもとで贈与税を課しています。

　我が国の相続税は，所得税法が相続による取得を非課税としていることに対応し，相続時に財産を「取得」したことに着目して取得者に対して相続税を課す法律構造になっているため，一種の所得税として構成されています。取得者は財産の取得の分だけ担税力が増加するので，その分に相続税を課すことは，それを収入金額として所得税を課すことと実質的に違いはなく，相続税は所得税で捕捉されない部分を補完して課税する税（補完税）だといえます。

　そして，贈与税は，生前の贈与によって財産が移転する際に，その財産を取得した個人に対し取得財産の価格を課税標準として，累進税率により課される税金です。これは，生前贈与分だけ相続財産を減らすので，贈与税が課されないとすれば，生前贈与によって相続税を回避することができるため，その回避防止のために制定されたものであり，相続税の補完税といわれます。この意味で，贈与税は所得税と相続税を共に補完するものといえます。

　このように，贈与税は基本的には相続税の補完税としての性格を持っています。このことから，贈与税には，いくつかの特色があるといえます。

　1つ目は，贈与税の税率が相続税に比べて著しく高い税率であることです。それは，もし贈与税の税率が相続税と同程度又は低ければ，資産家は，生前

贈与により，長い時間をかけて財産を分散して移転し，相続税を容易に回避してしまうためです。

2つ目は，贈与税は受贈者が納税義務者であることです。これは，我が国では，相続税が相続により財産を取得した者を納税義務者としていることに対応して，贈与税も贈与により財産を取得した者を納税義務者としているといえます。このように，両税は相互に補完関係にあるといえます。ただし，受贈者が贈与税の納税義務を履行しないような場合には，贈与者が一定の限度でこの受贈者の贈与税の連帯納付義務を負わなければならないことがあります。したがって，贈与においては，贈与者は受贈者による贈与税の納税義務の履行について，きちんと確認する必要があるでしょう。

3つ目は，民法上の贈与が必ずしも贈与税の対象となるわけではないということです。贈与税は，個人間の贈与契約の受贈者にのみ課されます。なぜならば，贈与税は相続税の補完税であるため，相続が問題にならない法人が関与した場合には贈与税を課す必要が原則としてないからです。したがって，法人が関与した贈与契約については，課税関係の整理が別途必要になります（(2)で後述します。）。

なお，民法上の贈与契約に基づく取引ではなくても，実質的にみれば無償の財産の移転となる取引などは，贈与とみなして贈与税が課される場合があることに，留意が必要です（みなし贈与：相法5条～9条の2，9条の4，9条の5）。

イ　贈与税の計算

相続時精算課税（オで後述します。）を選択せず，暦年課税による贈与税の税額は，その年の1月1日から12月31日までの1年間に贈与により取得した財産の合計額から基礎控除額110万円を差し引いた金額に超過累進税率を乗じて計算されます（相法21条の2，21条の5，21条の7，租特70条の2の4）。なお，基礎控除額の110万円以下の額の贈与については，贈与税は課されず，申告書の提出も必要ありません。

ウ　贈与税の確定申告と納税

　贈与により財産を取得した個人は、1月1日から12月31日の1年間で贈与により取得した財産の価額の合計額に課税される贈与税について、翌年2月1日から3月15日までに確定申告して、納税する必要があります（相法28条、33条）。

エ　贈与税の配偶者控除の適用

　婚姻期間が20年以上の配偶者から居住用不動産又は居住用不動産を取得するための金銭の贈与を受けた者は、基礎控除110万円のほかに最高2,000万円を、課税価格から控除することができます（相法21条の6）。

オ　相続時精算課税の適用の検討

　この制度（相法21条の9～18）を選択すると、贈与税の非課税枠（限度額：2,500万円）が大幅に引き上げられ、非課税枠を超えた部分は一律20％の税率のみが適用されることとなりますが、最終的には贈与者の相続時に課税関係を精算することとなります。

　この制度では、贈与者の死亡時の相続税の計算上、相続財産の価額に相続時精算課税を適用した贈与財産の価額（贈与時の時価）を加算して相続税額を計算するため、その適用を検討する際は、贈与財産の価格が贈与時より相続時に値上がることが確実なものであれば、節税対策として適しているといえますが、逆に相続時に値下がりすることが確実なものに適用すると不利になることに留意が必要です。

　ただし、全体的な納付税額の有利・不利とは無関係に、特定の者に早期に特定の財産を移したい場合には、実質的な生前遺産分割をすることとなるため、適しているといえるでしょう。

(2) 贈与契約で成立する課税関係

個人・法人間の贈与にかかる課税関係を整理すると，以下のとおりです。

	贈与者A		受贈者B	贈与者A	受贈者B
1	個人	から	個人	課税なし（但し連帯納付義務）	贈与税
2	個人		法人	所得税（みなし譲渡課税）	法人税
3	法人		個人	法人税，消費税（役員の場合）	所得税
4	法人		法人	法人税	法人税

　贈与契約により受贈者が財産を取得すると，原則として経済的価値が流入するため，受贈者に所得が発生します。したがって，受贈者が得た所得に対して，受贈者が法人の場合は法人税，受贈者が個人の場合は所得税が原則として課されます。

　ただし，受贈者が得た財産が贈与税の課税対象となる場合，所得税は非課税となります（所法9条1項16号）。したがって，贈与税が課される個人間の贈与の場合は，受贈者である個人には所得税は課されませんが，補完税としての贈与税が課されます。

　また，一定の場合には贈与者が所得を得たものとして所得税が課される場合があります（所法59条1項）。

　以上，贈与税はあくまでも個人から個人への贈与の場合に受贈者である個人が課税される税ですので，法人がかかわると，贈与税の課税関係とはならず，法人税や所得税の課税関係となることに留意が必要です。

　上記の表の第1～第4の各課税関係について，関係する税目に分けて，以下で詳しく説明します。

　なお，消費税の課税対象は，国内において事業として対価を得て行われる資産の譲渡，貸付け，役務の提供であり（消法4条1項，2条1項8号），これに当たらない贈与という無償の譲渡は，不課税取引として原則的に消費税は課税されません（ただし法人から役員への贈与については例外があります。後述55頁参照）。

第1章 贈与契約―税法編―

2 贈与契約で成立する具体的な課税関係

(1) 個人から個人への贈与

前記の表（45頁）の第1の場合，すなわちA（個人）からB（個人）の贈与の課税関係は，以下のとおりです。

ア 贈与税

oint

・受贈者Bは，贈与財産の価額にかかる贈与税を納税する義務があります。
・受贈者Bは，自ら贈与税の確定申告をして，申告期限までに納税する必要があります。
・贈与者Aは，Bの贈与税について連帯納付義務を負うこととなります。

(ア) 贈与税の納税義務と実務上の注意事項

贈与により財産を取得した個人は，贈与税を納める義務があります（相法1条の4）。

贈与税の課税価格は，1年間に贈与により取得した財産の価額の合計額です（相法21条の2）。贈与税は，一年合算課税制度のため，同年中に2人以上の者から贈与を受けた場合，または同年中に同一の者から2回以上にわたり贈与を受けた場合には，その全ての贈与財産の価額の合計額が課税価格となります。

この贈与財産の価額は，贈与により財産を取得した日の「時価」です（相法22条）。ただし，個々の財産の評価については一部（同法22条～26条）を除き，規定がないため，課税実務上は，行政内部の規則である財産評価基本通達に委ねられているのが実情です。

「時価」の意義について財産評価基本通達1(2)は，「時価」とは，課税時期において，それぞれの財産の現況に応じ「不特定多数の当事者間で自由な取引が行われる場合に通常成立すると認められる価額」をいうものとし，その

価額の時価は，この通達の定めによって評価した価額によるものとしています。裁判例でも，「時価」の意義については，「不特定多数の当事者間で自由な取引が行われた場合に通常成立する価額」をいうと解しています。

贈与税の計算において，一番重要な財産評価を法律で定めず，課税庁の通達に委ねていることについては議論があるところですが，裁判例は，租税法律主義を堅持しつつ，同通達により評価することを基本的に合理的であると解しています。

なお，贈与による財産であっても，非課税財産（相法21条の3～4）に該当する場合や，租税特別措置法や相続税法基本通達などの定めに該当する場合には，その財産の性質や贈与の目的などからみて，贈与税がかからない場合があります。

また，相続財産を相続した者が，相続開始の年までに被相続人から贈与により取得した財産については，相続税が課されるため（相法19条），贈与税は課されません。

(ｲ) **贈与者の連帯納付義務**

財産を贈与した者は，受贈者の年分の贈与税額に，その財産の価額がその年分の贈与価額の合計額に占める割合を乗じた金額について，連帯納付義務を負います（相法34条4項）。したがって，受贈者が贈与税を納付することについては，きちんと意思疎通を図る必要があるでしょう。

イ 所得税

Point

・贈与による財産の移転の場合，贈与者Aは譲渡にかかる所得税は課されません。

(ｱ) **贈与……「無償による資産の譲渡」**

資産を無償で譲渡した時は，所有期間中に発生した値上がり益を清算する必要があります。したがって，本来は個人が贈与・相続を通じて資産を移転

する場合にも，それが「譲渡」とみなされて，譲渡所得課税（「みなし譲渡課税」といいます。）が適用されます。しかし，相続税・贈与税に加えてみなし譲渡課税をすることについて，なかなか納税者の理解が得られず，徐々にみなし譲渡課税がされる範囲は縮小されました。現行の所得税法では，法人等への贈与等と限定承認の場合に限定して（所法59条1項），みなし譲渡課税が適用されることになっています。

したがって，個人間の贈与の場合は，贈与者Aにみなし譲渡課税は適用されません。

　(イ)　受贈後の譲渡における留意点

贈与が行われた時点では所得税の課税関係は発生しませんが，贈与後の課税関係に影響を及ぼします。

個人間での贈与の場合には，例示に従えば贈与者Aにみなし譲渡課税がなされないかわりに，受贈者Bが贈与者Aの資産を引き続き所有していたものとみなされます（所法60条1項1号）。したがって，受贈者Bは贈与者Aの資産の取得費を引き継ぐこととなるため，受贈後に，受贈者Bがその受贈資産を譲渡する際には，贈与者Aがその資産を保有していた期間の含み益についての譲渡所得課税まで，受贈者Bが受けるという点に留意すべきでしょう。

なお，資産の譲渡について取得費の引継ぎが行われるのは，贈与，相続（限定承認にかかるものを除きます。），遺贈（包括遺贈のうち限定承認にかかるものを除きます。）などによって取得された資産です。

(2) 個人から法人への贈与

次に，前記の表（**45頁**）の第2の場合，すなわちA（個人）からB（法人）への贈与の課税関係は，以下のとおりです。

┨設　　例┠

　A個人はB法人に対し，土地（取得原価400万円，時価1,000万円）を贈与した。

ア 法人税

> **Point**
> ・B法人は，個人から土地を無償で譲り受けた場合，その土地を時価で譲り受けたものとして時価相当額が益金として計上され，法人税が課されます。

無償による資産の譲受の法人税計算

法人税法上，内国法人が益金の額に算入すべき金額は，資産の販売，有償又は無償による資産の譲渡又は役務の提供，<u>無償による資産の譲受け</u>その他の取引で資本等取引以外のものに係る収益の額です（法法22条2項）。

この規定の適用により，設例では，B法人は，無償であっても個人Aから資産を時価で譲り受けたものと法人税法上擬制されるため，その土地の時価1,000万円を益金に計上し，法人税を課されることになります。

イ 所得税

> **Point**
> ・A個人は，B法人に時価で土地を譲渡したものとみなされ，所得税法上，譲渡所得課税を受けることになります（所法59条1項）。
> ・土地（不動産）の譲渡所得に係る所得税は，個人が自ら所得税の確定申告をして，納税する必要があります。
> ・個人が金銭を贈与した場合には，寄附金控除（所法78条），税額控除（租特41条の18の2～3）の適用を受けることが出来る場合があります。

(ア) 法人への資産の贈与は要注意

個人が法人に資産を贈与すると，贈与を受けた法人は時価で受け入れたものとして，法人税が課される（法法22条2項）一方で，贈与をした個人は，時価で法人に譲渡したものとみなされ（所法59条1項），所有期間中の含み益が

実現することになります。この取扱いは，資産を無償で譲渡したときも，所有期間中に発生した資産の値上がり益を清算する必要があるためですが[3]，法人への資産の贈与の場合は，法人は時価で受け入れるのが原則のため，この時点で課税しなければ，継続事業体である（したがって自然人のような寿命がない）法人には贈与者がその資産の保有中に生じた値上がり益に課税できないことになってしまうという理由から設けられています[4]。

この場合は，その資産が時価で法人に譲渡したとみなされますが，その時価は相続税評価額ではなく，通常の取引価格となることに留意が必要です[5]。

なお，法人に「現金」を寄付した場合には，値上がり益が生じることはないため，譲渡所得課税がなされることはありません。

(イ) A個人の課税関係

B法人に土地を贈与したA個人は，B法人に不動産を時価で譲渡したもの

---

3) 所得税法33条の譲渡所得課税の趣旨が，資産の値上りによりその資産の所有者に帰属する増加益を所得として，その資産が所有者の支配を離れて他に移転するのを機会にこれを清算して課税するものであると解されることからすれば（最判昭和50.5.27民集29-5-641），贈与等の無償による資産の移転があった場合においても，その移転の時の価額により，その資産の譲渡があったものとみなして，譲渡所得を課税するのが原則です（所法59条）。したがって，本来は個人が贈与・相続を通じて資産を移転する場合にも，譲渡所得課税が生じることになります。戦後改正された日本の税制では，相続や贈与時には2つの課税問題がありました。すなわち，相続や贈与により財産を取得した者には相続税と贈与税が課税され，財産を譲渡した者にはみなし譲渡課税が行われていました。しかし，前述したように，相続税・贈与税に加えてみなし譲渡課税をすることについて，なかなか納税者の理解が得られず，徐々に適用範囲が縮小され，現行の所得税法では，法人等への贈与等と限定承認の場合に限定して（所法59条1項），みなし譲渡課税をすることにしています。個人間の場合は，被相続人又は贈与者の取得価格を引き継いで，受贈者が将来譲渡した時に贈与者に生じていた値上がり益も含めて課税することにしているのです（三木義一＝末崎衛『相続・贈与と税』（信山社，第2版，2013）147頁参照）。

4) 三木義一＝関根稔＝山名隆男＝占部裕典『実務家のための税務相談 民法編』（有斐閣，第2版，2006）140頁参照。

5) なお，贈与ではありませんが，個人から法人への売買の場合，実質が負担付贈与（定義などは後述72頁参照）とされた場合，負担させる債務等が当該贈与財産の時価の2分の1に満たない場合には，低額譲渡に該当し（所法59条1項2号），譲渡対価でなく時価で譲渡したものとみなされることにも留意する必要があります（東京高判平成4.6.29訟月39-5-913参照）。

とみなされるため，その土地の時価1,000万円がAの譲渡収益として計上されます。ただし，このAの譲渡収益は土地を手放したことによるもののため，譲渡原価400万円も併せて計上されます。その結果，Aには譲渡収益1,000万円－譲渡原価400万円＝600万円の譲渡所得が発生することとなり，所得税が課されます。

　(ウ)　法人への現金贈与の場合の寄附金控除の適用

　個人による現金の贈与の場合（とくに寄附金という。）には，所得税法上，寄附金控除制度（所法78条）が設けられています。この規定は，国や地方公共団体，公益法人等に対する寄附金（特定寄附金といいます。）の場合には，その金額（ただし，上限があります。）のうち，2,000円を超える部分を「所得控除」することを定めています。法人税における寄附金の制度と比べると，寄附の対象が公益的な寄附金に限定されていることに，注意が必要です。また，個人の寄附のうち，認定NPO法人や一定の要件を満たした公益社団法人等に対する寄付については，一定の制限の下に寄附金額の40％を「税額控除」する特別措置が設けられており（租特41条の18の2〜3），一般の特定寄附金よりも，更に優遇されています。

(3)　法人から個人への贈与

　そして，前記の表（45頁）の第3の場合，すなわちA（法人）からB（個人）への贈与の課税関係は，以下のとおりです。

┃設　例┃

　A法人はB個人に対し，土地（取得原価400万円，時価1,000万円）を贈与した。

第1章　贈与契約―税法編―

ア　法人税

Point

- A法人がB個人に土地を無償で譲渡した場合には、その土地を時価で譲渡したものとして譲渡益相当額を益金に計上することになります。
- 一方、A法人が現実に受け取っていないその土地の時価相当額については、A法人はB個人に寄附したものとして、寄附金等（費用）に計上することとなります。この場合、A法人は寄附金の損金不算入規定（法法37条）も併せて法人税の課税所得を計算し、所得が出れば、法人税が課されることとなります。

(ア)　無償による資産の譲渡の法人税計算

　法人が資産を個人に贈与した場合、法人税法上「無償による資産の譲渡」に該当するので、その法人の益金として課税されることになります（法法22条2項）。

　すなわち、法人から個人への贈与（無償による資産の譲渡）の場合にも、贈与資産の時価相当額を法人の譲渡益として益金に計上することが必要になります。

(イ)　寄附金の損金不算入

　内国法人が支出した寄附金の額（国又は地方公共団体、公益法人等に対する寄附金を除きます。）の合計額のうち、その法人の事業年度終了の時の資本等の額（又は政令にて計算した金額）を超える部分の金額は、その法人の所得の金額の計算上、損金の額に算入しません（法法37条）。

　この場合における寄附金とは、寄附金、拠出金、見舞金その他いずれの名義をもってするかを問わず、その法人が金銭その他の資産又は経済的な利益の贈与又は無償の供与をした場合の、その時における時価というものとされています（法法37条7項）。これは、法人が無償ではなく低額の譲渡を行った場合であっても同様に、時価による寄附があったとするものです。

2 贈与契約で成立する具体的な課税関係

(ウ) A法人の課税関係

以上の法人税法の定めを設例に当てはめて検討してみましょう。

A法人は，法人税法上，資産の無償譲渡として時価で譲渡したものとされるため，その土地の時価1,000万円が譲渡収益として計上することになります。ただし，このA法人の譲渡収益は土地を手放したことによるもののため，譲渡原価400万円も併せて計上されることになります。その結果，この段階ではA法人に譲渡収益1,000万円－譲渡原価400万円＝600万円の所得が発生することとなります。

一方，A法人は実際には無償で譲渡をしていますので，法人税法37条によりその土地の時価相当額1,000万円を寄附金（費用）として計上することとなります。その結果，譲渡収益1,000万円－譲渡原価400万円－寄附金1,000万円＝－400万円と差し引きでの所得はマイナスになります。

この場合，法人税法上の寄附金の損金不算入規定により，A法人の寄附金は一定額しか損金に算入することができないので，これを超えた分が法人税の課税対象となります。たとえば，A法人が控除できる寄附金の限度額が500万円とすると，譲渡収益1,000万円－譲渡原価400万円－寄附金（控除限度額）500万円＝100万円の所得が生ずることとなり，これが法人税の課税対象となります。

イ 所得税

(ア) 法人からの贈与には，所得税が課される

既に述べたように，贈与税は個人が贈与を受けた場合に課される税です。しかし，贈与者が法人である場合には，継続企業体である法人には寿命がなく相続がないので，相続税の補完税としての贈与税の対象とする必要はないため，B個人に贈与税は課されません（相法21条の3第1項1号）。この場合，B個人には通常の所得税が課されることになります。

(イ) 受贈者の所得税課税関係のまとめ

A法人からの贈与は，B個人の所得税の課税対象となりますが，法人と個人の関係によって所得区分は多様に分かれます。

① 雇用関係のない法人からの一時の贈与であれば，一時所得（所法34条），雇用関係のない法人からの継続的な贈与であれば雑所得（所法35条）になります。

② 取引先から業務に関連して継続的に受けるのであれば事業所得（所法27条）になりますが，開業に際して事業関係者から受領した祝金は，経済的実質からみれば，事業の遂行に付随して生じた収入であるから，事業所得に該当するとした裁決例（裁決平成14.1.23事例集63-153）もあります。

③ 雇用されている法人から業務に関連して受ければ，広義の勤務の対価として，給与所得（所法28条）になります。

④ ストック・オプションの権利行使益が，直接的な雇用関係（委任関係）のない外国親会社からその子会社の役員に対して付与された場合に，当該役員は外国親会社に対し，職務を遂行しているからこそ，そうしたストック・オプションを付与されたのであって，その権利行使益は，その役員の職務遂行に対する対価としての性質を有する経済的利益であることは明らかであり，同権利行使益は，雇用契約又はこれに類する原因に基づき提供された非独立的な労務の対価として給付されたものとして，給与所得に当たるべきと判断した裁判例（最判平成17.1.25民集59-1-64）があります。わが国の所得区分基準からみて疑問が多いところです[6]。

⑤ 個人株主が法人から受ける利益供与が配当所得（所法24条）と解されるか否かは，判例では見解が分かれています[7]。これについて，たとえば，株主に交付された株主優待金は，損益計算上利益の有無にかかわらず支払われるものであり，株金額の出資に対する利益金として支払われるものとのみは断定しがたく，取引社会における利益配当と同一性質のものであるとは認めがたいものであるから，配当所得に該当しないと解している裁判例（最判昭和35.10.7民集14-12-2420）があります。

---

6) 三木・末崎・前掲注3）155頁参照。
7) 東京高判昭54.5.15税資105-393。

ウ　消費税

> **Point**
> ・法人が課税資産を役員に贈与した場合，時価相当額に対して消費税が課されます。

資産の譲渡とみなされる場合

　贈与契約によって，原則的に消費税の課税関係は発生しません。しかし，法人が役員に課税資産を贈与した場合には，事業として対価を得て行われた資産の譲渡とみなされ，その時価相当額について消費税が課されます（消法4条4項2号）。

(4)　**法人から法人への贈与**

　最後に，前記の表（45頁）の第4の場合，すなわちA（法人）からB（法人）の贈与の課税関係は，以下のとおりです。

> **┃設　例┃**
> 　A法人はB法人に対し，土地（取得原価400万円，時価1,000万円）を贈与した。

第1章 贈与契約―税法編―

ア 法人税

> **Point**
> ・A法人は，土地を無償で譲渡した場合でも，時価で譲渡したものとして譲渡損益が計上されます。
> 一方A法人は，実際には無償で譲渡していますので，現実に受け取っていない時価相当額は，寄附金等（費用）として支出したこととなります。寄附金の損金不算入規定も併せて，法人税の所得計算を行うこととなるため，所得が出れば，法人税が課されることとなります。
> ・B法人は，土地を無償で譲り受けた場合でも，時価で譲り受けたものとして時価相当額が益金として計上され，法人税が課されます。

(ア) 無償による資産の譲渡の法人税計算

A法人の土地の無償譲渡の課税関係は，2(3)アの場合の課税関係と同じです（52頁参照）。

(イ) 無償による資産の譲受の法人税計算

B法人の無償による資産の譲り受けの課税関係は，2(2)アの場合の課税関係と同じです（49頁参照）。

3 贈与契約で成立する課税関係をめぐる諸論点

贈与契約により成立する課税関係は，基本的に2までで論じてきたとおりです。しかし，その課税関係をめぐっては，いくつか争いのある論点が存在します。

(1) 贈与税の課税時期

> **Point**
> ・税法上「贈与により取得した」時期は，①書面によらない贈与の場合は「履行があったとき」，②書面による贈与の場合は「その契約の効力が発生したとき」を基礎とします。
> ① 書面によらない贈与の場合の取得時期である「履行があったとき」は，動産の場合は「引渡し」，不動産の場合は「登記もしくは引渡し」が判断基準ですが，不動産の引渡しの具体的な時期については事実認定も含めて判断することとなります。
> ② 書面による贈与の場合の取得時期である「その契約の効力が発生したとき」とは通例は「契約の効力発生日」ですが，課税実務では「登記」を契機に贈与税が課されることがあり，この場合には登記が遅れたことについて「合理的な理由があったか否か」が，その課税処分が適法か違法かについての判断基準となります。

ア 贈与契約の成立──民法との違い

　贈与税の納税義務者は「贈与により財産を取得した個人」です（相法1条の4）。この「贈与により財産を取得した」時期はいつか，ということが課税実務上，重要な問題となります。民法では，贈与の効力の発生は当事者の意思表示が合致した時，すなわち，贈与契約が成立した時となりますが（民法549条），税法上の「贈与により財産を取得した」時期を民法の贈与契約の成立時期と解すると，実際に贈与の履行がなくても贈与税の納税義務が生じてしまうこととなるなど，税法上弊害が生じてしまうことがあります。

　そこで，税法上および課税実務上は，書面によらない贈与の場合と書面による贈与の場合とに分けて，「取得の時期」を判断しています。

(2) 書面によらない贈与と取得時期―民法との違い―
ア 贈与の取得時期が契約成立時とした裁判例

かつては民法との整合性を重視して,「贈与の契約成立時」が取得時期であるとした裁判例があり,多くの議論を呼びました。

取得の時期概念事件（京都地判昭52.12.16判時884-44）

事案 原告は,親族から口頭によって不動産の贈与を受けたものの,長期間登記をしていませんでした。課税庁は,長期間経過後（除斥期間経過後）の,その不動産の所有権移転登記時に,その不動産の贈与を受けたものとして,その年分の贈与税の決定処分及び無申告加算税の賦課決定処分をしました。裁判では,この場合の贈与により不動産を「取得した時期」が,口頭時の民法上の贈与契約成立の時か,不動産登記の時なのかが争われました。

判旨「贈与税は『財産の取得』（相続税法1条の2）を課税原因とし,納税義務は右『財産の取得』の時（国税通則法15条2項5号）に成立するものとされているところ……右『取得』の概念について税法上格別に定義づけた規定も見当らないので,右国税通則法にいう『贈与による財産の取得の時』についても,民法の一般理論と別異に解すべき根拠も特に見出しがたいところ,判例通説の一般理論によれば贈与は贈与者の贈与の意思表示を受贈者が受諾することにより成立し,ほかに特段の行為なくして財産権移転の効力を生ずる（民法549条）ものとされているから,右『取得の時』とは贈与契約（意思表示の合致）が成立した時をいうものであって,これは書面によらない贈与の場合においても変わりはないものと解するのが相当である。」

この判決は,贈与による財産の取得の時期を「契約の時」と判示して,課税庁側の敗訴としましたが,控訴審（大阪高判昭54.7.19訟月25-11-2894）は京都地裁の事実認定を覆し,登記原因として記載された贈与の年月日にかかわら

ず、その「登記の時」に贈与により財産を取得したものと認定し、第一審の判断を覆しました。最高裁でも、控訴審判決が支持されています（最判昭56.6.26税資117-770、判時1014-53、判タ450-73）。

民法の贈与契約の成立時期をもって財産を「取得」したものと解すれば、上記地裁判決は当然といえるでしょう。ただし、このように解すると、口頭で贈与契約を結んだが、長い間履行せず、無申告のままであれば、課税権の除斥期間は容易に経過し、課税の機会が失われることとなります。

また、民法では贈与の履行後は撤回することはできないので（民法550条）、履行があったときに、贈与による所有権が確定するものと考えることができるでしょう。

イ　贈与の取得時期が「その履行が終わったとき」とした裁判例

その後の裁判例は、書面によらない贈与の取得時期は「その履行が終わったとき」と解するようになっています。

借地権贈与事件（東京高判昭53.12.20訟月25-4-1177、税資103-800）

事案　原告は、父親から口頭によって借地権とその上の建物の贈与を受けたものの、長期間登記をしていませんでした。その後、その借地上に新しいビルを建築するために、借地上に存していた建物の賃貸人から「承諾書」の交付を得て、当該建物を取り壊しました。課税庁は、長期間経過後（除斥期間経過後）の、その借地上の建物取壊し時が、その借地権及び建物の贈与を受けたときとして、その年分の贈与税の決定処分及び無申告加算税の賦課決定処分をしました。裁判では、この場合の贈与により借地権等を「取得した時期」が、口頭時の民法上の贈与契約成立のときか、贈与の履行が終わったとき（この事案では、借地の引渡しが終わったとき、すなわち借地上に存していた建物の賃貸人から「承諾書」の交付を得て、当該建物の取壊しを行ったとき）なのかが争われました。

判旨　原審（横浜地判昭52.4.13訟月23-6-1109）の次の判断を支持。「とこ

> ろで，書面によらない贈与はその履行が終わらないうちは，各当事者において何時でもこれを取り消すことができる（民法550条）のであるから，受贈者の地位は履行の終わるまで不確実なものといわざるを得ない。右のような書面によらない贈与の性質に鑑みれば，贈与税の納税義務者について規定する相続税法1条の2にいう『贈与により財産を取得した時』とは，書面のよらない贈与の場合においては『贈与の履行の終つた時』を意味するものと解するのが相当である。したがって，書面によらない贈与の受贈者は，贈与の履行の終つた時に，法令の定めによるところにより贈与税の納税義務を負担するに至る。……『借地の引渡』がなされたものと認められるときは，贈与の履行が終わったものということができる。……本件借地権の贈与の履行が終わったのは，原告が，ビル建築のために，賃貸人……から示承諾書の交付を得て，本件借地上に存在した……建物の取壊し等を行った，昭和39年中のことであるというべきである。」（原審の判決を引用）

　この判決以来，同様の判断が何度か示されており[8]，書面によらない贈与における「財産の取得の時期」は，「履行が終わった時」であることが司法判断としては定着しています。

　民法上も口頭による贈与の場合はいつでも取り消せる（民法550条）以上，贈与税の納税義務も履行があってはじめて納税義務が生じる，と解することが自然でしょう。贈与税は，贈与による担税力の増大に着目するものであるため，実際に履行されていないのに税金を負担するということは租税公平主義，すなわち担税力の観点からは，妥当とはいえないでしょう。

　なお，課税庁による通達でも，書面によらない贈与の取得時期については，「その履行の時」（相基通1の3・1の4共-8(2)）として取り扱っています。

---

[8] 福岡地判昭54.2.15訟月25-6-1666，東京高判昭56.8.27行集32-8-1469，名古屋高判平10.12.25訟月46-6-3041。

ウ　贈与の履行という債務控除を認めた裁判例

ところで，書面によらない贈与をいつでも取り消すことができるとすると，親族間以外の第三者に口頭で贈与契約をした者が死亡した場合，その贈与契約による債務は，確実な「債務」とはならないようにも思われます。そうすると，相続税法上の債務控除が認められるのかが問題となります。

相続税法上，相続又は遺贈により財産を取得した者のその取得した財産にかかる課税価格の計算に当たり，当該財産の価額から，被相続人の債務で相続開始の際に現に存するもの（公租公課を含む。）の金額のうち，その者の負担に属する部分の金額は，課税価格から控除して計算することとされています（相法13条1項）。そして，この場合の債務は，確実と認められるものに限られています（相法14条1項）。

相続税法上の債務控除に関して，口頭で贈与契約をしたものの，その贈与を履行する前に死亡した場合，物を引き渡すべき債務が，相続税の計算上，被相続人（当該贈与契約を締結した者）の債務として，課税価格から控除することができるのかが争われ，債務控除が認められた次の裁判例があります。

債務控除の可否事件（東京高判平4.2.6税資188-209，判タ803-91）

事案　原告は，会社の社長から株式の贈与に係る贈与税額の負担について，口頭で負担する（贈与する）旨を伝えられていました。当該社長（贈与者）は，その贈与税額を支払う前に死亡し，相続となりましたが，この支払われていない贈与税額負担分が，当該贈与者の相続税の計算に当たり，課税価格から控除すべき債務控除の対象となるか否かが争われました。

判旨　「書面によらない贈与のようにいつでも本人又は相続人が取り消し得るものについても，それがここでいう『確実と認められるもの』に含まれるかは一個の問題である。確かに，書面によらない贈与は，贈与者又はその相続人は履行するまでは取り消すことができる。

> しかしながら，だからといって，直ちに，それらが定型的に『確実と認められるもの』に当たらないということはできない。なぜなら，贈与契約に基づく債務は，保証債務のような補充的なものではないから，いやしくもその債務の存在すること及びその債務の履行されることが確実であると証拠上認められるならば，これを『確実と認められるもの』ではないとはいえないからである。すなわち，取消しが理論的には可能であっても，諸般の状況からみて取消権の行使がされず，その債務が履行されることが確実と認定できる場合には，これを債務控除の対象から除外すべき理由はない。……立法者は，必ずしも書面によらない贈与であるという一事で，定型的に債務控除の対象から外すという考え方を採っていなかったものと考えられるのである。……なお，基本通達14-1も，『債務の金額が確定していなくとも当該債務の存在が確実と認められるものについては，相続開始時の現況によって確実と認められる範囲の金額だけを控除する。』としている。」

この判決では，書面によらない贈与であっても，その贈与負担額が，相続時点において相続人によって取消権が行使されず，履行されることが確実と認定できるか否かが争点とされました。そして，この事案においては，相続時点において，贈与の債務の存在及び履行は確実であったと認定され，相続税の課税価格の計算上，債務控除されることとなったのです。したがって，債務控除の可否の検討に当たっては，贈与をなす債務であるか否かという点ではなく，履行の確実性によって判断がされる点に注意が必要です。

(3) **書面による贈与と取得時期**

課税実務上，書面による贈与の取得時期は「その契約の効力の発生した時」（相基通1の3・1の4共-8）とし，その贈与の時期が明確でないときは，「特に反証のない限りその登記又は登録があった時」（相基通1の3・1の4共-11）として取り扱っています。

しかし，この取扱基準を利用して，まず書面により贈与契約締結日を明確

にしておき，実際の目的物の引渡しや登記をその日よりも遅らせるという処理が横行しました。すなわち，書面，特に公正証書で不動産の贈与契約を締結しておいて，その不動産の所有権移転の登記が遅れたような場合には，課税庁が登記により贈与の事実を把握し，課税を行おうとしても，書面に記載された贈与契約成立日から起算すると課税権の除斥期間が途過しているため，課税し得なくなるということが，実務上問題となりました。

このような場合，実務上は「登記」日に取得があったものとして，贈与税の課税処分が多くなされています。このような場合，課税処分が適法か否かの判断については，登記が遅れたことについて「合理的な理由があったか否か」によるといえるでしょう。それでは，それぞれの裁判例をみていきましょう。

ア　合理的な理由があったケース

登記が遅れたことについて，合理的な理由を認めて，登記を取得時期とした課税処分が違法と判断された裁判例です。

那覇贈与肯定事件（那覇地判平7.9.27税資213-743）

事案　原告は，昭和40年頃に居住用建物を建築したいと考え，長兄に相談したところ，同人から，その所有する従前の土地のうち，約80坪を贈与するので同所に建築するよう勧められた。その土地の一部に建物を建築したところ，その建築資金の融資を受ける際に，銀行員から，子供の代になって紛争にならないように，書面を作成したほうが良いとの助言を受けました。そこで原告は，昭和41年5月8日，長兄との間で，長兄を贈与者，原告を受贈者として，その土地を贈与する旨を記載した書面を作成しましたが，実施に登記をしたのは，平成2年2月9日でした。そこで課税庁は，平成2年2月に贈与が履行されたとして贈与税の課税処分を行いました。これに対し，原告は，昭和41年5月8日に贈与を受けたとして，平成2年分の贈与税の決定処分等の

取消しを求め，争いました。

判旨　「次兄は9番の土地に旧居宅を建てたものの，長兄が右土地を次兄に贈与しない旨述べていたから，そのあと弟である原告が，先に本件土地の贈与を受けた旨の登記をすることがはばかられたというのも十分考えられることで，本件贈与の時点において，原告が，従前の土地をあえて分筆して自己の名義に移転登記することなく，長兄の名義にしたままで，そのかわりに長兄との間で贈与を証明するため覚書を作成したとしても，あながち不自然とは言えず，右証言にあるように，次兄が……昭和63年12月24日から右土地の所有権一部移転登記を始めたことから，原告も，長兄の勧めもあって，平成2年2月9日に本件登記をしたという説明も，首肯し得るものである。……加えて，本土復帰前の沖縄においては，贈与税の制度はなく，贈与による財産の取得については，所得税の一時所得の適用を受けるところ，昭和42年に資産評価調査員規程が制定され，評価基準の作成作業が始まるまでは，不動産の評価基準はなく，不動産の一時所得についての課税実績がほとんどなかったことが認められる……。したがって，昭和41年当時，贈与による財産の取得における納税意識は一般的に低かったと推認されることからすれば，原告において，本件贈与当時に移転登記を直ちに行わなかったことに，租税回避の意図を認めることはできない。……以上からすれば，昭和41年ころ，原告と長兄との間で，ほぼ本件土地に相当する部分について，長兄から原告に贈与する旨の合意が成立し，右贈与を証明するため，同年5月8日付けで覚書が作成されたものと認められる。そうであれば，本件贈与は，基本通達にいうところの，書面による贈与であることとなるから，基本通達1・1の2共-7により，その契約の効力の発生したときである昭和41年を財産の取得時期とすべきであり，同取得時期を平成2年とした被告の本件各処分は，いずれも誤りである。」

この判決では，登記が遅れた点について，沖縄の歴史的な特殊事情も踏

まえて，当事者間に租税回避の意図はなく，合理的な理由があったものとして，書面による贈与であるため，書類作成時の贈与契約の成立を認定し，課税処分が違法とされました。

イ　合理的な理由がなかったものとされたケース

これに対して，登記が遅れたことについて，合理的な理由がなかったものと認定されると，登記を取得時期とした課税処分は適法とされます。

このように合理性が疑わしいときは，下記のような裁判例の多くでは，贈与事実の認定のレベルで，すなわち，贈与契約締結日を明確にするために作成した書面（特に公正証書）作成時に，贈与契約は成立していないものと否定しています。公正証書作成時には贈与の意思はなく，真の法律関係では，贈与契約は締結なされていないから，書面による贈与契約は成立していないと認定することで，解決を図っているようです。そうした裁判例を紹介しましょう。

相続財産認定事件（神戸地判昭56.11.2税資121-218）

事案　原告らは，昭和40年2月9日に，公正証書により，父から本件土地の贈与を受けましたが，次の日の2月10日に，その父が遺言書で，「私の死亡後」に，本件土地を贈与する旨を記載したものを作成しました（明らかに公正証書の文言と異なる意思を表示しています。）。原告らは，本件土地以外の個別的に贈与を受けた土地については，直ちに登記をしましたが，本件土地については，登記していないまま，その父が死亡し，相続となりました。課税庁はこれを相続財産として課税したところ，原告らは昭和40年2月9日に父から本件土地の贈与を受けたものとして，相続税の課税処分を争いました。

判旨　「本件公正証書には，原告両名は贈与を受けた本件土地の一部分たりとも父の書面による承諾を得ずして他に譲渡質入或は担保等の目的に供することはできない旨，記載されているのであり……認定し

> た事実関係からすれば，父は，本件公正証書作成後これと接着した時期に本件遺言書を作成し，その中で，目的物件については本件公正証書の記載を引用して，自己の死後は原告両名に本件土地を贈与する旨，本件公正証書の記載とは相容れない意思を表明したうえ，その後死亡に至るまで8年余の間，……家の当主として，本件土地の全てを自己の所有として管理処分していたものであるというべく，しかも，原告両名はこれを了承していたのである。……更には，原告は，本件土地以外の個別的に贈与を受けた土地については，直ちに所有権移転登記を経由する等しているのに，本件土地については，それがなされないままになっていることをも考え合せれば，本件公正証書を作成したときの父の意思は，直後に作成する遺言書で原告両名に遺贈する目的財産の範囲（本件土地）を，親族間に存する事情にかんがみ，関係者間に明確ならしめておくところにあったものであり，公正証書を作成したのは，右の事情にかんがみ，特に慎重を期したものであって，条件付きであるとはいえその時点で直ちに原告両名に対して本件土地を贈与するというようなものではなかったと推認され，また，原告もこのことを了知していたものと推認される。……以上の次第で，結局，本件贈与契約は成立していないものというほかない。」

この判決は，当該土地が，公正証書による贈与契約によって既に相続人のものになっているのか，それとも相続財産に含まれるものなのか，ということが争点でした。この裁判例では，登記をしなかったことに合理的な理由はなく，書面はあるけれども形式上作成されただけで，贈与者の真の意図は，当該土地は，贈与者本人の死後に贈与するというというものであったと認定されました。その結果生前に贈与契約は成立していないと判断され，相続税財産に含まれることとされたのです。

3 贈与契約で成立する課税関係をめぐる諸論点

租税回避認定事件（名古屋地判平5.3.24訟月40-2-411）

事案 原告は，父から昭和51年12月8日付けの公正証書により，不動産の贈与を受けましたが，父が死亡するまで，当該不動産の所有権移転登記をせず，相続となりました。父は，公正証書を作成した際，周囲に「公正証書があれば税金を払う必要はない。」との趣旨の話をしていました（認定事実）。課税庁はこれを相続財産として課税したところ，原告は昭和51年12月8日に父から本件土地の贈与を受けたものとして，相続税の課税処分を争いました。

判旨 「本件公正証書は，いずれも特段の必要がないのに作成されたものであり，しかも，原告，丙及び丁は，いずれも所有権移転登記をすることに何ら支障がなかったにもかかわらず，父の死亡に至るまでこれをしなかったというべきところ，原告らは，別紙4記載の不動産の贈与については，公正証書を作成しておらず，父から贈与を受けると間もなく所有権（持分）移転登記を経由しているのであるから，本件不動産につき，わざわざ公正証書を作成しながら，所有権移転登記をしなかった合理的な理由を見出すことができず……，本件公正証書は，いずれも租税の負担を免れるための方便として作成されたものであり，真実は父が死亡した場合には本件不動産をそれぞれ原告，丙及び丁に贈与することを約したのであるが，相続税の課税を回避するため，あたかも即時に贈与したかの如き条項にしたものと認めるのが相当である。本件公正証書作成当時，既に原告らが本件不動産に居住するなどして，無償でこれを使用していたことに鑑みれば，原告らが本件不動産に係る固定資産税等，火災保険の保険料及び修繕費等を負担してきた事実があるからといって，右認定を覆すには足りないというべきである。

　そうすると，本件不動産は『贈与者の死亡により効力を生ずる贈与』（遺贈）によって取得した財産に当たるので，相続税の課税財産に

> 含まれるというべきである。」

　この判決もまた，当該不動産が，公正証書による贈与契約によって既に相続人のものになっているのか，それとも相続財産に含まれるものなのか，が争点でした。そして，贈与者の死亡に至るまで登記をしなかったことに合理的な理由はなく，公正証書作成時には，真に贈与する意思はなく，公正証書は，租税の負担を免れるためのものであると認定され，公正証書作成時の贈与は否認され，遺贈によって取得した財産として，相続税財産に含まれることとされたのです。

　次の裁判例は，登記が遅れたことに合理的な理由がなく，公正証書作成時には贈与の意思はなかったと認定し，そうすると，当該贈与は書面によらない贈与となるため，書面によらない贈与については「その履行の時」が検討され，当該贈与財産の引渡しもないと認定されたため，贈与の履行時は登記時として，登記時に贈与税の課税処分があったケースです。

　この裁判例の具体的な争点は，公正証書による贈与契約を締結しておいて，登記を除斥期間経過後に行った場合に，登記時点で贈与事実を知った課税庁が果たして課税し得るのだろうか[9]，ということです。

　ここで課税を肯定する場合の論拠として，この判決では，二段階に分けた論拠をとりました。それは，①登記が遅れたことについて合理的な理由があったか否か，②合理的な理由がない場合には，証書作成時には贈与の意思がなかったものとなり，そうすると，書面によらない贈与として，「その履行の時」はいつか，ということです。ここでは，①合理的な理由があったか否かについて焦点を当てて全体的に整理し，実務編で，②「その履行の時」はいつかについての問題を，個別に整理することとしましょう。

---

[9] 三木義一「贈与による財産取得の時期」『別冊ジュリスト租税判例百選（第5版）』（有斐閣，2011）147頁。

3 贈与契約で成立する課税関係をめぐる諸論点

公正証書認定事件（名古屋高判平10.12.25訟月46-6-3041, 税資239-1153）

事案 父と原告は昭和60年3月14日に本件不動産を贈与する公正証書を作成しましたが，その内容は，昭和60年3月14日に贈与者を父，受贈者を原告とする本件不動産の贈与をすること，贈与者は，受贈者から請求があり次第，本物件の所有権移転の登記申請手続をしなければならない，というものでした。そして，昭和60年の年末あたりから，原告は本件不動産に単独で居住していました。その後，原告は平成5年12月13日，父から本件不動産について，昭和60年3月14日贈与を原因として所有権移転登記を受けました。そこで，課税庁は原告に対し，本件においては公正証書を作成する必要性はなく，8年以上もの間移転登記をしなかった合理的な理由はなく，本件公正証書は租税負担を免れるための方策として作成したにすぎず，当該贈与は平成5年12月13日の登記時であるとして，平成5年分の贈与税決定及び無申告加算税賦課決定処分をしました。これに対し原告は，公正証書を作成しており，契約書作成時に贈与契約が成立しているため，昭和60年3月14日に贈与があったものと主張して，その贈与税の課税処分を争いました。

判旨 原審（名古屋地判平10.9.11訟月46-6-3047）を一部修正のうえ引用し，贈与税決定処分等を適法と判断（最決平11.6.24税資243-734で上告棄却。）。

「(1) 本来，不動産の贈与の場合，所有権移転登記を経由するのが所有権を確保するためのもっとも確実な手段である。したがって，贈与が行われたにもかかわらず何らかの事情により登記を得られないときや，登記のみでは明らかにできない契約内容が存在するときに，あえて公正証書を作成する意義があるものと解される。

(2) しかしながら，……本件公正証書記載の贈与契約は，公正証書作成日に贈与がなされ，不動産の引渡義務の履行も即日終了したことになっており，贈与に係る特段の負担などの記載もないのであって，

典型的な贈与契約であるから，登記のみでは明らかにできない契約内容は認められない。

(3) また，父と原告との間で贈与が行われたにもかかわらず登記をすることができなかったことをうかがわせる事情も認められない。……

(4) したがって，本件公正証書記載の贈与であれば，本来，所有権移転登記をすれば足りるのであり，あえて公正証書を作成する合理的な必要性はなかったものと認められる。」

「原告は，昭和60年12月ころから，本件不動産を単独で使用し始め，固定資産税及び水道料や電気代の公共料金を負担していることが認められる。……原告自身は，本件不動産に対する従前からの使用状態を継続していたにすぎない。……単独で使用している原告に，本件不動産の固定資産税や公共料金を負担させることは不合理ではなく，これをもって直ちに贈与により原告の所有になったことの表れであるということはできない。」

「本件公正証書は，将来原告が帰化申請する際に，本件不動産を原告に贈与しても，贈与税の負担がかからないようにするためにのみ作成されたのであって，父に本件公正証書の記載どおりに本件不動産を贈与する意思はなかったものと認められる。他方，原告は，本件公正証書は，将来，本件不動産を原告に贈与することを明らかにした文書にすぎないという程度の認識しか有しておらず，本件公正証書作成時に本件不動産の贈与を受けたという認識は有していなかったものと認められる。

よって，本件公正証書によって父から原告に対する書面による贈与がなされたものとは認められない。」

「そうすると，父が，原告に対し，本件不動産を贈与したのは，書面によらない贈与によるものということになるが，書面によらない贈与の場合にはその履行の時に贈与による財産取得があったと見るべきである。そして，不動産が贈与された場合には，不動産の引渡し又は所有

> 権移転登記がなされたときにその履行があったと解されるところ，本件においては，既に判示したように，原告は本件不動産に従前から居住しており，本件証拠上，本件登記手続よりも前に，本件不動産の贈与を受けて，これに基づき本件不動産の引渡しを受けたというような事情は認められないから，」
>
> 　原告は，本件登記手続がされた平成5年12月13日ころに父から本件不動産の贈与を受け，その履行として本件登記手続がされ，これによって原告は本件不動産を取得したものであるから，原告の本件不動産の取得時期は平成5年12月13日であると見るべきである。

　この裁判例も，先に紹介した裁判例のように，公正証書を作成しながらも合理的な理由がなく登記を遅らせた場合には，公正証書作成時に贈与の意思はなく，履行時である登記時に贈与があったものと認定しています。

　ただし，この裁判例については，贈与税回避を意図したものとはいえ，登記を遅らせる合理的な理由がなかったという事実認定のみから，公正証書作成時に贈与の意思はなかったとするのは根拠が弱いともいえ，原告が本件不動産を公正証書作成後に単独で使用していたという事実を「引渡し」と解する余地（すなわち，当該事実認定により引渡しの事実を認めると，この単独使用の時点で「履行」があったということになりかねず，結局本件処分は，除斥期間経過後の処分と解される余地もあります。）などもあり，やや強引な事実認定であるという指摘もなされています[10]。

　そこで，解釈論として，贈与契約が脱税目的の場合は公序良俗違反（民法90条）として無効とする見解や，本件契約の実質的内容からすると，この契約日の贈与ではなく，受贈者による登記請求を停止条件とする贈与契約（この場合は条件が成就した時に納税義務が成立する。）とする見解[11]なども考えられ得るでしょう。

---

10) 望月爾「贈与による財産取得の時期」『別冊ジュリスト租税判例百選（第6版）』（有斐閣，2016）150頁参照。
11) 三木・前掲注9）147頁。

いずれにしろ，課税実務上では，贈与の取得時期の特定は，課税権の除斥期間等との関係で，きわめて重要といえるでしょう。

4 負担付贈与

Point

- 負担付贈与は，受贈者に一定の債務を負担させることを条件にした財産の贈与であり，個人が負担付贈与を受けた場合は，贈与財産の「相続税評価額」から負担額を控除した価額に課税されます（相基通21の2-4）。
- 贈与財産が土地及び家屋等の場合には，課税価格は，贈与時における「通常の取引価額（時価）」から負担額を控除した価額となります。
- 負担付贈与をするときは，贈与する財産の種類に留意が必要です。
- 負担付贈与があった場合で，その負担額が第三者の利益になる場合は，その第三者は，負担額に相当する金額を贈与により取得したこととなります。

設 例

① 私は，父親から賃貸アパートの贈与を受けることとしました。その際，賃貸アパートを建築した際に借り入れた借入金も一緒に引き受ける予定です。賃貸アパートの相続税評価額と借入金残高はほぼ同額のため，贈与税はかからないと考えてよいでしょうか。

② 私は，父親から賃貸アパートのみ贈与を受けることとしました（単純贈与といいます。）。その際，気を付けるべき点を教えてください。

(1) 負担付贈与と贈与税の課税関係

負担付贈与とは，贈与の一種で，受贈者に一定の債務を負担させることを条件にした財産の「贈与」をいいます（民法553条）。

負担付贈与を受けた者は，原則的には，負担がないものとした場合における当該贈与財産の相続税評価額から当該負担額を控除した価額が，贈与税の課税対象となります（相基通21の2-4）。

また，当該負担額が第三者の利益に帰す場合には，当該第三者は負担額に相当する金額を贈与により取得したこととなり，贈与税が課されます。この場合において，当該負担が停止条件付のものであるときは，当該条件が成就した時に，当該負担額相当額を贈与によって取得したことになります（相基通9-11）。

地価バブル時に，相続税評価額と時価との大きな乖離を利用して，負担付贈与契約を実行するという相続税の節税策が横行したため，その防止策として，2つの通達が定められました。その節税策とは，たとえば，負担付贈与契約における贈与財産の時価が5億円，相続税評価額が3億円，負担額が3億円であったとすると，贈与税の課税価額は3億円から負担額3億円を控除して0となり，贈与税はかからずに，財産実額としては2億円の財産を移転することができるというものです。

以下，2つの通達を紹介しましょう。

ア　土地等及び家屋等にかかる評価

負担付贈与契約により土地等及び家屋等の贈与を受けた場合，贈与財産の価額は，相続税評価額ではなく，取得時における通常の取引価額に相当する金額で評価することとされます（「負担付贈与又は対価を伴う取引により取得した土地等及び家屋等に係る評価並びに相続税法第7条及び第9条の規定の適用について」（平元直評5，直資2-204））。

すなわち，土地や建物といった不動産の負担付贈与については，贈与財産の時価から負担額を控除した価額について，贈与税が課されることとなっているのです。したがって，設例①についていえば，賃貸アパートの時価が相続税評価額より高く，時価から借入金を控除した差額があれば，その差額に贈与税が課せられる可能性があることに注意が必要です。

コラム　ここで……一言

　このように，時価と相続税評価額の乖離を利用した節税策を防止するために新設された負担付贈与通達ですが，負担付贈与について一律に適用されることとなったことから，課税上不合理な事象が生じてしまいました。賃貸アパートのみの贈与も，負担付贈与通達の適用対象になってしまったのです。すなわち，受贈者は賃借人から預かっている敷金という債務（＝負担）として当然に引き受ける（引き継ぐ）状態となるため，法形式上は負担付贈与に該当するという論理です。

　このため，負担付贈与通達の適用を回避するためには，贈与に先立ち賃借人に対し敷金を返還する必要があるのではないか，という議論が出ていました[12]。

　ただし，この問題は相続時精算課税の導入の際に，課税庁が賃貸アパートの贈与にかかる負担付贈与通達の適用関係について，質疑応答事例を公表したことから，解決されたのです。

　「賃貸中の建物の所有権の移転があった場合には，旧所有者に差し入れた敷金が現存する限り，たとえ新旧所有者間に敷金の引継ぎがなくても，賃貸中の建物の新所有者は当然に敷金を引き継ぐ（判例・通説）とされています。……法形式上は，負担付贈与に該当しますが，当該敷金返還債務に相当する現金の贈与を同時に行っている場合には，一般的に当該敷金返還債務を承継させ（す）る意図が贈与者・受贈者間においてなく，実質的な負担はないと認定することができます。したがって，……，負担付贈与通達の適用はありません。」このような質疑応答事例[13]の公表でした。

　実際に考えてみても，負担分となる敷金相当額を現金で贈与すれば，負担はそもそも存在しないため，実質的にみれば負担付贈与にはならないと解されるでしょう。

　したがって，設例②の賃貸アパートのみの贈与の場合も，父親が賃借人から預かっている敷金相当額の現金を一緒に贈与しないと，受贈者である私に敷金返還義務という負担額があることとなり，負担付贈与として同通達の適用を受けることとなるため，注意が必要です。

---

12) 三木＝関根＝山名＝占部・前掲注4）150頁参照。
13) 国税庁HP（質疑応答事例・相続税・贈与税目次一覧・賃貸アパートの贈与に係る負担付贈与通達の適用関係，最終閲覧日2017年8月17日）。

そして、2つ目の通達は以下のとおりです。

イ　上場株式にかかる評価
　上場株式の相続税評価は原則として課税時期の最終価格ですが、その最終価格が課税時期の属する月以前3か月間の毎日の最終価格の各月ごとの平均額のうち最も低い価額を超える場合には、その最も低い価額によって評価します（評基通169）。
　そのため、例えば3か月前の株価の平均額が300円で、現在の株価が900円の株式について、その株式について300円の負担付贈与をすれば、その株式の相続税評価額は300円と評価できるため、負担額300円を控除して、課税価格は0となり、現在の時価との差額の600円について贈与税の課税を受けることなく、贈与することが可能でした。
　そこで、財産評価基本通達169が変更となり、負担付贈与により取得した上場株式の価額は、課税時期の最終価格とされました（評基通169(2)）。こうして、過去の株価と贈与時の株価との乖離と負担付贈与を利用した節税策は、利用できなくなったのです。

　このように、負担付贈与は地価バブル期に節税策として用いられましたが、各種規制が講じられたため、また、後述する裁判例もこうした規制を肯定してきたため、もはや節税策としては機能し得ないでしょう。

(2)　負担付贈与の所得税法上の問題点—裁判例による見解—
　負担付贈与も贈与の一種です。個人間の単純贈与の場合、受贈者に贈与税が課されるのみであり、贈与者には譲渡所得課税はありません。では、負担付贈与も、単純贈与の場合と同様の課税関係となるのでしょうか。
　これについては、下記2点の所得税にかかる問題について、裁判例により見解が出されてきました。
　すなわち、①贈与者に対する譲渡所得課税が生じないのか、②受贈者が贈与により取得した資産を更に有償で譲渡した場合に、その譲渡所得金額の計

算上，贈与者の取得価額と所有期間が引き継がれるのか、という問題です。この２点について判断を下した裁判例を紹介しましょう。

負担付贈与事件（最判昭63.7.19判時1290-56）

事案　Ａ（夫）は、昭和52年１月10日、原告ら（妻及び子）に対して土地をそれぞれ無償で譲渡する代わりに、原告らはＡの第三者に対する債務のうち合計2,600万円の債務（当時の当該土地の相続税評価額にほぼ見合う金額）をそれぞれ支払う旨の契約を行い、これに従って、同年４月中に、贈与を原因とする所有権移転登記が行われました。その後、原告らは、同年９月中に、贈与を受けた土地を、引き受けた債務の額よりもはるかに高額な金額でＢ（会社）に売却し、その売却代金の中から、Ａの第三者に対する債務の弁済を行いました。原告らは、昭和52年分の所得税の申告に当たり、当該土地は、Ａからの贈与により取得したものであるとして、所得税法60条１項１号を適用し、Ａの取得価額と所有期間を引き継ぐものとして、当該土地の譲渡にかかる所得を長期譲渡所得として申告しました。これに対して課税庁は、本件土地譲渡は、所得税法60条１項１号の「贈与」には該当せず、Ａの取得価額と所有期間を引き継ぐことは認められないから（原告らは、昭和52年１月に取得した土地を同年９月に譲渡したこととなるから）、当該土地の譲渡にかかる所得は、短期譲渡所得とし、原告らに対し、増額更正処分及び過少申告加算税の賦課決定処分を行いました。原告らは、各処分の取消しを求めて争いました。

※　本件の事実に関しては、別訴にて、Ａの原告らに対する負担付贈与が、Ａの譲渡所得を発生させるか否かも争われました。すなわち、Ａの負担付贈与によって原告らが負担した債務の額が、Ａの経済的利益として、土地の譲渡対価となるか否か、ということです。裁判所は、本件負担付贈与からＡが得た経済的利益（負担

付贈与契約における原告らの債務の負担額）を対価の額とする譲渡所得課税が発生すると判断しました（第一審・静岡地判昭60.3.14税資144-524，控訴審・東京高判昭60.12.17判時1198-102，上告審・最判昭63.7.19判時1290-56）。

判旨　「原告らにAの合計2,600万円の債務の履行を引き受けさせた本件土地所有権（共有持分）移転契約は負担付贈与契約に当たるところ，所得税法60条1項1号にいう『贈与』には贈与者に経済的な利益を生じさせる負担付贈与を含まないと解するのを相当とし……原審の認定判断は，……正当として是認することができる。」

なお，以下は原審（東京高判昭62.9.9行集38-8＝9-987，訟月34-4-792）の判旨。

「所得税法33条1項の譲渡所得課税は，資産の値上がりによりその資産の所有者に帰属する増加益を所得として，その資産が所有者の支配を離れて他に移転するのを機会に，これを精算して課税する趣旨のものであるから，同条項にいう資産の譲渡は，有償譲渡に限られるものではなく，贈与その他の無償の権利移転行為を含むものと解することができる（最高裁昭和50年5月27日判決，民集29巻5号641頁参照）。ところで，同法60条1項は，これについての例外として，同項各号に定める場合（ただし，同法59条1項の規定と対比すれば，法人に対するものを除くことは明らかである。以下同じ。）を認めた。すなわち，同法60条1項は，同項各号に定める場合にその時期には譲渡所得課税をしないこととし，その資産の譲受人が後にこれを譲渡し，譲渡所得課税を受ける場合に，譲渡所得の金額を計算するについて，譲受人が譲渡人の取得時から引続きこれを所有していたものとみなして，譲渡人が取得した時にその取得価額で取得したものとし，いわゆる取得価額の引き継ぎによる課税時期の繰り延べをすることとした。したがって，右の課税時期の繰り延べが認められるためには，資産の譲渡があっても，その時期に譲

> 渡所得課税がされない場合でなければならない。ところが，負担付贈与においては，贈与者に同法36条1項に定める収入すべき金額等の経済的利益が存する場合があり，この場合には，同法59条2項に該当するかぎりは，同項に定めるところに従って譲渡損失も認められない代りに，同法60条1項2号に該当するものとして，譲渡所得課税を受けないが（つまり，この時期において資産の増加益の精算をしないのであるが），それ以外は，一般原則に従いその経済的利益に対して譲渡所得課税がされることになるのであるから，右の課税時期の繰り延べが認められないことは明らかである。そこで，同項1号の『贈与』とは，単純贈与と贈与者に経済的利益を生じない負担付贈与をいうものといわざるを得ない。……以上のとおりであるから，負担付贈与により資産の譲渡があった場合において贈与者に収入すべき金員その他の経済的利益があるときは，同法60条1項1号の適用はなく，同項2号の適用の有無が問題となるにすぎないものと解することができる。」

このように，先述した2つの所得税にかかる問題について，この判決では，①贈与者に対する譲渡所得課税が生じないのか，の点については，負担付贈与は，受贈者の負担により贈与者が得た経済的利益の額を対価（収入）として譲渡所得が課されると判断されました。また，②受贈者が贈与により取得した資産を更に有償で譲渡した場合に，その譲渡所得金額の計算上，贈与者の取得価額と所有期間が引き継がれるのか，の点については，所得税法60条1項1号の「贈与」には，贈与者に経済的な利益を生じさせる負担付贈与を含まないと解し，受贈者による受贈財産の第三者への譲渡については，贈与者の取得価額及び所有期間が引き継がれないと判断されました。

このように，単純贈与と負担付贈与について，所得税の課税関係は異なる点に注意が必要です。

また，負担付贈与契約の条件が，所得税法59条2項に該当する場合，すなわち，負担させた債務等（負担額）の金額が，当該対価の2分の1に満たない金額で，取得費や譲渡に要した費用に満たない金額であるときは，その損

失はなかったものとなり（所法59条2項），この場合，当然贈与者に譲渡所得課税は生じない一方で，取得価額及び所有期間は受贈者に引き継がれるため（所法60条1項2号，所法令169条），この場合は単純贈与と同じ課税関係となります。

5 死因贈与

Point

・死因贈与によって財産を取得した個人は，遺贈と同様に相続税の納税義務者となります。
・死因贈与は口頭でも成立しますが，実務上，書面によらない死因贈与の相続税の申告が認められることはきわめて難しいことに留意が必要です。
・書面による贈与契約がある場合，死因贈与であるか，単なる贈与であるかは重要な問題であり，実務上は贈与者及び受贈者の真の意思が問われることに留意が必要です。
・死因贈与による財産の取得があった場合，相続税の申告が必要です。
・死因贈与による財産の取得は，遺贈とは異なり不動産取得税の対象となることに留意が必要です。

(1) 死因贈与の課税関係

ア 基本的な課税関係

死因贈与（民法554条）によって財産を取得した個人は，遺贈の受遺者と同じく相続税の納税義務者になります（相法1条の3第1号）。法的には贈与に違いないのですが，贈与税が課税されるわけではないことに，留意が必要です。

死因贈与契約によって，受贈者が財産を取得する時期は，贈与者が死亡した時ですので，贈与者について相続の開始があったことを知った日の翌日から10か月以内に相続税の申告をしなければなりません（相法27条1項）。

死因贈与は書面によらず，口頭によっても成立しますが，実際には，書面

によらない死因贈与にかかる相続税の申告そのものは、認められることはきわめて難しいものと思われます。すなわち、死因贈与契約の事実を立証することも困難であること、また書面によらない贈与はいつでも撤回できることから、課税実務上は、書面によらない死因贈与について、確定的に課税することが困難と解されているようです[14]。

また、法人が死因贈与により財産を取得した場合には、受贈者である法人は、取得した財産の時価相当額について、財産を取得した日の属する事業年度に受贈益として益金の額に算入することとなり、法人税が課されます（法法22条2項）。一方贈与者には、みなし譲渡として、所得税が課されます（所法59条1項1号）。

イ　地方税の課税関係

死因贈与は相続税との課税関係では、遺贈と同様ですが、不動産取得税との関係では遺贈と異なり課税対象となることに、留意が必要です。不動産取得税は、相続と遺贈については課税されませんが（地方税法73条の7第1号）、ここでの遺贈に死因贈与を含む旨の定めとはなっていないため、死因贈与の場合には、不動産取得税が課されます[15]。

(2)　生前贈与か死因贈与か

死因贈与は遺贈と同様に相続税法上は相続税の対象となります。したがって、相続に際して、ある財産が生前に贈与されていれば贈与税が課され（ただし、相続開始前3年以内の贈与の場合には、相続財産に含まれます。)、一方、死因贈与の場合は相続税が課されることとなります。

ここで問題となるのが、贈与契約がある場合でも、それが死因贈与であるのか、生前贈与であるのか、という事実認定の問題です。贈与者が生前贈与をしていれば、その贈与財産は相続開始時には相続税の課税財産に含まれな

---

14) 三木＝関根＝山名＝占部・前掲注4）370頁参照。
15) 仙台高判平成2年12月25日判タ756号179頁、判時1397号15頁参照。

い上に,その生前贈与が贈与税の更正・決定の期間制限(相法36条)を徒過していれば,贈与税も課することができなくなってしまうからです。そのため,贈与契約がある場合でも,それが死因贈与であるか,贈与であるかは,重要な問題です。

課税庁が贈与と認定した贈与税課税処分に対しては,納税者は死因贈与を主張しますし,課税庁が死因贈与と認定して相続税課税処分を行えば,納税者は,これは贈与契約であり相続税の対象にならない(しかも贈与についても,すでに更正・決定の期間期限を徒過しているので課税できない。)と主張して争うのです。

そのような事実認定が問題となった裁判例を紹介しましょう。

死因贈与否定事件（最判平元.6.1税資170-622）

事案 原告は,A(夫)から昭和48年5月12日付けの公正証書により,不動産の贈与を受けましたが,昭和51年6月6日にAが死亡するまで,当該不動産の所有権移転登記をせず,相続となりました。Aは贈与後もその他の自己所有の資産と区別することなく固定資産税,火災保険等の負担をしていました。原告はAにかかる相続税の申告に際し,当該不動産を相続財産として申告しました。そこで課税庁は,平成48年5月に贈与が履行されたとして課税処分を行いました。これに対し原告は,本件公正証書は,Aから原告への死因贈与の趣旨で作成されたものであり,当該不動産を生前に贈与を受けておらず,相続財産に含まれるとして,昭和48年分の贈与税の決定処分等の取消しを求め,争いました。

判旨 原審(大阪高判昭63.9.27税資165-775)及び第1審(奈良地判昭62.1.14税資157-1)の以下の事実認定等を支持し,贈与税決定処分等を適法と判断。

「Aは,原告とは年が離れ,高血圧と糖尿病の持病があったが,Aの死自体は急のことで,本件公正証書作成の際に,とくにAの死期が

> 追っているとの事情にはなく，具体的にAの財産の処分が，遺族等の間で問題となる機会を近くに予想して本件公正証書が作成されたような事情はないこと，以上の各事実が認められるのであって，右各事実を総合すれば，本件公正証書をもってなされた行為の内容については，当事者の明示の意思表示としては，本件公正証書の文言を含めて，贈与以外にはなく，また，Aあるいは原告が右公正証書の記載と相容れない意思を表明したこともなく，他にも，強いて右文言を死因贈与と解釈しなければならないほどの事情は見当たらないので，結局本件公正証書を贈与契約と解するほかはない」

　この事案では，相続開始時にはいまだ贈与についての課税が除斥期間との関係で可能であったため，課税庁が贈与税の決定処分をしたことに対し，原告が死因贈与であると主張したのです。

　なお，前述した書面による贈与の裁判例の租税回避認定事件（名古屋地判平5.3.24訟月40-2-411）（67頁）も，上記の裁判例と同様に，公正証書による贈与の形式をとったものの，受贈者に移転登記がされていませんでしたが，判断は逆でした。すなわち，判決では，公正証書が租税負担回避のために作成されたもので，公正証書作成時には真に贈与する意思はなく，せいぜい死因贈与の意思でしかなかったと認定されたのです。
　結局のところ，贈与を受けたにもかかわらず，なぜ移転登記をしないのかということについて，贈与者及び受贈者，当事者の真の意思がどういうものであったのかによって，司法判断がなされていることに留意する必要があるでしょう。
　なお，登記の有無とは関係ない事案で，課税庁の死因贈与の主張が認められず，相続税の課税処分が取り消されたケースがあります。

5 死因贈与

贈与認定事件（静岡地判平17.3.30税資255-101順号9982）

事案 原告は，A（父）から平成3年7月5日に，借金の返済資金として，10億円の交付を受けました。その後，Aが原告に返済を求めたことはなく，原告に返済能力はありませんでした。また，双方ともに贈与税契約書や借用書の作成もせず，贈与税の申告もしないまま，Aの死亡により相続となりました。原告はAにかかる相続税の申告に際し，本件現金の交付は生前贈与であるとして，Aの相続財産から除いて相続税の申告をしました。これに対し課税庁は，本件現金は借金返済のための立替金であり，Aの遺志は，Aから原告に対し，Aの死を始期とする立替金返済義務の免除が当初よりなされていたのだから，このような場合には，原告は，Aから免除に係る立替金額を死因贈与されたとみなされるため，原告は，当該立替金額に対する相続税を納付しなければならない，として相続税の決定処分等をしました。これに対し原告は，当該現金は生前贈与により取得したものとして，その取消しを求め，争いました。

判旨 「以上の事実関係に照らせば，Aは，自らが築き上げてきたOグループの信用維持を図り，実子である原告の急場を救うため，原告に対し，その借入金の返済資金として，上記金員を贈与し，原告もこれを承諾していたと認めるのが自然かつ相当であり，被告主張のように，Aが，原告に対する上記金員の返還請求につき，自らの死亡を始期として始期付免除をしたと評価するのは技巧的に過ぎるといわなければならない。……被告は，原告及びその他の関係者が，贈与税の申告を行っておらず，その納付のための資金繰りをしていないことをもって，上記金員の交付が贈与ではないことの根拠として主張するが，贈与税の申告の有無と贈与の有無とは直ちに結びつくものではないから，贈与税の申告あるいはその準備行為をした形跡がないからといって，この事実を過度に重視するのは相当でなく，前期認定の事実関係

> に照らし，被告の主張は採用できない。」

　したがって，この判決では，現金の交付はAから原告に対する生前贈与と評価され，相続財産とはなりませんでした。なお，この事案では原告は相続放棄をしていたため，原告に本件相続税の納税義務はないものと判断されたのです。
　いずれの場合も，生前贈与か，死因贈与なのか，という判断は，当事者の真の意思がどういうものであったのか，事実から認定して司法判断がなされているといえるでしょう。
　なお，贈与と認定された場合は贈与税の対象となりますが，その贈与が課税処分の除斥期間以前になされていたとすると贈与税は課税されず，しかも相続財産への加算もありません。このような場合には，課税庁は通常の贈与ではなく，死因贈与等と主張する傾向にあります[16]。

6　法人との贈与契約

Point

- 贈与税は原則として，個人に対してのみ課税されますが，贈与税負担の公平の観点から，ある一定の団体が贈与を受けた場合には，個人とみなされて，贈与税が課されることがあります。
- 個人から法人への贈与は，みなし譲渡課税の対象となることから，個人が公益法人等へ寄附することが難しくなるため，租税特別措置法により一定の要件の下でみなし譲渡課税や相続税課税がなされない措置があります。
- 法人がかかわる贈与の課税関係については，整理と理解が必要です。

---

16) 三木＝末崎・前掲注3）111頁。

(1) 個人とみなされ課税される一定の団体

　贈与税は相続税の補完税のため，原則として個人に対してのみ課税されますが，贈与税負担の公平の観点から，下記団体が贈与を受けた場合には，その団体に対して贈与税が課されるため，注意が必要です。

- ① 代表者又は管理者の定めのある人格のない社団又は財団に対して財産の贈与又は遺贈があった場合（相法66条1項）。
  なお，これらの社団又は財団を設立するために財産の提供があった場合（相法66条2項）も同様。
- ② 持分の定めのない法人（いわゆる公益法人）に対し財産の贈与又は遺贈があった場合において，その贈与又は遺贈によりその贈与者の親族その他これらの者と特別の関係がある者の相続税又は贈与税の負担が不当に減少する結果となると認められる場合（相法66条4項）。これらの法人を設立するための財産の提供があった場合（相法66条2項，4項）も同様。

　②の公益法人等に対する贈与についてですが，この場合は，それが贈与者の親族等の相続税や贈与税の負担を「不当に減少する結果となると認められる場合」に限って，これらの法人を個人とみなして贈与税の課税対象としています。この規定の趣旨は，公益法人を利用した租税回避の防止です。たとえば，子供が支配している公益法人に親が贈与した場合に，当該財産を子供が実質的に利用できるのであれば，その利用できる利益分の贈与があったことと同じこととなるためです[17]。

　このうち，「持分の定めのない法人」の前身である「公益を目的とする事業を行う法人」及び「不当に減少する結果となる」という要件については，不確定概念として，租税法律主義に違反し，違憲であるという議論もありますが，裁判例は，これを否定しています[18]。

---

17) 三木＝関根＝山名＝占部・前掲注4）140頁参照。
18) 東京地判昭和49年9月30日税資76号1010頁，東京高判昭和49年10月17日税資77号118頁，東京高判昭和50年9月25日判時804号24頁，判タ339号303頁。

具体的に本条が適用されて争われたのはいわゆる医療法人に対する贈与が中心で、ここでは、医療法人が相続税等の「不当」な「減少」をもたらす私的に支配されている法人といえるかどうかが問題となりました[19]。対象となる公益法人には、個人経営の時代と変化がなく、贈与者の親族による支配のおそれがある法人への贈与[20]、他の理事が実質的に関与していない法人への贈与[21]等が本規定に該当するとされています。

ただし、東京高判昭和50年9月25日判時804号24頁、判タ339号303頁が私的支配の可能性は客観的に判断すべきで、課税庁の主張する事実だけでは私的支配を受けているとは客観的に認められないと判断したことから、本条の存在を納税者も注意するようになり、昭和51年以降は、訴訟が見られなくなっています[22]。

(2) 公益法人への贈与等の特例

前述のように、法人への贈与は、原則として時価で譲渡があったものとして、みなし譲渡課税の対象になりますが、全てに適用されると、個人が公益法人へ寄附してもみなし譲渡課税が生じます。そうすると、個人から公益法人等へ寄附することが非常に困難となります。そこで、租税特別措置法では、一定の要件の下で、個人が国、地方公共団体、一定の公益法人に一定の財産を寄附した場合には、一定の要件の下でみなし譲渡課税（租特40条）や相続税（租特70条）を課さないこととしています。

ただし、この措置は特別措置のため、実務的にも要件は厳格に解される傾向にあることに留意が必要でしょう。

このうち、相続・贈与との関係（租特70条）では、贈与した資産が「公益」目的に供されていることが必要です。ただし、実務上は「贈与財産が、その贈与の目的に従って当該公益法人の行う公益を目的とする事業の用に供

---

19) 三木＝関根＝山名＝占部・前掲注4) 142頁参照。
20) 東京高判昭和49年10月17日税資77号118頁。
21) 東京地判昭和49年9月30日税資76号1010頁。
22) 三木＝末崎・前掲注3) 153頁。

されているかどうかによるものとし，贈与財産が贈与時のままでその用に供されているかどうかは問わない」とされています[23]。「贈与した財産そのもの」を事業の用に供することを原則としている40条のみなし譲渡の場合に比べてやや要件が緩和されており，「配当金その他の果実を当該法人の行う公益を目的とする事業の用に供する目的で贈与された株式その他の財産の収益が当該法人の当該事業の用に供されていることが，それらの財産の管理，運用の状況等から確認できるときは，これらの贈与財産は，いずれも当該法人の公益を目的とする事業の用に供されているものとして」取り扱われるとされています（租税特別措置法（相続税法の特例関係）の取扱いについて（法令解釈通達70-1-13））。

しかし，贈与から2年間全く配当がなされていないような株式を贈与すると，公益目的に供されたとはいえないとされる可能性があるため，留意する必要があるでしょう[24]。

[23) 三木＝関根＝山名＝占部・前掲注4）141頁。
[24) 三木＝関根＝山名＝占部・前掲注4）141～142頁。大阪高判平成13年11月1日判時1794号39頁参照。

第1章 贈与契約—実務編—

実務編

1 履行の時期の認定基準

(1) 不動産の引渡し

書面によらない贈与の取得時期を「履行が終わった時」とすると，いつ履行があったといえるのか，が問題となります。履行の時期の判断基準は，動産は「引渡し」，不動産は「登記又は引渡し」と，一般に考えられています。ただし，課税実務では，特に不動産の場合は「引渡し」の具体的な時期について，その事実認定が困難なことを含めて，難しい問題があります。

民法では贈与における債務の履行に当たっては，現実に物を引き渡すのが原則ですが，簡易の引渡し（民法182条2項）や占有改定（民法183条）も認められており，これらの場合に第三者はその移動があったのか，判断することはできません。そうすると，これらを利用して，対外的には判断できない方法で引き渡し，除斥期間を経過させ，課税の機会を失わせることが可能となってしまいます。そのため，裁判例は不動産の引渡しの認定をかなり厳格に解しています。

前述した「書面による贈与」の箇所で紹介した公正証書事件（69頁）では，登記が遅れたことに合理的な理由がない場合には，公正証書作成時には贈与の意思がなかったものとされ，書面によらない贈与となるため，「その履行の時はいつか」ということが問題となるとお伝えしました。実務編では，「その履行の時はいつか」についての問題を，整理することとしましょう。

公正証書認定事件（名古屋高判平10.12.25訟月46-6-3041，税資239-1153）

事案 69頁参照。

判旨 「原告は，昭和60年12月ころから，本件不動産を単独で使用し始め，固定資産税及び水道料や電気代の公共料金を負担していることが認められる。……原告自身は，本件不動産に対する従前からの使用状態を継続していたにすぎない。そして，所有者であるA（父）が，

> 歯科医師としての収入があり，単独で使用している原告に，本件不動産の固定資産税や公共料金を負担させることは不合理ではなく，これをもって直ちに贈与により原告の所有になったことの表れであるということはできない。……原告は，本件公正証書作成後本件登記手続までの間に，本件不動産のトイレや風呂を改装し，庭に玉砂利を敷いていることが認められるが，その程度では，いまだ所有者でなければできないような行為をしたとまで解することもできない。……以上より，原告の本件不動産に対する使用，管理状況等の点からも，直ちに本件公正証書作成時ころに，贈与があったとは認められない。」

　このように裁判例は，不動産の引渡しの認定をかなり厳格に解しているようです。こう解さないと，登記時にようやく贈与事実を把握できた本件について，課税できなくなってしまうためです。
　したがって，書面によらない（又は判決で，公正証書作成時に贈与の意思がなかったものとして，書面によらない贈与と判断されたものを含む。）贈与契約については，「履行が終わった時」が基準となっています。しかし，履行の基準としての引渡しについては，かなり厳格に解される傾向にあります。不動産の場合には，贈与における債務を履行したといえそうな事実があったとしても，登記時が履行時点と認定されてしまう可能性があることに，留意が必要でしょう。

(2)　金銭の送金

　金銭の贈与に関して「履行が終わった時とはいつか」ということが大きな問題となった裁判例があります。

「海外の子への送金の履行時期」事件（東京高判平14.9.18税資252順号9193）

事案　日本に住むA（親）が，海外に住む外国籍の原告（子）へ，平成9年2月4日に1,000万円をアメリカ合衆国の原告名義の銀行口座に電信送金しました。Aは平成9年9月9日に死亡し，原告は当該贈

与にかかる金銭は国外で取得したものとして、相続税の課税価格に含まれないと主張しました。これに対し、課税庁は国内から送信した時に履行があったものとして、当該贈与にかかる金銭は国内財産であり、相続税の課税価格に含めるものとして、争われました。すなわち、金銭の電信送金の、書面によらない贈与の場合、「履行が終わった時」とはいつかが争われたのです。事件当時（平成9年度）の相続税法では、相続又は贈与により財産を取得した場合、その者が日本に住所を有していないときは、日本国内にある財産の取得をした場合にのみ、相続税が課されました。原告は日本に住所を有していなかったため、贈与の履行の時期が「日本から送信した時」であれば、当該財産は国内財産として相続税の課税財産に含まれることとなり、「海外で引き出した時」であれば、国外財産として相続税の課税財産に含まれないこととなるため、争いとなったのです。

※ なお、本件は、相続又は贈与により財産を取得した者が、当該相続開始前3年以内に当該相続に係る被相続人から「贈与」により財産を取得したことがある場合であり、この場合の当該贈与財産は、相続財産とみなされることとなります（相法19条1項）。

判旨　「もっとも、この贈与は書面によるものではないから、贈与者は履行が終わるまでは贈与を取り消すことができその間受贈者の権利は不確定であるとの見地から、履行が終わった時に受贈者の権利は確定し、その時点をもって課税すべきであるとの立場もあり得る。租税実務上書面によらない贈与についてはその課税時期を履行の時としている。

　しかし、本件のようにアメリカ合衆国に在住する者に金銭の贈与を約束しその履行として電信送金の手続をとった場合は、受贈者の預金口座に入金されるのはいわば時間の問題で、送金された金銭は贈与者の手を離れ事実上その支配下にない状態になったということができる。

法的,観念的にはなお贈与を取り消す余地はあり,電信送金手続上送金依頼人が支払停止の指示をすることも可能であるが,電信送金をする者の通常の意思としてはその手続を了した時に贈与に係る金銭は自己の支配下を離れ受贈者がこれを受け取るのを待つ……というものであると考えられる。そうすると,上記のような立場に立っても,受贈者の預金口座に入金された時あるいは受贈者が支払銀行に支払を請求し実際に支払がされた時まで待たずとも,受贈者が送金の手続を了した時に受贈者の贈与を受ける権利(贈与契約に基づく請求権)は確定的になったものということができる。履行という概念は権利の確定との関連で相対的にとらえるべきものであって,金銭の贈与の場合に受贈者の権利が確定したというためには,完全な履行があったこと,すなわち受贈者が当該金銭を現実に入手したことまで要するものではないというべきである。」

　本件は,金銭の電信送金による贈与の「履行時期」について,受贈者が当該金銭を現実に入手したことまで要するものではなく,贈与者が送金手続を終了した時と判断しています。したがって,当該金銭は国内財産として,相続財産に含まれることとされました。

　このように,「履行時期」については,各事実認定によって相対的に判断されています。ただし各裁判例をみても,課税庁に有利なように事実が認定される傾向があるようであり[25],留意が必要でしょう。

　なお,本件のような国際的な財産の移転に対する相続税及び贈与税の課税については,立法的な対策が進んでいます。平成12年度改正において,国外に住所を有する者のうち一定の者については,無制限納税義務(国内の財産であろうと国外の財産であろうと,相続により取得した財産に対する相続税を負う義務)を課すこととされました。その後も,平成25年度及び29年度税制改正により,無制限納税義務の範囲が拡大しています。本件についても,仮に贈

---

25) 三木＝関根＝山名＝占部・前掲注4)133頁参照。

の履行時期は当該金銭を入手した時であり，当該金銭は国外財産であるとの納税者側の主張が認められたとしても，被相続人が日本の居住者であることから，原告は当該金銭を相続税の計算上課税財産に含めることになります（相法1条の3第1項2号ロ）。

2　個人間贈与の課税関係の留意点—対価性を有し，相続関係が生じない者の間の贈与行為の課税関係—

贈与税は民法上の贈与契約を前提としていますが，相続税の補完税のため，原則として個人に対してのみ課税されます。

ただし，個人間の贈与でも，政治家や議員秘書への政治献金のように，広い意味での対価性を有し，かつ，相続関係が生じない者の間の贈与行為は，贈与税ではなく，所得税の対象となることにも留意する必要があります。

所得税認定事件（東京地判平8.3.29税資217-1258）

事案　衆議院議員Aの公設秘書であった被告人が，Aと共謀の上，A及び被告人の所得税を免れようと企てた行為について，Aの政治献金収入及び被告人の裏献金収入は所得税法上の雑所得に当たるとして，逋脱（ほだつ）所得額が認定され，所得税法違反の有罪判決を受けた事案です。被告人は，個人から受けた政治献金及び裏献金は，献金者に法律的な見返りや対価をもたらすものではなく，そこに法律的な対価関係は生じないから，その法的性格は民法上の贈与であり，税法上も贈与に該当することとなり，所得税は非課税となると主張し，争いました。

判旨　「一般に，政治家に対する政治献金は，政治家の地位及びその職務である政治活動を前提とし，献金者から政治活動に対する付託……を伴って継続的に供与される性質のものであり，その中から政治活動のための費用……を支出することが予定されているのであるから，献金に係る金額全額が政治家の担税力を増大させるとはいえない。故に，このような政治献金に係る政治家の収入を必要経費の控除を全く

2 個人間贈与の課税関係の留意点
　　―対価性を有し，相続関係が生じない者の間の贈与行為の課税関係―

　認める余地のない贈与税の課税対象とすることは，一般的に納税者である政治家に極めて酷な課税をもたらすことになって，相当ではない。また，およそ政治家との間に相続関係を生ずる可能性があるとはいえない多数の者から継続的になされるような政治資金を相続税の補完税たる贈与税の課税対象とすることは甚しく不自然というべきである。
　……Ａ議員への政治献金は，政界の実力者としてのＡの地位及びその職務としての政治活動を期待して（すなわち政治活動に対する付託を伴って）なされ，その趣旨からして継続的に供与される性質を有するものであり，その中からその期待（付託）に応じた政治活動のための費用を支出することが予定されていたものと認められる。なお，献金者らの殆どとＡ議員との間に相続関係が生ずる可能性がないことはいうまでもない。したがって，Ａ議員の政治献金収入は，個人からのものであっても，贈与税ではなく所得税の課税対象となると解するのが相当である。
　……ところで被告人は議員秘書であって，政治家ではなかったものであるから，被告人に対する裏献金につき，政治献金についてこれまで述べたところと同様に解してよいかを検討する必要がある。……確かに，被告人は，国会議員等の政治家ではないが，前記のとおり，衆議院議員Ａの公設秘書としてＡ議員の政治活動に深く関わっていたのであり（前記のような被告人の地位及び職務の実態に照らすと，被告人が自分への現金供与が政治献金としてなされていると認識していたことも，それなりに理由があるというべきである），被告人自身において陳情を処理し，それに関して現金の供与を受けることも少なからずあったのであるから，供与を受けた現金の中からそのような秘書としての活動に関わるための費用を支出することが類型的には予定されていたというべきである（現実には，被告人が自己の収入からそのような費用と認め得る支出をしたとは認められないことは，後述するとおりであるが，そのような支出があったと認められれば，その分を裏献金収入から控除することは認めてよい）。なお，献金者らの殆どと被告人の間に相続関係が生ずる可能性がないことはいうま

> でもない。
> 　したがって，被告人に対する裏献金も，課税上は，A議員に対する政治献金と同様に取り扱うべきであり，被告人の裏献金収入は，個人からのものであっても，贈与税ではなく所得税の課税対象になると解するのが相当である。」

　このような政治献金については，広い意味での対価性及び相続関係が生ずることがないという点から，個人間の贈与行為でも，贈与税ではなく，「所得税」の対象となるとされたのです。

3　贈与契約と名義変更——贈与契約が成立したものか，単なる名義変更か——

　課税実務では，対価の収受なしに不動産や株式等の名義変更があった場合には，原則としてこれを贈与として取り扱うものとされます[26]。

　ただし，名義変更があった場合でも，真の意味での贈与契約が存在せず，単に名義だけが変更されたような場合は贈与税が課されることはありません[27]。一方で，納税者が課税されてから，贈与を取り消して，あわてて名義を形式的に元に戻しても，贈与事実がなかったことの証明にはなりません[28]。もっとも，夫婦間等では不動産等の名義を財産の拠出割合等とは無関係に夫だけのものとしたり，夫婦半分ずつにすることなどを安易に行って，後にそのことが贈与になると判明してから，あわてて名義を修正することがあります[29]。課税実務では，このような場合，どのような課税関係となるのでしょうか。

　このような過誤等については，贈与契約が合意により取り消され，又は解除された場合においても，原則として，当該贈与契約に係る財産について贈与税の課税を行うこととなります（相続税個別通達（名義変更等が行われた後にそ

---

26) 相続税法基本通達9-9。
27) 三木・末崎前掲注3）113頁。東京地判平成3年9月3日税資186号556頁。
28) 三木・末崎前掲注3）113頁。山口地判昭和41年4月18日税資44号312頁参照。
29) 三木・末崎前掲注3）113頁参照。

3 贈与契約と名義変更―贈与契約が成立したものか，単なる名義変更か―

の取消し等があった場合の贈与税の取扱いについて）11[30]）。

ただし，次の条件を満たしていれば，税務署長において当該贈与契約に係る財産の価額を贈与税の課税価格に算入することが著しく負担の公平を害する結果となると認められる場合に限り，当該贈与はなかったものとして取り扱うことができることとされています（相続税個別通達（「名義変更等が行われた後にその取消し等があった場合の贈与税の取扱いについて」通達の運用について）4[31]）。

> (1) 贈与契約の取消し又は解除が当該贈与のあった日の属する年分の贈与税の申告書の提出期限までに行われたものであり，かつ，その取消し又は解除されたことが当該贈与に係る財産の名義を変更したこと等により確認できること。
> (2) 贈与契約に係る財産が，受贈者によって処分され，若しくは担保物件その他の財産権の目的とされ，又は受贈者の租税その他の債務に関して差押えその他の処分の目的とされていないこと。
> (3) 当該贈与契約に係る財産について贈与者又は受贈者が譲渡所得又は非課税貯蓄等に関する所得税その他の租税の申告又は届出をしていないこと。
> (4) 当該贈与契約に係る財産の受贈者が当該財産の果実を収受していないこと，又は収受している場合には，その果実を贈与者に引き渡していること。

なお，贈与契約における名義変更の事案について，「真の所有者が誰であるか」を判断して，名義人からの移転を契機に贈与税を課した処分を取り消した裁判例があるので紹介しましょう。

---

30) 直審（資）22（例規）・直資68（例規）昭和39年5月23日「名義変更等が行われた後にその取消し等があった場合の贈与税の取扱いについて」11。
31) 直審（資）34（例規）・直資103（例規）昭和39年7月4日「『名義変更等が行われた後にその取消し等があった場合の贈与税の取扱いについて』通達の運用について」4。

名義変更・贈与税取消事件（東京地判平14.9.27税資252順号9207）

事案 昭和20年代にA（父）が事情により，甲からB（母）名義で土地を取得して，Bは当該土地を昭和63年3月1日（不動産贈与証書あり）に，原告（子）に贈与しましたが，登記による名義変更及び贈与税の申告をしていませんでした。平成8年にAは死亡しましたが，当該土地を相続税の課税財産に含めず，相続税の申告がなされました。一方，Aの死亡により，当該土地と別訴土地について子供間（相続人間）で争いが生じたため，原告はこれに対応するために，昭和63年の贈与を原因として，平成9年10月17日にBから原告への当該土地の所有権移転登記をしましたが，贈与税の申告はしませんでした。課税庁は，平成9年10月に行われた登記をもって，平成9年分の贈与税の課税処分をしました。これに対して原告は，昭和20年代に甲から当該土地を買い受けて所有していた者はAであって，別件民事事件でもその事実は認定されており，Bが買い受けたものではないこと，昭和41年，57年あたりにAから当該土地の贈与を受けていたのであって，本件土地をBから贈与を受けて取得した事実はなく，当該9年の登記は，Aから原告への真正な登記名義の回復として，更正登記をしたのであるから，本件移転登記は，Bから原告への贈与に基づくものではない，と主張して，争いました。

判旨 「証拠……によれば，甲から本件各土地を購入した当時，Aの一家は，公務員であったAの収入によって生活を営んでおり，専業主婦であったBには，本件各土地の購入資金を出捐するだけの収入はなかったことからして，本件各土地の購入資金を出捐した者はAであることが推認されること，……土地について，本件各土地と近接する時期である昭和27年6月18日付けで当時12歳であった原告を登記名義人として所有権移転登記がされているところ，別件民事事件においては，このような登記上の所有名義の存在にかかわらず，……土地の真実の

> 所有者がAであることは，原告及び子供Cらの間に争いがなかったこと……がそれぞれ認められる。そうであるとすれば，Aが本件各土地又はその購入資金をBに贈与したことを窺わせるに足る証拠もない本件においては，前記の契約書……における買受人及び登記上の所有者がBであるということだけから，同人が本件各土地の真実の所有者であると認めることは相当でないというべきである。
> 　……事実関係に照らせば，甲から本件各土地を買い受けて所有していた者はAであり，Bは，……土地について原告が登記名義人とされたのと同様に，登記名義人とされたにすぎないと認めるのが相当である。
> 　……以上によれば，……原告が平成9年10月17日又はそのころまでにBからの贈与によって本件各土地を取得したとの被告の主張は，これを認めることができないというべきである。」

　本判決は，公務員であった父の収入によって生活を営んでおり，専業主婦であった贈与者（母）には，本件土地の購入資金を出捐するだけの収入はなかったことなどから，登記簿上の旧所有者である贈与者が，単なる名義人にすぎず，父が所有者であるという事実認定を行った上で，贈与者の土地を原告に贈与したとする課税処分を取り消しました。所有権者でないものがそもそも贈与できるわけはない，ということです。

　本事案で特徴的なのは，同じ東京地裁で，別件民事訴訟と本訴訟が同時に審理されていた点です。両訴訟は，別件民事訴訟が先行する形で進み，本件土地を所有していた者は父であると認定した別件民事訴訟で示された判決が，本訴訟に大きな影響を与えたと思われます[32]。

---

32) 三木義一＝田中治＝占部裕典「不動産登記と贈与事実の認定」『租税　判例分析ファイルⅢ』（税務経理協会，2006）68頁参照。

売買契約

―― 民 法 編 ――

Ｐoint
- 売買代金を幾らにするかは，契約自由の原則により，当事者の自由です。
- 手付が交付された場合，手付にどのような性質が付与されているか注意すべきです。
- 代物弁済には，合意だけではなく目的物の引渡しと対抗要件の具備まで必要です。

1 定義・法的性質

　売買とは，当事者の一方がある財産権を相手方に移転することを約し，相手方がこれに対しその代金を支払うことを約することによって，その効力を生ずる契約をいいます（民法555条）。一般用語といっても差し支えない法律用語ですので，具体例は不要だと思います。

　売買契約は，有償・双務・諾成契約です。

　売買の対象となる財産権には，動産や不動産はもちろん，株式や債券など財産的価値と譲渡性のある財産の他，物質的な財産（商品，工場など）だけではなく，「営業」（のれんや取引先などを含む，ある事業活動に必要な一体的で有形的・無形的な財産をいいます。）も含まれます。

　また，債権も売買の対象となる財産権に含まれます。売買によって債権を

移転することになりますが，これを債権譲渡[1]といい，その性質や対抗要件について民法466条から473条が規定をしています。

次に，財産権は売主以外の他人が有するものであっても契約は有効です（Aの所有物をBがCに売却すること，いわゆる他人物売買も有効です。）。他人の財産権を売買の対象とした場合，売主がその権利を取得して買主に移転する義務を負うにすぎず（民法560条[2]），売主がその権利を取得して買主に移転できない場合には，買主に対して担保責任を負うことになります。

売買契約で財産権の移転の対価とされるのは代金であり，対価が代金以外の場合に成立する契約の類型は交換契約となります。すなわち，AがBに自動車を譲渡する対価として，Bがお金を支払うのであれば売買契約，お金以外の物を渡すのであれば交換契約になります。

代金額は契約で明確にされる場合がほとんどですが，「時価による」こととした場合や，代金を確定する基準だけを定め，契約時には具体的な金額を挙げなかった場合も契約は有効となります。裁判例でも，代金は後日協議の上定める旨を約した場合でも，当事者の意思が当時の相当代価をもって売買することにあるときは，売買は有効に成立するとしているものがあります（大判大12.5.7法律新聞2147-19）。

法律上は，売買代金を幾らと定めても公序良俗に反したり，錯誤等に当たったりしなければ有効です。市場価格に比べ著しく高額又は低額であったとしても，契約自由の原則により売買代金を幾らとするかは双方当事者が自由に決めてよいからです。

2 売主の義務

買主が完全に権利を取得するために，売主は対抗要件を具備させる義務や引渡義務を負います。

対抗要件とは，すでに当事者間で成立した法律関係・権利関係（特に権利

---

1) 改正民法466条の6では，現在生じている債権だけではなく，将来生じる債権も譲渡可能であることが明示されています。
2) 改正民法では内容はそのまま，561条に繰り下げられます。

の変動)を当事者以外の(一定の)第三者に対して対抗(主張)するための法律要件をいいます。不動産の売買の場合には所有権移転登記(民法177条),動産の売買の場合には引渡し(民法178条),指名債権の売買の場合には債務者への通知又は債務者の承諾(民法467条)という対抗要件を買主に具備させる必要があります。

　また,引渡しには現実の引渡し(民法182条1項),簡易の引渡し(同条2項),占有改定(民法183条),指図による占有移転(民法184条)があります。売主は,これらの方法を用いて,買主に目的物の引渡しをする必要があります。

　その他にも,売主は売買の目的物によって義務を負うことがあります。例えば,敷地利用権の設定・移転,農地売買における許可の申請,証書等の提供等の義務を負うことがあります[3]。

3　手　付

　売買契約の締結時に,手付,内金などの名目で,買主が売主に金銭等を交付することがあります。これを手付といい,手付の交付も1つの契約です。金銭その他の有価物の交付を伴うので要物契約であり,売買契約に伴う付随的契約です。例えば,100万円の自動車を購入する場合に,先行して1万円だけ支払った場合等を指します。

　手付には,証約手付,違約手付,解約手付の3種類があります。

　証約手付とは,売買契約が成立したことを示すものであり,手付の交付が行われた場合,証約手付としての効力が生じます。

　違約手付とは,買主が違約した場合に備えて手付金を取り上げるという趣旨のものをいいます。違約手付には,①違約罰としての手付と,②損害賠償額の予定としての手付があります。①違約罰としての手付の場合,買主が違約したときに売主が手付金を取得することができるだけでなく,それ以外に売主はさらに損害賠償を請求できます。一方,②損害賠償額の予定としての

---

[3] 改正民法560条では,「売主は,買主に対し,登記,登録その他の売買の目的である権利の移転についての対抗要件を備えさせる義務を負う。」として,売主の義務を明確化しています。

手付の場合，損害賠償額が手付金額に制限され，それ以上の損害賠償請求は認められません。例えば，100万円の売買契約の際に違約手付として10万円が支払われた場合，①であれば10万円に加えて自らが被った損害額について損害賠償を請求できますが，②であれば15万円の損害があったことを証明しても違約罰の範囲（10万円）までしか損害賠償を請求できないことになります。

解約手付とは，約定解除権の留保の性質をもつものです。たとえ相手方当事者に債務不履行がなくても，当事者は交付した手付の放棄又は受領した手付の倍返しによって自由に契約を解除することができます。手付が交付された場合，解約手付としての性質を有することが推定され，これと反する主張をする場合，解約手付としての意味を有しないという意思表示がなされたことの主張・立証をする必要があります（民法557条）。たとえば，買主が10万円の手付を支払った場合，買主は10万円を放棄すれば契約を解除でき，売主は20万円を支払えば解除することができます。

手付は，同時に複数の性質を有することがあり，証約手付と解約手付の両方の性質を有することが認められています。また，裁判例は違約手付が同時に解約手付の性質をもち得ることを認めていますが（最判昭24.10.4民集3-10-437），学説の多くはこれに反対しています。

解約手付によって契約を解除できるのは，当事者の一方が「契約の履行に着手する」までです（民法557条1項）[4]。裁判例は，「着手」の意義を「債務の内容たる給付の実行に着手すること，すなわち，客観的に外部から認識し得るような形で履行行為の一部をなし又は履行の提供をするために欠くことのできない前提行為をした場合を指す」としています（最大判昭40.11.24民集19-8-2019）。履行の着手は履行前の行為ですから，履行期前でも履行の着手が認められることがあることには注意が必要です。具体的にどのような場合が履行の着手に当たるかはケースバイケースであり，定型的に判断することはで

4）改正民法557条では，「相手方が履行に着手した後」には解除できないことが明文化され，これまでの判例法理が明確化されることとなりました。

きませんので，弁護士等の専門家に相談をして慎重に考えるようにしてください。

解約手付によって契約の解除をするためには，手付を交付した者の場合，解約の意思表示をすれば足り，手付を放棄するという意思表示までは必要ありません。一方，手付受領者は，解除の意思表示をするだけでは足りず，手付金倍額の現実の提供が必要になります（最判平6.3.22民集48-3-859）。解除の意思表示を受ける者が，手付契約で定められた金員を取得できる機会を得ることなく手付解除がなされてしまうと，公平ではないからです。

4　代物弁済

債務者が，債権者の承諾を得て，その負担した給付に代えて他の給付をすることを代物弁済といいます（民法482条）。売買契約では目的物の給付の対価は代金の支払いですが，代物弁済の場合には，契約成立後に本来の給付以外の給付によって代金支払債務を消滅させることになります。例えば，A自動車を100万円で購入するという売買契約を締結した後に，100万円の代わりにBという自動車を提供するという場合を指します。

代物弁済は，対価が代金ではないという点で交換契約に似ていますが，代物弁済は売買契約締結後に改めて行うという点で交換契約とは異なります。

代物弁済を行う場合，債務者の承諾が必要ですから，代物弁済で給付する目的物の価値は，本来の代金額と同価値でなくても構いません。

また，代物弁済が行われると代金の支払債務が消滅する以上，単に給付を約束するだけでは足りず，現実に給付をすることが必要になります。現実の給付というためには，権利が移転し，かつ，第三者に対する対抗要件（登記，登録，引渡し，債務者に対する通知など）を具備する必要があります（最判昭39.11.26民集18-9-1984）。対抗要件の具備までさせなければ，その後給付の受領者が権利を失う可能性があり，公平とはいえないからです。従って，代物弁済契約は要物契約といえます[5]。

5）改正民法482条では，「弁済をすることができる者（以下「弁済者」という。）が，債

もっとも，不動産を給付の対象とする代物弁済の場合，裁判例は所有権移転登記に必要な一切の書類を債務者から受領したときに債務が消滅するという特約をすることも認めています（最判昭43.11.19民集22-12-2712）。移転登記に必要な一切の書類を受け取れば対抗要件の具備が給付受領者単独で可能であり，登記の完了には時間がかかるので，そのような扱いが取引の実情に一致するからです。

代物弁済は弁済と同一の効力を有しますから（民法482条），弁済と同様に債権が消滅し，それに伴って抵当権等の担保も消滅することになります。

権者との間で，債務者の負担した給付に代えて他の給付をすることにより債務を消滅させる旨の契約をした場合において，その弁済者が当該他の給付をしたときは，その給付は，弁済と同一の効力を有する。」として，代物弁済が諾成契約であること，債務者以外の者も代物弁済が可能であることを明確化しています。

【前 注】

　売買は，経済活動の中で最も頻繁に行われており，その対象は取引の対象となる権利の一切を含むことから資本主義の中心となる契約形態です。

　そのため税法においても極めて多種多様な取扱いがなされています。たとえば，売買の所得区分は，所得税法に規定されている10種類全てに該当する可能性があり，特定の所得区分に収めることができません。

　所得のタイミングや低額譲渡・高額譲渡（個人・法人）という税法の中心をなす基本問題を理解するにはこの売買が最適です。そこで他の章とは異なって，項目毎に税法編・実務編をセットにして解説することにしました。さらに低額譲渡は，個人と個人，法人と法人，個人と法人とで税の取扱いが大きく異なっており非常に難解なことから細分して解説することにしました。

　これらのことによって，より税法の理解が深まるように工夫されています。

第1　売買の所得区分

税法編 —売買の所得は何所得に該当するのか—

Point
- 売買によって生じる所得区分は，契約類型によって決められるのではなく，所得の性質によって決められます。
- 生活用動産の譲渡は原則として非課税です。
- 法人には，所得区分の問題が生じません。

1　所得区分の重要性

　売買契約では，有償で財産的価値を移転することになります。この際に，税法は所得（マイナス所得を含む。）を認識し，この所得が担税力すなわち租税を負担する能力を有するものとして課税の対象となります。

ただし，全ての売買について所得が発生するわけではありません。所得税法は，社会政策的配慮などの理由から非課税所得（所法9条など）や免税所得（租特25条や災害減免法2条など）を限定列挙し，除外規定を設けているからです。

さらに，所得には担税力があるからといって，一律に所得税を課税するというのは租税公平主義の観点から問題があると考えられています。所得の性質によって担税力には差があるのです。たとえば，労働によって得た賃金と全く労働することなく保有していた株式から得た配当金との間には，明らかに担税力に差があると考えられています。

そのために，所得税法は，所得を担税力の相違に応じて10種類の各種所得に分類し，さらに租税特別措置法に6種類の分離課税の所得計算方法を規定し，これらの各種の所得ごとに所得金額を自動的に算出する仕組みをとっています。

したがって，この所得が各種所得のうちどの所得に該当するかが非常に重要になります。そのため，各種所得の区分をめぐって多くの裁判例があります。

なお，法人税法は，法人としての所得について課税しますので（法法22条），所得区分の問題は生じません。

2 売買があった場合の所得区分
(1) 売買の性質によって決定する

実際の売買は多種多様な形態があるため，所得税法は，民法とは無関係に，いずれかの所得に区分して担税力に応じた各種所得を計算する仕組みを用意しています。どの所得に該当するかの判断は，売買の性質によって決めることになります。

たとえば，たまたま売却した不動産の売買と継続的な取引である商品の売買とで性質に相違があるということは，感覚的にもわかると思います。

(2) 売買の所得区分を考える

それでは，売買が所得税法上のどの所得になるかをもう少し深く考えてみましょう。

「譲渡所得とは，資産の譲渡……による所得をいう。」と規定されていることからすると（所法33条），民法上の売買は，所得税法上の譲渡所得に該当しそうです。

ところが，同条2項は，棚卸資産（準棚卸資産を含む）の譲渡その他営利を目的として継続的に行われる資産の譲渡（同項1号）や山林の伐採又は譲渡による所得（同項2号）は，譲渡所得に含まれないと規定しています。

なお，棚卸資産とは事業所得を生ずべき事業の本来的収入の基本となる商品や製品等をいい，準棚卸資産は雑所得を生ずべき業務に係るこれらに準ずる資産をいいます。また，所有期間5年を超える山林の伐採又は譲渡による所得は，山林の所有期間が長期にわたる特別な性質を有することから山林所得という所得区分を設けて，5分5乗方式[6]という特別な税額計算の取扱いによって租税負担の軽減を図っています。

このような所得税法33条の規定ぶりをみると，民法上の売買は，所得税法上の事業所得，山林所得，譲渡所得，雑所得のいずれかに該当しそうです。

しかしながら，実務編で述べるとおり，不動産所得や配当所得になる場合もあります。また，売買の性質によっては，給与所得や退職所得，さらに利子所得や一時所得になる場合も考えられます。

したがって，10種類のいずれかの所得に該当することになりますので，民法上の売買によって生じる所得は，民法上の契約類型とは無関係に，その所得の性質によって所得の種類を決めていることになります。

次に，売買契約の場合の所得区分として一番多いと思われる譲渡所得と事

6）課税山林所得を5で除し，その額に税率を乗じて計算した額を5倍します。その結果，低い税率が課され税金の負担が減ることになります。漁獲から生じるなどの変動所得及び権利金等の臨時所得がある場合の平均課税の方法による税額計算も同じ趣旨です。諸外国においても夫婦単位課税や世帯単位課税の中に2分2乗課税やN分N条課税があります。

業所得について，見てみましょう。

3　譲渡所得
(1) 譲渡所得の本質

　譲渡所得の本質は，保有する資産の値上がり益（キャピタルゲイン）です。有名な裁判例がありますので紹介します。

> **譲渡所得の趣旨**（土地譲渡代金割賦弁済事件，最判昭47.12.26民集26-10-2083）
>
> **事案**　納税者は土地建物の譲渡代金を長期間にわたる分割払いで受け取っていました。税務署から「譲渡代金一括を譲渡収入に計上すべきである」と更正処分を受けたので，「その年分に受け取った額だけをその年度の譲渡所得に算入されるべきである」と主張しました。
>
> **判旨**　譲渡所得に対する課税は，資産の値上がりによりその資産の所有者に帰属する増加益を所得として，その資産が所有者の支配を離れて他に移転するのを機会に，これを清算して課税する趣旨のものであるとしました。そうすると，年々に蓄積された当該資産の増加益が譲渡によって一挙に実現したのであるから，受け取った分割金毎にその都度資産の譲渡があったとして個別的に課税すべきであるという納税者の見解は到底採用し難いとしました。

　なお，譲渡所得の趣旨については，最判昭和43年10月31日訟月14巻12号1442頁を参照してください。

(2) 譲渡所得の対象となる「資産」

　ところで，所得税法は，「資産」について特段の定義を設けていません。譲渡所得の対象となる「資産」は，所得税法33条2項に該当するものと金銭債権を除いて，譲渡性のある財産権を全て含んでいる概念といえます。したがって，動産，不動産だけではなく特許権等の無体財産のほか，借家権や営

業権，行政官庁の許可等により発生した事実上の権利を含むとされています[7]。この点は，民法を援用しています。

なお，譲渡所得の対象となる「資産」には，税法上金銭債権が含まれないとされていることに関連して，民法上の債権譲渡（民法466条）の問題があります。この点については，前掲35頁を参照してください。

(3) 譲渡の意義

また，「資産の譲渡」とは，有償であると無償であるとを問わず所有権その他の権利の移転を含むものとして広く捉えられています。裁判例も，次のように同様に解しています。したがって，売買，交換，競売，購買，収用，代物弁済，現物出資等を含むものとされています。

無償による資産の譲渡（前掲108頁）

事案 108頁参照

判旨 譲渡所得の課税は，資産の値上がりによりその資産の所有者に帰属する増加益を所得として，その資産が所有者の支配を離れて他に移転するのを機会に，これを清算して課税する趣旨のものと解すべきであるとした場合，当然の帰結として，譲渡所得の発生には，必ずしも当該譲渡が有償であることを要せず無償でも構わないとしました。

---

4 生活用動産の譲渡

ところが，売買による資産の譲渡であっても非課税となる場合があります。生活で使っていた家具や什器，衣服など生活用動産（生活に通常必要な動産に限ります。）を売却した所得は，担税力を考慮して課税されません（所法9条1項9号）。生活用動産を譲渡して譲渡損失の金額が生じたとしても，その損失

---

[7] 所得税基本通達33-1。

の額はないものとみなされます（所法9条2項）ので，注意が必要です。

> **サラリーマンの保有する車が生活に通常必要な資産に該当するか否か**
> （サラリーマン・マイカー訴訟，最判平2.3.23判時1354-59）
>
> **事案** サラリーマンである納税者が勤務先への通勤，レジャー等で使用している自家用車で自損事故を起こしましたが，当該自動車は自力走行できる状態でした。納税者は，修理には相当の修理代がかかることから，当該自動車をスクラップ業者に3,000円で売却し，当該売却価格から売却直前の未償却残高と思われる30万円を差し引し，29万7,000円を譲渡損失として給与所得との損益通算による還付申告を行いました。しかし，税務署長がこれを否認した事案です。
>
> **判旨** 給与所得者の自家用車は，利用の態様によっては生活に通常必要な資産に含まれるが，この事案では生活に通常必要でない資産に当たるとされました。

なお，この所得税法に規定する「生活に通常必要な資産」は，時代とともに変化していくと思われますので，今後注視していく必要があります。

5 事業所得

商品を売買する小売業や卸売業による所得は何所得になるのか。考えてみましょう。

所得税法27条は，次のように規定しています。「事業所得とは農業，漁業，製造業，卸売業，小売業，サービス業その他の事業で政令で定めるものから生ずる所得……をいう。」そして，この政令（所法令63条）には，日本標準産業分類の大分類に従って具体的な業種が記載されていますので，小売業や卸売業などにおける売買によって生じた所得は事業所得であることがわかります。

しかし，これら所得税法の規定は，事業の種類を例示しただけにすぎませ

ん。ある所得が事業所得になるか他の所得になるかによって所得金額に差異が生じ税負担が異なってきますので、事業所得と他の所得区別に関して多くの裁判が行われました。そして、これらの裁判例の積み重ねによって、事業の判断基準が確立されてきたといえます。

次の裁判例は、事業所得と給与所得の区別に関する有名な最高裁判決で、事業所得の本質をよく表しています。

事業所得の判断基準（弁護士顧問料事件，最判昭56.4.24民集35-3-672）

事案 独立した弁護士である納税者が、所得税の申告に当たって、顧問料収入を給与所得にかかる収入として確定申告をしました。この顧問料収入の元になる顧問契約上、納税者の勤務時間や勤務場所の定めはなく、顧問契約による法律相談等は電話又は法律事務所で、もっぱら口頭で行うものであり、顧問料は相談等の回数等に関わらず毎月定時に定額が支払われているというものでした。税務署長が、これらの顧問料収入はいずれも事業所得にかかる収入として更正処分を行ったことに対し、納税者は更正処分の取消しを求めて提訴したという事案です。

判旨 事業所得とは自己の計算と危険において営利を目的とし対価を得て継続的に行う経済活動である[8]。これに対して給与所得とは雇用契約又はこれに類する原因に基づき使用者の指揮命令に服して提供した労務の対価として使用者から受ける給付である。

---

[8] 同様の判断は本件以外でも多く引用されています。たとえば、日フル事件（最判昭53.8.29訟月24-11-2430），りんご生産組合事件（最判平13.7.13判時1763-195），ストック・オプション事件（最判平17.1.25民集59-1-64）など多くの裁判例があります。

実務編 ─売買の所得は何所得に該当するのか─

Point
- 譲渡所得と事業所得との区別は，譲渡した資産の種類によります。
- 事業所得と雑所得との区別は明確ではありません。
- 売買によって生じた所得は，不動産所得や配当所得，給与所得，退職所得，利子所得，一時所得に該当する場合があります。
- 売買でも源泉徴収しなければならない場合があります。

1 譲渡所得と事業所得との区別

事業活動として資産の譲渡があった場合には事業所得であるのか譲渡所得であるか紛らわしいことがあります。

例えば，不動産販売業者の所有する土地の売買による所得の場合はどの所得区分になるのでしょうか。この場合の土地は棚卸資産に該当するので，この売買による所得は，譲渡所得ではなく，事業所得に該当することになります。

譲渡所得と事業所得との区別（大阪高判昭63.9.29行集39-9-983）

事案 建築請負業を営む白色申告者である納税者は，所有する山林を数区画の宅地に造成し，複数の水道ガス電気設備を設置した土地上に建売住宅を建てて売却しました。その売却に係る所得について白色申告を行いましたが，当該申告においては，所得のうち土地の売却益部分を分離長期譲渡所得とされていたところ，税務署長は，土地の売却益部分の所得を1区画に便宜的に一時入居したものとして事業所得と認定し，更正決定をしました。これに対し納税者がその取消しを求めて本訴を提起しました。第一審と控訴審では，右建売住宅の売却によ

る所得のうち，土地の売却による所得部分が，譲渡所得か事業所得かが争われることとなりました。

判旨 建築請負業者がその保有する土地の上に建物を建築して販売したところ，これは営利を目的で継続的に行う意図を有し，事業として社会的な客観性を有しているので，これらの所得は，譲渡所得ではなく事業所得である。

2 事業用固定資産を譲渡した場合

事業の用に供していた車両等を売却した所得は，事業所得ではなく譲渡所得に該当します。税務申告実務では，この点を勘違いした申告書を何度か見たことがあります。ただし，課税実務は更に複雑です。

> **設 例**
>
> 私は，生花業を営んでいます。ミニバイク 1 台を 8 万円で購入し近所への配達に使っています。その他に市場への仕入や大きな植物を届けるために 2 年前に購入した帳簿価額50万円の軽トラックを保有しています。
>
> 今年中に，バイクと軽トラックを10万円と70万円でそれぞれ売却する予定です。

この事例では，軽トラックとミニバイクは，ともに事業に使用されています。この場合に，軽トラックを譲渡した場合は，事業の用に供していた固定資産であっても，事業所得ではなく，譲渡所得になります。

これに対して，少額の減価償却資産の全額を事業の用に供した年分の必要経費に算入している場合でその資産を売却したときは，その資産は棚卸資産の準じる資産（準棚卸資産）として譲渡所得に含めないことになっています（所法令81条）。

したがって，軽トラックの売却代金は20万円の譲渡所得になるのに対して，ミニバイクの売却代金10万円は事業所得の収入金額になり，8万円が必要経

費に計上されます。

3 事業所得と雑所得との区別

所得税法上，経済活動をしていても事業といえない程度の規模である場合は，雑所得になります。また，貯蔵品などの準棚卸資産の譲渡も雑所得になります（所法令81条1号）。事業と非事業との区別は必ずしも明確ではありませんので，最終的には社会通念によって決定するほかはないでしょう。

次の裁判例では，商品先物取引によって生じた損失を事業所得の損失として損益通算したところ，他の所得との損益通算が認められず，この損失は雑所得において生じた損失とされました。

事業と非事業との区別（商品先物取引事件，名古屋地判昭60.4.26行集36-4-589）

事案 給与所得者である納税者が6年間にわたり商品先物取引を年間数百回行っていました。納税者は，これらの商品先物取引が所得税法施行令63条12号にいう「事業」に当たり，事業所得の金額を計算するのに当該取引の損失額（累計1億7,000万円以上）を参入して申告を行いました。しかし，税務署長は，当該取引に営利性及び継続性は認められるとしても，所得税法施行令63条12号にいう「事業」には当たらず，雑所得として扱い，事業所得の金額を計算するのに右取引による損失額を算入することはできないとして更正処分を行いました。本件は，納税者がこれを不服として提訴した事案です。

判旨 一定の経済的行為が，対価を得て経済的に行う行為に該当するか否かは，営利性，有償性の有無，継続性，反復性の有無のほか，自己の危険と計算による企画遂行性の有無，当該経済的行為に費やした精神的，肉体的労力の程度等の諸要素を総合的に検討して社会通念に照らしてこれを判断すべきものである。

4 売買であっても不動産所得に該当する場合がある

不動産所得を所得税法26条に規定する「不動産等……の貸付け」に限定する場合には，不動産の売買による取得が不動産所得に該当することはないでしょう。

しかしながら，課税実務上の不動産所得には，不動産の貸付けに伴う付随収入も不動産所得に含まれることになっています。

例えば，ビルの壁面に広告すること（所基通26-5）も不動産所得に含まれることにされています。また，保有しているアパートの横に自動販売機を設け清涼飲料水を販売することによる収益も不動産所得に該当することにされています。

このように，売買が不動産所得に該当することもあります。

5 配当所得になる売買

また，株式の売買が配当所得になることがあります。

会社法は，一定の要件のもとで自己株式の取得を認めています（会社法155条）。この場合の取得とは，売買・交換等を指し，株主総会の決議等を経て，その株主が有する株式を発行法人へ売却することになります。なお，会社法上，自己株式の取得は剰余金の処分と解されています。

会社法とは異なり，税法は，自己株式としての取得を配当と売買の複合取引とみています。所得税法は，発行会社の自己株式の取得によりその会社から金銭その他の資産の交付を受けた場合，その金銭の額及び資産の合計額が取得資本金額を超えるときは，その超える部分の金額を利益の配当とみなすと規定し，配当所得になることを明らかにしています（所法25条）。

さらに，租税特別措置法37条の10第3項4号は，株式の譲渡価額からこのみなし配当金額を控除した金額を株式の譲渡収入金額とみなすと規定しています。

したがって，所得税法は，自己株式となる譲渡の場合，最初にみなし配当金額を決めた後に譲渡収益を決定する二段構えの構造を有することになります。

なお，みなし配当部分に対してのみ源泉徴収され，譲渡部分は源泉徴収の対象外になっていることにも注意しなければなりません。

6　売買でも源泉徴収する場合がある

上記の配当所得が源泉徴収の対象となるというのは理解できると思いますが，物の売買であっても源泉徴収しなければならないことがあります。この点は，実務においても気を付けなければならないことです。

具体的には，「非居住者」[9]から土地等[10]を購入する場合には，10.21％の源泉徴収税額等を控除して相手方へ支払うことになります。この場合の源泉徴収義務者は，個人又は法人を問わずその対価の支払いをする者が全て含まれることになっています（所法212条）ので，会社や事業者のみならず一般のサラリーマンであっても源泉徴収をする必要があるのです。

なお，非居住者は，国内にある土地等の譲渡所得について10.21％の源泉徴収税額等だけで課税関係が完了するわけではなく，必ず我が国において所得税の確定申告をしなければならないことになっています[11]。この源泉徴収された税額は，その確定申告の際に精算されることになります。

非居住者から不動産を購入した場合の源泉徴収義務
(東京高判平28.12.1裁判所ウェブサイト)

事案　株式会社として不動産業を営む納税者は，平成20年3月，譲渡者（納税者に対し，国内に住所があると説明し，住民票も提出していた）と土

---

[9] 所得税法は，国内に住所を有し又は現在まで引き続いて1年以上居所を有する「居住者」と，それ以外の「非居住者」とに区分し，課税所得の範囲を定めています（所法2条1項3号，4号）。
[10] 国内にある土地，土地の上に存する権利，建物，建物附属設備，構築物をいいます。もっとも，個人が譲渡対価を受け取る自己又はその親族の居住用財産で1億円以下のものは除かれます。
[11] 我が国が締結した租税条約は，土地等の譲渡所得についてOECDモデル条約と同様に譲渡収益条項において，その土地等の所在地国が課税できることになっています。

地建物の売買契約を締結し,売買代金と固定資産税精算金等として約7億6,200万円を支払いました。売買代金の送金先は米国銀行であり,固定資産税清算金約215万円の送金先は国内銀行でした。税務署長は,譲渡者が「非居住者」であることを理由に,納税者に源泉徴収義務があるとする納税告知処分を行いました。これに対して,納税者が,①譲渡者は所得税法上の「非居住者」に該当しない,②仮に該当するとしても,納税者は,通常行うべき注意義務を尽くした上で譲渡者が非居住者ではないと確認した,③本件告知処分は租税公平主義及び信義則(禁反言の原則)に違反するから,納税者は源泉徴収義務を負わないと主張して,本件告知処分の取消しを求めた事案です。

判旨 本件不動産の売買に関し,控訴人は譲渡者が非居住者であるか否かを確認すべき注意義務を尽くしたということはできず,譲渡者は生活の本拠が日本国内になく,支払い日まで引き続いて1年以上日本国内に居所を有していなかったのであるから,所得税法の「非居住者」であったというべきである。したがって,本件譲渡対価に係る源泉徴収義務を否定すべき理由はないとして,税務署長が行った源泉所得税の納税告知処分を容認した。

第2 売買の時点

税 法 編
―税法上，売買を認識するのは，いつの時点をいうのか―

> **Point**
> ・所得の年度帰属の問題ともいいます。
> ・売買の認識時期の問題では，「法的に収入すべき権利の確定した時点で認識すべきである」という権利確定主義を原則とするものの，「対価等が現実に納税者の管理支配の下に入った時点で収入金額又は益金を認識すべきである」という管理支配基準が存在していると一般的に考えられています。

1 年度帰属の問題

所得の年度帰属の問題といわれていますが，むしろ所得の実現時期の判定の問題であってタイミングという言葉の方が適切だと思われます[12]。

年度帰属の問題は，法人税よりも所得税の方に影響があります。所得税は，超過累進税率を採用しているので，所得金額が異なることによって課される税率が異なってくるからです。また，確定申告義務や各所得控除にも影響を与えます。平成12年度税制改正では，所得税の最高税率が50％から37％に一気に引き下げられたこともありました。また，現在では45％に引き上げられています。

一方，法人税は，単一税率による課税がなされますが，課税のタイミングによって所得の範囲に直接影響を及ぼすこともあります。

---

[12] 金子宏「所得の年度帰属―権利確定主義は破綻したか」『所得概念の研究』（有斐閣，1995）282～285頁。

したがって，この年度帰属の問題は，個人法人を問わず，また，納税者にも国庫にも重要で，かつ基本的な問題であるといえます。

2　権利確定主義

一般的に，現金で入金した時点を収入として認識するよりも「法的に収入すべき権利の確定した時点で認識すべきである」という「権利確定主義」が妥当であると解されています。

その理由としては，今日の経済取引は信用取引が支配的であること，現金主義の場合には人為的に入金を遅らせることなどがあり得ること，さらに「権利の確定」という法的な基準によって判定することの方が収入計上の明確な基準となり得ることなどが挙げられます[13]。

3　根拠条文

ところで，権利確定主義の根拠条文はどこにあるのでしょうか。

所得税法36条1項は，「各種所得の金額の計算上収入金額とすべき金額又は総収入金額に算入すべき金額は，別段の定めがあるものを除き，その年において収入すべき金額……とする。」と定めています（「収入した金額」とされていない）ので，権利確定の条文上の根拠を見出すことは，一応できます。

しかしながら，法人税法は，所得税法の「収入すべき金額」に該当するような一般的な定めを設けていません。法人税法22条は，法人税法の課税所得について基本構造を表す規定です。同条2項は，益金の額を限定列挙しているだけです。

＊本書は，各所で所得税法，法人税法における所得の年度帰属の原則である権利確定主義（例外基準の管理支配基準）について論じていますが，これに関連して，平成30年度税制改正案（所得税法等の一部改正に関する法律案）において，法人税法における収益の年度帰属の基準に関する第22条の2の規定を追加する提案が盛り込まれ，平成30年3月28日に国会で可決成立（平成30年法律第7号，同年4月1日施行）しました。

---

13) 金子宏『租税法　第22版』（弘文堂，2017）294頁。

同22条の2は，法人税における資産の販売もしくは譲渡または役務の提供（資産の販売等）にかかる収益の額の計上基準を定めるものです。そこでは，第一に，資産の販売等の収益の額の計上基準として引渡基準および役務提供完了基準の原則を法定しようとするものとされ（同条1項），第二に，資産の販売等の収益の額の計上基準につき，一般に公正妥当と認められる会計処理の基準に従って，前記の原則の日に近接する日の属する事業年度の収益の額として経理した場合には，その原則にかかわらず，その事業年度の所得の金額の計算上益金の額に算入することも法令上明確化しようとするものとされました。税法上，この問題は一般的に権利確定主義として議論されているものですが，今回追加された規定は，同税制改正の大綱（平成29年12月22日閣議決定）によると，法人税については改正前の法人税基本通達に具体的に定められていたものを上記のような形で法定化しようとしたものとされています。税法務の観点からは，この規定が具体的にどのような実務的な影響をもたらすかが問題ですが，これは，これからの問題として注意深く留意する必要があります。

法人の益金計上時期（大竹貿易事件，最判平5.11.25民集47-9-5278）

事案 一般的に輸出取引は，輸出商品の船積みを完了した時点で収益を計上する基準が広く採用されているところ，納税者は，荷為替手形を資金化するために船荷証券を銀行に交付した時点で輸出取引に係る収益を従前から計上していました（現金主義）。このために納税者の収益計上時期が一般的な会計処理より遅く計上されたために所轄税務署長より更正等が行われました。納税者は，この処分に対して，その取消しを求めて争った事例です。

判旨 最高裁は，既に確定した収入すべき権利を現金の回収を待って収益に計上するなどの会計処理は，認められないとして納税者の主張を認めませんでした。

「法人税法上，内国法人の各事業年度の所得の金額の計算上当該事業年度の益金の額に算入すべき金額は，別段の定めがあるものを除き，資本等取引以外の取引に係る収益の額とするものとされ（22条2項），当該事業年度の収益の額は，一般に公正妥当と認められる会計処理の

> 基準に従って計算すべきものとされている（同条4項）。したがって、ある収益をどの事業年度に計上すべきかは、一般に公正妥当と認められる会計処理の基準に従うべきであり、これによれば、収益は、その実現があった時、すなわち、その収入すべき権利が確定したときの属する年度の益金に計上すべきものと考えられる。」としました。

　この判決は、法人税法上の収益の計上基準は、原則として権利確定主義が妥当する旨を最高裁が明示的に述べた点に意義があります。

4　管理支配基準

　権利確定主義は法的な権利に着目しているので、たとえば利息制限法に違反する利息のように私法上無効な債権や対価を収入に算入することができなくなってしまいます。また、契約を締結する時期は納税者の選択によって行われることが可能となるから収入金額の計上時期に恣意性が入り込む余地が生じます。このように、権利確定という法的基準で全ての収入すべき時期を律することは、問題があります。

　この点について、対価等が現実に納税者の管理支配の下に入った時点で収入金額又は益金を認識すべきであるという多くの裁判例があります[14]。

　これらは、管理支配基準と呼ばれ、権利確定主義を補完するものとされています。

---

14) 賃料の増額請求訴訟を提起し、仮執行宣言付判決によって裁判確定前に受け取った増額分賃料の収益計上時期（最判昭53.2.24民集32-1-43）、矯正歯科医が矯正装置の装着日に一括して矯正料を受領した場合（高松高判平8.3.26行集47-3-325）などがあります。

損失補償金を一括して受領した場合
(沖縄補償金事件，福岡高那覇支判平8.10.31行集47-10-1067)

事案 強制使用された軍用地の補償金が将来の10年分一括払いされた納税者に対して税務署長は，年分ごとの所得ではなく，補償金全額を受け取った年分の所得として課税処分しました。

判旨 納税者らは，特段の事情がない限り，本件損失補償金について，返還の必要に迫られることなくこれを自由に管理支配できるのであるから，権利取得の時期において補償金に係る所得の実現があったものと解するのが相当であり，本件損失補償金はその受け取った年分の総収入金額に算入されるべきものである。

農地転用許可前に引渡しと代金を受け取った場合で自ら所得として申告した場合 (最判昭60.4.18訟月31-12-3147)

事案 中古自動車販売・自動車解体業及び農業を営んでいた納税者は，農地を含む複数の土地を譲渡し，その売買代金には昭和43年と同44年に支払われたものがありました。納税者は，買換え資産の特例適用を求めるため，農地の譲渡所得について，昭和43年に売買代金全額を受け取っても農地法所定の知事の許可を得ていないものは，昭和43年分の所得に参入せずに確定申告しました。これに対して，税務署長は，買換え特例の適用が認められない場合農地の譲渡所得について，昭和43年に売買代金全額を受け取っても農地法所定の知事の許可を得ていないものも昭和43年分の所得に算入すべきとして，更正及び過少申告加算税の賦課決定を行いました。納税者がこれを不服として取消しを求めて提訴したのが本件事案です。

判旨 農地の譲渡契約を締結し，同年中に譲渡代金の全額を収受した

> 上，事業用資産の買換えの特例を受けるべく，譲渡収入金額につき，その年分の確定申告をした場合，右農地の譲渡について農地法所定の知事の許可がされていなくても，同年中に譲渡所得の実現があったものとして，収受した代金に対し課税することができる。

5　有力な反対意見

　管理支配基準を含む権利確定主義に対して有力な反対意見があります。

　この意見は，権利確定主義や管理支配基準は所得課税の観点から見ると，次のような根本的な誤りがあるとしています[15]。

　法人税法上無償取引のように対価を観念できない取引についても収益を認識する考え方からいえば，収益の本源は，取引の対価とは無関係に，資産の値上がり益や役務提供の価値そのものでなくてはならないといえます。そうすると，収入金額又は益金の年度帰属も，対価の収受や債権の成立とは無関係に，譲渡や役務提供という取引事実が認められた年度とされるべきであると，主張しています。

6　別段の定め

　所得税法及び法人税法は，別段の定めを設けて，特殊な取引について損益計上の時期を定めています。売買に関する別段の定めは次のとおりです。

(1)　小規模青色申告者の事業所得等　(所法67条)

　青色申告者で小規模な事業所得者は，その年に現実に収入した金額を総収入金額に計上し，現実に支出した費用を必要経費に計上して所得計算することを認めています。これを現金主義といいます。

　なお，法人税法は，現金主義による収益計上時期を認めていません。

---

15) 岡村忠生『法人税法講義』(成文堂，第3版，2007) 59頁。

(2) **延払条件付販売等**（所法65条），**長期割賦販売等**（法法63条）

　月賦，年賦などの方法によって3回以上分割して対価の支払いを受けることなど一定の要件を満たす長期割賦販売等について延払基準を認めています。

7　手付金

　手付金を受領したとしても税が発生することはありません。これらは，単に預り金だからです。

　しかしながら，注意すべきは，名目上手付金であったとしても最初から先方への返還義務がないものがあります。この場合は，名目上の手付金を受け取った時点で収入を認識する必要があります。

　また，不動産取引では手付金が頻繁に生じます。

　新たな固定資産を取得するため放棄した手付金は，当該固定資産の取得費に含まれます。手付金の放棄によって手付金を取得した売主には，一時所得又は事業所得として所得税課税され，法人の場合は益金算入されます。

　手付金を倍返しした場合，従前よりも有利な条件での譲渡を目的として倍返しを行ったときには譲渡費用になります（法人の場合は損金算入されます。）。一方，手付金の倍返しを受けた買主は，一時所得として所得税が課税されます（法人の場合は益金算入されます。）。

実 務 編
―税法上，売買を認識するのは，いつの時点をいうのか―

Point
- 権利確定主義の具体的判断は，課税実務上，通達によっています。
- 棚卸資産等の販売や譲渡資産の譲渡の場合の収益認識時期は，その資産を引渡しした日です。
- 譲渡所得の場合，引渡し基準を原則としながらも，民法の考え方であるその資産の譲渡に関する契約の効力の発生の日とすることもできます。
- 農地の譲渡に関する契約が農地法上の許可を受けなければその効力が生じないため，収益認識時期をその許可のあった日とすることも認められます。

1　課税実務上の取扱い

　講学上の収益認識時期は，税法編で述べたとおりですが，複雑な取引が錯綜している今日では，具体的に何をもって「権利の確定」というかは現実には困難であるといえます。また，各税法も細目を定めていないので，その判断は，解釈に委ねられることになります。

　もっとも，課税実務上は，基本通達に各種所得ごとの権利が確定する時期について規定されています（所基通36-2（利子所得）～36-14（雑所得））。法人税法の通達にも同様の規定があります（法基通2-1-1～48）。ただし，これらの通達が示す収益計上の時期は，課税庁側の税務執行の解釈にすぎないといえますので，個々の事例をよく検討することが必要です。

2 売買の場合

(1) 原　則

　民法上，売買契約は，当事者の一方が「ある財産権を相手方に移転すること」を約し，相手方がこれに対し「その代金を支払うこと」を約することによって，その効力を生ずる（民法555条）とされているが，具体的に売買の効力がいつ発生するかは一義的ではありません。このことを前提として，通達は，原則として棚卸資産等の販売や譲渡資産の譲渡の場合は，その資産を引渡しした日をもって収入とすべきとしています。

　物の引渡しがあれば，契約の効力が発生して目的物の所有権が移転したことが，明白になるからです。しかも，所有権移転時期の最終段階になる「引渡し」が基準となっていますので，納税者にとって所得の生じるタイミングとして不利益となることはないといえます。

　ただし，棚卸資産の引渡しの日が具体的にいつなのかについては，例えば，出荷した日，相手方が検収した日，相手方において使用収益ができることとなった日，検針等により販売数量を確認した日などその棚卸資産の種類及び性質，その販売に係る契約内容等に応じその引渡しの日として合理的と認められる日のうち，継続適用している日によるものとされています（所基通36-8の2）。

(2) 例　外

　譲渡所得の場合，引渡し基準を原則としながらも，民法の考え方であるその資産の譲渡に関する契約の効力の発生の日とすることもできます（所基通36-12但し書）。

2 売買の場合

> **設 例**
>
> 　私は，今年の10月にＡ市にある土地を売却しました。相手方へ引き渡ししたのは11月中になりました。さらに，12月になって，Ｂ市にある土地について売買契約を締結しましたが，引渡しは翌年の１月になってしまいました。
> 　Ａ市の土地の譲渡益は4,000万円になりましたが，Ｂ市の土地については，逆に売却損が3,000万円生じました。この場合，私はどのような申告をすれば，税負担を最小にできるでしょうか。

　固定資産の譲渡収入を計上するのは，原則として，その資産を引き渡した日の属する年分になります。ただし，契約の効力の発生の日とすることもできます。同一年中に２以上の資産を譲渡した場合には，一取引ごとに選択適用することができます。

　したがって，この事例では，今年中に引き渡したＡ市土地だけでなく，Ｂ市土地も契約の日である今年に申告することを選択すれば，Ｂ市の譲渡損3,000万円はＡ市の譲渡益4,000万円との通算をすることができます。

第3 低額譲渡

税法編 ―低額譲渡（個人間）―

Point

- 低額譲渡は，固定資産と棚卸資産とで取扱いが異なります。
- 固定資産の低額譲渡は，時価の50％未満の対価による譲渡をいいます。
- 棚卸資産の低額譲渡は，所得税法に規定がありません。ただし，通達では70％未満の対価による譲渡とされています。
- 低額譲渡では，資産を譲り受けた個人に贈与税が課される場合があります。

1 所得税法の売買の価額

(1) 収入金額の通則

前掲119頁で述べているとおり，収入金額に関する通則は，所得税法36条に規定されています。収入は必ずしも現金だけではなく，現金以外の資産や経済的利益も含まれます。現金以外の資産や経済的利益は，収入したときの時価で評価される金額となります。

ただし，例外的に未実現の所得についても収入金額を認識する場合があります。所得税法は，別段の定めとしてその例外を明文化しています。たとえば，棚卸資産等や山林を自家消費した場合，棚卸資産を贈与もしくは遺贈した場合，棚卸資産を著しく低い価額の対価で譲渡した場合，農産物を収穫した場合などでは，これらの経済的利益が未実現であっても時価をベースとして収入金額を計上することになっています。

その結果，所得税法上の収入金額の範囲は，かなり広く設定されていることがわかります。

(2) 収入金額に計上する金額

次に，収入金額として計上すべき金額は何を基準とすべきかが問題になります。ところが，所得税法は「収入金額として計上すべき金額」そのものについて，特に何も規定していません。売買の場合，収入金額に計上する金額は，原則として，その対価の額，すなわち売買価額となります。

民法では，当事者が合意すれば，自由に対価の額を決めることができますが，税法では，以下のような問題が生じます。

2 個人間の低額譲渡をめぐる税務

(1) 問題点

私法上適正な売買契約であっても，意識的・無意識的にかかわらず，世間でいう時価とは大きく離れた価格での取引が意外に多く存在します。通常，売主と買主は利害が対立することから，両者で成立した売買価額は，適正な取引価額として税務上も認められます。したがって，多くの場合，売買価額をそのまま収入金額としても課税上問題がないことはいうまでもありません。

しかしながら，当事者間の利害が一致している親族間や，当事者が真の目的を隠すために極端に売買価額を操作した場合などは，税務上大きな問題が発生します。

また，固定資産と棚卸資産とで，その課税上の取扱いが異なっていますので，注意が必要です。

(2) 固定資産の低額譲渡

個人である売主がその保有する固定資産（税法的には譲渡所得又は山林所得に該当する資産のことをいいます。）を通常の時価より極端に売却価額を引き下げて譲渡したときは，むしろ譲渡損失を生じさせる取引をしているといえます。しかし，これに対する収入金額について別段の定めはありませんので，新たな課税関係が生じることはありません。

もっとも，所得税法は，このような譲渡損失を無制限に認めていません。時価の2分の1未満の対価で譲渡した場合に生じた譲渡損失は，損益通算で

きない仕組みになっています（所法59条2項，所法令169条）。換言すると，時価の2分の1以上であれば，譲渡損失の通算ができるということです。

なお，損失を通算できない場合には，その固定資産の取得価額の引継ぎが行われることになっています（同法60条1項）。

(3) 棚卸資産の低額譲渡

一方，事業を営んでいる個人が棚卸資産を著しく低い価額の対価によって譲渡した場合は，実質的に贈与したと認められる金額は事業所得又は雑所得の収入金額に算入することとされています（所法40条）。

この場合の「著しく低い価額の対価」について具体的にいくらなのかを規定している条文はありません。しかしながら，このままでは課税実務上混乱しますので，通達は時価のおおむね70％未満の対価を「著しく低い価額の対価」としています（所基通40-2）。

注意しなければならないのは，不動産業者が行う宅地として造成工事をした分譲用の土地建物は，固定資産ではなく棚卸資産に該当する点です。したがって，この場合には，時価の50％ではなく70％未満かどうかで「著しく低い価額の対価」かどうかを判断することになります。

(4) みなし贈与

個人間売買をめぐる所得税の取扱いは上記のとおりなのですが，資産を譲り受けた個人に贈与税が課せられる場合がありますので，注意が必要です。

これは，「みなし贈与」（相法7条）と呼ばれており，著しく低い価額の対価で財産の譲受けがあったときは，法的には贈与とはいえないとしても，実質的には贈与と同一視できるとして，課税の公平の見地から，対価と時価との差額について贈与があったとみなされます[16]。

この場合の著しく低い価額の対価とは，所得税法59条とは異なり，その時の価額の2分の1を下回る必要はないと解されます。すなわち，時価と対価

---

16) このような財産の移転が遺言でなされた場合には，相続税の課税対象となります。

との差額になります。

> ### みなし贈与の趣旨と「著しく低い価額の対価」
> （横浜地判昭57.7.28訟月29-2-321）
>
> **事案** 親族間で行われた農地の売買が相続税法7条に規定する著しく低い価額の対価でなされたものとして贈与税決定処分がなされた事案です。
>
> **判旨** 所得税法59条1項2号は「著しく低い価額の対価として政令で定める額による譲渡」と規定し、同法施行令169条はこれを受けて右の政令で定める額とは「資産の譲渡の時における価額の2分の1に満たない金額」と規定している。これらの規定はどのような場合に未実現の増加益を譲渡所得としてとらえ、これに対して課税するのを適当とするかという見地から定められたものであって、どのような場合に低額譲受を実質的に贈与とみなして贈与税を課するのが適当かという考慮とは全く課税の理論的根拠を異にするといわなければならない。したがって、みなし贈与は時価の2分の1を下回る対価ということはできない。
>
> また、著しく低い対価の額に該当するかどうかは、当該財産の譲受の事情、当該譲受の対価と譲受に係る財産の市場価格、当該財産の相続税評価額などを勘案して社会通念に従い判断すべきである。

> ### 「著しく低い価額の対価」と「相続税評価額」との関係
> （東京地判平19.8.23税資257・順号10763）
>
> **事案** 納税者Aと納税者Bは、C（Aの夫でありBの父です）から、平成15年12月、土地の持ち分の譲渡を受けました（以下「本件売買」といいます）。納税者Bは、Cから同年中に同じ土地の持分の譲渡を受けてお

り，納税者Bはこの贈与について平成15年分の贈与税の申告をしましたが，納税者Aも納税者Bも本件売買については贈与税の申告をしませんでした。

　税務署長は，納税者Aと納税者Bの本件売買代金額はいずれも相続税法7条の「著しく低い価額」の対価に該当するとして，納税者Aに対しては平成15年分の贈与税の決定及び無申告加算税の賦課決定を，納税者Bに対しては同年分贈与税の更正及び過少申告加算税賦課決定を行いました。これに対して，納税者Aと納税者Bが取消しを求めて提訴した事案です。

判旨　相続税評価額は，地価公示価格と同水準の価格の約80パーセントとされており，これは，土地の取引に携わる者にとっては周知の事実である。80パーセント割合は，社会通念上，基準となる数値と比べて一般に著しく低い割合とはみられていないといえるし，80パーセントの理由は，地価が1年の間に20パーセント近く下落することもあり得るものと考えられている。

　相続税評価額と同程度の価額かそれ以上の価額の対価によって土地の譲渡が行われた場合におけるその代金額は，相続税法7条（贈与又は遺贈により取得したものとみなす場合）にいう「著しく低い価額」の対価には当たらない。

みなし贈与に租税回避の意図は必要なのか（仙台地判平3.11.12判時1443-46）

事案　納税者は，AとBからC社株式を譲り受けました。税務署長は，当該譲受価格が当時の「相続税財産評価に関する基本通達」に基づいて評価算定された価額に比べ著しく低いため，相続税法7条の規定する場合（贈与又は遺贈により取得したものとみなす場合）に該当し，贈与税が課税されるべきとして贈与税額の決定及び無申告加算税の賦課決定を行いました。これを納税者が不服として取消しを求めて提訴した事

案です。

判旨 相続税法7条は，法律的にみて贈与契約によって財産を取得したのではないが，経済的にみて当該財産の取得が著しく低い対価によって行われた場合に，その対価と時価の差額については実質的には贈与があったとみることができるから，この経済的実質に着目して，税負担の公平の見地から課税上はこれを贈与とみなす趣旨の規定であるというべきである。したがって，原告のいうような租税回避を目的とした行為に同条が適用されるのは当然であるが，それに限らず，著しく低い対価によって財産の取得が行われ，それにより取得者の担税力が増しているのに，これに対しては課税がされないという税負担の公平を損なうような事実があれば，当事者の具体的な意図・目的を問わずに同条の適用があるというべきである。

(5) **消費税の取扱い**

消費税法上，低額譲渡の取扱いはあります（消法28条1項）が，この規定は，法人に限って適用される取扱いであり，個人事業者には適用がありません。したがって，固定資産が時価より低額で譲渡されても，消費税の課税標準となる金額は，その固定資産の時価ではなくて，あくまでその対価の額になります。

======実務編======—低額譲渡（個人間）—

> **P**oint
> ・低額譲渡とはどのような場合を指すのか，具体的事例をみてチェックしましょう。
> ・生活用動産には低額譲渡の考えは当てはまりません。

1 低額譲渡の設例（個人間）

|設　例|

　私は，父から賃貸用アパート（時価2,000万円・取得価額3,000万円・帳簿価額1,200万円）を900万円で譲り受けました。この場合の課税関係を教えてください。

この事例の当事者の課税関係は次のとおりに考えます。
・父の課税関係
　　譲渡所得は，帳簿価額1,200万円の建物を900万円で売却しましたので300万円の譲渡損失が生じています。しかしながら時価の2分の1である1,000万円を下回る譲渡ですので，この譲渡損失300万円はなかったものとみなされます。

・私の課税関係
　　父から時価2,000万円の建物を900万円で譲り受けていますので，低額譲渡に該当し1,100万円が「みなし贈与」として贈与税の対象となります。また，譲り受けた建物の減価償却の対象となる金額は，900万円ではなく，帳簿価額1,200万円をそのまま引き継ぐことになります。

2　生活用動産の低額譲渡

　もう1つ忘れてはならないのは，生活用動産の譲渡です。生活用動産とは，家具，什器，衣服など生活に必要な動産をいいます。生活用動産の譲渡所得は非課税（所法9条1項9号）となります。また，生活用動産の損失の額はないものとみなされます（同条2項）。

　これらの動産は時価とは馴染みにくい資産であることから，棚卸資産の低額譲渡の規定が当てはまらないと考えられます。

　しかしながら，ネット社会になった今日では，これらの資産のうち，たとえばマイカーなど特定の生活用動産には時価があると考えられなくもありません（サラリーマン・マイカー訴訟（前掲110頁）を参照）。今後の検討が待たれます。

税法編 —低額譲渡（法人間）—

Point

- 法人が行う低額譲渡の場合，資産の無償譲渡の規定が適用されるかは，明文上明らかでありません。
- 「低額譲渡法人は時価との差額を益金として計上すべきである。」という判例理論が確立しています。
- 法人による時価取引を擬制する理由は，「正常な対価で取引を行った者との間の負担の公平を維持するために低額譲渡からも収益が生じることを擬制した。」とする適正所得算出説が有力です。
- 法人税法は，組織再編税制とグループ法人課税制度という重要な例外規定を設けています。

1　法人税法の売買の価額

(1)　益金の通則

それでは，法人税法において，低額譲渡は，どのように規定されているのでしょうか。この問題の前に，法人税法上の益金について確認したいと思います。

前掲119頁で述べているとおり，法人税は，企業会計と密接にリンクしています。法人税法22条は，法人税の課税標準である所得の金額が益金から損金を控除して算定されることを明らかにしています（同条1項）。さらに，益金及び損金は，一般に公正妥当と認められる会計処理の基準に従って計算されることになっています[17]（同条4項）。

この場合，益金とは，別段の定めのあるものを除き，資産の販売，有償又

---

17) 会社法431条は，「株式会社の会計は，一般に公正妥当と認められる企業会計の慣行に従うものとする」としていることから，法人税法と会社法会計は，ともに企業会計原則や会計慣行を基礎としています。

は無償による資産の譲渡又は役務の提供，無償による資産の譲受け，その他の取引で資本等取引以外のものに係るその事業年度の収益をいう（同条2項）と規定されています。これは，所得税法36条における「収入金額」に相当するものです。

「取引に係る」と規定されているので，法人税法も，所得税法と同様に未実現の利得を除外しています。たとえば，資産の評価益は「取引」ではないので，収益には含まれないことになります。なお，収益の額は，法人税法において定義されていないことから，企業会計からの借用概念と解されます。

(2) 益金の額

資産の販売は益金を構成し，その金額は一般に公正妥当と認められる会計処理の基準に従って計算されますので，通常は取引の対価の金額が計上されます。この場合，法人税法22条2項には，無償取引からの収益も含まれているので，所得税法36条と同様に，その対価が金銭であるかどうかとは無関係に益金計上がなされることになります。

2 法人間の低額譲渡

(1) 問題点

個人間と同様，法人間でも通常の時価取引によらず，低額譲渡になることがあり得ます。特にお互いに利害が一致することが多い関連会社間では，低額取引が多くなりそうです。また，グループ会社という組織上の性格から，子会社等は親会社の指示に従わざるを得ないかもしれません。

このような時価取引とは異なる低額取引について法人税法はどのような取扱いをしているのでしょうか。

(2) 益金の額に算入すべき金額

益金の額に算入すべき金額は収益であるとされますが，法人税法には，無償譲渡についても益金に計上すべきであると明文の定めが設けられていますが，低額譲渡については同様の明文の定めは見当たりません。

しかしながら、この点について、低額譲渡は無償取引の考え方をベースに、時価との差額を収益として認識するものと解するのが相当であるとする裁判例が確立しています。

次の裁判例は、法人税法22条に規定する無償譲渡の規定の趣旨を根拠にして、低額譲渡についても適正価額と対価の差額が収益の額に含まれるとした重要なものです。

南西通商株式会社事件（最判平7.12.19民集49-12-3121）

事案 南西通商株式会社が6年間かけて購入した株式約15万株（平均単価約225円）の株式を原告の代表者に対して1株当たり225円、つまり33,750千万円の取得価額で譲渡した。これに対して税務署長は、1株を430円で計算した64,500千万円を時価と認定し、差額の30,750千万円を低廉な価格で譲渡されたものであるとして、会社に対しては、法人税法22条2項により時価との差額に相当する金額を益金に算入する更正処分をしました。

判旨 法人税法22条2項は、資産の無償譲渡も収益の発生原因となるとしている。この規定は、法人が資産を譲渡する場合には、反対給付がない場合であっても、適正な価額に相当する収益があると認識すべきものを明らかにしたものと解される。資産の低額譲渡にも、適正な価額に相当する経済的価値が認められるのであって、現実に収受した対価がそのうちの一部のみであるからといって適正な価額との差額部分の収益が認識され得ないものとすれば、無償譲渡の場合との公平を欠くことになる。したがって、この場合に益金の額に算入すべき収益の額は、譲渡対価の額のほか、低額譲渡の差額も含まれるものと解するのが相当である。このように解することは、資産の低額譲渡の場合に、譲渡対価と譲渡時の価額との差額のうち実質的に贈与をしたと認められる金額が寄附金の額に含まれるものとしていることとも対応している。

(3) 時価取引を擬制する理由

　低額譲渡では，時価と実際の取引価額との間には，何ら担税力となる経済的利益が見られないにもかかわらず，差額を益金として認識する理由は，正常な対価で取引を行った者との間の負担の公平を維持するために低額譲渡からも収益が生じることを擬制した創設的な規定であるというのが，有力です（適正所得算出説[18]）。

　一方，この説に反対する考えがあります。この考えは，擬制に基づく課税は租税法律主義に反する点，企業会計では低額譲渡があった場合に常に時価に引き直すことは行われておらず一般に公正と認められる会計基準（法法22条2項）と異なっている点を挙げています[19]。

3　組織再編税制とグループ法人課税制度

　しかし，近年国際化が進み，企業の競争力確保が最重要課題となっています。そのために，法人税法は，上記の原則について重要な例外規定を2つ設けました。組織再編税制とグループ法人課税制度です。

【組織再編税制】

　商法・会社法で柔軟な企業組織再編の法制整備が行われたため，税制面でも平成13年度税制改正で組織再編税制について抜本的な改正が行われています。企業の組織再編とは，合併，分割，現物出資，事後設立をいいますが，平成18年改正で株式交換や株式移転を含めることになりました[20]。

　これらの取引に伴う資産・負債の移転については，原則として時価による譲渡があったものとして，移転した法人の所得を課税対象として課税されます（法法62条）。しかし，組織再編税制では，企業組織再編を円滑に進めるた

18）金子宏『租税法　第22版』（弘文堂，2017）321頁。
19）岡村忠生『法人税法講義　第2版』（成文堂，2006）37〜38頁。
20）平成22年税制改正でも組織再編税制が変更されていますが，新しい概念や枠組みが創設されたわけではありませんでした。しかし，組織再編の各規定についてより細かく重要な改正が行われました。

めに，法人取引の時価課税の原則に縛られず，適格組織再編というカテゴリーを設け，法人間で移転する低額譲渡等は認識されずに帳簿価額による引継ぎ又は譲渡が行われたものとして課税の繰延べがなされることにしています（法法62条～62条の9）[21]。

【グループ法人課税制度】

最近の企業経営は，経営を強化する観点から関連会社を100％子会社化してグループ経営を強化する企業が増加しており，各会社の独立性を維持しながらグループ統合のメリットを最大限に生かそうとしています。そのために，租税がその阻害要因にならないよう，グループ内の資産の移転等は単なる資産の移動にすぎないとして課税関係が生じないようにしています。

その結果，支配関係（100％資本関係）にあるグループ内取引は譲渡損益が繰り延べられることになります（法法61条の13第1項）。つまり，グループ内取引で低額譲渡・高額譲渡の課税上の問題は生じないのです。

なお，このグループ法人課税制度は，選択適用である連結納税制度とは異なり，強制的に適用される点に注意しなければなりません。

4　消費税法の取扱い

消費税法上，法人が行う低額譲渡は，相手方が自社の役員である場合に限って適用されます。したがって，法人が他の法人に対して低額譲渡を行ったとしても，譲渡対価そのものが資産の譲渡等に該当することになりますので，時価に引き直すことはありません。この点は，法人税法と異なります。

また，現物出資は，出資した資産の売却代金で株式を取得するのと事実上異ならないことから，現物出資による資産の移転は資産の譲渡等に類する行為として課税売上になります（消法令2条1項3号）。

---

[21] 組織再編税制は，移転等した資産の課税繰延べのほかに，組織再編に伴って株式を移転した株主等に生じるみなし配当課税及び譲渡損益繰延税，繰越欠損金の引継ぎをどの範囲まで認めるべきかなどの租税属性（tax attributes）の問題があります。

5　移転価格税制

　低額譲渡の問題は，国内の法人間だけではなく，国際取引においても生じます。例えば，企業が海外の関連企業（国外関連者）と通常の取引価格と異なって低い価格で取引した場合，各企業の所得が海外に移転することになります。その結果，我が国の税収を減らすことになってしまいます[22]。

　そこで，このような国外関連者との取引価格の操作による所得の海外移転の防止を目的に，適正な取引価格（独立企業間価格）で取引が行われたとみなして所得計算することにしています。これが移転価格税制です。

　この税制は，次のような特徴を有しています。

① 　日本の所得が海外に移転している場合に適用され，逆に日本の所得が増えている場合には適用されません。海外移転された金額は法人税の所得に加算されます。
② 　租税回避の意図は関係ありません。
③ 　税務当局と行う「事前確認制度」があります。
④ 　移転価格税制の適用によって二重課税が生じます。これを解消するために日本の税務当局は相手国の税務当局と協議を行います。
⑤ 　我が国の法人税の納税義務を有する法人に適用されますが，これには我が国に支店等の恒久的施設を有する外国法人が含まれます。
⑥ 　売買だけでなく役務提供契約など対価性のある全ての取引に及びます。
⑦ 　日本の独立企業間価格の算定方法は，OECD移転価格ガイドラインに沿ったものです。
⑧ 　移転価格税制に係る更正期間は，一般的な法人税の更正期間5年から1年多い，法定申告期限から6年間とされています。

---

22) 大企業だけでなく，中小企業も税務調査の対象となっており，その傾向は増加しています。

実務編 ―低額譲渡（法人間）―

Point
- 法人間で低額譲渡が行われた場合，時価と対価との差額は，寄附金又はその他の損金になります。

1　差額の取扱い

　会社間の低額譲渡が行われて時価との差額が益金に算入される場合，実質的に贈与したと認められる部分は，法人税法上寄附金に算入されます（法法37条8項）。それ以外の部分は，通常，広告費などの単純な損金になると解されます。前述の南西通商株式会社事件（138頁参照）では，法人と代表者との取引だったので，役員給与と認定されました。

　なお，贈与したと認められる金額は，贈与の意思・認識とは無関係に決められます。

贈与の意思は関係ない（大阪地判昭58.2.8行集35-6-830）

事案　原告X社は，関連会社であるM社から土地を約1億8,000万円で購入し，同日中に関連会社であるF社へ約2億3,000万円で売り渡した。そのF社は半年後約6億円で第三者であるK鉄道会社に譲渡した。税務署長は，この土地の時価を約6億円と認定した上で，原告X社にM社からの約4億2,000万円の受贈益を認定し，同時にF会社へ約6億円の土地を約2億3,000万円で低額譲渡したので約3億7,000万円の寄附金課税が適用になるとした更正処分した。これに対してX社は本訴を提起した。

判旨　法人税法37条の寄附金の規定によると，低額譲渡の場合であっても，時価との差額のうち「実質的に贈与したと認められる金額」が，

同条の「寄附金」の額に含まれるものとされるのである。したがって，時価との差額があっても実質的に贈与したとみるのが相当でない場合は除外すべきであるが，「実質的に贈与したと認められる」ためには，当該取引に伴う経済的な効果が，贈与と同視し得るものであれば足りるのであって，必ずしも，贈与者が贈与の意思を有していたことを必要とせず，時価との差額を認識していたことも必要としないと解するのが相当である。

2　具体的事例

法人間における低額譲渡の具体的設例を見てみましょう。

(1)　一般的設例

┠**設　例**┨

当社は，関連会社への支援として当社の保有する（時価1億円）の土地を帳簿価額（2,000万円）で譲渡することになりました。どのような課税関係になるでしょうか。

この事例における課税関係は，以下のとおりです。
・当　社
　時価により譲渡されたものとして，時価と帳簿価額の差額8,000万円の譲渡益を計上すると同時に同額を税務上の「寄附金」として処理することになります。この場合，収益と費用が認識されたとしても，その額は同額ですので，相殺されて何ら課税関係が生じないようにみえます。しかしながら，税務ではこの「寄附金」について損金に算入できる限度額を設けていますので，この限度超過部分だけ課税所得が増額される仕組みになっています。

・関連会社

　時価と譲受対価との差額8,000万円の「受贈益」が発生し，課税の対象になります。1億円の価値のある土地を2,000万円という低額で手に入れたのですから，関連会社には，その差額分の経済的利益が生じています。この差額分が益金となります。

(2) 関連会社間で譲渡を繰り返した場合

　それでは，低額譲渡を関連会社間で行った後に第三者へ譲渡した場合は，税務上どうなるのでしょうか。実際に所有土地を代表者が同じである会社間で恣意的に定められた価額で転売し，繰越欠損金を利用してグループ全体の法人税額を減少させようとした租税回避事件がありました。

　なお，原審は税務署長の原処分をそのまま容認した142頁の大阪地判昭和58年2月8日です。

　高裁の判断は，資産を取得する際の特約に基づき，それを譲渡した場合には，低額譲渡の適用はないと解すべきであるとし，原判決を取り消しました。この判決で裁判所は，当事者間の合意によって契約書に明文で定めた所定の価額の転売特約は，税法上別段の否認規定がない限り有効であると解したとみることもできます。税務の専門家も注目すべき裁判例です。

転売特約のある低額譲渡（PL農場事件，大阪高判昭59.6.29行集35-6-822）

事案 142頁参照。

判旨 税務署長は約6億円が時価であると主張するが，この時価とは何の特約もない時価のことである。したがって，この主張は，本件のような転売特約があることを無視しており採用することはできない。法人税法22条2項の収益の額を判断するに当たっては，特約を含めた全契約内容に従って収益の額を定めるべきものである。そうでなければ実質的は収益がないのに課税が行われ，あるいは実質的に収益があるのに課税が行えないという不合理が生じる。税務署長の主張は，合

理的な対価による取引が行われた場合以上の税収を得ることができるとするものであって，寄附金の規定の解釈の範囲を超えているとして原告Ｘ社の課税処分を取り消した。

税法編 —低額譲渡（個人・法人間）—

Point

- 個人と法人とで固定資産の低額譲渡の取扱いは大きく異なります。
- 法人の場合，「受贈益」を認識することによって，時価による取得価額の調整を図っています。
- 消費税は，低額譲渡と無関係ですが，相手先が役員の場合には時価での引き直しがあります。

1 個人と法人間の売買の価額

　個人と法人との間で資産を譲渡した場合でも，第三者間における通常の対価で行う取引であれば，課税上の問題は生じません。

　仮に譲渡対価と譲渡資産の時価との間に差が生じていたとしても，利害が対立している当事者間の場合は通常の取引（独立当事者間の取引）であるとされます。たとえば，借入金の返済のため保有する不動産を緊急に売却しなければならないときがあります。この場合，時価よりも相当に安く譲渡したとしても，早急に返済資金を工面する必要性があります。このように，低額譲渡しなければならなかった合理的な理由があるときは，税務上も問題がありません。

　しかしながら，利害関係者間では，売買価額を意識的に低く抑える取引が可能であることは十分理解できるかと思います。また，契約当事者間でそのような意図がなくても結果として同様な経済的効果をもたらすこともあります。

　そこで，個人と法人とで行われる低額譲渡について検討しますが，前述した個人間，法人間より複雑な課税関係になります。固定資産の譲渡人が個人で譲受人が法人である場合，そして反対に譲渡人が法人で譲受人が個人である場合とで，その課税上の取扱いは大きく異なってきます。

2　個人と法人間の低額譲渡

(1) 譲渡者が個人の場合

前掲48頁で述べているとおり，所得税法には，「みなし譲渡」という重要な規定（所法59条）があります。その規定は，固定資産に限って，個人が法人に対して「著しく低い価額の対価」による譲渡があった場合は，その譲渡対価ではなく，一般的にその時の価額（時価）で譲渡したものとみなして，その譲渡した資産の値上がり益に対して所得税の課税が行われます。したがって，この規定は，まだ実現していない資産の値上がり益に対する課税[23]ということになります[24]。この場合の「著しく低い価額の対価」とは，「資産の譲渡の時における価額の2分の1に満たない金額」（所法令169条）をいいます。

また，ここにいうその時における価額とは，相続税評価額ではなく，通常の取引価額と解すべきです。

譲渡価額は，相続税の財産評価通達によるものではない
（東京地判平2.2.27訟月36-8-1532）

事案　被相続人Aが法人Bに対して土地を遺贈し，遺留分権利者Cが「当該遺贈が遺留分を侵害している。」として，遺留分減殺の請求を行いました。法人Bは，民法1041条1項所定の価額弁償を行い，遺留分権利者Cに対する土地の返還義務を免れました。税務署長は，法人Bに対する遺贈が遺留分減殺請求によって一度消滅したものの，その後の価額弁償によって再度相続開始時にさかのぼって復活したとして，被相続人の承継人である納税者に対して右所得税法59条1項1号の規

---

[23] 昭和25年のシャウプ税制では，個人に対する著しく低い対価による譲渡も時価による譲渡として課税の対象となっていました。その後，改正され法人の場合に限定されました。

[24] 譲渡者以外の同族会社の株主等の有する株式の価値が増加する場合には，譲渡者から他の株主へ贈与されたと認定される場合がありますので，注意が必要です。

定による「みなし譲渡課税」を行いました。本件は，納税者が「譲渡所得の資産評価は相続税の財産評価基準によるべきである。」として，当該課税処分の適否を争った事案です。

判旨 譲渡所得に対する課税は，資産の譲渡によって資産が所有者の手を離れるのを機にその保有期間中の価値の増加益（キャピタル・ゲイン）を清算して課税するものであるのに対し，相続税は，相続等による財産の取得に担税力を認めて課税するものであって，譲渡所得に対する課税とは対象，目的を異にするものであるから，譲渡所得の資産評価において相続税の財産評価基準によることは適当ではない。

(2) 著しく低くない対価での譲渡

それでは，時価の2分の1未満ではなく，時価の2分の1以上の対価で個人から法人へ譲渡があった場合，どのような課税関係になるか検討してみましょう。

まず，譲渡する個人は，「著しく低い対価」による譲渡ではないので，この「みなし譲渡」の適用を受けることはありません。単純に譲渡対価を譲渡収入金額とすれば良いだけです。

問題は，譲り受けた法人側にあります。法人は，譲り受けた資産の価額は常に時価であることが要求されています。そのため，法人側には何らかの調整が必要になります。すなわち，資産を取得する法人側で，時価と対価との差額を譲渡する個人から贈与があったものとみなす「受贈益」を益金として認識した上で，資産の取得価額を時価相当額に引き上げて調整を図ることにしています。

このような税務の考えに従っていくと，時価の2分の1以上の対価のときは，個人の譲渡収入金額と法人の譲り受けた固定資産の価額が一致しない現象が生じます。このことは，個人の所有していた固定資産の値上がり益を個人が負担することなく法人に転嫁していることと同じ意味になります。つまり，値上がり益の付け替えが行われている点で問題があるといわざるを得ま

せん。具体的には，前掲143頁の設例を参考にしてください。

(3) 譲渡者が法人の場合

　法人が個人に対して行う低額譲渡の場合は，次の点について注意が必要です。前掲137頁で述べたとおり，法人は常に時価で財産を譲渡したものとして課税関係を考えます。

　そのために，法人が譲渡する場合，その資産の時価と譲渡対価との差額が原則として「寄附金」（法法37条8項）として取り扱われます。ただし，譲り受けた個人が，その法人の役員や株主であった場合には「役員給与」又は「配当」としての課税が行われることになっています。

　一方，法人との間でそのような関係にない個人が資産を譲り受けた場合は，寄附金とされるときには「一時所得」，役員給与とされるときには「給与所得」，退職に基因するとされるときには「退職所得」，配当とされるときには「配当所得」としてそれぞれ課税されます。

経済的利益の供与の性格によって決める（名古屋地判平4.4.6税資189-22）

事案　原告がその役員（代表取締役の長男）及び従業員（代表取締役の妻）に対してした土地及び建物の譲渡について，その譲渡価額が時価相当額よりも低いため原告にその差額分の益金の計上漏れがあったとしてされた法人税の課税処分の適否，その差額金は右役員らに対して支払われた給与に当たるとしてされた源泉所得税の納税告知処分等の適否が争われました。

判旨　法人税法上の役員賞与に該当するか否かは，法人の主観的意思によって左右されるものではなく，当該経済的利益の供与が役員の職務執行の対価の性質を有するか否かという客観的な基準によって判断すべきものと解される。法人の役員に対し当該法人から支給される金銭又は経済的利益は，その支給が右役員の立場と全く無関係に，法人からみて純然たる第三者との間の取引ともいうべき態様によりなされ

> るものでない限り，その職務執行の対価の性質を有するものとみることができる。したがって，所得税法上の一時所得である旨の原告会社の主張は，採用できない。

3　消費税法の取扱い

　消費税法の場合，上記とは異なって，原則として課税資産の譲渡対価の額が課税標準となります（消法28条1項）。したがって，低額譲渡であっても課税標準は，その資産の譲渡対価の額になります。

　ただし，法人が固定資産をその役員に対して著しく低い対価で譲渡した場合には，その資産の時価が課税標準となることに注意しなければなりません（消法4条5項2号，28条2項2号）。

　なお，譲渡される固定資産が土地である場合には，非課税取引となります（消法6条1項）。

実務編 ―低額譲渡（個人・法人間)―

Point
- 棚卸資産と固定資産とでは、取扱いが異なっています。
- 社内販売（値引販売）に気を付けてください。

1 設 例

設 例 1

　A社の代表取締役甲が保有していた土地をA社へ譲渡することになりました。
　(1)　土地の時価は3,000万円で譲渡価額は1,000万円の場合
　(2)　土地の時価は3,000万円で譲渡価額は2,000万円の場合

　この事例の取引においては，(1)及び(2)の場合は，それぞれ次のような課税関係になると解されます。

(1)の場合

　みなし譲渡の規定が適用されます。

・甲

　譲渡価額が1,000万円でも本件では，みなし譲渡の規定が適用されるので，譲渡価額は3,000万円になります。

・A社

　譲受時価が3,000万円，譲受対価が1,000万円なので，差額2,000万円が「受贈益」として益金に算入されます。なお，法人が取得した土地の帳簿価額は3,000万円になります。

　また，譲受価額が著しく低い価額であることによって，譲渡者以外の同

族会社の株主等の有する株式等の価額が増加した場合には，その増加した部分に相当する金額を譲渡者から贈与により取得したものとして取り扱われる場合がある点に気を付けなければなりません（相基通9-2）。

(2)の場合

時価の2分の1以上の対価による譲渡なので，みなし譲渡の規定は適用されません。

・甲

譲渡価額が2,000万円になるので，譲渡所得金額は2,000万円－1,000万円＝1,000万円になります。

・A社

譲受時価3,000万円と譲受対価2,000万円の差額1,000万円が「受贈益」として法人の益金に算入されます。なお，土地の帳簿価額は3,000万円になります。

※　この1,000万円は，個人の保有していた土地の値上がり益から譲渡対価の額を差し引いた額と同額です。本来個人が負担すべき収益ではないでしょうか。

┃設　例2┃

上記の場合で個人と法人とが入れ替わった場合にはどうなるのでしょうか。

この事例の課税関係は次のとおりとなります。

A社は，時価3,000万円の土地を代表取締役甲に非常に安く譲渡しています。この場合，3,000万円から受け取った1,000万円との差額である2,000万円は，役員の地位に基づいて発生したものとみなされて「役員給与」扱いになります。したがって，給与なので源泉徴収の対象となると同時に，通常は，全額損金不算入となって法人税の課税対象となります。

一方，甲は，2,000万円の給与課税の対象となります。

この課税関係は、譲渡対価が2,000万円であっても同じです。法人の受贈益及び給与とみなされる額は、1,000万円に変化するだけです。

次に、1つの契約で2以上の資産を一括して譲渡した場合、低額譲渡の判定は、譲渡した個々の資産ごとに判定するのか、それとも譲渡資産全体の合計によって判定するのでしょうか。

設 例 3

甲は、A土地とB土地を甲が代表取締役となっている乙社へ1つの契約で一括して譲渡しました。低額譲渡に該当するのはどちらでしょうか。

A土地　時価　5,000万円　　譲渡価額　3,000万円
B土地　時価　4,000万円　　譲渡価額　1,000万円

この事例の課税関係は次のとおりとなります。

法人に対する低額譲渡の趣旨は、時価の2分の1未満の対価による譲渡を贈与とみなして課税することにあります。したがって、これらの取引が実質的に贈与になるかは、恣意的に作られた金額で判定することは適当ではありません。この場合には、取引の合計額で判断すべきです。その結果（9,000万円×1/2＞4,000万円）、双方の土地が低額譲渡になります[25]。

2　棚卸資産の低額譲渡

さらに、譲渡する資産が固定資産と棚卸資産とでも異なってきます。棚卸資産には、みなし譲渡課税の適用はありません。

(1) 個人から法人への棚卸資産の譲渡

棚卸資産とはもともと事業の用に供していた商品製品等ですので、個人は事業をしていることが前提になります。

---

25) 所得税基本通達59-4。

たとえば，親がパン屋さんを経営しその商品を子供が経営する会社組織のスーパーマーケットへ卸していたりすることがあります。また，特殊な例ですが，個人事業者が法人を設立し事業譲渡する場合にも棚卸資産の譲渡があります[26]。

この場合，実務的対応として販売価額の70％以上で売却することによって課税が生じないようにしています。

(2) 法人から個人への棚卸資産の譲渡

福利厚生費の一環として会社の製品や商品を従業員や役員に対し値引販売する制度は，一般に採用されています。法人が取得価額以上の価額で販売し，通常の販売価額より著しく低い価額（おおむね70％未満）でないことなどの一定条件であれば経済的利益はないものとされます（所基通36-23）。

不動産などの高額な商品の低額譲渡には，問題がないでしょうか。

┃設　例4┃

当社は建売業者ですが，社員に通常価額の30％引きでこの建売住宅を販売したいと思います。課税上の問題がありますでしょうか。

この事例の課税関係は次のとおりとなります。

たしかに建売住宅は会社の商品等に該当し，それを7割の価額で従業員へ売却していますので，著しく低い価額に該当しないように思われます。しかし，この場合の商品（建売住宅）の低額譲渡による経済的利益の額は，極めて多額になります。さらに不動産が一般の消費者が自己の家事のために通常消費するものとは考えられません。したがって，経済的利益を認識せざるを得ず，値引相当額が給与所得として課税されることになります。

---

[26] これを一般的に「法人成り」といいます。この場合に，棚卸資産も他の財産と一緒に新会社へ譲渡することになります。

第4 高額譲渡

――― 税 法 編 ―――

Point
・高額譲渡に関する条文はありません。
・高額譲渡の場合，実質的に贈与した部分に経済的利益が生じます。
・法人の場合，高額譲渡について寄附金課税の適用があります。

1 根拠条文がない

　高額譲渡の場合，課税問題が生じないとは誰も思っていないと思います。低額譲渡の場合，資産の譲渡の機会にその譲渡の相手方である個人又は法人から贈与を受けたと認められたときに課税の問題が生じていましたので，同様に高額譲渡の場合にも，時価より高額な売買を通じて利益の移転が図られる場合があることを皆さんは感じているからでしょう。

　ただし，低額譲渡の規定は各税法の中できちんと定められていますが，高額譲渡に関する条文は存在しません。法人税法22条2項にも，高額譲渡について何ら規定されていないのです。

　そうすると，法律上の規定がないのにかかわらず，課税されてよいのかということになりますが，裁判例は，高額譲渡を課税の対象としています。そこで，どのような根拠に基づいて課税関係が生じるのか，裁判例を通して検討してみましょう。

(1) 裁判例

> **売却代金のうち適正な取得価額を超える部分は贈与である**
> (名古屋地判平2.4.27税資176-741)
>
> **事案** 甲は，甲の長男である乙から競走馬4頭を3,700万円で購入し，購入後半年以内に第三者へ103万円で譲渡した。甲は，譲渡の赤字を土地の売却による黒字と相殺した[27]ところ，税務署長は，本件競走馬の譲渡による取得費を103万円と認定し，購入代金3,700万円と103万円との差額は，甲から乙に対する贈与と認定し，更正処分をした。
>
> **判旨** 甲と乙との親子間で行った競走馬の売買は，甲が土地売却によって取得した金員を乙に交付して乙が牧場経営に関して負っている多額の債務の返済等に充てる目的として，実体に沿わない異常に高額の代金を設定してされたものと認められる。したがって，本件競走馬の売買代金の名目で交付された金員のうち，適正な取得価額を超える部分については，甲から乙に対して贈与であると認めるのが相当である。

裁判所は，高額譲渡部分を親から子への贈与と認定しました。ただし，この裁判例では，上記判断の法律的な根拠は明らかになっていません。

> **対価のうち時価を超える部分は法人税上の寄附金になる**
> (仙台高判平5.9.27税資198-1173)
>
> **事案** 本件は，納税者が財産法人A（当時の納税者代表者Bが理事長に就任）に対して支払った土地及び建物の代価につき，時価相当額を超え

---

[27] 当時の税法は土地建物の譲渡所得と総合所得との損益通算を認めていました。現在は，損益通算は不可です。

る分は，無償の資産の譲渡であって寄附金に当たるとして，納税者に対し，寄附金の損金算入限度を超える部分につき損金算入ができないとしてされた法人税の課税処分の適否が争われた事案です。

判旨 土地等の時価は，鑑定の結果に伴い，約4億6,000万円と認められ，控訴人会社は，時価をはるかに超える対価により甲土地等の譲渡を受けたことになるが，このことは，右資産を時価相当額で譲渡を受けると同時に，その時価相当額と右譲渡の対価（本件売買代金）との差額を譲渡人に贈与したのと実質的には同じ経済効果をもたらすから，右時価相当額との差額は，無償の資産の譲渡というべきであり，これは法人税法上の寄附金になる。

この判決は，法人が資産を高額譲渡した場合の課税根拠が法人税法37条の寄附金課税の規定であることを明確にしています。取引を適正な対価と超過部分とに分けて考え，超過部分を金銭の贈与としたのです。

法人税法37条の寄附金は，高額仕入（譲受）を排斥するものではない
（福岡高判平11.2.17税資240-702）

事案 本件は，税務署長が，都市ガス供給業等を営む青色申告書の提出の承認を受けた会社である納税者に対し，納税者の法人税確定申告が原料ガスの仕入価額の過大計上に基づくものであること等を理由として，法人税の更正処分及び過少申告加算税の賦課決定処分をしたことにつき，税務署長が仕入価額の過大計上等を理由に原告の所得を過大に認定したのは違法であり，また，税務署長が納税者の仕入価額を同業者の仕入価額によって認定したのは法人税法131条（青色申告法人に対する推計課税の禁止）に違反するとして，納税者が税務署長に対して各処分の取消しを求めたものです。

判旨 資産の譲受けに当たり時価よりも不相当に高い対価を支払い，相手方に実質的に贈与を行う場合には，当該時価相当額を超過する部

分（贈与部分）をそのままにしておくと，減価償却費や譲渡原価等に形を変えて損金算入される結果となるから，右部分を寄附金と認定するのが相当である。

　法人税法37条の寄附金は，いわゆる資産の低額譲渡について寄附金に該当する旨を定めているが，贈与は，自己の損失において他者に利益を与える行為であるところ，低額譲渡と高額譲受とでは，その利益内容について前者は財産権であり，後者は金銭であるという違いはあるものの，経済的利益である点では両者は共通のものであって，これを区別する理由はないから，同条の適用に当たり高額譲受の場合を排斥するものではない。

　この判決は，低額譲渡と高額仕入（譲受け）についての相違点とを明らかにした上で，経済的利益の存在を理由として寄附金課税の対象となることを明確にしました。

譲渡金額に資産の譲渡の「対価」の性格がない部分は，譲渡所得の課税対象ではなく，他の所得となる（東京高判平26.5.19税資264順号12473）

事案　原告が保有する上場株式を資本関係や役員でもないが実質的なオーナーである法人へ譲渡した。原告は，株式の譲渡所得として所得税の確定申告をしたところ，税務署長は，対価と評価額との差額約3億3,000万円は，B社から原告に贈与されたものであり，原告の一時所得に該当する旨の更正処分をしました。

判旨　譲渡所得に対する課税は，資産の値上がりによりその資産の所有者に帰属する増加益を所得として，その資産が所有者の支配を離れて他に移転するのを機会に，これを清算して課税する趣旨のものであり（最判昭47.12.26民集26-10-2083ほか），売買等によりその資産の移転が対価の受入れを伴うときは，上記増加益が対価のうちに具体化されるので，これを課税の対象としてとらえたものであると解される。そう

> すると，有償の譲渡が行われる場合において譲渡所得として課税される対象は，当該資産の「譲渡」たる性格を有する金額であると解することが相当である。したがって，個人がその有する資産を有償で譲渡した場合であっても，当該譲渡金額中に当該資産の譲渡の「対価」たる性格を有しない部分があるときは，当該部分は，譲渡所得の課税対象ではないことになる。
>
> 事実認定によると，この法人から贈与された金品としての性格を有する部分があると認められる部分があるので，当該部分の金額については，譲渡所得ではなく一時所得に係る収入金額として課税されるべきである。

この判決は，譲渡所得に対する最高裁判決を引用して資産の譲渡対価の性質を有しない部分は，他の所得（この判決では一時所得）になることを明らかにしています。

2 まとめ

前掲128～154頁までに記述したとおり低額譲渡の場合には，根拠となる条文があります。所得税法36条は，現金だけでなく現金以外の資産や経済的利益も収入の中に取り込むと規定しています。法人税法には明文規定がないものの，裁判例の蓄積によって，経済的利益を益金の中に取り込むことにされています。また相続税法7条は，譲渡対価と時価との差額を贈与とみなすことを明らかにしています。さらに，相続税法9条で同様の規定が置かれています。

一方で，高額譲渡について各税法には何ら規定がありません。しかしながら，これを理由に課税対象とならないというのはおかしな話です。

課税の対象となるものに経済的利益を含めることは税法の根幹をなす大原則です。そうすると，高額譲渡について，通常の価額（時価）の部分と取引の中に隠れている経済的利益部分を抽出した上で，課税関係を律することは何ら違和感がありません。上述した各裁判例は，取引について本来の時価に

基づく対価相当額部分とそれ以外とに区分し，その上で個人の場合には超過部分を所得の性質に応じた課税を要求していますし，法人の場合には法人税法37条の寄附金の対象額とすることにしています。

　いずれの場合にも，通常の対価ではなく高額な対価で譲渡した場合のその差額金額は，譲渡した個人は金銭を贈与したとされ，法人は金銭を受け取った個人に対する寄附金又は給与とされることになります。したがって，高額部分は，取得した資産の取得価額や取得費にならないことに注意が必要です。高額の買取りの対価をそのまま取得価額にしてしまうと，時価を超えた部分までもが減価償却費の対象となってしまいますし，後日その物件を譲渡したときに固定資産の取得費が過大に計上されてしまう不合理が生じるからです。

　一方，高額譲渡した個人は，その超過部分が個人から贈与を受けたとみなされた場合には贈与税の対象となりますし，業務に関して売却額を受け取る場合にはその業務の収入金額になります。法人から受け取った場合には一時所得又は給与所得・退職所得になります。また，高額譲渡した法人は資産の譲渡収入とされずに受贈益として課税されます。

実 務 編

Point
・取引の中に隠れている贈与部分を抽出することが重要です。
・実務では、高額譲渡は低額譲渡と比べて頻繁にあるわけでありません。

　課税実務の参考にしている各税法の基本通達の中に，所得税及び相続税には高額譲渡に関するものはありませんが，法人税基本通達の中に高額譲渡の取扱いがあります。

　この通達では，「役員等から高い価額で資産を買い入れた場合におけるその資産の価額と買入価額との差額に相当する金額」を，役員に対する経済的利益の供与とされています（法基通9-2-9(3)）。

　また，「法人が不当に高価で買入れた固定資産について，その買入価額のうち実質的に贈与したと認められる金額がある場合には，買入価額から当該金額を控除した金額を取得価額とする。」とされています（法基通7-3-1）。

　通達の数をみても，高額譲渡が課税実務上頻繁にあるわけではないことが推測されます。このことは，税務実務の経験上からもいえます。

第5 買戻特約と譲渡担保

税法編

Point
- 譲渡担保による資産の移転は，税法上譲渡とは考えません。
- 担保権を実行しその資産が戻ってきても，取得価額は，譲渡担保で移転する前と同じです。
- 買戻特約がある場合，取戻権が喪失した時点で資産の譲渡があったと考えます。
- 消費税は，所得税と法人税の取扱いと同じになります。
- 相続税も同様に譲渡担保を資産の移転とは見ていません。

1　概　要

　売買は，財産権を確定的に移転する取引ですが，特約が付されて，担保としての機能を有することがあります。債権の担保としてある物の所有権の移転をしておき，約束どおりに弁済があればその物を返却し，弁済がないときはその物から優先的に債権の回収をする場合がこれに当たります。

　所有権の移転を伴う担保契約には，買戻約款付売買契約，再売買の予約契約，譲渡担保契約があります。買戻しと再売買の予約は，債務者が債権者に対して担保物を売却し，契約期間内に売却代金を返却すれば，その物を取り返すことができますが，逆に売却代金を返却できないときは，売買が確定してしまう取引です。譲渡担保は，抵当権等を設定する代わりに所有権を移転し，契約期間内に債務を弁済すればその物を取り戻すことができますが，弁済できないときはその物から優先的に弁済を受ける取引をいいます。いずれも，債権を担保する目的であったにもかかわらず，所有権の移転が行われてしまう点に特徴があります。

2　譲渡担保による財産の移転

このような所有権移転を伴う担保契約について，税法は，どのような取扱いになっているのでしょうか。

まず，譲渡担保による移転は，譲渡が実現していませんので，所得が生じることはないと考えられます。

譲渡担保による財産の移転は，資産の譲渡ではない
（東京地判昭49.7.15訟月20-10-139）

事案　原告は保有する土地を6,000万円の買戻特約付で売り渡しました。原告は買戻す時点で取引の諸経費，登録免許税，不動産取得税その他の公租公課，手数料のほかに利息を加えて負担することにしていました。原告はこの土地を使用し続け，その後この土地を買い戻して第三者へ売却しました。

原告は，この買戻特約付譲渡時に譲渡が実現し，買い戻した時点で資産を譲り受け，さらにこの土地を第三者へ譲渡しているとして，それぞれ別の取引であると主張しました。

判旨　裁判所は，この買戻特約付譲渡を譲渡担保と認定した上で，譲渡担保の場合には，所有権は形式的には他へ移転するが，それは債務の担保を目的とする限度にとどまり，当該資産に関するその余の権能は譲渡人に引き続き保有されるのであるから，その契約時において，その資産が所有者の支配を離れ，増加益が確定的に具体化したものということはできず，所得税法上これをもって資産の譲渡であると解することはできない。

3　買戻しが行われた場合の取得価額

上記の裁判のもう1つの論点は，譲渡担保の目的とした資産を買い戻した場合，買戻しに要した金員は当該資産の取得価額を構成するのかということ

です。

この問題について，次のような裁判例があります。

譲渡担保と認定された場合，譲渡人が以前から当該資産を継続して所有しているといえますので，担保提供の目的を達してこれを買い戻した場合にも，改めて資産を取得したとみることはできません。結局，もともとの資産の取得価額をもって取得費とするほかないと解されます。

> **買い戻した場合の取得価額** (163頁参照)
>
> **事案** 163頁参照
> **判旨** 譲渡担保の場合には，譲渡人がいぜんとして当該資産を所有しているものと考えるほかないから，同人が担保提供の目的を達してこれを買い戻した場合にも，当該買戻しをもって資産の取得とみる余地はなく，その買戻価額をもって当該資産の譲渡所得の計算上控除すべき取得価額と解することはできない。

4 買戻しが行われなかった場合

それでは，買戻条件付譲渡契約で，買戻しがなされなかった場合は，どのようになるのでしょうか。

> **売主が取戻権を喪失した時点で資産の譲渡が実現したものとされた**
> (大阪高判昭63.6.30税資164-1055)
>
> **事案** 控訴人会社が，大手建設会社との間で買戻条件付譲渡をしたところ，課税庁がその契約に基づいて売主が取戻権を喪失したときに資産譲渡があったものとした課税処分をなした後に，控訴人と大手建設会社が裁判上の和解をし，事実関係を以前に遡って変更する旨の取り決めをしました。

> **判旨** 裁判所は，控訴人が締結した契約時から3年間，売買代金に金利等一定の金額を加算した価格で買戻すことができる特約付譲渡について，売買から3年を経過した日において契約どおり買戻権を喪失したので，この喪失したときに資産の譲渡があったと解すべきであるとしました。
> その上で，課税庁が行った控訴人が取戻権を喪失したときに課税した処分は適法であり，既に確定した課税関係には何ら影響を及ぼすものではないとしました。

5 消費税の取扱い

我が国の消費税が帳簿方式を採用していることから，法人税又は所得税の取扱いに準じて取り扱うことになります。つまり，その資産を従来どおり使用収益し，利子又は使用料の支払いをする取決めをした場合で，自己の資産として経理しているときは，その譲渡はなかったものとして取り扱われることになります[28]。

6 相続税の取扱い

被相続人たる債権者については，不動産に係る所有権移転の登記があったとしても，譲渡担保として受け入れた財産の価額を相続財産に含めるのではなく，債権金額相当額を相続財産として計上することになります。

一方，被相続人たる債務者は，譲渡担保財産の価額に相当する金額をその債務者の課税価額に算入すると同時に，債務金額に相当する金額を債務控除することになります[29]。

相続税の申告は，他の税目と異なって経理処理をしていないことがほとんどです。したがって，登記に惑わされることなく，真実の関係を把握するこ

---

28) 消費税法基本通達5-2-11。
29) 相続税法基本通達11の2-6。

とが重要になります。

実 務 編

> **Point**
> ・譲渡担保の取扱いを適用するかは,実務上,通達で判断することになります。この場合,重要な2要件があることに注意を要します。
> ・譲渡担保の取扱いは,棚卸資産にも適用があります。
> ・不動産取得税と登録免許税は,譲渡担保であっても原則課税となることに注意をしなければなりません。

1　課税実務上の取扱い

　ある資産の所有権移転契約が,金銭消費貸借と譲渡担保を目的としていることが契約条項上明確にされている契約であれば,担保物の所有権移転は単なる形式的なものであり,資産の有償譲渡に該当しないことは明らかです。

　しかしながら,契約の外形を見ただけでは,当事者の真意がわからない場合があります。不動産登記でさえも買戻しや再売買の予約を所有権の移転登記だけで済ませたり,譲渡担保を登記原因とせずに売買名目による所有権移転登記だけで終わらせたりしてしまうことは,実務上よくみかけます。

　したがって,当事者の目的と当事者が選んだ法形式とが異なる場合には,その真意を各種資料から十分にくみ取って税務上の判断をする必要があります。

　このように表面的にはわかり難い買戻条件付譲渡や譲渡担保について,課税実務はどのように取り扱っているのか確認してみましょう。

2　国税庁通達

　所得税の通達(所基通33-2)は,次のように規定しています。

> 　債務者が，債務の弁済の担保としてその有する資産を譲渡した場合において，その契約書に次のすべての事項を明らかにしており，かつ，当該譲渡が債権担保のみを目的として形式的にされたものである旨の債務者及び債権者の連署に係る申立書を提出したときは，当該譲渡はなかったものとする。この場合において，その後その要件のいずれかを欠くに至ったとき又は債務不履行のためその弁済に充てられたときは，これらの事実の生じた時において譲渡があったものとする。(昭52直資3-14，直所3-22改正)
> (1)　当該担保に係る資産を債務者が従来どおり使用収益すること。
> (2)　通常支払うと認められる当該債務に係る利子又はこれに相当する使用料の支払に関する定めがあること。
> 　（注）形式上，買戻条件付譲渡又は再売買の予約とされているものであっても，上記のような要件を具備しているものは，譲渡担保に該当する。

　この通達は，買戻しや再売買の予約のうち譲渡担保と同様な効果があるものを譲渡担保の中に包含して課税関係を構成しているといえます。
　さらに，個人の課税実務は，当該取引が譲渡担保であると誰にでもわかるような契約書作成と税務署長への申立書提出を形式的に要求している点に特徴があります。
　法人税基本通達にも同様の規定があります（法基通2-1-18）が，個人とは異なり申立書を所轄税務署あてに提出することを要求していません。契約書に譲渡担保である要件を明らかにし，その担保として提供した固定資産を自己所有のままであるとした会社経理だけをしておけばよいのです。
　個人はわざわざ税務署へ届出書を提出しなければならないのに対して，法人は内部処理で済んでしまう点で公平性を欠き，問題があると思われます。

3 設例（不動産販売業者の場合）

以下は，課税実務上，よく問題になる点についての設例です。

> **┤設　例├**
>
> 　当社は不動産販売業者です。土地造成費用の10億円が支払えなくなり，債務弁済の担保としてこの分譲地（当社にとっては，棚卸資産。）を相手方へ譲渡担保と同様な条件で譲渡しました。この場合にも，その譲渡はなかったものとみなされるのでしょうか。

　この事例で注意しなければならないのは，上述の法人税基本通達が譲渡担保の対象となる資産について「その担保に係る<u>固定資産</u>」と記載している点にあります。そうすると，当社の棚卸資産である分譲地には適用がないようにもみられます。

　しかしながら，今回は借入れのための担保提供なのですから，譲渡担保の要件を備えている場合には，その目的物が棚卸資産と固定資産とで差異を設ける合理的な理由は認めることはできません。したがって，棚卸資産も固定資産と同様な取扱いができると考えられます。

4　不動産取得税と登録免許税の取扱い

　譲渡担保等は，売買という法形式をとっても担保にすぎませんので，売却はなかったものとされて取得税や法人税等の課税関係は生じません。

　しかしながら，不動産取得税については，注意を要します。不動産取得税は実質ではなく不動産の所有権の移転に担税力を見いだして，不動産の取得者に対して課する流通税です（地方税法73条の2）。そうすると不動産取得税は，他の税法とは異なって，原則課税が行われるということになります。

　ただし，例外を設けています。譲渡担保設定の日から2年以内に所有権が戻ってくる譲渡担保であれば，納税義務が免除されることになっているのです（地方税法73条の7第1項8号）。そのために，免除に関する申告書の提出を忘れないようにしなければなりません。

また，登録免許税は，それぞれの登記に応じて課税されます。
　この2種類の税金については，実務上，譲渡担保設定時に考慮し忘れることがありますので注意しなければなりません。

第3章 交換契約

民法編

Point
- 交換契約は，土地収用の場合などにみることがあります。
- 交換の目的物の価値に差があっても，契約自由の原則により当事者の自由ですが，不均衡是正のために金銭の交付をすることも認められます。

1 定義・法的性質

交換契約とは，当事者が互いに金銭の所有権以外の財産権を移転することによって，効力を生ずる契約をいいます（民法586条1項）。物々交換のような一般的な交換と同じイメージで差し支えありません。

交換契約は，有償・双務・諾成契約です。土地収用法における替地や土地改良法における交換分合で交換が活用されることがあります。

交換は有償契約ですから，売買の規定が準用されます（民法559条）。

2 交換の目的物の価値

交換の目的物同士の価値が著しく離れていたとしても，契約自由の原則により有効となります。

もっとも，目的物の価値の不均衡がある場合，金銭の交付で補うことも認められています。このような金銭の授受を伴う交換を補足金付交換といい，

売買の代金に関する規定が準用されます（民法586条2項）。

　なお，補足金は税法では「交換差金」と呼ばれます。民法と税法間では連携が取れていないことが，このような点にも顕れているかもしれません。

税法編

> **Point**
> ・交換も譲渡として取り扱われる。
> ・譲渡価額は交換により取得した財産の時価になる。
> ・交換にも「みなし譲渡」と「みなし贈与」の適用がある。
> ・交換差金等は譲渡所得の収入金額になる。

1 意外と多い交換契約

　交換はお互いのものを交換しあう契約なので，不動産の契約を中心に，わりと目にすることが多いと思われます。物々交換だけでなく，交換に伴う付帯条件として金銭を要求する場合もあります。この場合は，物と金銭の交換になるため，売買契約の内容に準じて扱われます。したがって，民法上は売買であろうが交換であろうが，法的な効果に違いはないことになります。

2 交換も譲渡である

　しかしながら，税法では，交換による課税繰延の問題が生じます。さらに売買と交換とで課税関係に相違が生じる場合があります。

　交換時に課税が行われなかった場合，交換により取得した財産を処分するまでキャピタル・ゲインに対する課税が行われません。例えば，土地などは半永久的な課税の繰延べの可能性があります。そこで税法は，交換を原則として「譲渡」に含めることによって，課税の繰延べを阻止することにしています。

　一方，交換の実態に応じて課税繰延べを認める場合もあります。この点は，後述の5（176頁参照）で詳しく述べます。

　また，税法では，「譲渡」の意義は規定されていませんが，譲渡所得の本質は，資産が譲渡によって保有者の手を離れる機会に，その保有期間中の値

上がり益（キャピタル・ゲイン）を清算して課税するとされているので（最判昭43.10.31訟月14-12-1442ほか），「譲渡」は有償であると無償であるとを問わず所有権その他の権利の移転を含む概念で，売買のほかに交換による資産の移転が含まれるものと解されています。

ただし，交換では，原則として現金の収入がないので，担税力に問題があると言えるでしょう。

3　交換の場合の譲渡所得の金額

次に，交換による譲渡所得の収入金額が，幾らなのかが問題になります。交換と売買では，譲渡収入金額が異なる場合があるのです。

所得税法36条によれば，収入金額とすべき金額は，「収入すべき金額」とされていますが，金銭以外の物をもって収入する場合には，「その金銭以外の物……の価額とする」と規定されています。したがって，この規定ぶりから，譲渡収入金額は交換により取得した財産の価額（財産の時価）になることがわかります[1]。例えば，自己の保有する時価7億円と時価10億円の土地を交換した場合，売買の場合は譲渡収入金額が7億円になるのに対して，交換の場合には10億円になります。後述の東京高判は，この点が争われました。

また，交換は売買と同様，資産の譲渡として取り扱われるので，みなし譲渡（所法59条）及びみなし贈与（相法7条）が適用される点に注意しなければなりません。

4　補足金付交換契約（交換差金）

民法上は，交換契約には売買契約の規定が準用され，交換差金については，売買契約の規定が準用されます。それでは，この交換差益は，税法上どのような取扱いになるのでしょうか。

交換差金は，金銭以外の財産を交換する場合に，譲渡財産と取得財産の価

1）東京高判昭和59年7月18日行集35巻7号927頁。一方，交換の場合の取得費は，交換により譲渡した資産の取得価額になります（所法33条3項）。

額が同額でないときに，その差額を補うために授受される金銭をいいます。したがって，この交換差益は，譲渡所得の対象となるのは明らかです。

次の裁判例は，私法上の法律構成による否認を認めなかった有名な裁判例ですが，交換差金について税務の基礎的な取扱いが示されていますので，紹介します。

「交換か売買か」（東京高判平11.6.21高民52-26）

事案 甲とその母乙は，周辺を地上げしていたP社に対し，次のような売買契約に基づいて所有していた自宅の土地建物を譲渡した。なお，一連の取引は同日に履行された。

① P社は，甲と乙に売却することを目的として近隣の土地建物を購入した。
② 甲と乙は，P社に約7億3,300万円で自宅を売却する契約を締結した。
③ 甲と乙は，P社から上記①の土地を3億5,700万円で譲り受ける契約を締結した。
④ 乙は，P社から上記①の借地権付き建物を7,700万円で譲り受ける契約を締結した。
⑤ 甲及びAは，上記の契約の履行が行われて代金の相殺差金として2億9,900万円の小切手を受け取った。

翌年，甲及び乙は各契約に基づく確定申告をしたところ，税務署長は一連の取引を不可分一体の取引である<u>補足金付交換取引</u>とみなして更正処分をした。すなわち，税務署長は，本件の譲渡所得を<u>本件取得資産の適正時価に差金2億9,900万円を加算</u>した10億7,700万円とした。

争点は，当事者が選択した売買取引を補足金付交換取引に引き直して課税できるのか否かです。

判旨 本件取引の経済的な実体からすれば，補足金付交換契約という契約を採用した方がより適合しているが，だからといって，税負担の

> 軽減を図るという考慮から，売買契約とその代金の相殺という法形式を採用とすることが許されないとすべき根拠はない。租税法律主義の下においては，法律の根拠なしに，当事者の選択した法形式を通常用いられる法形式に引き直すことが課税庁に認められているものではないから，本件取引を補足金付交換契約に引き直して課税処分を行うことは許されない[2]。

5　交換特例

　所得税法では，資産を交換した場合，「交換で譲渡した資産の対価」を「交換で取得した資産」で取得したものとして譲渡所得課税が行われることを原則としています。

　しかしながら，交換により取得した資産が交換による譲渡資産と同一用途の場合には，場所の移動があったとしても経済的な実体には変更がないと認められるときがあります。この場合には，譲渡がなかったものとして取り扱われますので，税負担は大きく軽減されることになります（所法58条）。なお，この固定資産のキャピタル・ゲインは，次の譲渡時まで繰り延べられます。

　ただし，この交換特例が認められるのは，次の要件の全てに合致しなければなりません。かなり高いハードルです。

① 　交換の適用となる資産は固定資産に限定されています。固定資産には，土地（建物又は構築物の所有を目的とする地上権及び賃借権並びに農地の上に存する耕作に関する権利を含みます。），建物（これに附属する設備及び構築物を含みます。），機械，装置，船舶及び鉱業権などが含まれます。

② 　交換譲渡資産及び交換取得資産（交換のために取得したと認められるものではない[3]。）ともに1年以上所有しているものであること。

---

[2] 同様に，交換をめぐって納税者が選択した法形式を否認することはできないとする別の高裁判決もあります（東京高判平14.3.20訟月49-6-1808）。

[3] 売買契約を合意解除して土地を再取得した場合には，交換のための取得に当たる（東京高判平成元.11.30行集40-11＝12-1712）。

③ 交換取得資産は，交換譲渡資産の譲渡直前における同一用途に供すること[4]。
④ 交換譲渡資産及び交換取得資産との差額が，そのいずれか多い方の価額の20%を超えていないこと。
⑤ 交換特例の適用を受ける旨の記載が，確定申告書にあること。

6 その他

　法人税にも交換特例の規定があります（法法50条）。ただし，取得した資産の帳簿価額を引き下げる圧縮記帳の方法[5]により課税の繰延べをしなければなりません。

　また，租税特別措置法にも，土地収用法等に基づき収用され同種の資産を取得する場合や，土地改良法に基づいて交換によって土地等を取得する場合には，一定の要件のもとで課税の繰延べがあります（租特33条の2）。

---

4) 所有者が交換取得資産を交換後に他に譲渡する目的で資産を交換し，交換取得資産を一時的・暫定的に保有したにすぎない場合には，特段の事情がない限り，本件特例の適用はない（大阪高判平15.6.27訟月50-6-1936）。
5) 圧縮記帳とは取得価額を減額（圧縮）することによって圧縮損を計上し収益金額と圧縮損を相殺して一時的に課税繰延べを図る技術であり，広く用いられている。

━━実 務 編━━

> **Ｐoint**
> ・交換特例の適用には，要件充足の確認が重要です。
> ・立退料の性質は三区分されます。
> ・等価と認識して行った交換は，正常取引とされます。

1　実務上の条件

　交換特例の条件は，半永久的な課税繰延べを防止するため，かなり厳格になっており，裁判例も適用要件に関する事実認定に関する争いがほとんどです。

　そのため，国税庁は，タックスアンサーに実務上間違いやすい事例を公表していますので，これを参考に設例を作ってみました。

(1)　交換当事者がそれぞれ1年以上所有していた固定資産で，かつ，交換の相手方が交換目的で取得した資産ではないこと

> **┃設　例┃**
> 　私は，以前から所有していた住宅を，不動産販売業であるＡ社が1年以上前から保有する販売用の住宅と等価交換しました。それぞれの時価はほぼ同じです。私は交換の特例を受けられるでしょうか。

　この事例では，Ａ社は不動産販売会社としての立場で住宅を持っていましたので，この住宅は固定資産ではなく棚卸資産に該当します。したがって，交換特例は受けることはできません。もっとも，交換取得資産が販売用の住宅ではなく，この住宅を相当期間他に貸付けしていたことが明らかである場合には，棚卸資産には該当しないので特例の適用があります。

(2) 交換取得資産を交換譲渡資産の譲渡直前の用途と同一の用途に供すること

┤設　例├
　私は，以前から所有していた住宅を知人が所有していた住宅と交換しました。交換の特例を適用できるでしょうか。

　この事例のように土地と建物を同時に交換した場合は，土地と土地，建物は建物の交換として，それぞれ判断されることになります。つまり，交換した住宅は等価であったとしても，土地と土地，建物と建物との価額がそれぞれ異なっているときは，それぞれの価額の差が交換差額に該当します（所基通58-2）。なお，この交換差額が20％を超えるときは，交換特例の適用がないことになります。

(3) 土地と土地，建物と建物のような同種の資産との交換であること

┤設　例├
　私は店舗を有していますが，土地（300㎡）は全て借地です。先日，地主から次のような提案がありました。私が借地の90㎡部分を地主へ返還する代わりに，残りの210㎡部分の底地を無償で取得し，両者の間には一切の代金授受を行わないというのです。地主が借地権と底地権が等価になるように計算してくれました。私は交換特例の適用を受けられるでしょうか。

　この事例の取引の実態は，同一土地の借地権の一部と底地の一部とを交換するというものです。この場合，底地と借地権が同種の資産であるかどうかが問題になります。課税実務上この点について，種類を同じくする資産同士の交換として取り扱われることになっています（所基通58-11）。また，第三者である地主との取引であることから時価がほぼ同じだと思われます。したがって，交換特例を適用できます。

(4) 交換による譲渡資産と取得資産との差額が20％以内であること

交換特例を適用する場合，交換差益は，交換特例の要件のうち前記④（177頁参照）の交換資産間の価額の差額が20％以内でなければならないとする要件が適用されることになります。次の裁判例はこの要件を確認したものといえます。

> 交換差金が交換対象となった土地のうち価額の高い土地の100分の20を超えるので，本件交換には所得税法58条2項（固定資産の交換の場合の譲渡所得の特例）の交換の特例の適用がない（最判平2.3.29税資176-443）

事案 甲は自己所有の土地を乙の土地と交換しました。このときの契約書は等価交換である体裁の契約書であったものの，3,000万円が主に親族から乙に支払われていたので税務署長はこれを交換差益として甲の交換特例を認めませんでした。

判旨 本件交換は交換差益3,000万円の授受を伴っていたものであり，この交換差金は本件交換の対象となった土地のうちその価額が高い方の土地の100分の20にあたる1,400万円を超えるものであるから，交換の特例の適用はない。

2　借家権をめぐる設例

┤設　例├

　私は店舗を借りて小売業を営んでいました。この度，家主が店舗を取り壊し大規模な貸しビルを建築することになりました。私は立ち退きする必要がありますが，立ち退く代わりに，この新しいビルの一室をもらうことにしました。この場合に交換特例の適用を受けることができますか。

　この事例では，たしかに，立退料をもらわない代わりに，旧店舗の借家権と新ビルの区分所有権とを交換したとも見ることができます。しかしながら借家権は，建物の賃借権のうち借地借家法の適用があるものをいいますので，固定資産に該当しません。したがって，交換特例は適用できないことになります。

　なお，旧店舗の借家兼賃貸借の目的となっている家屋の立退きに際して受け取る立退料について，立退料の性質から所得税法上の取扱いを検討すると，次のような三区分になると思われます。

①　借家権消滅の対価相当部分は，総合課税の譲渡所得になります。交換譲渡した資産が借家権であるにしても，借家権は所得税法58条の固定資産に該当しません。

②　引っ越しのための費用補填相当部分は，費用の補填ですので所得になる部分がありません。ただし，実際に要した引っ越し費用を超えた場合，その超える部分が一時所得になります。

③　借家人が事業を営んでいる場合には営業補償金があります。この部分は事業所得となります（所基通34-1）。

3　等価と認識して行った交換

　実務上の交換取引は，時価と相当離れた不等価交換が行われることも少なくありません。通常は交換差金としてその差額が調整されます。

しかし，一方が交換資産をどうしても必要とする場合には，交換差金を授受しないで交換することもあります。親族等の特殊な関係のある者以外の取引である場合で贈与の意図がない場合には，この交換は正常取引とされるでしょう。

　なお，裁判例では，甲土地を乙土地と交換し，同日に乙土地を譲渡した場合，当該交換による甲土地の譲渡収入金額は，特別の事情のない限り，乙土地の譲渡価格と同額と認められると判示しています（最判平2.11.15税資181-309）。

　ただし，法人の場合には，注意を要します。法人税法22条2項は，常に時価取引を要求しており，当然に交換取引もその対象となるからです。

第4章 消費貸借契約

─民法編─

Point

- 商人間の金銭消費貸借では，合意がなくとも，法定利率での利息が発生します。
- 民法改正により，法定利率は，民事法定利率（3％に引き下げられ，3年毎に見直される）に一本化されます。
- 民法上は，返せなくなったというだけでは債権債務関係は消滅しません。

1 概 説

　消費貸借契約は，種類，品質及び数量の同じ物を返還することを約束して，原則として，借主が貸主から金銭その他の物を受け取ることで成立します（民法587条）。その典型は金銭の貸し借りをする金銭消費貸借契約です。

　消費貸借契約の一種に，準消費貸借契約（民法588条）があります。たとえば，複数の買掛金債務を一本にまとめ，以後は借入金債務として返済していくことを合意するような契約です。実務上は，支払条件の変更の際などにしばしば利用されています。

　なお，使用貸借契約及び賃貸借契約は，借りたその物を返還しなくてはならず，その物の所有権は貸主にとどまったままです。一方，消費貸借契約は，同種同質同数の物を返還すればよく，借りたその物の所有権は借主に移転す

るという特徴があります。

(1) 契約成立段階の法律関係

　契約をめぐる法律問題を考えるとき，契約の成立段階，履行段階，終了段階のそれぞれにおいて，各当事者の債権債務がどのように発生し，変更し，消滅するのかという視点で検討すると，漏れなく問題点を抽出できるので便宜です。消費貸借契約においても，契約の成立段階の場面から検討していきましょう。

　消費貸借契約の成立段階では，前記の定義にも表われているとおり，貸主が借主に対して，金銭その他の目的物を引き渡すことが必要とされています。目的物の引渡しが条件となっているため，「要物契約」と呼ばれます。この場合，成立時点ではすでに目的物は引き渡されているため，貸主は「貸す義務」は負いません。

　もっとも，現実の金融取引においては，まず金銭消費貸借契約及び抵当権設定契約を締結した上で，それに基づいて金銭の受渡しを行うという取引が行われており，それも消費貸借契約として有効と解されてきました。そこで，民法改正により，書面を取り交わして契約する場合には，目的物の引渡しがなくても消費貸借契約が有効に成立させることができると明記されることとなりました（改正民法587条の2）。

　したがって，書面による消費貸借契約の場合，その成立により，貸主は目的物を借主に引き渡す義務を負います。他方，借主は，受け取った目的物と種類，品質，数量の同じ物を返還する義務を負うこととなります。

(2) 履行段階の法律関係

　こうして成立した消費貸借契約に基づき，各当事者はそれぞれの義務を履行していきます。この履行段階における法律関係を見ていきましょう。

　ア　借主の権利義務

　借主は，分割弁済の合意があるときは，貸主に対して，分割支払金を返済

する義務を負います。

　利息の合意があれば，合意された利率（約定利率）の利息を支払う義務があります。合意がない場合は，商人でない者の間では利息の支払義務はありませんが，商人同士の間では当然に法定された利率（法定利率6％）の利息の支払義務があります（商法513条1項，514条）。

　なお，民法改正により，商法上の法定利率6％は廃止され，民法上の法定利率に統一されることになります。しかも，同改正により，民法上の法定利率は5％から3％に引き下げられ，3年ごとに銀行の短期貸付の平均金利を基準に法務大臣が定める金利に改定されることとなっています（改正民法404条）。

　　イ　貸主の権利義務
　貸主は，分割弁済の合意があるときは，借主に対して，分割支払金の支払請求権及び借主の義務に対応した利息請求権を有します。ただし，利息制限法の上限利息を超過する利息を受け取った場合，超過部分は元本債務に充当され[1]，計算上元本が完済された後に支払われた金額は不当利得となりますから（民法703条），借主に返還しなければなりません[2]。いわゆる過払金返還義務です。

(3)　契約終了段階の法律関係
　　ア　借主の権利義務
　借主は，合意した弁済期が到来するか，又は支払いを怠るなどして合意した弁済期まで待ってもらえなくなった場合（後者の場合を「期限の利益を喪失する」といいます。）には，直ちに借入金を返済する義務を負います。
　また，弁済期日を徒過した場合には，支払完了まで，法定利率の遅延損害金を支払う義務を負います。

1）　最判昭和39年11月18日民集18巻9号1868頁。
2）　最判昭和43年11月13日民集22巻12号2526頁。

他方，借主が，貸主から債務免除を受けた場合（民法519条），免責許可決定を受けた場合（破産法252条），消滅時効が完成し，時効を援用した場合（民法167条，145条）等には，それら債務を免れます。逆に，こうした明確な消滅事由がなければ，法律上は，単に返済不能というだけでは債務は消滅しません。

イ　貸主の権利義務

貸主は，合意した弁済期が到来するか，又は借主が期限の利益を喪失した場合には，即時の貸金返還請求権を有します。また，借主が弁済期日を徒過した場合には，支払完了まで，法定利率の遅延損害金を請求する権利を有します。

2　保証契約

金銭消費貸借契約に伴って，しばしば保証契約が締結されます。ここでは保証契約について基本的な事項を確認しましょう。

(1)　性　質

保証契約は，保証人が貸主に対して，債務者の債務を保証することを約束する内容の契約です。これは，保証人と貸主との二者間の契約です。なお，保証の目的である債務は「主債務」と呼ばれ，主債務を負う者は「主債務者」と呼ばれます。

この契約は，他の多くの契約とは異なり，書面で締結しなければならないという点が大きな特徴です（民法446条2項）。

そして，保証債務は，主債務を保証するものである以上，主債務が存在しなければ成立せず，その範囲も主債務の範囲を超えることはないという性質をもっています（改正民法448条）。また，主債務者が債権者に対して有している抗弁，たとえば相殺できる反対債権を持っていることなどは，保証人も債権者に対して主張することができます（改正民法457条2項，3項）。こうした保証債務の性質は，主債務への「付従性」と呼ばれています。

(2) 連帯保証

事業上の借入れの場面や，建物賃貸借契約の場面などでは，「連帯保証契約」が締結されるケースが多くあります。

連帯保証においては，単純な保証契約の場合と異なり，保証人は，債権者に対して，まずは主債務者に請求してほしい（催告の抗弁），主債務者の財産から満足を受けてほしい（検索の抗弁），という主張ができないという特徴があります（民法454条）。

(3) 求償権

保証人は，主債務者に代わって債務を弁済した場合，主債務者に対し，求償することができます。これを求償権といいます。

では，保証人は，主債務者に対し，①弁済した金額そのものを求償できるのは当然としても（後述の例外もあります。），②弁済した金額に対する弁済後の法定利息，③弁済に要した費用その他の損害（債権者から執行等され，保証人が負担した費用など）も，主債務者に請求できるでしょうか。

通常，保証は主債務者の委託を受けて行われるものですが，主債務者の委託を受けずに保証が行われる場合や，時には主債務者の意思に反して行われる保証もあります。民法では，これらの類型によって求償権の範囲が異なる扱いとなっています。

具体的には，委託を受けた保証人は上記①〜③の求償を請求できます。これに対し，委託を受けない保証人の求償権は，主債務者が保証人の弁済の「当時利益を受けた限度」に制限されています（民法462条，改正民法459条の2）。したがって，上記①の求償はできますが，事後的に発生した法定利息（②）や，保証人が利益を受けたものとはいえない弁済費用（③）の部分は求償できません。

さらに，主債務者の意思に反して保証がなされた場合には，求償権は主債務者が「現に利益を受けている限度」に制限されています。したがって，たとえば，主債務者が保証人の弁済後に債権者に取得した反対債権がある場合には，保証人の求償権は反対債権を相殺した後の金額に限定されてしまいま

す（民法462条２項）。このように②や③の部分はもちろんのこと，①の弁済額そのものについても制約を受けるということになります。

3 贈与か金銭消費貸借か

実務上，当事者間で過去に行われた金銭の授受が，贈与か金銭消費貸借かが事後的に問題となることがあります。

たとえば，①金銭を貸したと主張する者が，その相手方に対し返済を求めたところ，相手方がそれは贈与であったとして，返済を拒んでいるようなケース，②相続人が，被相続人から贈与を受けたと主張しているが，課税庁はそれは金銭消費貸借であり，相続財産に含まれるとして課税処分を行うようなケースなどにおいて，贈与か金銭消費貸借かが争われます。

このうち，税務が関係する②のケースの具体例を１つ紹介しましょう。

大阪地判平成23年３月11日税資261号順号11639

事案 相続財産中に，被相続人の相続人に対する貸付債権が存在するかどうかが争われた。問題とされた金銭の授受は，課税庁による更正処分の約７年前に行われており，相続人である原告はこれを贈与と主張し，課税庁は金銭消費貸借であると主張した。

判旨 判決は，金銭の授受の際，原告の署名押印のある借用証書が作成されていること，原告が償還予定表を作成して実際に一部を返済していることなどから，金銭消費貸借であると認定した。

そして，原告の，借用証書は贈与税回避のために仮装したものである，原告から被相続人への「返済」とされた送金は，受取口座を原告自身が管理しており返済ではなかった，という主張を排斥した。

贈与か金銭消費貸借かを認定するに当たって重要な要素としては，借用証書や贈与契約書などの書類の存否，当事者の関係性（贈与するほど親しい関係にあるのかという視点），金額の多寡（そんなに大きな金額を贈与することがあり得るか

という視点），金銭を受け取った側の資力（資力がないのに返済を約束したのかという視点），当事者が返還を前提とする行動をとっているかどうか（一部でも返済したか，返済を要求したことがあるか等の視点）などが考えられます。

なお，消費貸借とされても，無利息である場合には，その支払いを免れた利息相当分が贈与とされる場合もあります[3]。

---

3) 国税庁タックスアンサー「No.4420　親から金銭を借りた場合」参照。

税法編

> **Point**
> ・お金を借りて返しただけでは基本的に課税関係は発生しません。
> ・利息額の取扱いが主な論点となります。
> ・法人税法上，無利息又は低利息の貸付けからも収益（益金）が生じます。

1 概要

金銭の貸借そのものからは，基本的に（印紙税を除き）課税関係は生じません。金銭の支払いと引換えに債権を得た債権者にも，金銭の受取りと引換えに債務を負った債務者にも，純資産の増加や付加価値は生じないからです。同様に，金銭債務の弁済段階でも，課税関係は生じません。課税関係が生じるのは，主に利息の取扱いについてです。相続時の債権債務関係の取扱いも問題となります。また，特殊な場合として，返済が困難になったり不可能になった場合にも課税関係が生じます。したがって，以下では，契約継続中の課税関係及び特殊な契約の終了時の課税関係について説明します。

税法上，金銭消費貸借契約は有利息のものが原則となります。無利息又は低利息で行われた場合には，通常の利息額のやり取りが擬制される，借主が利益を受けたものとされるなど，特殊な課税関係が生じます。

2 貸主の課税関係（契約継続中）

(1) **貸主が個人の場合**（所得税・相続税）

貸主は，契約継続中に受け取った利息額を収入金額（所法36条）に計上しなければなりません。利子所得（所法23条）に該当するのは限定列挙された（消費貸借契約によらない）利子のみであり，貸付金の利息は原則として事業所

得（所法27条）又は雑所得（所法35条）に該当します[4]。私法上違法又は無効な取引により得られたものであっても課税所得となりますので，利息制限法違反の違法に収受した利息であっても，収入金額に計上しなければならないものとされています（制限超過利息事件・後掲198頁参照）。利息を収入金額に計上すべき時期（年度帰属）についての実務上の取扱いは，事業所得となるものについて，原則的に利息が対応する年の末日をもって判断すべきものとされていますが，一定のものについて納税者が継続して同じ取扱いをしている場合には，元本の返済日や手形の満期日をもって判断しても良いものとされています（所基通36-8(7)）。雑所得に該当するものについてもこれに準じた取扱いがされます（所基通36-14(2)）。

なお，法人の場合と異なり（後述），無利息又は低利息の貸付けから収入金額が生じると擬制する規定は存在しません（ただし同族会社に対する貸付けにつき，後述平和事件参照）。

また，貸主が死亡した場合，貸付金の額は貸主である被相続人の相続財産の価額（相法22条）に算入されます。

(2) 貸主が法人の場合（法人税・消費税）

貸主は，契約継続中の利息額を益金（法法22条2項）に計上しなければなりません。利息の年度帰属について，実務上は，原則として「その利子の計算期間の経過に応じ」て判断すべきものとされていますが，一定の利息について納税者が継続して支払期日の益金に算入している場合にはこれを認めるものとされています（法基通2-1-24）。

また，無利息の貸付け（無利息融資）からも「無償による……役務の提供……に係る……収益の額」として益金が生じると法人税法上擬制されます（清水惣事件・後掲195頁参照）。この場合，通常の利息額が益金に計上され，損金に原則として（広告宣伝費に当たる場合などを除き）寄附金（法法37条7項，8

---

[4] 金銭の貸借取引が事業所得に当たるか雑所得に当たるか争われた事案として，東京地判昭和46年2月25日税資62号270頁参照。

項）が計上されます。寄附金は法定された一定の限度額までしか損金算入できません。したがって，無利息融資の場面では「寄附金課税が行われる」としばしば言われます。

　無利息融資から益金が生じる理由づけについては，「無償による資産の譲渡」（無償譲渡）や時価よりも低額による資産の譲渡（低額譲渡）から益金が生じることも含め，様々な学説や裁判例で論じられています[5]。

　なお，個人事業者にも共通する事項ですが，利子を対価とする貸付金に対する消費税は，法令の規定において非課税とされています（消法6条1項，別表第一，消法令10条）。

3　借主の課税関係（契約継続中）

(1)　借主が個人の場合（所得税・贈与税・相続税）

　借主は，所得を得るために必要な利息の額を必要経費（所法37条），取得費（所法38条1項）等の経費に算入できます（取得費につき，借入金利子事件・後掲200頁参照）。

　無利息又は低利息の場合，通常の利息相当額との差額に対し，個人から借りている場合には贈与税（相法9条），法人から借りている場合には所得税（所法36条）が課されます。本来払うべき利息額から免れ，経済的利益を受けたからです。

　借主が死亡した場合，債務の額は債務控除（相法13条）が可能です。債務控除を行うには，その債務が「相続開始の際現に存するもの」（相法13条1項1号）である必要があります。「相続開始の際」の意義については，裁判例は，「相続の開始……に近接し，かつ，社会通念上これから起因して生じる事態の経過も含めた時間の範囲を示す」ものとしており，相続開始以後に生

---

[5] 低額譲渡から益金が生じる旨を示した裁判例として，南西通商株式会社事件上告審判決（138頁）参照。同判決の調査官解説では，無償取引に係る収益についての学説や裁判例が整理されています（川神裕「判解」法曹会編『最高裁判所判例解説民事篇　平成7年度（下）』（法曹会，1998）1075～1077頁参照）。

じた債務もこの要件を満たし得るものとされています[6]。また，債務控除が認められる債務は，確実と認められるものに限ります（相法14条）。確実と認められる債務とは，(a)存在しており，(b)その履行が確実であると認められるものをいいます[7]。

(2) 借主が法人の場合（法人税・消費税）

借主は，支払利息の額を損金（法法22条3項）に算入できます。

なお，個人の場合と異なり，無利息又は低利息の借受けからは益金が生じません（無償による役務の享受又は譲受けが益金（法法22条2項）の発生事由となっていません。）。本来ならば損金に計上できる利息額を減額したのみだからです。

また，個人事業者にも共通する事項ですが，消費税法上，借入金の利息は，債権者側で貸付金の利息が非課税であることから，課税仕入れに該当せず，仕入税額控除をすることはできません（消法2条1項12号，30条1項）。

4 弁済以外の形による契約終了段階の課税関係

(1) 貸主の課税関係

民法編で述べたとおり，期限内での弁済が行えない場合には，借主から貸主に対して遅延損害金の支払義務が生じます。遅延損害金については，貸主において，利息を受け取った場合と同様に税法上は取り扱われます。所得税法上，損害賠償金が非課税所得として挙げられていますが（所法9項1項17号），その範囲は政令で限定列挙されたもののみとなっており（所法令30条），消費貸借契約に係る遅延損害金はこれには含まれず課税対象になるものと考えられます。

また，民法編で述べたとおり，債務免除を行った等の場合には，弁済が無い場合にも債権が消滅します。弁済が無い場合には，貸付金を回収できない分損失を負ったものと考えられますから（貸倒損失），貸主が個人の場合には

---

6) 東京高判平成8年10月16日税資221号54頁。
7) 広島高判昭和57年9月30日税資127号1140頁。

所得税法上の資産損失，貸主が法人の場合は法人税法上の損失に算入できる可能性があります（所法51条2項，法法22条3項）。しかし，返済の可能性が少ないのみでは貸倒損失の算入は認められません（興銀事件・後掲210頁参照）。貸倒損失の資産損失又は損金算入が認められない場合，所得税法上（個人の場合）は必要経費とならない通常の損失として所得計算上無視され[8]，法人税法上（法人の場合）は寄附金（法法37条7項）として取り扱われます。寄附金については，法定の一定額を超えた部分は損金不算入となります（法法37条1項）。

なお，消費税法上，貸倒れに係る消費税額の控除が認められていますが，これが認められるのは「課税資産の譲渡等の相手方に対する売掛金その他の債権」であり（消法39条1項），貸付金については適用はありません。

(2) 借主の課税関係

債務免除等により弁済を行うことなく債務から免れた場合，債務者に債務免除等による経済的利益（債務免除益）が生じたものとして，所得税（所法36条），法人税（法法22条2項）又は贈与税（相法8条）が課される可能性があります。借入金の免除を受けた場合には，原則として債務免除益が生じるものと考えられます。もっとも，仮に債務免除益を得たと考えられる場合でも，課税繰延又は非課税とする規定がありますので，その適用についても検討すべきです（倉敷青果荷受組合事件・後掲213頁参照）。

消費税法上，債務免除は対価を得て行われる取引ではないため，資産の譲渡等に該当せず，課税対象とはなりません（消法2条1項8号）。ただし，国，地方公共団体等に対する特例（消法60条）の適用の検討に当たっては，債務免除益は「資産の譲渡等の対価以外の収入」として影響します（消法令75条2項）。

---

8) 法人税法上の損金の規定（法法22条3項）と異なり，所得税法上の必要経費の規定（所法37条1項）には「損失」は規定されていません。したがって，資産損失の規定（所法51条）に該当する損失のみ，所得税法上は必要経費として計上できます。

5　裁判例・設例

清水惣事件（大阪高判昭53.3.30高民31-1-63）

事案　同族関係にある法人間で無利息融資が行われた事案です。親会社であるX（原告・被控訴人）は，子会社に対して，その事業達成を援助する目的で，期間を3年間に限り，4,000万円を限度として無利息で貸し付ける旨の契約を締結し，無利息融資を行いました。これに対し，Y（税務署長。被告・控訴人）は，「Xが本件融資をするにあたり，これを無利息としたことは，法人税の負担を不当に軽減することを企図したもの，あるいは，これを意図したものでないとしても，……法人税の負担を不当に免れる結果になるもの，というべきである」として，利息額分の益金及び寄附金を認定して増額更正処分を下しました。第一審[9]においては，「本件無利息融資は，租税負担を不当に回避し，又は軽減する意図に出たものとも，経済的合理性を全く無視したものとも認められないから，租税回避行為にあたるとはいえず，その無利息の約定の私法上の効力を税法上否認すべき理由はないものといわなければならない」として納税者の請求が認容されていました。

判旨　「法人税法は，……当該事業年度の益金に算入すべきものとして，『資産の販売，有償又は無償による資産の譲渡又は役務の提供，無償による資産の譲受けその他の取引で資本等取引以外のものに係る当該事業年度の収益の額』を挙げている（法22条2項）が，それは，私法上有効に成立した法律行為の結果として生じたものであるか否かにかかわらず，また，金銭の型態をとっているかその他の経済的利益の形をとっているかの別なく，資本取引以外において資産の増加の原因となるべき一切の取引によつて生じた収益の額を益金に算入すべきものとする趣旨と解される。そして，資産の無償譲渡，役務の無償提供

9）大津地判昭和47年12月13日訟月19巻5号40頁。

は，実質的にみた場合，資産の有償譲渡，役務の有償提供によって得た代償を無償で給付したのと同じであるところから，担税力を示すものとみて，法22条2項はこれを収益発生事由として規定したものと考えられる。」

「金銭（元本）は，企業内で利用されることによる生産力を有するものであるから，これを保有するものは，これについて生ずる通常の果実相当額の利益をも享受しているものといいうるところ，右金銭（元本）がこれを保有する企業の内部において利用されているかぎりにおいては，右果実相当額の利益は，右利用により高められた企業の全体の利益に包含されて独立の収益としては認識されないけれども，これを他人に貸付けた場合には，借主の方においてこれを利用しうる期間内における右果実相当額の利益を享受しうるに至るのであるから，ここに，貸主から借主への右利益の移転があつたものと考えられる。そして，金銭（元本）の貸付けにあたり，利息を徴するか否か，また，その利率をいかにするかは，私的自治に委ねられている事柄ではあるけれども，金銭（元本）を保有する者が，自らこれを利用することを必要としない場合，少くとも銀行等の金融機関に預金することによりその果実相当額の利益をその利息の限度で確保するという手段が存在することを考えれば，営利を目的とする法人にあつては，何らの合理的な経済目的も存しないのに，無償で右果実相当額の利益を他に移転するということは，通常ありえないことである。したがつて，営利法人が金銭（元本）を無利息の約定で他に貸付けた場合には，借主からこれと対価的意義を有するものと認められる経済的利益の供与を受けているか，あるいは，他に当該営利法人がこれを受けることなく右果実相当額の利益を手離すことを首肯するに足りる何らかの合理的な経済目的その他の事情が存する場合でないかぎり，当該貸付がなされる場合にその当事者間で通常ありうべき利率による金銭相当額の経済的利益が借主に移転したものとして顕在化したといいうるのであり，右利率による金銭相当額の経済的利益が無償で借主に提供されたものと

> してこれが当該法人の収益として認識されることになるのである。」

　益金の規定（法法22条2項）の解釈として，無利息融資からも益金が生じる旨を明示した判決です。控訴審判決の判示は，租税回避目的の有無を問わず，一般的に，法人が行った無利息融資から原則として通常あり得べき利率による利息相当額の益金が生じる旨を判示しています[10]。その根拠として，無利息融資は有利息による貸付け及び利息額の贈与と実質的に同等であることが挙げられています。

　無利息融資に関する課税関係をまとめると，以下のようになります。

		債務者	
		法　人	個　人
債権者	法人	債権者に益金及び寄附金発生（法法22条2項，37条7項，8項）	債権者に益金及び寄附金発生（同左），債務者に収入金額発生（所法36条）
	個人	原則として課税関係なし※	債務者にみなし贈与課税（相法9条）

※　同族関係間の取引につき，平和事件（後掲204頁）参照。

　なお，上記判決では，「何らかの合理的な経済目的その他の事情が存する場合」には無利息融資から益金及び寄附金は発生しないとされています。実務上も，無利息融資であっても，「例えば業績不振の子会社等の倒産を防止するためにやむを得ず行われるもので合理的な再建計画に基づくものである等その無利息貸付け等をしたことについて相当な理由があると認められるときは」寄附金が発生（せず，それに対応して益金も発生）しないものとされています（法基通9-4-2）。この通達にいう「相当な理由」の有無について，そもそ

10）なお，通常あり得べき利率については，この事案においては商事利率とされていますが，平和事件控訴審判決（後掲204頁の控訴審）では銀行の貸出平均金利とされています。

も低利息での貸付けであったかという利率の認定の段階から争われた裁判例もあります[11]。

制限超過利息事件（最判昭46.11.9民集25-8-1120）

事案 利息制限法違反の利率で貸付けを行った場合，その利息額が債権者の収入金額（所法36条，事件当時は旧所得税法（昭和22年法律27号）10条1項）に算入されるか否かが争われた事案です。個人であるXら（原告・被控訴人・被上告人）は金融業等を営んでいましたが，利息制限法違反の利率で貸付けを行っていました。これに対しYら（税務署長。被告・控訴人・上告人）は，利息制限法の制限を超える部分の利息額（制限超過利息）についても総収入金額に含まれるものとして増額更正処分を下しました。ただし，当該利息額は未収でした。

判旨 「課税の対象となるべき所得を構成するか否かは，必ずしも，その法律的性質いかんによつて決せられるものではない。当事者間において約定の利息・損害金として授受され，貸主において当該制限超過部分が元本に充当されたものとして処理することなく，依然として従前どおりの元本が残存するものとして取り扱つている以上，制限超過部分をも含めて，現実に収受された約定の利息・損害金の全部が貸主の所得として課税の対象となるものというべきである」。

「一般に，金銭消費貸借上の利息・損害金債権については，その履行期が到来すれば，現実にはなお未収の状態にあるとしても，旧所得税法10条1項にいう『収入すべき金額』にあたるものとして，課税の対象となるべき所得を構成すると解されるが，それは，特段の事情のないかぎり，収入実現の可能性が高度であると認められるからであつて，これに対し，利息制限法による制限超過の利息・損害金は，その

11）鹿児島地判平成13年10月1日税資251号順号8988，福岡高宮崎支判平成14年10月29日税資252号順号9222参照。

> 基礎となる約定自体が無効であつて……，とうてい，収入実現の蓋然性があるものということはできず，したがつて，制限超過の利息・損害金は，たとえ約定の履行期が到来しても，なお未収であるかぎり，旧所得税法10条1項にいう『収入すべき金額』に該当しないものというべきである（もつとも，これが現実に収受されたときは課税の対象となるべき所得を構成すること，前述のとおりであつて，単に所得の帰属年度を異にする結果を齎すにすぎないことに留意すべきである。）。」

　所得税法上，違法に得た所得であっても，課税の対象となることを示した判決です[12]。このことを前提として，利息制限法違反の利息であっても所得とみられることを示しています。この判決は旧所得税法について判示されたものですが，現行法においても，「法第36条第1項に規定する『収入金額とすべき金額』又は『総収入金額に算入すべき金額』は，その収入の基因となった行為が適法であるかどうかを問わない」もの，と一般に解されています（所基通36-1）。

　一方で，結論としては，所得の年度帰属の観点から，未収の制限超過利息には管理支配が及んでいないとして，争われた課税期間における所得とは見られない（実際に収受した年分の所得と見られる。）と判示されています。このように，所得に対する管理支配をもって所得の年度帰属を判断する考え方を「管理支配基準」といいます[13]。

　管理支配が及んでいたとしても，違法な所得については，後に返還を余儀なくされることがあり得ます。この場合には，特別な更正の請求により，税額を還付してもらうことが認められています（所法152条，所法令274条）。

　なお，近年の事例として，いわゆるグレーゾーン金利により貸付けを行っていた消費者金融会社が会社更生法の適用を受ける場合に，更正の請求（通

---

12) 法人税法につき，最判昭和46年11月16日刑集25巻8号938頁参照。
13) 所得の年度帰属をめぐる議論について，詳しくは第2章の売買契約（118頁）の部分を参照してください。

則法23条）を行うことが認められるかが争われた事例があります[14]。納税者は，過年度において，収受した制限超過利息を益金に計上していました。当該事案では，当該制限超過利息に係るいわゆる過払金債権が更生債権（会社更生法2条8項）として確定したとしても，更正の請求が認められる事情には該当しないと判示されています。

> **借入金利子事件**（最判平4.7.14民集46-5-492）
>
> **事案** 譲渡した資産の購入のために借り入れた借入金の利子が，譲渡所得の金額の計算上取得費として控除できるかが争われた事案です。X（原告・控訴人・上告人）は，昭和46年4月，銀行からの借入金を元手に土地建物を購入し，同年6月からそこに居住していました。その後，Xは，昭和53年及び54年にかけて，建物の一部を取り壊した上で，土地建物を譲渡しました。Xは，土地建物の売却に係る譲渡所得の計算上，当該土地建物の購入のために使用した借入金3,000万円について支払った利息額約1,800万円を取得費に算入して申告しました。これに対しY（税務署長。被告・被控訴人・被上告人）は，当該利息額のうち土地建物の購入から居住までの期間に対応する約38万円のみを取得費に算入して増額更正処分を下しました。
>
> **判旨** 「〔編注：取得費の規定（所法38条1項）〕にいう『資産の取得に要した金額』の意義について考えると，譲渡所得に対する課税は，資産の値上りによりその資産の所有者に帰属する増加益を所得として，その資産が所有者の支配を離れて他に移転するのを機会にこれを清算して課税する趣旨のものであるところ（最高裁……47年12月26日第三小法廷判決・民集26巻10号2083頁，……同50年5月27日第三小法廷判決・民集29巻5号641頁参照），前記のとおり，同法33条3項が総収入金額から控除し得るものとして，当該資産の客観的価格を構成すべき金額のみに限定

---

14) TFK事件（東京地判平25.10.30判時2223-3，東京高判平26.4.23訟月60-12-2655）。

せず，取得費と並んで譲渡に要した費用をも掲げていることに徴すると，右にいう『資産の取得に要した金額』には，当該資産の客観的価格を構成すべき取得代金の額のほか，登録免許税，仲介手数料等当該資産を取得するための付随費用の額も含まれるが，他方，当該資産の維持管理に要する費用等居住者の日常的な生活費ないし家事費に属するものはこれに含まれないと解するのが相当である。

　ところで，個人がその居住の用に供するために不動産を取得するに際しては，代金の全部又は一部の借入れを必要とする場合があり，その場合には借入金の利子の支払が必要となるところ，一般に，右の借入金の利子は，当該不動産の客観的価格を構成する金額に該当せず，また，当該不動産を取得するための付随費用に当たるということもできないのであって，むしろ，個人が他の種々の家事上の必要から資金を借り入れる場合の当該借入金の利子と同様，当該個人の日常的な生活費ないし家事費にすぎないものというべきである。そうすると，右の借入金の利子は，原則として，居住の用に供される不動産の譲渡による譲渡所得の金額の計算上，所得税法38条1項にいう『資産の取得に要した金額』に該当しないものというほかはない。しかしながら，右借入れの後，個人が当該不動産をその居住の用に供するに至るまでにはある程度の期間を要するのが通常であり，したがって，当該個人は右期間中当該不動産を使用することなく利子の支払を余儀なくされるものであることを勘案すれば，右の借入金の利子のうち，居住のため当該不動産の使用を開始するまでの期間に対応するものは，当該不動産をその取得に係る用途に供する上で必要な準備費用ということができ，当該個人の単なる日常的な生活費ないし家事費として譲渡所得の金額の計算のうち外のものとするのは相当でなく，当該不動産を取得するための付随費用に当たるものとして，右にいう『資産の取得に要した金額』に含まれると解するのが相当である。」。

　譲渡所得の計算上，総収入金額から控除できるのは資産の取得費及び譲渡

費用です（所法33条3項）。この事案では，譲渡資産の購入のための借入金であっても，その利子は原則的に「個人の日常的な生活費ないし家事費にすぎない」ものとして，取得費に算入できないものとされています。しかし，居住を開始する以前の期間に対応する利子については，「取得に係る用途に供する上で必要な準備費用ということができ」るとして，取得費に算入できる旨判示されています。

この事件においては，控訴審で，帰属所得という概念を用いた判決が下されました[15]。帰属所得とは，自分や家族の資産や労働力等から得る所得のことです。帰属所得は，本来ならば全て課税所得とされるべきであるのに，課税されていないものが多いとされています（ただし，帰属所得の具体的な範囲についても，人によって見解が分かれるところでしょう。）。この事件のように家を持っている場合には，居住という利益を受けていることから，その利益は帰属所得と考えられます。この居住という帰属所得と利息額という損失が相殺される，と控訴審判決では判示されました。

設例・役員借入金

依頼人が経営する会社の財務状況が思わしくありません。銀行からの借入れにも限界があるため，依頼人が自ら会社に資金を貸しています（役員借入金）。この場合にどのような税務リスクが考えられるでしょうか。

解　説

(1) **依頼人死亡時の相続税負担リスク**

依頼人が死亡した場合，会社に対する貸付金債権は相続財産に含まれ，債権額がそのまま相続財産の額に加算されます[16]。したがって，役員借入金が多額である場合，相続税負担リスクを考える必要があります（なお，同族会

---

15) 東京高判昭和61年3月31日民集46巻5号535頁。
16) 財産評価基本通達204参照。

社に対する無利息融資の場合の所得税負担リスクにつき，平和事件・後掲204頁参照）。(2)で述べるように貸付け後に一定の対応策を講じることは可能ですが，貸付けを行う前から相続税負担リスクを考慮しておく必要があるものと思われます。

　なお，会社に対して資金を提供するには，貸付け（金銭消費貸借契約）ではなく，出資（増資（会社法199条））という形式をとることも考えられます。もっとも，増資により資金を提供した場合でも，株式に対する相続税負担リスクが生じますので，注意が必要です[17]。

(2) **債務免除時の法人税負担リスク**

　貸付金による相続税負担リスクを防ぐため，会社に対して債務免除（民法519条）を行うなど，依頼人死亡以前に債権額を減らす努力をすることが考えられます。しかし，弁済以外の形で会社が債務から免れた場合には，債務免除益という益金（法法22条2項）を得たものとして法人税の課税が行われるリスクがあります。したがって，事業活動が好転して利益が計上できるようになった場合には利益額から弁済を行い，事業活動が好転せず，専ら損失のみ計上される場合には青色欠損金の繰越控除（法法57条）によって益金を相殺するなどのタックス・プランニングが必要です。

---

17) 取引相場のない株式の評価につき，財産評価基本通達179参照。

───実 務 編───

1　実はオーナーの無利息融資も完全に安全ではありません

　ここまで，個人から法人への無利息融資からは個人への収入金額の認定や法人への益金の認定は起こらないと述べてきました。しかし，実は，個人から法人への無利息融資から個人側に収入金額が認定された事案が存在します。

> **平和事件**（東京地判平9.4.25訟月44-11-1952）
>
> **事案**　個人が同族関係にある会社に無利息融資を行った事案です。X（原告）は，自己の有する株式を持分のほとんどを有する有限会社に譲渡するとともに，譲渡対価を無利息で有限会社に対して貸し付けました。これに対しY（税務署長。被告）は，所得税法における同族会社の行為・計算否認規定（所法157条1項）が適用され，Xに通常の利息相当額の雑所得が生じるものとして増額更正処分を下しました。この更正処分の適法性が争われたのが本件です。Xは，「税務実務においては，長年にわたって，所得税と法人税における所得概念の相違（法人税法上の『益金』とは，収入のみならず無償取引を含む概念であることが22条2項によって規定されているのに対し，所得税法は，『収入』すなわち外部からの経済的価値の流入がないにもかかわらずこれを所得と認定する規定は，39条等の個別の例外規定を除いては存在しない。），個人と法人との行動形態の違い（営利を目的とする経済的実在としての法人は合理的な理由なしに無償取引をするということはあり得ないが，個人は常に営利を目的として行動するとは限らない。）等から，個人が法人に無利息貸付けをしても課税上の問題は生じないものと確信されてきており，かかる税務実務の存在は，課税庁の担当職員がその官職を明示して執筆した著作物にその旨の記載があることからも明らかである」こと等を理由として争いましたが，以下の理由から請求が棄却されています。なお，この判断は控訴審判

決[18]及び上告審判決[19]において維持されています（控訴審では利率の認定について，上告審では加算税の賦課決定処分について争われました）。

判旨　「ある個人と独立かつ対等で相互に特殊関係のない法人との間で，当該個人が当該法人に金銭を貸し付ける旨の消費貸借契約がされた場合において，右取引行為が無利息で行われることは，原則として通常人として経済的合理性を欠くものといわざるを得ない。そして，当該個人には，かかる不自然，不合理な取引行為によって，独立当事者間で通常行われるであろう利息付き消費貸借契約によれば当然収受できたであろう受取利息相当額の収入が発生しないことになるから，結果的に，当該個人の所得税負担が減少することとなる。……したがって，株主等が同族会社に無利息で金銭を貸し付けた場合には，その金額，期間等の融資条件が同族会社に対する経営責任若しくは経営努力又は社会通念上許容される好意的援助と評価できる範囲に止まり，あるいは当該法人が倒産すれば当該株主等が多額の貸し倒れや信用の失墜により多額の損失を被るから，無利息貸付けに合理性があると推認できる等の特段の事情がない限り，当該無利息消費貸借は本件規定〔編注：所法157条1項〕の適用対象になるものというべきである」。

以上のように，同族会社に対して個人が行う無利息融資については，同族会社の行為計算否認規定の適用によって収入金額が認定されるリスクがあります。したがって，法人へ経営者が無利息融資を行う場合には，①その法人と同族関係にあるか，②無利息で貸し付ける特段の事情が認められるかなどの一定の検討を行う必要があります。②特段の事情については，判決の文言を前提とすれば，既に論じた清水惣事件で判示されている「何らかの合理的な経済目的その他の事情」（及びそれを前提とした法基通9-4-2）よりも緩やかなものであろうと思われます。

---

18) 東京高判平成11年5月31日訟月51巻8号2135頁。
19) 最判平成16年7月20日訟月51巻8号2126頁。なお，上告審判決では加算税を免除する要件である「正当な理由」（通則法65条4項）についてのみ判示されました。

第4章 消費貸借契約—実務編—

2 外国の会社に利子を払ったら，日本の所得税を払わなければならない

所得税法上，一定の国内源泉所得（所法161条）を非居住者（国内に住所も居所も有さない個人，所法2条1項4号）や外国法人（国内に本店も主たる事務所も有さない法人，所法2条1項7号）に対して支払う場合には，日本の所得税の源泉徴収義務が生じます（所法212条）。非居住者や外国法人から居住者や内国法人が所得を受け取った場合には当然居住者や内国法人に所得税等の納税義務が生じますが（無制限納税義務，所法5条1項等），逆に所得を支払う場合にも源泉徴収義務が生じることがあります。消費貸借契約との関連では，支払った金員が「国内において業務を行う者に対する貸付金（これに準ずるものを含む。）で当該業務に係るものの利子」に該当するかが問題となります（所法161条1項10号）。この規定の適用の有無が争われた裁判例を2つ紹介します。

> **造船契約解除事件**（大阪高判平21.4.24税資259順号11188）
>
> **事案** 造船契約の解除に伴い前受金とその利子を返還した事案です。造船業を営むX（原告・被控訴人）は，外国法人等との間で船舶を売却する契約を結びましたが，後にこの契約は解除されました。Xは，船舶の売上代金のうち一部を分割で支払われており，契約の解除後にこの分割払金に利息を付して返還しました。所轄税務署長は，これに対し，当該利息が「貸付金（これに準ずるものを含む。）……の利子」に該当するものとして，Xに源泉徴収義務が生じている旨の納税通知処分を下しました。当該処分の適法性が争われましたが，第一審[20]に続き控訴審も，以下の理由から，当該利息が源泉徴収を要する「貸付金（これに準ずるものを含む。）……の利子」（所法161条1項10号）に該当しないものと判示しました。
>
> **判旨** 「所得税法161条6号〔編注：当時〕の『貸付金（これに準ずるものを含む。）』とは，消費貸借に基づく貸付債権を基本としつつ，その

---

[20] 大阪地判平成20年7月24日税資258号順号10997。

性質，内容等がこれとおおむね同様又は類似の債権をいうものと解するのが相当であること，そして，この点に関する控訴人の主張（すなわち金銭の交付からその返還までに一定の期間が設けられること等により，債務者に対して信用が供与される金銭債権であって，その期間において債務者が元本を使用することができ，その対価としての利子が生じ得るものをいうとの解釈）を採用することができないことは，いずれも原判決に説示するとおりである。」

したがって，利息の性質を有する金員を非居住者又は外国法人に支払う際には，その利息の元本が①消費貸借契約により生じたもの（借入債務）か，②消費貸借契約により生じたものでなくとも，それと同様の性質を有するものかを吟味した上で，源泉徴収義務の有無を判断する必要があります。その判断に当たっては，信用の供与の有無のみが主たる判断要素とはならないことが示されています。

同様の論点で争われた裁判例として，レポ取引に係る裁判例があります。

レポ取引事件（東京地判平19.4.17判時1986-23）

事案 当初売買する有価証券と同種・同量の有価証券を将来一定価格で再売買するとの条件の下で，当該有価証券を売買し，その後に当該有価証券と同種・同量の有価証券を当該一定価格で再売買する取引，いわゆるレポ取引に伴い生じた差額金が，貸付金の利子に該当するか否かが争われた事案です。銀行であるX（原告）は，米国の銀行であるAを代理人としてレポ取引を行いました。レポ取引の1回目の取引（スタート取引）において，取引先からAを通してXに有価証券の譲渡対価相当額の金員が支払われる一方，2回目の取引（エンド取引）において，Xは再譲渡価額相当額の金員をAの口座に送金していました。Y（税務署長。被告）は，当該取引の差額（レポ差額）が「貸付金（これに準ずるものを含む。）……の利子」に該当するものとして，Xに源泉徴

収義務が生じている旨の納税通知処分を下しました。

判旨　「所得税法161条6号『貸付金（これに準ずるものを含む。）』の『利子』とは，消費貸借契約に基づく貸付債権を基本としつつ，その性質，内容等がこれとおおむね同様ないし類似の債権の利子ということができる。したがって，付帯する合意いかんでは資産の譲渡や役務の提供の対価として発生する債権に付随して発生した利益をも含むと解する余地があるといえ，その意味で，原因となる法律行為の法形式のみからその適用の有無を判断できるものではない（この点において，原告の主張は採用できない。）が，他方，社会通念上，私法上の消費貸借契約における貸付債権とその性質，内容等がおおむね同様ないし類似するか否かが問題となる。その意味において，その法形式等を全く考慮することなく，経済的効果のみに着目して，同条号の『貸付金（これに準ずるものを含む。）』の『利子』に該当するか否かを判断することもできない（この点において，被告らの主張も採用できない。）というべきである。

　そうであるとすれば，結局のところ，本件各レポ取引（正確にはこれに基づくエンド取引時における売買代金債権）が所得税法161条6号『貸付金（これに準ずるものを含む。）』に該当するか否かは，本件各レポ取引の法形式及び経済的効果を踏まえ，本件各レポ取引のエンド取引における売買代金債権が，上述したように，消費貸借契約における貸付債権とその性質，内容等がおおむね同様ないし類似するか否かによって判断するのが相当であると解する。」

　「本件各基本契約は，倒産隔離を果たすため，契約条項において売買及び再売買により構成されることを明確に定めたものであって，他方，金融的取引の側面が存在し，それを示唆するかのような条項の存在によっても，その法的性質を変容させるまでのものとはいえない。本件各基本契約に基づく本件各レポ取引は，売買・再売買を一つの契約で実行する複合的な性格を有する契約であると解するのが相当である。

　したがって，本件各レポ取引において，買主がエンド取引において

有する再譲渡価格相当額の代金債権は，あくまでエンド取引において，売主（原告又は米国住友信託銀行）に対して対象債券と同種・同量の債券の移転することと引換えに再譲渡価格相当額の代金の支払を請求する権利を意味するということになる。

　そうであるとすれば，本件各レポ取引のエンド取引における売買代金債権が消費貸借契約における貸付債権とその性質，内容等がおおむね同様ないし類似するとはいえない。換言すれば，被告らが主張するように，買主は，売主に対し，エンド取引の日までの信用を供与する目的で譲渡価格相当の金員を交付したものであって，これらの契約関係を一体としてみると，エンド取引における再譲渡価格のうち，上記譲渡価格相当額の部分は，その部分から果実が発生し得る債権に当たるので，所得税法161条6号『貸付金（これに準ずるものを含む。）』に該当し，当該レポ差額が『利子』に該当すると解することはできない。」

　この判決では，以上のように，レポ取引はあくまで2本の売買契約であり，消費貸借契約やそれに類似する取引とは見られず，差額金について源泉徴収義務は生じないと判示されました。この結論は，控訴審判決[21]においても維持されています。

　なお，平成17年度税制改正により，現行法では，「債券の買戻又は売戻条件付売買取引として政令で定めるものから生ずる差益として政令で定めるもの」として，レポ取引の差金も貸付金又はこれに準ずるものの利子として源泉徴収の対象となることが示されています（所法161条1項10号，所法令283条3項）。

3　貸したお金を返してもらえないのに損をしていない？

　昨今の不景気により，貸付金が回収できないこと（いわゆる不良債権の焦付き）が増えています。法人間での貸付金が回収できない場面の課税問題が争

---

21) 東京高判平成20年3月12日金判1290号32頁。

第4章　消費貸借契約―実務編―

われた事案として，興銀事件があります。

興銀事件（最判平16.12.24民集58-9-2637）

事案　バブル崩壊に伴い，住宅金融専門会社（住専）に対する貸付金が焦げ付いた事案です。銀行であるX（原告・被控訴人・上告人）は，住専であるAに対し，その母体行として，多額の貸付けを行っていました。しかし，バブルの崩壊に伴い，Aを含む住専はほとんどが経営困難な状態に陥ってしまいました。そこで，平成7年12月に閣議決定が行われるなど，住専処理が国主導で行われることとなりましたが，政治情勢から，結果として平成8年6月になるまでいわゆる住専処理法[22]は公布・施行されませんでした。Xは，平成8年3月，他の債権者らと同意の上で，Aと解除条件付債権放棄の合意をしました。そして，貸付金が回収不能状態にあるとして平成8年3月期の損金の額に貸倒損失を算入しましたが，Y（税務署長。被告・控訴人・被上告人）は当該損失の損金算入を否認して増額更正処分等を下しました。

本件の争点は本件の貸付金に係る貸倒損失の損金算入の可否でしたが，第一審では損金に算入できるものとされ[23]，控訴審では損金に算入できないものとされ[24]，判断が分かれていました。

判旨　「法人の各事業年度の所得の金額の計算において，金銭債権の貸倒損失を法人税法22条3項3号にいう『当該事業年度の損失の額』として当該事業年度の損金の額に算入するためには，当該金銭債権の全額が回収不能であることを要すると解される。そして，その全額が回収不能であることは客観的に明らかでなければならないが，そのことは，債務者の資産状況，支払能力等の債務者側の事情のみならず，

---

[22] 特定住宅金融専門会社の債権債務の処理の促進等に関する特別措置法（平成8年法律第93号）。
[23] 東京地判平成13年3月2日民集58巻9号2666頁。
[24] 東京高判平成14年3月14日民集58巻9号2768頁。

> 債権回収に必要な労力，債権額と取立費用との比較衡量，債権回収を強行することによって生ずる他の債権者とのあつれきなどによる経営的損失等といった債権者側の事情，経済的環境等も踏まえ，社会通念に従って総合的に判断されるべきものである。」

　本判決では，貸倒損失の損金算入の可否は全額の回収可能性により，社会通念に従って総合的に判断するものとされました。結論として，本件においては「本件債権の全額が回収不能であったことは客観的に明らかになっていた」として，貸倒損失の損金算入が認められています。

　したがって，貸倒損失の資産損失又は損金算入の可否は，全額が回収不能であるかをもって判断すべきであり，その回収不能の判断は①債務者側の事情，②債権者側の事情及び③経済的環境などが判断材料となります。なお，倒産処理手続が開始しているなど法的に回収できないことが明らかな場合には，実務上，債権の一部額のみの損金算入も認められています[25]。

　貸倒損失については，興銀事件前後より多くの裁判例が出されています。所有資産の売却可能性があるなど債権が回収不能であったとはいえない，として，書面により行った債務免除額を貸倒損失ではなく寄附金（法法37条）と認定した事例[26]，公的年金の受給等の事情があったとしても，興銀事件の規範に照らせば債務の全額が回収不能であったと認定した事例[27]などがあります。消費貸借契約に基づく貸金債権の貸倒損失が争われた事例ではありませんが，損害賠償請求権の益金計上時期が争われた事例においても，当該損害賠償請求権について貸倒損失が認められるか否か，興銀事件が引用された上で判示が下されています[28]。

---

25) 法人税基本通達9-6-1参照。一般的に，法的に回収不能であることにより生じた貸倒損失（法基通9-6-1）を「法律上の貸倒れ」，事実上回収不能であることから生じた貸倒損失（法基通9-6-2）を「事実上の貸倒れ」と呼称します。
26) 宇都宮地判平成15年5月29日税資253号順号9355。
27) 東京地判平成25年10月3日税資263号順号12301。
28) 東京高判平成21年2月18日訟月56巻5号1644頁。

4 お金を貸した時点で寄付になる？

3で述べたように，法人が貸付金の返済を免除した場合，貸倒損失にならない場合には寄附金になる可能性があります。しかし，免除以前に貸付けが寄附金に該当するとされた事案があります。

F1寄付事件（東京地判平21.7.29税資259順号11252）

事案 外国子会社に対して内国法人が資金を提供した後，その貸付金が貸し倒れた事案です。内国法人であるX（原告）は，外国法人であり，Xの代表取締役が全ての株式を保有する（国外関連者である）Aに対して，平成12年より，その借入債務を保証するとともに，担保として株式を提供していました。しかし，当該株式の価格が下落したことから担保額が不足したため，平成13年，XはAに対して貸付けを行い，Aはその貸し付けられた金員をもって債権者に対して弁済を行いました。平成14年になり，Aは解散することとなったため，XはAから譲り受けた資産と差し引きした残債務約238億円を免除し，当該金額を貸倒損失として損金に計上しました。これに対し所轄税務署長は，当該免除額は国外関連者に対する寄附金（租特66条の4第3項）に該当し全額損金に算入できないものとして増額更正処分等を下しました。

判旨 「『寄附金』とは，民法上の贈与に限らず，経済的にみて贈与と同視し得る金銭その他の資産の譲渡又は経済的利益の供与をいうものと解するべきであり，ここにいう『経済的にみて贈与と同視し得る金銭その他の資産の譲渡又は経済的利益の供与』とは，金銭その他の資産又は経済的利益を対価なく他に移転する場合であって，その行為について通常の経済取引として是認することができる合理的理由が存在しないものを指すと解するのが相当である。」

「本件各資金提供は，形式的には消費貸借契約に基づく金銭の交付であったとしても，その実質は，Aに対して金銭を対価なく移転するものであり，かつ，その行為について通常の経済取引として是認する

ことができる合理的理由は存在しないというべきである。……よって，本件各資金提供に係る金銭は，措置法66条の4第3項及び旧法人税法37条6項により損金の額に算入することができない『寄附金』に該当するというべきである。」

　本件では，以上の理由から，資金提供行為が貸付けではなく贈与に準ずるものであると認定した上で，国外関連者に対する寄附金に該当し，全額損金に算入できないと判示されています。なお，判断及び理由づけともに控訴審判決でも維持されています[29]。

　なお，本件は，国外関連者に対する資金提供という少し特殊な事案ですが，判決文では「寄附金」一般について論じられています。したがって，内国法人同士の取引にも射程を持ち得るものと考えられます。民法上有効な金銭消費貸借契約を結んでも，弁済可能性がほとんど無いなど合理的な経済取引でない（贈与契約に準ずるような）場合には，税法上は契約時点で寄附金と認定される可能性がありますので，注意が必要です。

5　借入金を返せないのに税金は負担しなければならない？

　3では，貸付金を回収できない場合の債権者側の課税関係を検討しました。しかし，債務者側にも課税関係が生じる可能性があります。債務免除益課税の問題です。

> **倉敷青果荷受組合事件**（最判平27.10.8裁判集民251-1）
>
> 　**事案**　人格なき社団等（税法上は法人とみなされます（所法4条，法法3条）。）がその役員に債務免除益を供与した事案です。人格なき社団等であるX（原告・被控訴人・被上告人）の理事長であるAは，Xや銀行等からの借入金をもって有価証券取引等を行っていました。しかし，有

29）東京高判平成22年3月25日税資260号順号11405参照。

価証券取引等から利益が生じなかったため，Aは借入金を弁済することが困難になってしまいました。そこで，Xは，Aから不動産をもって弁済を受けた後，残債務を免除しました。これに対し所轄税務署長は，当該債務の免除によりAに給与所得（所法28条）に該当する債務免除益が生じ，Xに源泉徴収義務（所法183条）があるものとして納税告知処分等を下しました。控訴審判決では，当該債務免除益は給与所得に該当しないものと判示されていましたが[30]，上告審判決では，以下の理由から，当該債務免除益は給与所得に該当するものとして，原審に差戻しが命じられています。

判旨　「所得税法28条1項にいう給与所得は，自己の計算又は危険において独立して行われる業務等から生ずるものではなく，雇用契約又はこれに類する原因に基づき提供した労務又は役務の対価として受ける給付をいうものと解される（最高裁昭和……56年4月24日第二小法廷判決・民集35巻3号672頁，最高裁平成……17年1月25日第三小法廷判決・民集59巻1号64頁参照）。そして，同項にいう賞与又は賞与の性質を有する給与とは，上記の給付のうち功労への報償等の観点をも考慮して臨時的に付与される給付であって，その給付には金銭のみならず金銭以外の物や経済的な利益も含まれると解される。」

「Aは，Xから長年にわたり多額の金員を繰り返し借り入れ，これを有価証券の取引に充てるなどしていたところ，XがAに対してこのように多額の金員の貸付けを繰り返し行ったのは，同人がXの理事長及び専務理事の地位にある者としてその職務を行っていたことによるものとみるのが相当であり，XがAの申入れを受けて本件債務免除に応ずるに当たっては，Xに対するAの理事長及び専務理事としての貢献についての評価が考慮されたことがうかがわれる。これらの事情に鑑みると，本件債務免除益は，Aが自己の計算又は危険において独立して行った業務等により生じたものではなく，同人がXに対し雇用契

---

30) 広島高岡山支判平成26年1月30日（判例集等未登載，LEX/DB文献番号25505116）。

> 約に類する原因に基づき提供した役務の対価として，Xから功労への報償等の観点をも考慮して臨時的に付与された給付とみるのが相当である。
>
> 　したがって，本件債務免除益は，所得税法28条1項にいう賞与又は賞与の性質を有する給与に該当するものというべきである。」

　本判決は，債務免除益の所得区分を決定するに当たり，債務の発生時点及び消滅時点のいずれについても検討して給与所得という結論を導いている点に特徴があります。この点，債務免除益の所得区分について争われた近年の他の事例では債務の消滅時点のみが判断要素とされており，司法判断の整合性が問われます[31]。

　なお，個人が得る債務免除益については，資力喪失者が得た場合は総収入金額不算入とする旨の規定が設けられています（事業再生税制，所法44条の2。資産の評価損の計上につき，租特28条の2の2。また，贈与税に関する同旨の規定として，相法8条ただし書き）。本件においては，現在の規定の前身となる通達（旧所基通36-17）の適用の可否も論点となっています。第一審ではこの点について主に検討されましたが[32]，上告審判決では「本件債務免除当時にAが資力を喪失して債務を弁済することが著しく困難であったなど本件債務免除益を同人の給与所得における収入金額に算入しないものとすべき事情が認められるなど，本件各処分が取り消されるべきものであるか否かにつき更に審理を尽くさせるため，本件を原審に差し戻すこととする」として差戻理由において通達と似たような文言をもって言及はあるものの，明示的な判断は下されていません[33]。しかし，現在では通達ではなく法定された制度になっていま

---

31) 東京地判平成27年5月21日裁判所ウェブサイト，東京高判平成28年2月17日裁判所ウェブサイト参照。航空機リース事業の終了に伴い得られた債務免除益の所得分類が不動産所得又は雑所得に該当せず，一時所得に該当するとされた事案です。

32) 岡山地判平成25年3月27日税資263号順号12184。

33) なお，差戻控訴審では，通達の適用の可否が論点であることを前提として，債務超過額を超える部分の債務免除額に対しては納税告知処分等が適法であるとする判断がされています（広島高判平成29.2.8（判例集未登載，LEX/DB文献番号25545867））。

すから，仮に債務免除益が生じてしまう場合には，事業再生税制の適用ができるか否かという検討をまず行う必要があるでしょう[34]。

また，法人が得る債務免除益についても，倒産法の適用を受ける場合やこれに準じる場合には，期限切れの欠損金や資産の評価損をもってこれと相殺する旨の規定が設けられています（企業再生税制，法法59条。資産の評価損益につき，法法25条2項及び3項，33条2項ないし4項）。法人が債務免除益を受ける場合には，こちらの規定の適用の可否を検討する必要があります。

法人に対する債務免除益課税が問題になった事案としては，デット・エクイティ・スワップ（DES）の課税問題が争われた裁判例が挙げられます。

DES事件（東京地判平21.4.28税資259順号11191）

事案 債務者法人が借入金の現物出資を受ける取引，いわゆる現物出資型Debt Equity Swapのうち，適格現物出資（法法2条12の14号）に該当するものに係る課税問題が争われた事案です。株式会社であるX（原告）は，新株発行による増資を行い，関係会社であるAから額面金額4億3,000万円余りのXに対する貸付金の現物出資を受けました（本件DES）。本件貸付金は，元の債権者であるB銀行からAが1億6,200万円で取得したものでした。また，本件DESは，関係会社間の取引であり，同一者による支配関係が継続しているため，適格現物出資に該当し，出資者においては簿価により出資がされたものとして処理が行われました。

この取引につき，Xは，益金の額は何ら生じていないものとして申告を行いました。これに対しY（税務署長。被告）は，本件DESによりXに差額2億6,800万円分の益金が生じたものとして増額更正処分等を下しました。本件の主たる争点は，現物出資型DESが法人税法益

---

[34] 旧所得税基本通達36-17の適用の可否が争われた裁判例として，仙台高判平成17年10月26日税資255号順号10174，大阪地判平成24年2月28日税資262号順号11893参照。

金が生じない資本等取引（法法22条5項）に該当するか，あるいは益金が生じる損益取引に該当するかという点でした。

判旨　「法人税法22条2項の規定の性質上，同項の『資産の販売，有償又は無償による資産の譲渡又は役務の提供，無償による資産の譲受け』は『取引』の例示であり，同項の『その他の取引』には，民商法上の取引に限られず，債権の増加又は債務の減少など法人の収益の発生事由として簿記に反映されるものである限り，人の精神作用を要件としない法律事実である混同等の事件も含まれると解するのが相当である」。

「DESによる債務消滅の過程は，①現物出資による債務者会社への債権（資産）の移転，②債権及び債務が同一人に帰属したことによる混同による消滅，③新株発行及び債権者の新株引受けからなるのであり，債権という資産の移転があることを否定することはできない。本件DESにおいても，本件貸付債権がAからXへ現物出資により移転し，本件貸付債権及び本件貸付債務が同一人である原告に帰属したため混同により消滅したのであるから，本件貸付債権という資産が原告に移転したことは明らかであ」る。

本判決では，DESを3段階の取引に分け，混同（民法520条）の段階が損益取引に該当し，債務消滅益が発生するものと判示されています。この理由及び結論は控訴審でも維持されています[35]。

なお，現在では，法改正により，適格現物出資に該当するDESからは益金が生じることが明らかにされています（法法令8条1項8号）。

6　踏んだり蹴ったりの保証人の救済措置

消費貸借契約が主に関わるやや特殊な論点として，保証債務の問題があります。既に民法編で論じたとおり，保証債務を履行した場合，保証人は主た

---

35) 東京高判平成22年9月15日税資260号順号11511。

る債務者に対して求償権を行使できます。したがって，貸付けを行った場合と同じく，金銭の支払いと引換えに債権を得たので，純資産の減少がないことから，原則として保証債務の履行により課税関係は生じません。しかし，求償権は常に履行できるとは限りません（むしろ，保証債務が履行される場面では，主たる債務者は無資力の場合も多いでしょう。）。特に，保証債務を履行するために資産を譲渡したにもかかわらず求償権が行使できない場合，保証人は，資産を失い，その対価を保障債務の支払いに充てて，求償権も行使できない上，資産の譲渡対価に課税もされるという，いわば「踏んだり蹴ったり」の状態になってしまいます。

　そこで，所得税法では，保証債務の履行のための資産の譲渡があり，求償権の全部又は一部が行使不能の場合には，資産の譲渡による所得を非課税とするものとされています（所法64条2項）。この規定により，「踏んだり蹴ったり」の保証人は少なくとも課税関係においては救済されることとなります。

　この規定については，いくつかの事案において，その適用の可否が論じられています。代表的なものを紹介します。

保証債務履行可能性認識事件（さいたま地判平16.4.14判タ1204-299）

事案　自分が経営する会社の債務を保証している個人が，保証債務の履行のために土地を売却した事案です。個人であるX（原告）は，自己が代表取締役を務めるAに土地建物を賃借し，サウナ風呂等を営んでいました。また，Xは，Aが借り入れている借入金につき連帯保証を行っていました。平成6年頃より，Aが営むサウナ風呂等の施設の老朽化や故障により，Aの経営は悪化しました。最終的に，平成9年，XはAの事業継続を断念することとし，自らの有する土地を売却して債権者に対して代位弁済を行いました。Xは，当該土地の売却額につき，保証債務の履行のための資産の譲渡に該当するものとして，譲渡所得の金額に含めずに申告しましたが，Y（税務署長。被告）は，これが譲渡所得の金額に含まれるものとして増額更正処分等を下しました。

本判決では，以下の規範を本件に当てはめ，当該土地の譲渡に対し所得税法64条2項の適用があるものと判示されています。

判旨「譲渡所得課税は，資産が譲渡によって所有者の手を離れるのを機会にその所有期間中の増加益(キャピタルゲイン)を精算して課税しようとするものである。そして，資産の譲渡による譲渡代金の権利が確定したときは，原則として課税所得が発生するが，資産(事業用の資産を除く。)の譲渡代金の貸倒れ等による損失が生じた場合は，資産の譲渡収入により発生するはずであった担税力が発生しない結果となるから，課税所得のうちに含められた所得の部分については，課税所得がなかったものとして，その課税所得を修正することが適当である[36]。

そして，債務保証を行い，その履行のために資産の譲渡があった場合において，その履行に伴う求償権の全部又は一部が行使できなくなったときは，上記の場合と同様，その求償権に基づく収入があった限度において譲渡収入があったものとして譲渡所得課税を行うこととされている……。要するに，所得税法64条2項の法意は，保証人が主債務者のために財産を譲渡して弁済し，かつ求償権行使が不能となったときは，資産の譲渡代金の回収不能が生じた場合と同様，結論的にその分はキャピタルゲインたる収入がなかったものと扱うという趣旨であると解される。」

「所得税法64条2項に定める保証債務の特例の適用を受けるためには，実体的要件として，納税者が(ア)債権者に対して債務者の債務を保証したこと，(イ)上記(ア)の保証債務を履行するために資産を譲渡したこと，(ウ)上記(ア)の保証債務を履行したこと，(エ)上記(ウ)の履行に伴う求償権の全部又は一部を行使することができないこととなったことが必要であり，かつこれで足りるものであって，それ以上に債権者の請求があったことや主債務の期限到来が要求されているとは解し得ない」。

---

36) 所得税法上，このような規定が設けられています(所法64条1項)。

なお，この規定の適用を受ける場合でも，消費税が非課税になる訳ではないので注意が必要です（実務上の取扱いにつき，消基通5-2-2参照）。

使用貸借契約

―民法編―

Point
- 使用貸借契約と賃貸借契約との違いは，有償か無償かの点です。実務上，両者の区別が微妙な場面もあります。
- 使用貸借では，通常の必要費は，貸主ではなく，借主が負担します。

1 概　要

　使用貸借契約とは，貸主が借主に対し無償で目的物の使用収益をさせる契約です。

　消費貸借契約とは，目的物の所有権が貸主に残っている点で異なります。賃貸借契約とは，有償か無償かの点で異なります。

(1) 成立段階の法律関係

　現行の規定では，使用貸借契約は，目的物の引渡しがあって初めて成立するものとされています（民法593条。要物契約）。

　しかしこの点は，民法改正により，引渡しがなくても契約は成立し，貸主が契約に従って目的物を引き渡す義務を負うという構造に変更されています（改正民法593条。諾成契約）。この契約構造のもと，契約書がある場合を除き，貸主は，借主が目的物を受領するまでは契約を解除することができるとされました（改正民法593条の2）。使用貸借契約が無償契約であることから，贈与

契約と類似の取扱いがされているところです（民法550条参照）。

(2) **履行段階の法律関係**

使用貸借は無償であるため，公平の見地から，通常の必要費は，貸主ではなく，借主が負担します（民法595条1項）。通常の必要費には，補修費・修繕費・保管費などが含まれます。

これに対し，借主において特別の必要費を支出したときは，貸主に対し，償還を請求することができます（民法595条2項，583条2項，196条1項本文）。また，借主が有益費（改良費など）を支出したときは，価格の増加が現存する場合に限り，借主の選択に従い，その支出した金額又は増加額を貸主に償還させることができます（民法595条2項，583条2項，196条2項本文）。この償還請求は，目的物の返還後1年以内にしなければなりません（民法600条1項）。

また，借主は，契約又は目的物の性質によって定まった用法に従って，使用及び収益をする義務を負います（民法594条1項。用法遵守義務）。借主がこの義務に違反し，損害が生じた場合には，貸主は借主に損害賠償請求ができます。ただし，この損害賠償請求も，目的物の返還後1年以内にしなければならないとされています（民法600条）。

また，借主には，貸主に無断で第三者に目的物を使用又は収益をさせてはならないという義務もあります（民法594条2項）。

貸主は，借主の使用収益を妨げないという義務を負います。また，上記の借主の費用償還請求権に対応した償還義務を負います。

(3) **終了段階の法律関係**

使用貸借が終了すれば，借主は，目的物を原状に復した上で，貸主に返還する義務があります（改正民法599条3項）。その際，借主は，目的物に附属させた物があるときは，それを収去する義務及び権利があります（改正民法599条1項，2項）。

使用貸借は，実務では，親族その他特別の関係にある者の間でなされることが多く，契約書が作成されることが少ないため，合意内容が明確でないと

いう問題があります。特に，一方が契約を終わらせたいと考える場合に，その問題は表面化してきます。そこで，ここでは，使用貸借の終了原因を確認しておきましょう。

　ア　期間満了

使用貸借契約は，予め存続期間が合意されていれば，その満了時に終了します（改正民法597条1項）。

　イ　目的による使用・収益の終了

期間が定められていなくても，使用及び収益の目的が定められていた場合には，当該目的による使用及び収益を終えた時点で，契約も終了します（改正民法597条2項）。

　ウ　借主の死亡

借主の死亡によって契約は終了します（改正民法597条3項）。

　エ　貸主の解除

期間の定めのない使用貸借において，契約に定められた目的による使用及び収益が終了していなくても，それに足りる期間が経過したときは，貸主から契約を解除することができます（改正民法598条1項）。

期間も目的も定められていない場合には，貸主はいつでも契約を解除することができます（改正民法598条2項）。

借主が用法遵守義務に違反したり，貸主に無断で第三者に使用又は収益をさせたりした場合にも，貸主は契約を解除することができます（民法594条3項）。

　オ　借主の解除

借主からはいつでも契約を解除することができます（改正民法598条3項）。

2　使用貸借か賃貸借か

実務上，目的物使用の対価の存在が明確ではなく，使用貸借か賃貸借かが争われることがあります。

たとえば，最判昭和41年10月27日判時464号32頁では，建物の借主が，賃料は支払っていなかったものの，当該建物を含む貸主所有のいくつかの不動

産の固定資産税等の公租公課を負担していたという事案で、その建物の使用が使用貸借か賃貸借かが争われました。判決は、「建物の借主がその建物等につき賦課される公租公課を負担しても、それが使用収益に対する対価の意味をもつものと認めるに足りる特別の事情のないかぎり、この負担は借主の貸主に対する関係を使用貸借と認める妨げとなるものではない。」と判示し、本件ではそうした特別の事情が認められないとして、使用貸借との結論を導きました。

また、東京地判平成23年5月26日判時2119号54頁では、Aが所有する土地上に、Bが建物を建て、その建物にAが居住しているが、ABともに地代や賃料を支払っていないという事案で、その土地の使用関係が使用貸借か賃貸借かが争われました。判決は、賃貸借関係が成立するためには、ABの主観において、AがBに本件土地を使用させ、BがAに建物を使用させることが、「相互に対価的な出捐（経済的損失）に当たるとの意義を与えていたこと」が必要であるとし、「そのような事実を認めることができなければ、本件利用関係は、単に本件土地に係る使用貸借契約と本件建物……に係る使用貸借契約の並存にすぎない」と判示しました。そして、当該事例においては、それまでに、当該土地・建物の利用の経済的価値を算定したこともなく、賃料相当額の所得を税務申告した事実もない等の事実から、使用貸借契約の並存との結論を導きました。

実務上の参考になる裁判例と思われます。

3　同居相続人の使用権原

このようなケースを考えてみます。

被相続人Aが死亡しました。Aの相続人は、妻B、子Cの二人です。このうちBは、被相続人Aの生前から、A所有の建物に同居しており、A死亡後も引き続き同建物に居住しています。この場合、Bはそのまま同建物を使用し続けられるでしょうか。あるいは、もう一人の相続人で、共有者Cに賃料相当額の支払いをする義務があるでしょうか。

被相続人所有建物に同居していた相続人は、被相続人死亡後も同建物を使

用する権原があるかという問題です。

　この問題に関しては，最判平成8年12月17日判タ927号266頁が，次のような基準を示しました。すなわち，「共同相続人の一人が相続開始前から被相続人の許諾を得て遺産である建物において被相続人と同居してきたときは，特段の事情のない限り，被相続人と右同居の相続人との間において，被相続人が死亡し相続が開始した後も，遺産分割により右建物の所有関係が最終的に確定するまでの間は，引き続き右同居の相続人にこれを無償で使用させる旨の合意があったものと推認されるのであって，被相続人が死亡した場合は，この時から少なくとも遺産分割終了までの間は，被相続人の地位を承継した他の相続人等が貸主となり，右同居の相続人を借主とする右建物の使用貸借契約関係が存続することになるものというべきである」。これは，同建物が同居相続人の居住の場であり，使用権原を認める必要があり，かつ，被相続人も生前は同居相続人の同居を認めていたという事実を根拠とするものでした。

　したがって，上記のようなケースでも，特段の事情のない限り，Bは使用貸借契約に基づいて，少なくともCとの遺産分割が成立するまでは，同建物への居住を継続できることになります。

第5章 使用貸借契約—税法編—

税法編

Point

- 使用貸借契約では，賃料の授受がないことから，賃貸借契約との比較において，所得税・法人税の論点はあまり多くありません。一方，使用借権が無償の利用権であってあまり保護されないという点から，賃貸借契約との比較において，相続税・贈与税の論点として注意すべき事柄があります。
- 使用貸借契約の課税関係は，賃貸借契約の課税関係と対比させて理解することが有用です。その際には，使用貸借契約の形を利用するのと，賃貸借契約の形を利用するのとでは，どちらが税金面で有利であるか，という視点を持つと，より理解が進むものと考えます。

1 総 論

　使用貸借とは，当事者の一方が無償で使用・収益した後に返還することを約して，相手方から物を受け取ることにより成立する契約です（民法593条）。この使用貸借と有償契約である賃貸借との最も大きな差異はやはり，賃料の授受の有無，ということであり，この点が，主に所得税・法人税という所得への課税の場面において，使用貸借と賃貸借の課税関係の差異として表れています。そして，使用貸借は無償の利用権であって賃貸借における賃借人よりも使用借人の地位の方が弱いということが，主に相続税・贈与税という財産への課税の場面において，両者の課税関係に違いをもたらしています。

　ここでは，使用貸借が主に無償契約であり弱い権利であるという側面に着目して，実務上最も問題になるであろう土地の使用貸借を念頭に，使用貸借の課税関係を確認していくことにします。なお，使用貸借と賃貸借の課税関係を理解するためには両者を比較することが大変有用ですので，時間の許す限り本章に先立って第6章賃貸借契約250頁以下を読んでいただくことをお

勧めします。

2 使用貸借と所得税・法人税・贈与税

ここでは，賃料の支払いがないことと，権利金の支払いの有無の観点から，契約当事者が個人であるか法人であるかによって課税関係を類型化し，確認します。

(1) 地主も借地人も個人である場合の課税関係

使用貸借契約においては賃料の授受がありませんから，個人である地主の側においては，所得となる収入がなく，したがって所得税の課税が生じません。また，借地権の設定の対価としての権利金を収受しなくとも，同様に所得税の課税関係は生じません。これは後述の法人地主の場合とは対照的です。

一方，借地人である個人が権利金を支払うことなく使用貸借契約により土地を借りて使用するとなると，①権利金相当額[1]と，②その後支払うべきであった賃料相当額のそれぞれについて，借地人はタダで利益を受けているともいえそうです。相続税法9条は，対価を支払わないで得た利益は贈与により取得したものとみなす旨を定めて，そのような利益がある場合には贈与税の課税対象であることを明らかにしています。この規定との関係をどう考えればよいでしょうか。

この点について争われた次の裁判例では，使用貸借契約において権利金を支払わなかったとしても贈与により取得したとみなされる利益はないが，賃料を支払わないことによる利益は贈与により取得したものとみなされ，贈与税の課税の対象となる旨の判断がなされました。

---

[1] 権利金の認定課税が生じるためには，その前提として，借地権設定に際して権利金を支払う取引上の慣行がある地域での取引であることが必要ですが，その判断基準については第6章賃貸借契約6⑴282頁を参照してください。

第5章 使用貸借契約—税法編—

使用借地使用料相当額課税事件（大阪地判昭43.11.25判時544-25）

事案 夫から使用権設定のための権利金を支払うことなく土地を使用貸借により借り受けて、その上に共同住宅を建てて賃貸していた妻（原告）が、相続税法9条の利益を受けたとしてされた贈与税の課税処分について争われました。

判旨 「原告は、本件土地の使用関係が民法上の使用貸借であることから何らの経済的利益を生じないと主張する。本件土地の使用関係が対価関係に立たない無償の使用貸借であることは前記認定のとおりであるけれども税法上における経済的利益の有無は、当該法律関係の形式と性質によつて決定されるものではなく、もつぱら経済的実質によつて決定されるものであつて、原告主張のとおり本件土地の使用関係が使用貸借であることは経済的利益の存在を認定する上においては何らの妨げとなるものではなく、……原告は本件土地を使用して共同住宅を建築し、これを他人に賃貸して賃料収入を挙げている事実が認められるから夫婦別産制をとるわが法制下においては、原告は、自己の営む事業によつて自己の所得をえているのであり、原告は税法上の見地においては独立の経済主体として本件土地を夫から借用することによつて相当の経済的利益をうけているものというべく、右利益は、原告が夫から直接贈与をうけたものではないが、贈与をうけたのと同様の経済的効果を有するものであるから対価を支払わないで利益をうけた場合に当り相続税法第9条により原告は夫から利益の価額に相当する金額を贈与により取得したものとみなされることとなる。

従つて昭和40年中誰からも贈与をうけたことはない旨の原告の主張は理由がなく、原告が夫から土地の借用による経済的利益相当額の贈与をうけたに等しいとする被告の主張はまことに正当であるといわなければならない。」

「被告は、本件土地の使用関係が、無償の地上権であることを前提

2　使用貸借と所得税・法人税・贈与税

として借地権割合により本件土地の使用に伴う原告の経済的利益の金額を計算すべきであると主張する。しかしながら原告の本件土地の使用関係は、前記の如く使用貸借に基くものであるため借地権の存在を前提とした計算方法をとることはできないから被告の右主張は理由がない。」

「元来動産不動産もしくは金銭たるとを問わず、これを貸借した場合において右貸借に伴う借主の負担は、使用料として貸主に支払うのが原則でありこの関係の成立により物の貸借における交換価値関係が成立する。金銭における利息、動産、不動産における賃料は、正にかかる経済的関係を示すものに外ならない。

しかるに使用貸借においては、かかる交換価値の関係は、一方的に貸主の側にのみ存し借主の側には存しないため借主の利益を考察する場合においては、対価関係を有する賃貸借における賃料相当額をもつて右の使用料すなわち借主の利益と観念するのが相当である。」

　もっとも、課税実務上、夫と妻、親と子、祖父母と孫などの特殊の関係がある者相互間で無償又は無利子での土地、家屋、金銭等の貸与があった場合、原則としては相続税法9条により贈与税の対象となるものの、その利益を受ける金額が少額である場合又は課税上弊害がないと認められる場合には強いてそのように取り扱わない旨が通達で明らかにされています（相基通9-10）。

(2)　**地主が法人で借地人が個人である場合の課税関係**

　法人である地主においては、法人（典型的には株式会社）の営利性から、賃貸借契約の場合と同様に地主である法人の側と借地人である個人の側に、それぞれ認定課税が生じます（詳細は第6章賃貸借契約6(3)イ286頁を参照してください）。これは、通常受け取るべき賃料相当額についても同様です。

　もっとも、無償返還届（詳細は第6章賃貸借契約6(3)エ288頁を参照してください。）を提出した場合には、権利金の部分についての認定課税はされません（法基通13-1-7）。しかしこの場合も、相当の地代（詳細は第6章賃貸借契約6(3)イ

229

第5章　使用貸借契約—税法編—

286頁を参照してください。）相当額の認定課税はなされます（同通達）。

(3) **地主が個人で借地人が法人である場合の課税関係**

個人である地主の課税関係は，前記(1)の場合と同様です。一方，法人である借地人の側では，権利金を支払わない場合には，借地権の無償の譲受けがあったものとして，権利金相当額（受贈益）を益金の額に算入する認定課税がなされることになります（法法22条2項）。しかし，通常支払うべき賃料相当額については益金の額に算入しません（同項）[2]。また，無償返還届の提出がある場合には，権利金相当額の認定課税はないことになると考えられます（法基通13-1-7，13-1-14参照）。

(4) **地主も借地人も法人である場合の課税関係**

地主も借地人も法人である場合，権利金の授受がない場合の課税関係については第6章賃貸借契約6(5)イ291頁と同様です。一方，本来授受すべき賃料相当額については，地主である法人の側で，その相当額を益金の額に算入するとともに（法法22条2項），同額の費用又は損失を計上し，通常，賃料をもらわないことは無償の経済的利益の供与であることとなり，その費用等は寄附金に該当して損金算入限度額を超過する金額が損金不算入となります（法法37条）。これに対して借地人である法人の側では，通常支払うべき賃料相当額については益金の額に算入しないことになります（法法22条2項）。

無償返還届を提出した場合は，権利金の認定課税はなくなりますが，地主である法人の側において，相当の地代相当額の認定課税がなされることになります。

3　使用貸借契約と相続税

土地の使用貸借契約における使用権は，賃貸借の場合との比較において，

---

[2] このことは，法人税法22条2項が無償により役務の提供を受けることを益金に算入すべき収益の発生原因として掲げていないことによります。

借地借家法の保護を受けられない，使用借人の死亡により消滅する，などの点で弱い権利になっていることを反映して，財産評価基本通達等において相続税評価額の計算方法が定められています。ここではそのような計算規定を中心に，使用貸借契約の相続税・贈与税における注意点を確認していきます。

(1) **使用貸借していた土地に係る使用権の相続税評価額**

使用貸借の目的になっていた土地に係る使用権の相続税評価額は，前記のとおり使用権が弱い権利であることを反映して，ゼロとされています（「使用貸借に係る土地についての相続税及び贈与税の取扱いについて」(昭和48年11月１日直資2-189（例規）・直所2-76・直法2-92) 1）。

なお，ここでの使用貸借とは，民法593条の使用貸借をいい，したがって，例えば，地主と借地人の間に土地の公租公課に相当する金額以下の授受があるに過ぎないものはこれに該当し，また，地代の授受がなくともこれに代わるべき経済的利益の授受があるものはこれに該当しない，と解されています（同通達）。

(2) **使用貸借に係る土地の相続税評価額**

使用貸借に係る土地の相続税評価額は，前記のとおり使用権の相続税評価額がゼロであることに対応して，その土地の上に存する建物等が自用であるか貸付け用であるかにかかわらず，自用地価額とされています（前出「使用貸借に係る土地についての相続税及び贈与税の取扱いについて」3）。たとえ土地の上に賃貸用の建物が建っていたとしても，自用地価額となる点は，賃貸借契約の場合の貸家建付地と異なります。

ところでこれは，賃貸借契約における貸宅地がそこに設定されている借地権等の価額分だけ減価するとされているのに比べて，使用貸借契約の目的である土地の相続税評価額が高くなる（すなわち，相続税も高くなる）ことを意味します。そうすると，例えば同族会社のオーナーがその会社に土地を無償で貸していたとして，そのオーナーの相続が開始した場合，相続人は，その土地が使用貸借の目的になっていたとするよりも，会社によって何らかの権利

が設定されていたと主張した方が相続税は安く済む，と考えるかもしれません。

このような事例として，次の裁決例を紹介します。この事例では，相続人は，相続税の申告期限間際になって会社が無償で使用していた土地の地上権の時効取得する旨の訴えを会社に提起させ，これに対して争わないことで土地に会社の地上権が存在する旨の判決を得ていましたが，国税不服審判所は，この訴え自体が相続税軽減のためになされたものと認定し，地上権の存在を否認する判断を下しました。

地上権時効取得判決否認事件（平成8年12月9日裁決事例集52-128）

事案 被相続人が同族会社（M社）に無償で貸していた土地の上には会社の地上権が存在する旨の判決を得た上，そのことを前提にしてなされた相続税申告について，課税庁がした更正処分等について争われました。

判旨 「地上権に関する本件判決は……，被告らが，適式な呼び出しを受けながら第1回口頭弁論期日に出頭せず，答弁書その他の準備書面も提出していないことから，請求原因事実を明らかに争わないものと認め，これを自白したものとみなした上で，……M社が本件地上権を時効取得したとするものであるが」，このことは，本件訴訟における被告らのうち請求人の内の数人は，「いわゆる支配権を有する同族会社の社員であり，実質的にM社において意思決定権を有する者であることから……，請求人らが本件相続開始時まで本件地上権の存在を認識していなかったにもかかわらず，時効取得という法的手段を用いて本件地上権の存在を確定させるために，相続税の申告期限の間際になって本件訴訟をM社に提起させ，被告らが請求原因事実を十分に争わなかったことに起因するものというべきであり，請求人らがM社に本件訴訟を提起させたこと自体が，相続税軽減という動機を専ら経済的，実質的に行為化したものと判断すべきである。」

「事実を踏まえて総合して勘案すると，M社の使用開始から本件相続開始までの間における本件土地の使用関係は，被相続人とM社の特殊な信頼関係に基づく使用貸借によるものと認定するのが相当であり，本件土地に係る地上権の存在は認められない。」

「使用貸借に基づく土地の使用権は，借地法等の特別立法により手厚い保護を受けている借地権に比し，法的効果の薄弱なものであり，いわば，当事者の信頼関係に基盤をおくものであって，経済的価値を有するものとは認められない。

したがって，自用地価額から控除される使用貸借に係る権利の価額は零円であり，本件土地の価額は自用地価額と同額になる。

よって，本件土地の価額を自用地価額によってした本件更正処分は相当であり」，請求には理由がない。

(3) 小規模宅地等の特例と使用貸借

　相続財産である土地の価額と相続税の課税価格との関係では，財産評価基本通達の規定ではありませんが，小規模宅地等の特例は重要です。端的にいえば，この特例が適用できる場合には相続税が低くなります。

　小規模宅地等の特例とは，相続人が相続又は遺贈により取得した土地で，その相続の開始の直前において被相続人又はその被相続人と生計を一にしていた当該被相続人の親族（以下，「被相続人等」といいます。また，以下では生計を一にしていた親族のことを「生計一親族」といいます。）の事業の用に供されていた宅地等又は被相続人等の居住の用に供されていた宅地等で建物又は構築物の敷地の用に供されているもののうち，この特例の適用を受ける選択をしたもので限度面積までの部分について，相続税の課税価格に算入する価額を一定割合で減額する特例のことです（租特69条の4）。

　ここで，「事業の用に供されていた宅地等」は，さらに貸付事業用宅地等，特定事業用宅地等，特定同族会社事業用宅地等に区分されており，また，「居住の用に供されていた宅地」は特定居住用宅地等と呼ばれますが，使用

第5章　使用貸借契約―税法編―

貸借契約はそのそれぞれに関係します。これらの内容は，概ね次のとおりです。

● 貸付事業用宅地等とは，被相続人等の不動産貸付業（駐車場業，自転車駐車場業及び事業と称するに至らない不動産貸付けその他これに類する行為で相当の対価を得て継続的に行うものを含む。）の用に供されていた宅地等のことをいいます（租特69条の4第3項4号，租特令40条の2第1項）。

　本特例の適用を受けるためには，この宅地等について，（被相続人が営んでいた事業の場合には）被相続人の親族が相続税の申告期限までに貸付事業を引き継ぎ，申告期限まで継続して所有し，かつ貸付事業用としていることが必要です（租特69条の4第3項4号[3]）。

　この宅地等は，200㎡を限度に，価額が50％減額されます。

● 特定事業用宅地等とは，被相続人等の事業（不動産貸付業を除く。）の用に供されていた宅地等のことをいいます（租特69条の4第3項1号）。

　本特例の適用を受けるためには，この宅地等について，（被相続人が営んでいた事業の場合には）被相続人の親族が相続税の申告期限までにこの事業を引き継ぎ，申告期限まで継続して所有し，かつ事業を営んでいることが必要です（同号）。

　この宅地等は，400㎡を限度に，価額が80％減額されます。

● 特定同族会社事業用宅地等とは，被相続人及びその親族，その他被相続人と特別の関係にある者が所有する株式又は出資が50％を超える法人の事業の用に供されていた宅地等のことをいいます（租特69条の4第3項3号）。なお，法人の事業が不動産貸付業である場合には貸付事業用宅地等に該当することになります（租特69条の4第3項1号）。

3）平成30年度税制改正により，相続開始前3年以内に貸付事業の用に供された宅地等（但し相続開始前3年を超えて事業的規模で貸付事業を行っている者が貸付事業の用に供しているものを除く。）が適用対象から除外されましたので，注意して下さい。

本特例の適用を受けるためには，この宅地等について，その法人の役員（法法2条15号参照）である被相続人の親族が相続税の申告期限まで継続して所有し，また，申告期限まで引き続きその法人の事業の用に供されていることが必要です（租特69条の4第3項3号，租特規23条の2第5項）。

この宅地等は，400㎡を限度に，価額が80％減額されます。

- 特定居住用宅地等とは，被相続人等の居住の用に供されていた宅地等のことをいいます（租特69条の4第3項2号）。

本特例の適用を受けるためには，①この宅地等を被相続人の配偶者が取得するか，②被相続人の親族でその宅地等の上の建物に相続の直前において居住していた者が相続税の申告期限まで継続して所有し申告期限まで居住しているか，③被相続人の配偶者及び被相続人が相続の直前において居住していた建物に同居していた相続人である親族がいない場合に，相続開始前3年以内に日本国内の自己所有の家屋に居住したことがない親族が，相続開始時から相続税の申告期限まで引き続きこの宅地等を所有していること[4]，が必要です。

この宅地等は，330㎡を限度に，価額が80％減額されます。

使用貸借との関係では，例えば次のような場面で上の特例を適用することができると考えられます。

（貸付事業用宅地等）
- 被相続人が，その生計一親族に対して自己所有の土地を無償で貸し，その上に生計一親族が建物を建て，これを有償で貸している場合。

4）平成30年度税制改正により，①相続開始前3年以内に，その者の3親等内の親族又はその者と特別の関係のある法人が所有する国内にある家屋に居住したことがある者，②相続開始時において居住の用に供していた家屋を過去に所有していたことがある者が適用対象から除外されましたので，注意して下さい。

(特定事業用宅地等)
- 被相続人が，その生計一親族に対して自己所有の土地に建てた建物を無償で貸し，その生計一親族が事業を行っている場合。
- 被相続人が，その生計一親族に対して自己所有の土地を無償で貸し，その上に生計一親族が建物を建て，かつ事業を行っている場合。
- 被相続人が所有する土地の上に親族が建物を建て，これを被相続人が無償で借り受けて事業を営んでいる場合。

(特定同族会社事業用宅地等)
- 被相続人の生計一親族が，被相続人所有の土地を無償で借り受けてその上に建物を建て，これを有償で特定同族会社に貸しており，特定同族会社が貸付事業以外を営んでいる場合。

(特定居住用宅地等)
- 被相続人が，自己所有の土地の上に建てた建物を生計一親族に無償で貸し，その生計一親族が居住している場合。
- 被相続人の生計一親族が，被相続人所有の土地を無償で借り受けてその上に建物を建て，これを被相続人に無償で貸し，被相続人が居住している場合。
- 被相続人の生計別親族が，被相続人所有の土地を無償で借り受けてその上に建物を建て，これを被相続人に無償で貸し，被相続人が居住している場合。

　なお，貸付事業用宅地等と他の区分とを共に選択する場合には，限度面積が調整されますので，有利な選択をしなければなりません（租特69条の4第2項3号）。
　ところで，相続税の申告期限までに遺産分割が行われない場合，その申告書に一定の書類を添付しなければ本特例の適用が受けられないなどの注意点があります。この点は，第6章賃貸借契約7(1)エ302頁をよく確認してください。

実 務 編

　実務編では，基礎編で確認した使用貸借の税務上の取扱いが現実の問題にどのように関係してくるかを理解するために，簡単な設例を検討することにします。

> **設　例**
>
> 　被相続人Aにはその相続人として妻Bと子Cがおり，相続財産として，Aが生前居住していた建物X，Xが建つ土地Y，子C所有の賃貸アパートが建つ土地Zを所有していた。AはCにZを無償で貸していた。
> 　Aは生前Bと同居して生活を営んでいた。しかし，余人には窺い知ることができない積年のわだかまりがあったのか，B自身がビジネスパーソンとして成功していることも手伝って，Aの相続が開始した後，BはAにまつわる一切の財産の相続を望まず，葬儀が終わるや否やXを退去して他にマンションを借りて住むことになってしまった。
> 　結局，CがX，Y，Zを相続することとなり，相続税の申告期限までに遺産分割協議を終えることができたので，これから相続税の申告を考えている。なお，AとCは生前別居しており，生計も別だったが，相続開始後，Cは誰もいなくなってしまったXを放ってもおけないと思い，やむなく転居してXに居住することにした。Cはこれ以前には東京都内に分譲マンションを所有してこれに居住していたが，この転居に伴って賃貸することにした。また，Zの上に建つアパートの賃貸業は今後も継続するつもりである。
> 　このとき，Aの相続に係る相続税申告において注意すべきことは何か。

　この設例のような場合は，実務上も十分にあり得るところです。被相続人Aの相続税の申告に関連する論点を確認していきましょう。

(1) 建物Ｘ及び土地Ｙの相続税評価額について

建物Ｘと土地Ｙは，ともに被相続人Ａの居住の用に供していたものですから，自用家屋・自用地として評価することになります（第6章賃貸借契約7(1)ア・(3)293頁・306頁を参照）。具体的には，建物Ｘは「固定資産税評価額×1.0」，土地Ｙは基本的には「路線価×地積（㎡）」で計算することになります。

(2) 土地Ｚの相続税評価額について

土地Ｚは，子Ｃに無償で貸されていました。したがって，本章税法編3(2)231頁のとおり，自用地として評価することになります。

(3) 土地Ｙと土地Ｚへの小規模宅地等の特例の適用可能性について

土地Ｙは，被相続人Ａが生前居住していた建物Ｘの敷地の用に供されていたのでした。そして，このＸとＹはともに子Ｃが相続し，子Ｃが引き続きＸに居住することになりました。

そうすると，一見してＹは特定居住用宅地等に該当して小規模宅地等の特例の適用を受けられそうですが，本件の場合には，ＣはＡと別居しており生計も別だったこと，相続開始後にＸを出てしまった配偶者である妻Ｂが健在であること，自身がすでに持ち家に居住していたことから，Ｙは特定居住用宅地等に該当しません。

また，土地Ｚは，相続人である子Ｃに無償で貸し付けられ，Ｃはこの上にアパートを建てて不動産賃貸業を営んでいたのでした。そして，このＺはＣが相続し，今後も賃貸を続けるつもりでした。

そうすると，一見して貸付事業用宅地等に該当して小規模宅地等の特例を受けられそうですが，本件の場合には，ＣはＡと生計が別だったため，Ｚは貸付事業用宅地等に該当しません。

すなわち，本設例の場合には，土地Ｙについても土地Ｚについても，残念ながら小規模宅地等の特例の適用は受けられないことになります。

なお，本設例のような場合には事前の対策はなかなか難しいかもしれませんが，例えば，Ｂが過去のいきさつをこらえて一旦はＹを相続しＸに住み続

けたりしていたら，この特例の適用の可能性があったことになります。

第6章 賃貸借契約

―民法編―

Point
- 貸主による目的物の譲渡は自由ですが，借主による目的物の転貸・権利の譲渡は原則できません。
- 通常の使用収益による目的物の損耗や経年変化については，借主は原状回復義務を負いません。
- 賃貸借契約がどのような場合に終了するかは，終了原因ごとに整理すれば分かりやすくなります。

1 概要

賃貸借契約とは，賃貸人が，賃借人に目的物を使用及び収益させることを約束し，賃借人が賃料を支払うことと契約終了時に目的物を返還することを約束する契約をいいます（民法601条）。

以下，実務で取り扱うことが多いと思われる不動産の賃貸借契約を中心に見ていきましょう。

(1) 成立段階の法律関係

賃貸借契約においては，前記の定義からも明らかなように，契約の成立によって，賃貸人には目的物を使用及び収益させる義務が，賃借人には賃料支払義務と契約終了時に目的物を返還する義務が発生します。

ところで，契約の成立に当たって，当事者が敷金を交付することがあります。敷金とは，賃借人が，賃料債務その他の金銭債務を担保するために，賃貸人に支払う金員のことをいいます（改正民法622条の2）。名目は問いません。

また，これに対し，一般に権利金と呼ばれるものが交付されることがありますが，これは，営業権の対価として支払われるもの，賃料の一部の一括前払いという意味を持つもの，賃借権設定の対価や転貸の承諾料として支払われるものなどがあります。これらは原則として返還が認められないものと解されています。

なお，賃貸借契約ではその存続期間を定めることが一般的ですが，これは終了の時期にかかわることですので，終了段階の法律関係の項目で述べることとします。

(2) 履行段階の法律関係

こうして成立した賃貸借契約に基づき，各当事者がそれぞれの義務を履行していくことになります。

まず，賃貸人には，目的物を賃借人に使用収益させる義務がありますので，それを履行します。その具体的な形として，必要に応じて目的物の修繕をなす義務を負います（民法606条1項）。また，賃借人が自ら目的物の保存に必要な行為をした場合には，その費用（必要費）を，直ちに償還する義務があります（民法608条1項）。必要費の具体例としては，借家の場合の屋根の葺替え費用や畳の修繕費用，特定の法令等で義務付けられた排水・防火の施設工事費などが挙げられます（有益費は契約終了時償還のため次頁(3)に記載）。

他方，賃借人は，賃料を支払う義務があります。そのほか，契約又は目的物の性質によって定まった用法に従って，目的物を使用収益する義務があります（用法遵守義務。民法616条，594条1項）。また，賃借人は，賃貸人に無断で賃借権を譲渡したり，目的物を転貸したりすることはできません（民法612条1項）。

ところで，合意した賃料の額が，時間の経過により，妥当性を欠くものとなる場合があります。たとえば，賃借物の一部が滅失した場合です。民法は，

それが賃借人の責に帰することのできない場合には，賃借人は滅失の割合に応じて賃料の減額を請求できるとしています（民法611条1項。改正民法は請求がなくても当然に減額とする（改正民法611条1項））。

また，土地や建物に対する租税の増減や土地や建物の価格の変動などがあって，もはや高すぎる，あるいは低すぎる金額となってしまった場合などには，当事者は，将来に向かって地代等の額の増減を請求することができます（借地借家法11条1項，32条1項）。

この賃料増減額請求は「形成権」であり，意思表示と同時にその効果が発生すると考えられています。仮に，賃貸人が賃借人に賃料の増額を請求したというケースを考えますと，その請求内容を伝える手紙などが賃借人の下に到達した時点で，賃料が増額されることとなります。ただし，賃借人がこれを不満とする場合には，増額の適否を民事調停で争うことができ（調停から始めなければなりません。民事調停法24条の2），それでも解決しない場合には，民事訴訟で争うことができます。そして，その裁判が確定するまでの間は，賃借人は従前どおりの賃料を支払うことで足りるとされています（借地借家法11条2項，31条2項）。

なお，このケースで，賃貸人が，第一審で賃料増額を認める判決と，それを仮に執行できるという仮執行宣言を勝ち取ったとします。仮執行宣言がなされれば，賃借人が控訴しても，賃貸人は賃借人の財産から強制的に増額分を仮に回収することができます。「仮に」というのは，後に敗訴が確定すれば返還するという意味ですが，返還するかもしれない段階でも収入として計上されるのかが税務訴訟として争われたことがあります。この裁判例については後述（261頁参照）します。

(3) **終了段階の法律関係**

賃貸借契約が終了した場合には，賃貸人は，敷金を受領している場合には，賃貸借期間中に生じた未払賃料や契約終了後生じる一切の債権の額を控除した金額を，賃借人に対し返還する義務を負います（改正民法622条の2）。また，賃借人が目的物の価値を増加させる有益費を支出している場合には，賃貸借

終了の時にその価格の増加が現存する限り，その支出した金額又は増加額を償還する義務があります（民法608条2項，196条2項本文）。有益費の具体例としては，盛土・石垣の築造費用，飲食店の賃借店舗における流し台の増設費用，工場敷地の道路より低い土地を地盛りした工事費などが挙げられます。

他方，賃借人は，目的物を原状に復して返還する義務を負います。ここで注意が必要なのは，賃借人の通常の使用及び収益によって生じた損耗や，目的物の経年変化は原状回復の対象から除外されることです（改正民法621条）。それらは，目的物が賃貸人の所有物である以上，賃貸人の負担とすることが公平だからです。その際，賃借人は，目的物に付属させた物があるときは，それを収去する義務及び権利があります（改正民法622条，同599条1項，2項）。

なお，契約の終了事由については，項を改めて整理することとします。

2 終了事由について

ところで，建物所有目的の土地賃貸借や建物賃貸借に関しては，民法の定める原則的ルールが，借地借家法により修正されています。これは，土地や建物が賃借人にとって生活の基盤であるなど，特別の配慮が必要であることから設けられた特則です（ただし，不動産賃貸借においては，特則が適用される場面がほとんどで，実務上，借地借家法の特則を理解することが不可欠です。租税法における租税特別措置法と同じような位置づけといえるでしょう。）。

特に，契約の終了事由については，借地借家法に多くの特則が置かれており，やや複雑になっていますので，ここで終了事由全般を整理しておきたいと思います。また，判例による特則もありますので，それも併せて見ておきましょう。

(1) **期間満了**

　ア　**土地賃貸借の場合**

土地の賃貸借に存続期間の合意があった場合，民法上の規定によれば，当該期間の満了により契約は終了します（民法616条，597条1項）。

しかし，それが建物所有目的の土地の賃貸借の場合には，借地借家法の適

用があり，賃借人に特別の保護が与えられています。具体的には，賃借人が契約の更新を請求した場合や，期間満了後も賃借人が土地の使用を継続した場合には，契約期間を除き，従前と同一条件で契約を更新したものとみなされます（借地借家法5条1項，2項）。賃貸人がこの契約更新を防ぐためには，「正当の事由」のある異議を遅滞なく述べる必要があります。

　ここでいう「正当の事由」の判断に当たっては，賃貸人及び賃借人が土地を使用すべき必要性が主要な要素として考慮され，借地に関する従前の経過，土地の利用状況及び立退料が従たる要素として考慮されます（借地借家法6条）。特に，立退料は正当事由の「補完的要素」と言われます。

　では，立退料がどの程度の金額であれば「正当の事由」となるのでしょうか。この点，賃貸人自身の土地使用の必要性が高い，賃借期間が長期にわたり，賃借人による投下資本の回収が十分になされている等の事情は，立退料の金額を下げる方向の事実です。逆に，賃借人がその土地を使用する必要性が高い場合には，立退料の金額は上がります。また，たとえば賃借人がその土地で事業を行い収益を得ている場合には，立退きによる逸失利益の補償も考慮すべき必要があり，立退料の金額を上げる方向に向かいます。このように，立退料の金額は総合的な判断のもとに決定されるものであり，必ずしも相場といえるようなものはありません。ただし，私見では，借地権価格を一応の基準にしつつ，前述のような事情を考慮して金額を増減させるのが適当ではないかと思われます[1]。

　なお，期間が満了し，契約の更新がない場合には，賃借人は，賃貸人に対し，建物を時価で買い取るよう請求できます。これを建物買取請求権といいます（借地借家法13条）。この建物買取請求権は，賃料の増減額請求権と同様に，「形成権」と解されており，買取りの請求の意思表示のみによって，売買が成立します。

---

[1] 齊藤顕「立退料による正当事由の調整」判タ1180号66頁参照。

イ　建物賃貸借の場合

　建物賃貸借の場合においても，賃貸借契約により存続期間の合意がある場合には，原則として，その期間満了により契約は終了します。

　もっとも，借地借家法上，建物の賃借人にも特別の保護が与えられています。具体的には，当事者が，期間満了の1年前から6月前までの間に，更新拒絶の通知をしなければ，期間の定めのない契約として更新されることとなっています（借地借家法26条1項）。しかも，賃貸人側からの更新拒絶の通知には，「正当の事由」が必要です（借地借家法28条）。

　ここで，「正当の事由」とは，賃貸人及び賃借人が建物の使用を必要とする事情が主要な要素として考慮され，建物の賃貸借に関する従前の経過，建物の利用状況及び建物の現況，立退料が従たる要素として考慮されます（借地借家法28条）。土地の賃貸借の場合とほぼ同様です。

　立退料については，実務上，移転費用，営業補償，代替物件の家賃との差額補償などを積み上げて算定することがよく行われていますが[2]，土地の評価額に借家権割合を乗じて算出した「借家権価格」を考慮する裁判例もあります。

　こうして「正当の事由」のある更新拒絶の通知を適時に行ったとしても，賃借人が期間満了後も建物の使用を継続する場合，賃貸人が遅滞なく異議を述べなかったときは，更新したものとみなされます（借地借家法26条2項）。

　なお，建物賃貸借が，期間満了又は解約申入れにより終了する場合，賃借人が賃貸人の同意を得て建物に付加した畳，建具その他の造作があるときは，賃借人は賃貸人にかかる造作を時価で買い取るよう請求できます（造作買取請求権，借地借家法33条1項）。

(2)　解約申入れ（建物賃貸借のみ）

　建物賃貸借の場合，存続期間を定めないことは可能です（土地賃貸借の場合は期間の定めがなくても30年と法定されています。借地借家法3条）。

---

[2]　東京高判平成3年7月16日判タ779号272頁。

そして，期間の定めのない賃貸借の場合，賃貸人は，いつでも契約を解約することが可能であり（この場合「解除」ではなく「解約」という言葉を用いることが一般です。），民法上は解約の意思表示をしてから3か月で契約は終了すると規定されています（民法617条）。

　しかし，借地借家法では，賃借人保護のため，賃貸人の解約権は制限されており，解約するには「正当の事由」がなければなりません（借地借家法27条）。この場合の「正当の事由」については，すでに(1)イで述べたところと同じです。

(3) 解　除

　不動産の賃貸借契約についても，他の契約と同様に，相手方の債務不履行があった場合には，解除することが可能です（民法540条以下）。

　賃借人側の債務不履行としては，賃借権の無断譲渡又は目的物の無断転貸，賃料の不払いなどがありますが，これらの場合も，賃借人保護のため，判例により賃貸人の解除権が制限されています。

　具体的には，無断譲渡・無断転貸の場合には，それが信頼関係を破壊しない特段の事情があれば，賃貸人は解除できないとされています（最判昭28.9.25民集7-9-979）。たとえば，①営業のための賃借物を共同経営者に転貸した場合，②個人営業を会社組織に変更したなど，法律的・形式的には法主体が変更したが，社会的・実質的には実態に変化がない場合，③家屋の一部転貸など違反が軽微な場合，④譲渡担保がなされたにすぎない場合，⑤賃借人と賃借権の譲受人・転借人に親族関係等の特殊な人的関係がある場合などは，信頼関係の破壊はないと考えられています[3]。

　また，賃料不払いの場合も，それが信頼関係の破壊に至っていなければ，賃貸人は解除できないとされています（最判昭39.7.28民集18-6-1220）。借家の場合は，実務上3か月程度の不払いがあれば，信頼関係の破壊があるとされることが多いと思われます。他方，借地の場合，解除が認められれば，借主

3）岡口基一『要件事実マニュアル2　第5版』（ぎょうせい，2017）312頁参照。

は建物を収去して土地を明け渡さなければならず，その影響が大きいため，借家の場合よりも解除が認められにくい傾向があります。

⑷　建物の滅失

建物賃貸借については，たとえば建物が火災により滅失した場合には，賃貸借契約は終了します（改正民法616条の2）。もちろん，当事者に滅失の責任がある場合には，損害賠償の問題が生じます。

3　当事者の変更について

⑴　**賃貸人たる地位の移転**

借地上に登記された建物が建っているとします。その土地を，賃貸人が第三者に譲渡した場合，賃貸借契約にはどのような影響が生じるのでしょうか。

この点，賃借人は，登記された建物を所有している場合，借地権を第三者にも対抗することができます（借地借家法10条1項）。したがって，土地が第三者に譲渡されても，借地権が消滅することはなく，土地の新所有者が新しい賃貸人になります（改正民法605条の2第1項）。そして，敷金が差し入れられている場合には，その返還債務も新しい賃貸人に承継されます（同条4項）。

建物賃貸借の場合も，賃借人が建物の引渡しを受けている場合には，建物の新所有者に借家権を対抗することができますので（借地借家法31条1項），やはり新所有者が新しい賃貸人になり，敷金返還債務も承継されます（改正民法605条の2第1項，4項）。

⑵　**賃借権の譲渡，賃借物の転貸**

賃借人は，賃貸人の承諾がなければ，賃借権を譲渡したり，賃借物を転貸したりすることはできません（民法612条）。

ところで，借地上の建物を第三者に譲渡した場合には，借地権も，建物所有権の従たる権利として，やはり譲渡されることとなります（民法87条2項）。したがって，その場合にも，賃貸人の承諾がなければならないのが原則です。もっとも，そのことによって賃貸人に不利益が生ずるおそれがないにもかか

わらず，賃貸人が承諾しないことを認める必要はありません。そこで，そのような場合には，裁判所は，賃借人の申立てにより，賃貸人の承諾に代わる許可を与えることができるとされています（借地借家法19条）。なお，借地上の建物が競売によって第三者に譲渡される場合についても，同様の取扱いとされています（借地借家法20条）。

　また，賃借権が第三者に譲渡された場合には，賃貸人の地位の移転の場合と異なり，敷金に関する権利義務関係は新賃借人には承継されません（最判昭53.12.22民集32-9-1768）。この判例の考え方は改正民法にも引き継がれています（改正民法622条の2第1項2号）。

第6章 賃貸借契約―税法編―

税法編

> **Point**
> ・賃貸借契約の成立から終了までの各段階では，貸主にとってみれば，賃料の授受による「儲け」に所得税・法人税の問題が，資産の貸付けの対価としての賃料の授受に消費税の問題が，賃貸借契約により貸主が資産を自由に使用できなくなるという側面に着目して相続税の問題が，それぞれ生じます。
> ・賃貸借契約の課税関係は，使用貸借契約の課税関係と対比させて理解することが有用です。その際には，賃貸借契約の形を利用するのと使用貸借契約の形を利用するのとではどちらが税金面で有利であるか，という視点を持つと，より理解が進むものと考えます。

1 総 論

(1) 賃貸借契約の税務の概要

　賃貸借契約の成立から終了までの各段階には，実に多くの税務上の論点が存在します。一例としてビルやマンションのオーナーを念頭に置きつつ，賃貸借契約に関連する税務の基本的な構造を概観すると次のようになります。

　まず，ビルやマンションのオーナーは，各部屋の借主との間に賃貸借契約を締結して賃料を収受する一方，修繕費等のビルやマンションの維持・管理に必要な費用，賃貸借契約を終了させるために必要となった立退料等を負担して，その差額としての「儲け」の獲得を目指すのが通常です。この「儲け」（税法の世界では所得）には，オーナーが個人の場合には所得税が，法人の場合には法人税が課されることになります。所得税の場合，それがどの所得分類に当てはまるかにより，具体的に計算される税額に差が出ることになります。

　また，受け取った賃料や立退料等の支払った諸費用には，資産の貸付けや

譲渡，役務の提供の対価であることに起因して，消費税が課されることがあります。

さらに，オーナーが個人である場合，そのオーナーに相続が発生した場合に賃貸しているビルやマンションに相続税が課されます。オーナーが法人である場合にも，その法人の株主に相続が発生した場合に，ビルやマンションを所有する法人の株式に相続税が課されることを通じて，やはりビルやマンションにまつわる相続税法上の検討すべき問題が表れることになります。

このように賃貸借契約の成立から終了までの間には多くの税目の税務問題が存在しますが，その中には，契約の内容の定め方によって税務上の結論が大きく異なるものがあることに注意が必要です。本章では，賃貸借契約のうち実務上の重要性が高い不動産賃貸借契約を中心に，賃貸借契約に関連する税務問題のうち，実務の上で目にすることが多いであろうものを取り上げて検討していきます。

(2) 所得税・法人税の基本的な課税関係

具体的な検討に入る前に，賃貸借契約の成立から終了までの各段階において継続して問題になる所得税及び法人税の基本的な課税関係とその計算構造を確認しておくことにします。

ア　所得税

賃貸借契約は物の使用及び収益を相手方にさせることを約す契約ですので，その物としては動産・不動産が広くあり得ることになりますが，所得税法上は，その物が何であるかによって所得区分が異なることに注意が必要です。

まず，所得税法は「不動産所得とは，不動産，不動産の上に存する権利，船舶又は航空機……の貸付け（地上権又は永小作権の設定その他他人に不動産等を使用させることを含む。）による所得（事業所得又は譲渡所得に該当するものを除く。）をいう。」（所法26条1項）と定めています。すなわち，賃貸借契約との関係では，不動産，船舶又は航空機の賃貸借契約により貸主が受け取る賃料は，基本的に不動産所得に該当すると理解すればよいことになります。一方，船舶

又は航空機以外の動産の賃貸借契約により貸主が受け取る賃料は，事業所得又は雑所得に該当することになります。なお，実際には，ある契約に基づき収受する対価が賃貸借の対価としての性質とそれ以外の性質を混合的に有する場合があり得ますが，課税実務上は，例えば，船舶賃貸借と労務提供契約の混合契約のような性質をもつ定期用船契約に係る所得や食事を供する下宿に係る所得は事業所得又は雑所得に該当するものと解されています（所基通26-3・26-4）。

不動産所得についてもう少し見ておきます。まず，上で見たとおり，不動産所得は不動産等の「貸付けによる所得」であり，不動産所得には，賃料に限らず広く「目的物を使用収益させる対価として受け取る利益又はこれに代わる性質を有するもの」が該当すると解されています[4]。所得税法施行令94条1項2号に不動産所得を生ずべき業務に関連して「当該業務の全部又は一部の休止，転換又は廃止その他の事由により当該業務の収益の補償として取得する補償金その他これに類するもの」は不動産所得に係る収入金額とする旨が規定されているのは，このような解釈の具体的な表れと理解できます。

ここでは，不動産の賃貸借契約に関連して不動産所得該当性が問題になった事例を2つ紹介します。1つは不動産の賃貸借契約の合意解約の際に賃借人から預託されていた保証金の返還義務を免除された債務免除益の所得区分が一時所得ではなく不動産所得であるとされた事例，もう1つは，土地の賃貸借契約の合意解約に際して賃借人から無償でその土地の上の建物を譲り受けた利益の所得区分が不動産所得ではなく一時所得であるとされた事例です。いずれの場合にも，納税者が受けた利益が不動産を使用収益させる対価であるといえるかどうかがポイントになったことが読み取れます。

また，地上権や永小作権の設定も，ここでの不動産の貸付けに含まれることになります。

---

4) 東京地判平成27年5月21日税資265号順号12666参照。

1 総論

建物保証金債務免除事件（東京地判平22.3.26税資260順号11407）

事案 納税者がその所有建物の賃貸借契約の途中解約に際して，建物を借主仕様に合わせて建設したこととの兼ね合いで預託されていた保証金の返還義務を借主から免除された利益の所得区分は一時所得に当たるとして更正の請求をしたところ，課税庁によりされた請求には理由がない旨の通知について争われました。

判旨「不動産所得とは，不動産，不動産の上に存する権利等の貸付けによる所得（事業所得又は譲渡所得に該当するものを除く。）をいうところ（法26条1項），貸付けとは，これによって貸主に一定の経済的利益をもたらすものをいい，有償契約である賃貸借契約がその中心となるものと解される。……貸付けによる所得とは，使用収益期間に対応して定期的かつ継続的に支払われる賃料がその典型であるが，これに限らず，賃借人から賃貸人に移転される経済的利益のうち，目的物を使用収益する対価としての性質を有するもの又はこれに代わる性質を有するものをいうと解するのが相当である。」所得税法施行令94条1項2号は，この考え方を受けた規定である。

本事案での賃貸借契約は「賃借人の営業に適した建物を賃借人が指定する仕様に従い建築した上で賃貸する契約」（いわゆるオーダーリース）であると解される。このような契約の中途解約がなされた場合，「賃貸人については，賃料収入を失う上，再賃貸後の賃料の減収等の損失が生ずることが予想される。加えて，本件保証金と同様の性格の保証金は，建物等の建築費用に充てられるために賃貸人の手元には残っておらず，その返還義務を負うとすると，賃貸人は，そのための資金の調達の負担を負うこととなる。」

原告である賃貸人は，契約の中途解約の結果，残契約期間にかかる賃料収入を得ることができなくなったほか，契約の中途解約条項では賃借人が賃貸人が負う建築代金の残債務相当額を損害金として支払う

253

義務を負うものとされていたところを，賃借人はその義務を負わないとされた一方で，賃貸人も保証金の返還義務を負わないこととされたものである。そして，中途解約に至る事実経緯も踏まえると，保証金の返還義務の免除を含む解約契約は，残債務の返還と将来の賃料収入の喪失により賃貸人に生じ得る一切の損失等を補償する趣旨で締結されたと認めるのが相当である。

そうすると，原告である賃貸人が得た保証金の返還義務の免除による利益は，その全額が，中途解約によって賃貸人に生じる損失を補償する性質を有するものというべきであるから，所得税法施行令94条1項2号のいう不動産所得を生ずべき業務に関し当該業務の収益の補償として取得する補償金その他これに類するもので，その業務の遂行により生ずべき所得に係る収入金額に代わる性質を有するものに該当し，不動産所得に該当する。

なお，控訴審判決である東京高判平成22年9月30日税資260号順号11523も原審を支持。

建物無償譲渡事件（名古屋地判平17.3.3判タ1238-204）

事案 納税者がその所有土地の賃貸借契約の合意解約に際して借主から無償で当該土地上の建物を譲り受けた利益の所得区分について，一時所得として申告したところ，課税庁が不動産所得に当たるとしてした課税処分について争われました。

判旨 「不動産所得とは，不動産，不動産の上に存する権利，船舶又は航空機の貸付けによる所得であって，事業所得又は譲渡所得に該当するものを除いたものをいう……ところ，ここでいう不動産等の貸付けとは，これによって貸主に一定の経済的利益をもたらすものであるから，有償双務契約である賃貸借契約（民法601条）がその中心となる。……ところで，『貸付けによる』とは，『貸付けに基づいて』あるいは

> 『貸付けを原因として』を意味すると解されるところ，……『貸付けによる所得』とは，借主から貸主に移転される経済的利益のうち，目的物を使用収益する対価としての性質を有するものを指すというべきである。……本件建物の無償譲受けは，賃貸借契約に基づいて目的物を使用収益させる賃貸人の義務やこれに対する賃料等を支払う賃借人の義務とは関連せず，専ら同契約の終了に伴う原状回復義務の履行を賃借人が免れる（軽減する）ことを目的として行われたものであるから，何らかの意味で賃貸借の目的物を使用収益する対価（あるいはこれに代わるもの）たる性質を有するものでないといわざるを得ない。」
>
> なお，控訴審判決である名古屋高判平成17年9月8日税資255号順号10120も原審を支持。

　次に，不動産所得の計算構造ですが，不動産所得の金額は，その年中の不動産所得に係る総収入金額から必要経費を控除した金額とされています（所法26条2項）。賃貸借契約との関係では，賃貸借契約により受け取る賃料は総収入金額に含まれることになり，また，これを得るためにかかった費用は基本的に必要経費に含まれる，それらの差額として不動産所得が計算され課税される，という計算構造の大枠をまず押さえてください。なお，この計算構造の大枠は事業所得及び雑所得の場合も同様です。

　所得税における必要経費についてもう少し解説を加えます。所得税法は，その年分の不動産所得の金額，事業所得の金額又は雑所得の金額の計算上必要経費に算入すべき金額は，別段の定めがあるものを除き，これらの所得の総収入金額に係る売上原価その他当該総収入金額を得るため直接に要した費用の額及びその年における販売費，一般管理費その他これらの所得を生ずべき業務について生じた費用（償却費以外の費用でその年において債務の確定しないものを除く。）の額，とする旨を定めています（所法37条1項）。すなわち，ある支出が必要経費として控除され得るためには，それが事業活動と直接の関連を持ち，事業の遂行上必要な経費でなければならないと解されます。しかし，所得税法が対象とする個人の場合には，いわゆる家事（プライベート）と業務

の区別が問題になることから，家事上の経費（家事費）は必要経費に算入しない旨も定められています（所法45条1項1号）。実際には必要経費と家事費の性質を共に備える費用があり得ますが，そのような費用については，不動産所得等を生ずべき業務の遂行上必要であり，かつ，その必要である部分を明らかに区分することができる場合のその部分等のみが必要経費となります（所法令96条）。

　実務的には，ある支出が事業活動と直接の関連を持ち，事業遂行上必要な経費に該当するか否かは悩ましい問題です。例えば，不動産賃貸業を営む個人が所有する土地で，現に貸付けされていない土地の固定資産税は，必要経費に該当するでしょうか。この点，そのような固定資産税が必要経費に該当するためには，近い将来確実に貸付けの用に供されると考えられるような客観的な状態にあることが必要であるとした次の裁判例があります。不動産賃貸業者が自ら所有する土地の固定資産税を支払ったとしても，業者がその土地を将来貸付けの用に供する意図を持っているだけでは足らず，その土地を賃貸用に整備していることや実際に賃借人を募集していること等の事実がなければ必要経費とすることができない，ということです。

未貸与地固定資産税必要経費否認事件 （津地判平20.4.3税資258順号10936）

事案　納税者が所有する土地のうち，賃貸借契約により他人に貸す以前は特に賃貸用として整備していなかった部分にかかる固定資産税が，当該契約より前の期間の分についても不動産所得の必要経費に算入できるかが争われました。

判旨　「不動産所得の金額の計算上必要経費に算入される費用とは，不動産所得の総収入金額を得るために直接要した費用の額，これらの所得を生ずべき業務について生じた費用の額及び家事関連費のうち業務の遂行上必要であり，かつ，その必要である部分を明らかに区分することができるものでなければならない。」

「不動産賃貸業を営む個人の所有する土地で，ある年度において未

だ貸付けの用に供されていなかったものに係る固定資産税が、その年度における『所得を生ずべき業務について生じた費用』と認められるためには、その者がその主観において当該土地を貸付けの用に供する意図を有しているというだけでは足りず、当該土地がその形状、種類、性質その他の状況に照らして、近い将来において確実に貸付けの用に供されるものと考えられるような客観的な状態にあることを必要とするものと解すべきである。なぜなら、未だ貸付けの用に供される見通しが立っていない土地について、当該土地に係る固定資産税の支出を不動産所得の必要経費に算入し、その後、当該土地の貸付けを断念して家事用に転用した場合には、所得税法上当該土地に係る前記支出をさかのぼって不動産所得の必要経費から否認する規定はなく、不合理な結果が生じうるからである。」

　本土地は、居住用等に使用していたり利便性が劣る状況にあったこと、賃借人を募集していた事実が明らかでないこと等から、契約締結前から確実に貸付けの用に供されるものと考えられるような客観的な状態にあったということはできないから、固定資産税を不動産所得の必要経費に算入することはできない。

　なお、控訴審判決である名古屋高判平成20年9月29日税資258号順号10936も原審を支持。

イ　法人税

　法人税法は、「内国法人の各事業年度の所得の金額は、当該事業年度の益金の額から当該事業年度の損金の額を控除した金額とする。」（法法22条1項）と定めているのみで、所得税法のように所得分類を定めていませんから、賃貸借契約により使用させることを約する物の種類によって所得の計算方法が異なるようなことはなく、この点、所得税よりもシンプルです。益金の額に算入すべき収益の額（同条2項）と損金の額に算入すべき原価・費用・損失の額（同条3項）は原則として一般に公正妥当と認められる会計処理の基準

第6章　賃貸借契約―税法編―

に従って計算することとされていますが（同条4項），この「一般に公正妥当と認められる会計処理の基準」の意味するところにはかなりの議論があります。ここではその内容には立ち入らないこととして，賃貸借契約との関係では，所得税の場合と同様に，大要，賃貸借契約により受け取る賃料は益金の額となり，また，これを得るためにかかった費用は基本的に損金の額に含まれる，その差額として所得が計算され課税される，という計算構造であることのみをまずは押さえておきます。

なお，法人税が対象とする法人（典型的には株式会社）は，専ら事業活動を目的として設立されており，家事と業務の区分といった問題が起こりませんので，損金の範囲も所得税における必要経費よりシンプルに考えることができます。すなわち，法人が支払った費用は（その性質による例外や計上時点の問題はあるにせよ）基本的に損金の額に算入されるのであり，前記未貸与地の固定資産税に関する裁判例のような場合，支払った固定資産税は損金の額に算入されると理解できます。

2　契約成立段階の課税関係―敷金等の課税関係

ここからは，賃貸借契約の成立から終了までの各段階において具体的に問題となり得る税務上の諸問題を個別に取り扱っていきますが，まず，契約成立段階の課税関係として，契約の成立段階で授受が行われる敷金等の課税関係を検討します。なお，ここでの検討対象は主に借家契約に伴う敷金や保証金であり，借地契約において借地権設定の対価として授受する金銭については議論が複雑かつ広範にわたることから，後掲6・282頁以降でまとめて検討します。

借家契約に伴う敷金や保証金は，賃貸借契約の終了の時において未払いである賃料債務や損害賠償債務を担保するために交付されるものですので，通常は返還が予定されています。返還が予定される金銭を受け取ったとしても，受け取ったのが個人であれ法人であれ，それは所得にはならず課税を受けません。後で返す約束のある金銭が税を課されるべき「儲け」ではないということは，直感的に理解しやすいところではないでしょうか（もっとも，敷金等

258

名目の金銭が，実質的にみて無利息又は低利による金銭の貸付けといえるような場合には，敷金を収受した側には通常の利息相当額と実際に支払った利息額（無利息の場合にはゼロ）の差額として計算される経済的利益の価額が個人の不動産所得の総収入金額又は法人の益金の額に当たるとされることもあり得るでしょう。所法36条1項，所基通36-15，法法22条2項。）。

　一方，実際には，敷金や保証金の名目であっても，当初又は一定期間経過後においてその一部又は全部について貸主から借主に対して返還が不要である旨の約定をすることがあります。このように返還を要しない敷金等については，逆に課税すべき「儲け」があることになります。

　それでは，その「儲け」に係る収入・収益はどの時点で計上するべきでしょうか。収入・収益の計上時期を決定づける考え方については後掲3(1) 260頁で述べますが，差し当たり，いわゆる保証金の償却について争われた次の裁判例[5]では，返還不要であることとその金額が確定した日の属する事業年度の益金の額に算入すべき旨が判示されています。課税実務上も，そのような取扱いが通達に明記されています（所基通36-7，法基通2-1-41）。

借室使用補償費事件（東京高判昭52.4.26税資94-290）

事案　納税者が自己所有物件の借主との間で締結した賃貸借契約において，借主が，納税者に対して契約時に差し入れた保証金の1割を貸室明渡しに伴って「借室使用補償費」として納税者に支払わなければならないことが定められていた場合において，この「借貸室使用補償費」相当額の収益計上時期が争われました。

判旨　この「借室使用補償費」は「契約終了事由のいかんを問わず全

5）本裁判例のほか，契約書の文言はともかくとして，保証金の償却部分は貸室の引渡しを受けた時点で返還不要であることとその金額が確定しているから貸室の引渡しの日の属する事業年度の益金の額に算入すべきと判示したものとして，東京地判昭和57年6月14日税資123号634頁（控訴審である東京高判昭60.6.26税資145-1020は原審支持，上告審である最判昭61.9.25税資153-824は上告棄却）参照。

第6章　賃貸借契約—税法編—

> て補償費の支払が義務づけられていること」等から、「貸室の引渡しを受けた時点においてもはや返還することを要しない金員であり、かつ、補償費相当額は当該契約において当初から確定しているのであるから、賃貸人たる原告において収益処分をなしうる趣旨の金員として授受されたもの、すなわち権利金の一種と解するのが相当である。」そして、賃借人は保証金の預託を了した日に原告から貸室の引渡しを受けたものであるから、補償費相当額は原告が貸室を賃借人らに引渡した日の属する事業年度の益金とすべきである（原審の判旨を引用）。

3　契約履行段階の課税関係
(1)　賃料・更新料の課税関係
　ア　所得税・法人税における賃料・更新料の収入・収益計上時期

　次に、契約履行段階では賃料や更新料の授受が発生します。この賃料や更新料の収入が貸主にとって「儲け」を構成して個人の場合に不動産所得の総収入金額、法人の場合に益金の額に算入されることは前記のとおりですが、その時期はどのように定まるのでしょうか。所得税は暦年、法人税は事業年度を基礎として税が課されますので、計上時点は所得計算上重要な問題になります。

　この点、まず所得税法は、その年分の各種所得の金額の計算上収入金額とすべき金額又は総収入金額に算入すべき金額は、原則としてその年において収入すべき金額とする旨を定めています（所法36条1項）。この「収入すべき金額」とは、まだ現実の収入がなくても、その収入の原因である権利が確定した金額、のことであると解されており[6]、この考え方を権利確定主義といいます。法人税の収益の計上時期についても差し当たり、基本的にはこの権利確定主義が妥当すると解されている[7]、と理解しておけばよいでしょう。

6）最判昭和40年9月8日刑集19巻6号630頁、最判昭和49年3月8日民集28巻2号186頁、後掲の最判昭和53年2月24日民集32巻1号43頁。
7）最判平成5年11月25日民集47巻9号5278頁参照。なお、平成30年度税制改正において

したがって、賃貸借契約における賃料の収入（収益）計上時期は、契約により賃料の支払日が定められている場合にはその支払日であると考えるのが原則です（所基通36-5(1)、法基通2-1-29本文）。ただし、賃貸借契約の存否の係争等（賃料の額の増減に関するものを除く。）がある場合には、その判決、和解等のあった日であると解されています（所基通36-5(2)、法基通2-1-29本文）。

それでは、賃料の額の増減自体が争われている場合には、その賃料の収入・収益計上時期をどのように考えるべきでしょうか。この点については次に紹介する判例があり、権利の確定ではなく、例外的に、判決等の確定の前であっても現実の収入が納税者にあった場合には収入金額に計上するべきとの考え方が示されました。このような考え方を管理支配基準といいます。課税実務上も、賃料の額に関する係争等がある場合に賃料の弁済のために供託された金額については支払いを受けた日を収入・収益計上時期とすることが通達で明らかにされています（所基通36-5(2)、法基通2-1-29（注））。

「仮執行宣言付判決」収受家賃課税事件（最判昭53.2.24民集32-1-43）

事案 不動産の貸主である納税者が借主に対して賃料増額請求を行い、これが訴訟になった後に判決が確定して増額された賃料の収入計上時期について争われました。

判旨 「賃料増額請求にかかる増額賃料債権については、それが賃借人により争われた場合には、原則として、右債権の存在を認める裁判が確定した時にその権利が確定したものと解するのが相当である。……旧所得税法がいわゆる権利確定主義を採用したのは、課税にあたつて常に現実収入のときまで課税することができないとしたのでは、納税者の恣意を許し、課税の公平を期しがたいので、徴税政策上の技術的見地から、収入の原因となる権利の確定した時期をとらえて課税することとしたものであることにかんがみれば、増額賃料債権又は契

収益の計上時期に関する改正が行われました。詳しくは119頁を参照して下さい。

約解除後の賃料相当の損害賠償請求権についてなお係争中であつても，これに関しすでに金員を収受し，所得の実現があつたとみることができる状態が生じたときには，……この理は，仮執行宣言に基づく給付として金員を取得した場合についてもあてはまるものといわなければならない。けだし，仮執行宣言付判決は上級審において取消変更の可能性がないわけではなく，その意味において仮執行宣言に基づく金員の給付は解除条件付のものというべきであり，これにより債権者は確定的に金員の取得をするものとはいえないが，債権者は，未確定とはいえ請求権があると判断され執行力を付与された判決に基づき有効に金員を取得し，これを自己の所有として自由に処分することができるのであつて，右金員の取得によりすでに所得が実現されたものとみるのが相当であるからである。」

「仮に上級審において仮執行の宣言又は本案判決の取消変更により仮執行の宣言が効力を失つた場合には，右失効により返還すべきこととなる部分の金額に対応する所得の金額は，当該所得を生じた年分の所得の計算上なかつたものとみなされ……，更正の請求……により救済を受けることができるのであるから，なんら不都合は生じないのである。」

イ　賃料の設定と所得税・法人税

賃貸借契約の締結に当たっては，当然，賃料の金額を定めることになりますが，その定め方のいかんによって課税関係が影響を受けることがあります。ここでは，賃料の定め方をめぐる課税上の問題として，個人と不動産管理会社である同族会社の間の賃料水準の問題と，いわゆるフリーレントの問題を検討しておきます。

①　個人と同族会社の間の賃料の授受に関する問題

まず，実務上，不動産オーナーが自身や親族が株式を所有する法人を設立して，その法人に不動産を貸し付けて賃料を収受し，更にその法人がオー

ナーに支払う賃料に利益を上乗せした金額の賃料を設定して第三者に対して転貸する，という形を取ることがあります。または，オーナーがそのような法人に不動産の管理を委託し，管理料を支払うことがあります。これらの場合，その法人にいくらかの所得が計上されることとなり，同時に，オーナーの所得が自身で不動産の第三者への貸付け・管理を行っていた場合に比べて減少することになりますが，所得税の累進税率が法人税の税率に比べて高い場合があることから，そのことが結果的に全体としての税額を減少させる場合があります。

　オーナーが法人から収受する賃料や法人に支払う管理料が第三者と取引する場合と同様の水準として定められている場合には課税上特段の問題は生じませんが，前記の税額減少効果を希求するあまり，法人の方に第三者との取引によるよりも多くの所得を移転するような取引条件を定めている場合には，いわゆる同族会社の行為計算否認規定が適用され得ます。同族会社の行為計算否認規定とは，同族会社の行為又は計算で，これを容認した場合にはその株主等である居住者等の所得税の負担を不当に減少させる結果となると認められるものがあるときは，その居住者等の所得税に係る更正又は決定に際し，税務署長に，その行為又は計算にかかわらず所得金額等を計算することを認める規定です（所法157条1項）。簡潔にいえば，前記のような場合には，オーナーが法人から収受する賃料や法人に支払う管理料の金額を適正な金額に引き直して課税することを課税庁に認める規定ということになります。

　このようなオーナーと同族会社である不動産管理会社との間で授受された賃料について同族会社の行為計算否認規定（所法157条1項）の適用が認められたものとして，次に掲げる裁判例があります。この事例では，オーナーが，自身が代表取締役を務める同族会社に対して自身の所有する土地の転貸管理を依頼し，賃料を収受していたところ，その賃料が不当に低額であるとされました。ある賃料が不当に低額であるのかどうかを判断するためにはその基準となる適正賃料を算定する必要がありますが，本事例では，オーナーが同族会社に不動産を転貸しているのか管理委託をしているのかという法形式にかかわらず，管理委託をしている場合を基にして適正賃料を算定するべきと

判示されています（すなわち，同族会社が転貸で得た賃料収入から適正な管理料相当額を控除してオーナーに支払うべき適正賃料を算出することになります。）。その理由は，転貸の方法でも管理委託の方法でもオーナーの所得金額は同じになるべきという暗黙の前提のもと，不動産の賃料は不動産の種類・形状・所在状況等に応じて大きく異なるため適正賃料を直接算定し難いことが挙げられています。

　もっとも，本事例と類似した状況の下，「立地条件，用途，規模などの貸付地の状況が類似する土地（比準貸付地）であれば，特別の事情がない限り，賃料の額は同程度となるといえるから，同族会社とその株主等との間で貸し付けられた土地と立地条件，用途，規模などが類似する比準貸付地を抽出し，その比準貸付地平均賃料を用いて算定した適正賃料額と実際に株主等が同族会社から収受した賃料の額とを比較して，同族会社がその株主等と合意した賃料の額が経済的合理性を欠くか否かを判断することも許される」と述べて本事例と異なる適正賃料の算定方法を許容した裁決例も存在します[8]。

　いずれにしても，不動産オーナーとそのオーナーが株式を所有する法人との取引条件の決定に当たっては，常に第三者との取引相場を意識しなければならないことに留意する必要があるでしょう。

不動産管理会社行為計算否認事件（福岡高判平5.2.10税資194-314）

事案　不動産のオーナー個人が，自身が代表を務める同族会社に対して自身の所有する土地を貸付けその転貸管理を依頼し，その会社から賃料を収受して不動産所得に計上していたところ，賃料が不当に低額であるとして課税庁が同族会社の行為計算否認規定を適用してなした更正処分等について争われました。

判旨　「同族会社の行為又は計算が『所得税の負担を不当に減少させる結果となると認められる』かどうかは，専ら経済的，実質的見地において当該行為又は計算が通常の経済人の行為として不合理，不自然

---

8) 平成23年7月8日裁決事例集84-118参照。

なものと認められるかどうかを基準として判断すべきである。本件においては、本件賃貸料の額に基づいて算出された原告の所得税の金額を右基準に基づいて適正賃貸料の額に引き直し、通常の所得税の金額を算定することになるので、適正賃貸料の額が問題となる。」

「しかし、本件物件の適正賃貸料の額を算定するとしても、不動産賃貸料というものは、不動産の種類・構造・立地条件・建築年数等によって大きく異なるものであるから、本件物件の適正賃貸料を直接算定することは極めて困難であり、仮にそれが可能であったとしてもその数値の合理性、正確性には疑問がある。そこで、右の算定方法に代わるものとして、不動産管理会社の管理料割合の算定という方法が考えられる。」

「本件のような所有不動産の管理を同族会社である不動産管理会社に委託している者が支払った管理料について、それが所得税法157条に基づく行為又は計算の否認の対象となるか否かを判断し、かつ、否認すべきものとした場合における適正な管理料を計算するためには、同族関係にない不動産管理会社に原告と同規模程度の建物又は駐車場の管理を委託している同業者が、当該不動産管理会社に支払った管理料の金額の賃貸料収入の金額に対する割合と比準する方法によって、通常であれば支払われるであろう標準的な管理料の金額を算出でき、これと現実の支払管理料の金額とを比較検討することが、事案に応じた合理的な方法であると思われる。」

なお、上告審判決である最判平成6年6月21日訟月41巻6号1539頁は原審の認定判断を正当として是認し、上告棄却。

② フリーレントに関する問題

次に、実際の不動産賃貸の現場では、賃貸不動産の稼働率の向上を目的として新たに契約する借主との間で、一定期間の賃料を無料とすること、いわゆるフリーレントの条件を含む賃貸借契約が締結されることが多くあります。この場合の賃料収入の計上時期はどのように考えればよいでしょうか。

この点，課税実務上の取扱いが明確に示されているわけではなく，契約条件に即して事案ごとに取扱いを慎重に検討することが必要ですが，一応次のように考えられるのではないでしょうか。

一般的にフリーレントを含む賃貸借契約は，フリーレントの対象である期間における賃料の免除と賃貸借契約の途中解約の場合におけるフリーレント相当額の違約金の発生を内容として締結されると考えられます。この場合，前記の権利確定主義によれば，フリーレント期間においては貸主には賃料を収受する権利が確定せず，フリーレント期間の経過後にはじめて賃料を収受する権利が確定するといえるため，フリーレント期間内において不動産所得の収入・収益は計上されないと考えられます。また，フリーレント相当額の違約金を収受する権利は実際に途中解約に至った場合にはじめて確定するので，実際の途中解約に至った時に，フリーレント相当額の違約金について不動産所得の収入・収益に計上されると考えられます。

なお，貸主が法人の場合，関係会社や取引先，役員といった特定の法人・個人に対してのみフリーレントを実施しているといえる場合には，フリーレント相当額が寄附金（法法37条1項，7項）・交際費（租特61条の4）・役員給与（法法34条1項）に該当して損金不算入となる可能性（給与の場合には更に，貸主である法人の側で給与の支払いに係る源泉徴収義務が生じ，借主である役員等の側で給与所得に対して所得税が課される可能性）が考えられますので，特定の法人・個人に対してのみフリーレントを実施することには慎重であるべきでしょう。

ウ　賃料と消費税

これまでの所得税・法人税の議論からは離れますが，賃貸借契約において物の使用及び収益を相手方に約する対価として授受する賃料には，消費税が課されることがあります。

ここで，消費税の計算構造について詳細を捨象してごく簡単に述べておきます。消費税法では，国内において個人事業者及び法人が行った資産の譲渡等（資産の貸付けや役務の提供を含む。）には，特に非課税とされるものを除き消費税を課することとされており（消法2条1項4号，8号，4条1項，6条1項），

個人事業者及び法人は、国内において行った消費税が課される資産の譲渡等について消費税の納税義務を負います（消法5条1項）。そして、個人事業者及び法人が納めるべき消費税額は、消費税が課される資産の譲渡等の対価（課税売上高）に係る消費税額から、事業として受けた他の者からの資産の譲受け等（課税仕入れ）に係る消費税額を控除して計算します（消法2条1項12号，9条2項，28条1項，30条1項）。

賃貸借契約との関係では、非課税とされる資産の譲渡等に「土地（土地の上に存する権利を含む。）の譲渡及び貸付け」と「住宅……の貸付け」が含まれていることが重要になります（消法別表第一1号，13号。なお、非課税とされる資産の譲渡等の対価のことを非課税売上高といいます。）。土地と住宅の賃貸借契約により授受する賃料には消費税が課されない、ということであり、裏を返せば、その他の賃貸借契約により授受する賃料には消費税が課されるということです。

すなわち、収受した賃料に係る消費税について、貸主が消費税の納税義務者であればこれを納税しなければならないこと（受け取った賃料総額の全てが貸主の手元に残るわけではないこと）に注意が必要です。また、詳細には立ち入りませんが、消費税の納税義務者にとって非課税売上高が増加することは消費税の納税額を増加させる効果を生むことがあり（消法30条2項参照）、住宅用アパートの新築などによって非課税売上高の急な増加が見込まれる場合には税務の専門家が事前の対策を検討しなければならないことがありますので、このことも記憶にとどめておくとよいでしょう。

(2) **必要費・修繕費の課税関係**

前掲1(2)ア（251頁）のとおり、事業活動と直接の関係を持ち、事業の遂行上必要な経費は不動産所得の必要経費に算入することができます（事業所得と雑所得でも同様）。したがって、賃貸借契約の履行段階において貸主である個人が支出する必要費や修繕費は、必要経費に一時に算入することができます。これらのことは貸主が法人であっても同様であり、必要費や修繕費は損金の額に一時に算入することができます。

ただし，実務上，所得税においても法人税においても減価償却資産の取得と修繕費の区分がしばしば問題になりますので，簡単に解説しておきます。

減価償却資産とは，抽象的には固定資産のうち使用又は時の経過に応じて価値が減少するために将来の収益に対する費用の一括前払いの性質を有するものであり，法文上は，（所得税の場合には不動産所得若しくは雑所得の基因となり，又は不動産所得，事業所得，山林所得若しくは雑所得を生ずべき業務の用に供される）建物，構築物，機械及び装置，船舶，車両及び運搬具，工具，器具及び備品，鉱業権その他の資産で償却をすべきものをいいます（所法2条1項19号，法法2条23号）。減価償却資産の取得に要した金額は，その資産の耐用年数にわたって減価償却費として各年の必要経費・損金の額に算入します（所法49条1項，法法31条1項）。これに対して修繕費とは，資産の通常の維持管理や修理のために支出する費用です。

この両者の区分が難しい理由は，ある資産の修理や改良のために支出した金額には，例えば機械の部品を品質・性能の高いものに取り替える場合など，往々にしてその資産の価値を高めたり耐久性を増して使用可能期間を延長したりする性質のものがあるためです。このような金額を資本的支出といい，資本的支出は減価償却資産の取得に要した金額と同様に，減価償却費として各年の必要経費・損金の額に算入することになります（所法令127条1項，181条，法法令55条1項，132条）。資本的支出は，修繕費と異なり，支出した時の一時の必要経費・損金の額とはならないのです。

このことを貸主の資金繰りという観点で見ると，ある支出が修繕費ではなく資本的支出に当たる場合，その支出額の全額を一時の必要経費・損金の額に算入することができず，支出に伴って手元資金が減少しているにもかかわらず課税される所得が生じ，納税によって更に手元資金が減少してしまう，そのことを見越して資金繰りを考えなければならない，という問題があることがわかるでしょう。特に，不動産賃貸業の場合には不動産に紐づく借入金の返済も納税後の手元資金から行っているのが通常ですので，納税後の手元資金をきちんと見通すことはとても重要です。このような見地から，ある支出が修繕費であるか資本的支出であるかということは可能な限り支出の事前

に検討しておくことが推奨されます。

なお、課税実務上、修繕費と資本的支出の区分に関して一定の金額基準等が通達で示され、簡便的な取扱いが認められています（所基通37-12〜14の2，法基通7-8-3〜6）。

4 契約終了段階の課税関係
(1) 原状回復費・有益費の課税関係

いよいよ契約終了段階の課税関係を検討していきますが、ここでは、賃貸借契約の終了に当たって借主が負担する原状回復費の税務上の取扱いと、同じく契約の終了に当たって貸主から借主に償還される有益費の税務上の取扱いについて検討します。

ア 原状回復費

賃貸借契約の終了に当たって借主は何らかの原状回復費を負担するのが通常です。この原状回復費について、借主の側では、借主が事業を営む個人又は法人である場合には、その支出金額が必要経費又は損金の額に算入されることは前記の議論と同様です。また、貸主の側では、賃貸した物が契約前の状態で返還されたに過ぎないのが通常ですから、その限りで、所得税及び法人税では特段の課税関係を生じないと考えられます。

一方、消費税の取扱いには少し注意が必要です。実務上、貸主が借主の代わりに原状回復工事を行い、これに要した費用相当額を予め預かった保証金から差し引いて残額を返還することがあります。このような場合、原状回復義務を負っているのが借主であるにもかかわらず貸主が代わりに工事をしてあげてその代金を借主に請求した、ということを、貸主から借主への役務の提供と捉え、消費税が課される資産の譲渡等に該当するものとして、消費税が課されることになります。すなわち、貸主が消費税の納税義務を負っている場合には、借主に保証金を返還する際に差し引いた原状回復費用相当額に係る消費税について、貸主が消費税を納税しなければならないことになります。

第6章　賃貸借契約―税法編―

イ　有益費

　賃貸借契約の終了時に貸主から借主に有益費が償還されることがあります。貸主は有益費の支払いと引き換えに資産を譲り受けるのが通常と考えられますので，一般的には前掲3⑵267頁における資本的支出の議論と同様，貸主は有益費相当額で資産を取得したものとして，減価償却によりその金額を各年の必要経費・損金の額に算入することになると考えられます。なお，課税実務上はその減価償却にあたっての耐用年数について，他人の建物に対する造作で，当該建物の賃借期間の定めがあり，かつ，有益費の請求又は買取請求ができないものについては，当該賃借期間を耐用年数とすることができる旨が通達で明らかにされています（耐用年数取扱通達1-1-3）。

　ところで，賃貸借契約と相続税をめぐる基本的な考え方は後掲7・292頁以降でまとめて取り扱いますが，ここでは，有益費償還請求権の相続税評価額について争われた裁決例を紹介します。本裁決例では予め有益費償還請求権を放棄していたためにその相続税評価額はゼロとされましたが，本裁決例は，他人の建物の改造工事を行った場合にこれに相続税評価額が付されるか否かの判断基準の1つが示されたものであるといえます。普段有益費の存在を強く意識することがないであろう税務や会計の専門家にとって参考になるものと思います。

有益費償還請求権相続税課税事件（平成2年1月22日裁決事例集39-380）

　事案　有限会社の出資の相続税評価に当たって，いわゆる純資産価額方式をとる場合に，その有限会社が賃借した建物にした改造工事について計上していた建物附属設備の相続税評価額がゼロ円であるかが争われました。なお，その有限会社は賃貸人との間の賃貸借契約において，入居までの内部改造工事及び入居後の造作工事等の買取り請求を賃貸人に対して行わないこと，賃貸人の指示で原状回復するときは自己の負担で行うことを約していました。

　判旨　本件附属設備は賃貸人が所有する建物の従たるものとしてこれ

> に付合したことが明らかであり，かつ，それ自体本件建物の構成部分となって独立した所有権の客体とならないから，有限会社の資産として計上できないというべきである[9]。もっとも，このことにより有限会社は民法608条2項に規定する有益費償還請求権を取得することとなるはずであるが，しかし，認定事実によれば有限会社はこの有益費償還請求権を放棄したといえるから，本件附属設備の相続税評価額の計算に当たり，この有益費償還請求権を有額評価することはできない。

(2) 立退料の課税関係

次に，賃貸借契約を終了する際に，貸主から借主に立退料が支払われることがあります。この立退料の税務上の取扱いは，貸主側・借主側ともにやや複雑ですので，解説を加えます。なお，ここでは借家契約の終了に伴う立退料を念頭に置くこととし，借地権の返還に当たっての立退料については後掲6・282頁以降で扱うことにします。

ア　借主側の所得税・法人税の課税関係

まず，立退料を受け取った借主側における所得税上の取扱いは，主にその性質に応じて変わり，具体的には次のとおりになることが課税実務上通達で明らかにされています。

すなわち，立退料の性質を(A)借家権の消滅の対価の性質を有するもの，(B)移転による休業等に伴う収入・経費の補填の性質を有するもの，(C)その他のものの3つに区分した上で，まず，(A)を譲渡所得に係る収入金額に算入することになります（所法令95条，所基通33-6）。実務上，立退料の総額のうちに(A)に相当する部分の金額がいくら含まれているのか直接算定し難い場合もあると考えられますが，その場合には，例えば，明らかに(B)(C)の金額に相当する

---

[9] ここでの「資産として計上できない」とは，相続税における取扱いに限って示された判断であると解するべきと考えられます。

金額を立退料の総額から控除して(A)に相当する金額を算定する，といった合理的な方法を用いることになると考えられます。

次に，(B)を，その業務に係る各種所得の計算上総収入金額に算入することになります（所基通34-1(7)(注)1）。典型的には，店舗の立ち退きに当たって，移転に伴う休業期間中の収入や，その休業期間中の使用人に支払う給与の補填として受け取る場合が考えられます。

最後に，(C)を，一時所得に係る総収入金額に算入することになります（所基通34-1(7)）。なお，例えば引越費用に充てる趣旨で支払われた立退料は一時所得に係る総収入金額に算入しますが，借主がこれに関して実際に支払った引越費用は一時所得に係る「その収入を得るために支出した金額」となり，一時所得の計算上控除できると考えられます（所法34条2項）。

また，借主が法人である場合には，前記のとおり，法人税に所得区分はありませんのでその性質による取扱いの差異はなく，借主である法人が受け取った立退料は益金の額に算入することになると考えられます。

イ　貸主側の所得税・法人税の課税関係

次に，貸主側の所得税での取扱いですが，これは立退料の支払いの目的により取扱いを異にして次のとおりになることが課税実務上通達で明らかにされています。

まず，貸主が建物を譲渡するために支払った立退料や建物を取り壊して土地を譲渡するために支払った立退料は，譲渡所得の計算上控除される「資産の譲渡に要した費用」となります（所法33条3項，所基通33-7(2)）。

次に，不動産所得の基因である建物の賃借人を立ち退かせるために貸主が支払った立退料は，前記の場合を除き，その不動産所得の必要経費に算入することになります（所基通37-23）。

最後に，土地や建物を取得するに際してその土地等を使用していた者を立ち退かせるために貸主が支払った立退料は，その土地や建物の取得費又は取得価額に算入することになります（所基通38-11）。

また，貸主が法人である場合には，前記の場合と同様に法人税に所得区分

がないことから，前二者の場合にはその立退料は損金の額に算入することとなると考えられ，また，最後の場合は所得税における取扱いと同様に土地等の取得価額に算入することになります（法基通7-3-5）。

ウ　消費税の課税関係

さて，前掲ア271頁のとおり，立退料は借家権の消滅の対価とみられることがあることは課税実務上も肯定されているところですが，一歩進んで，立退料は借家権の譲渡の対価であるという評価が可能であると見る向きもあるかもしれません。このように見た場合，貸主が支払った立退料は借家権という資産を取得するための対価ですので，前に述べた消費税の計算構造からすると，立退料は消費税が課される資産の譲渡等の対価であって，これに係る消費税は貸主が納付すべき消費税額から控除できるようにも思われます。

このような考え方について争われた裁判例を次に紹介します。本裁判例では，立退料が借家権の「譲渡」の対価であるという考え方は消費税法上では取られないという判断が示されました。すなわち，まず，消費税法上の「資産の譲渡」とは「資産につきその同一性を保持しつつ他人に移転することをいい，単に資産が消滅したという場合はこれに含まれないものと解するのが相当」と判示されました。この上で，立退料は借家権の対価とみられる可能性があることを肯定しつつ，建物の賃貸借契約の合意解除によって借家権は「消滅」して同一性を保持しつつ他人に移転していないので，消費税法上の「資産の譲渡等」に該当しない，したがって消費税の控除の対象ではない，と判示されました。

なお，ここで示された裁判所の判断には消費税制度の基本的な考え方が含まれており，参考になると思われますので，やや長く判決文を引用しています。

第6章　賃貸借契約―税法編―

立退料課税仕入該当性否認事件（東京地判平9.8.8判タ977-104）

事案　建物の賃貸借契約の合意解除に際して立退料を支払った納税者が，これは課税仕入れに該当するとして消費税の確定申告をしたところ，課税仕入れに該当しないとして課税庁からされた課税処分について争われました。

判旨　「消費税法は，消費税を，最終的な消費行為よりも前の各取引段階で物品やサービスに対する課税が行われ，税負担が物品やサービスのコストに含められて最終的に消費者に転嫁することが予定されている間接消費税として位置づけ，複数の取引段階で課税する多段階消費税の制度をとった上，税負担の累積を防止するため，各取引段階で移転，付与される附加価値を課税標準として課税する附加価値税の制度をとり，右累積の防止を実現するための税額算定の方法として『仕入れに係る消費税額の控除』の規定を設けている（消費税法30条1項）。」

「消費税は，最終的な消費行為よりも前の段階で物品やサービスに対する課税が行われ，税負担が物品やサービスのコストに含められて最終的に消費者に転嫁することが予定されている間接消費税であり，しかも，各取引段階において移転，付与される附加価値に着目して課される附加価値税の性質を有する多段階一般消費税であって，各取引において附加価値の移転等がある場合は課税の問題が生じるが，附加価値の移転等が生じない場合は理論上の課税の問題は生じないものである。これを国内取引のうち資産の譲渡についてみるに，本来，資産の譲渡とは，権利，財産，法律上の地位等を同一性を保持しつつ，他人に移転することをいうものであるところ，消費税法は，右の資産の譲渡により譲渡人のもとで生じた附加価値が移転するのをとらえ，消費税の課税の対象としているのである。これに対し，単に権利等の資産が消滅する場合には，当該資産を有する者のもとで発生した附加価

値が移転すると観念することはできない。また，仮に資産の消滅が『資産の譲渡』に該当するものとすれば，その見返りとして支払われた補償金等を課税仕入れに係る支払対価と解する余地が生ずるが，単に資産が消滅したというような場合には，その次の段階の取引というものを観念することができず，税負担の累積という現象が生じる余地がないのであって，」このような場合に附加価値税制度の一環をなす仕入税額控除の規定（消費税法30条1項）を適用するのは前記の右規定の趣旨に合致しない。

　したがって，「資産の譲渡」とは，「資産につきその同一性を保持しつつ他人に移転することをいい，単に資産が消滅したという場合はこれに含まれないものと解するのが相当である。」

　建物の賃貸借契約を合意解除する場合の立退料は，「(1)通常予想される期間まで当該家屋を使用できないことから生ずる損失の補填，つまり，現在と同程度の住宅等を借りる際の権利金等，従前の敷金等と新たに支払われるべき敷金等との差額，新旧借家の家賃差額の補填という性格，(2)営業用家屋については，移転に伴う損失，すなわち，移転期間中の無収入，新しい土地で従来と同程度の顧客を得るまでの損失などの補償という性格，(3)その他引っ越し費用等の補填という性格など，補償という性格を有しているが，都市部の建物の賃貸借等では，賃借人に借家権なるものが発生していると観念し，賃貸借を合意解除する際に借家権の対価としての性格を有する金員が立退料という形で支払われる場合がある。」

　本件での認定事実によれば，「本件立退料は，都市部の営業用建物の賃貸借の合意解除に際し，事業者である賃借人らに立退料として支払われたものであり，右の補償金としての性格を有することは明らかであるが，その額が高額であることも考え併せると，借家権の対価としての性格を併せ有する可能性も否定できない。しかし，本件立退料の中に借家権の対価とみるべき部分があるとしても，その借家権はあくまでも観念上のものであり，本件立退料が右の補償金としての性格

第6章 賃貸借契約―税法編―

　を有することからすれば，本件建物の賃借権は，右認定のとおり，あくまでも原告と賃貸人らとの合意解除により終了し消滅したものとみるほかはなく，原告と賃借人らとの間で本件建物の賃借権の売買がされたということはできない。」
　「本件立退料の支払を受けて本件建物を明け渡す行為をもって，資産につきその同一性を保持しつつ他人に移転することとみることはできず，右の行為は『資産の譲渡等』に該当しない。」
　したがって，「本件立退料の支払により賃借権を消滅させる行為は課税仕入れに該当せず，当該支払いに係る消費税相当額を控除対象仕入税額とすることはできない。」

5　リース取引の課税関係

(1)　リース税制が存在する理由

　これまでは主に不動産を念頭に通常の賃貸借契約の課税関係を検討してきましたが，ここでは，民法上は賃貸借である契約が，経済的実質の観点から，税法上だけで売買又は金銭消費貸借に引き直される場合について説明します。いわゆるリース取引についてです。
　具体的な制度の説明に入る前に，経済的実質の観点からリース取引について特別の取扱いが設けられている理由を簡単に確認したいと思います。実際にリース契約が利用される場面として想定しやすい，次のような事例を思い浮かべてみてください。

5 リース取引の課税関係

┤設　例 1 ├

　製造業を営む法人Aが，設備投資を一括支払いでするほどの手元資金がないために，製造設備Bをリース契約で借り受ける内容の契約をリース会社との間に締結した。その契約上，リース料の総額は法人Aが製造設備Bを金融機関から融資を受けて利払いをしながら第三者から購入する場合と同額であり（すなわち，リース料の総額は製造設備Bの購入代価とリース期間相当の期間の借入利息相当額総額の合計額と同額であり），製造設備Bを使用する上で生じる費用は全て法人Aが負担することとされていた。また，法人Aがこの契約を中途解約する場合には，残りの契約期間に支払うはずだったリース料の総額をリース会社に支払わなければならないこととされていた。

┤設　例 2 ├

　サービス業を営む法人Cが，資金繰りに窮したことから銀行に融資を申し込むことに代えて，本社建物Dをリース会社に売却して売却代金を収受する一方，それを直ちにリース会社からリース契約で借り受けて毎年リース料を支払う内容の契約を締結した（このような取引は一般的にセール・アンド・リースバック取引と呼ばれます。）。その契約上，契約の中途解約はできないものとされており，本社建物Dを使用する上で生じる費用は全て法人Cが負担することとされていた。

　設例1の場合には，法人Aは，銀行から融資を受けて自前で製造設備Bを購入して銀行に対して元本と利息を返済していくのと，まったく同じ効果を得ています。また，設例2の場合には，法人Cは，本社建物Dを担保に入れて銀行から借入れを起こしたのと，やはり同様の効果を得ています。これらのような場合，効果が同一であるにもかかわらず法形式が異なるごとに異なる取扱いをすることは不合理であるために，所得税法と法人税法はリース取

引について特別の取扱いを用意しているのです。

　なお，同じような理由から，主に金融商品取引法の規制が及ぶ会社が有価証券報告書や計算書類を作成する際に従うこととされている企業会計基準も，一定のリース取引を企業会計上でのみ売買や金銭消費貸借であったものと取り扱う旨を定めています[10]。ただし，詳しく立ち入りませんが，税法上の取扱いと企業会計上の取扱いが完全に同一であるわけではありません。

(2)　リース税制の概要

　ア　対象となるリース取引

　前に述べたように税法上特別な取扱いをすることとされているリース取引は，次の2つの要件に該当する資産の賃貸借であるとされています（所法67条の2第3項，法法64条の2第3項）。

① 　賃貸借期間の中途においてその解除をすることができないもの又はこれに準ずるものであること（いわゆる中途解約不能要件）。
② 　賃借人が当該賃貸借に係る資産からもたらされる経済的利益を実質的に享受することができ，かつ，当該資産の使用に伴って生じる費用を実質的に負担すべきこととされているものであること（いわゆるフルペイアウト要件）。

　ここで，まず，①の中途解約不能要件における「準ずるもの」とは，例えば，契約に解約禁止条項がない場合で解約に際して賃貸借期間の残期間に対応するリース料の額の合計額の概ね全部（原則として100分の90以上）を支払うこととされているものや，契約更新のための解約であって解約に伴い高性能又は同一性能の機種を同一の賃貸人から賃貸を受ける場合には解約金を要しないこととされているものなどをいうと解されており（所基通67の2-1，法基通

---

10) 企業会計基準第13号「リース取引に関する会計基準」（改正平成19年3月30日，企業会計基準委員会）及び企業会計基準適用指針第16号「リース取引に関する会計基準の適用指針」（最終改正平成23年3月25日，企業会計基準委員会）を参照。

12の5-1-1)，実際にも，中途解約の場合の違約金がリース料の額の合計額の約50％程度以下でありこのように合意された目的が賃貸人にとっての建物の建築コストの回収にあって残リース料の回収にはなかったといえることから「賃貸借期間の中途においてその解除をすることができないものに準ずるもの」とはいえないとの判断が示された裁判例[11]があります。

また，②のフルペイアウト要件における「資産の使用に伴つて生ずる費用を実質的に負担するべきこととされているもの」について，解約不能であるリース期間の支払リース料総額がその資産の取得のために通常要する価額(当該資産を事業の用に供するために要する費用の額を含む。)の100分の90に相当する金額を超える場合はこれに該当するものとされています（所法令197条の2第2項，法法令131条の2第2項）。

なお，①の中途解約不能要件と②のフルペイアウト要件を満たす場合でも，借地権課税制度の適用を受ける土地の賃貸借及び所有権が移転しない土地の賃貸借は，税法上のリース取引の範囲から除外されています（所法67条の2第2項，所法令197条の2第1項，法法64条の2第3項，法法令131条の2第1項）。これは，借地権課税制度の適用を受ける土地の賃貸借には別途の制度（所法令79条，法法令138条）があること，土地の所有権が最終的に移転しない土地の賃貸借については土地の使用可能期間が無限大であり物理的に劣化しないという特質があることから設けられた例外と考えられます。

イ　金銭消費貸借として処理するリース取引の具体的な税務処理

前頁アのリース取引については，売買として処理する場合と金銭消費貸借として処理する場合とが存在します。

このうち，金銭消費貸借として処理されるリース取引とは，内国法人が譲受人から譲渡人に対する賃貸（リース取引に該当するものに限る。）を条件に資産の売買を行った場合において，当該資産の種類，当該売買及び賃貸に至るまでの事情その他の状況に照らし，これら一連の取引が実質的に金銭の貸借で

---

11) 松山地判平成27年6月9日判タ1422号199頁。

あると認められるものです（所法67条の2第2項，法法64条の2第2項）。その具体的な判定に際しては，課税実務上，例えば，譲渡人が譲受人に代わって資産を購入することに事務の効率化などの相当の理由があり，かつ当該資産について譲渡人が立替金等の仮勘定で経理処理し，譲渡人の購入価額で譲受人に譲渡するものなど，一定の場合には実質的に金銭の貸借であるとは取り扱わないことが明らかにされています（所基通67の2-4，法基通12の5-2-1）。

金銭消費貸借として処理されるリース取引に該当するリース取引については，資産の売買はなかったものとされ，金銭の貸付けがあったものとして所得計算を行うことになります。具体的には，支払リース料のうち金銭消費貸借の元本部分と利息部分を合理的に区分して，元本部分は元本の返済として処理し，利息部分については，譲渡人の側では必要経費・損金の額に算入し，譲受人の側では収入金額・益金の額に算入することになります（所基通67の2-5，67の2-6，法基通12の5-2-2，12の5-2-3）。

このとおり，セール・アンド・リースバック取引の全てが金銭消費貸借として処理するリース取引に該当するわけではありません。しかし前掲(1)276頁で例として掲げたセール・アンド・リースバック取引のような場合は，資金調達を目的にしていますので一般的には金銭消費貸借として処理するリース取引に該当することになるでしょう。

ウ　売買として処理するリース取引の具体的な税務処理

リース取引のうち金銭消費貸借として処理するもの以外のものは，売買として処理することになります。

ところで，リース取引の中には最終的に法的な所有権が賃借人に移転するものと移転しないものがあります。税法は，後者を特に所有権移転外リース取引と呼んだ上で（なお，本章では便宜上，所有権移転外リース取引ではない前者のものを「所有権移転リース取引」と呼ぶことにします。），その両者に分けて取扱いを規定しています。

まず，所有権移転外リース取引とは，次のいずれかに該当するもの（これらに準ずるものを含む。）以外をいいます（所法令120条の2第2項5号，法法令48条

の2第5項5号)。

① リース期間終了の時又はリース期間の中途において目的資産が無償又は名目的な対価の額で賃借人に譲渡されるものであること。
② 賃借人に対し，リース期間終了の時又はリース期間の中途において目的資産を著しく有利な価額で買い取る権利が与えられているものであること。
③ 目的資産の種類，用途，設置の状況等に照らし，当該目的資産がその使用可能期間中賃借人によってのみ使用されると見込まれるものであること又は当該目的資産の識別が困難であると認められるものであること。
④ リース期間が目的資産の法定耐用年数に比して相当短いもの（賃借人の税の負担を著しく軽減することになると認められるものに限る。）であること。

これらの各文言の解釈については，通達に詳細に示されています（所基通49-30の2～49-30の9，法基通7-6の2-1～7-6の2-8)。

この所有権移転外リース取引について，賃借人の側では，原則として，リース取引開始時に全リース期間のリース料総額を取得価額として資産を取得したという処理をし，取得した資産をリース期間定額法により減価償却し，減価償却費を毎年の必要経費・損金の額に算入します（所法令120条の2第1項6号，所基通49-30の10，法法令48条の2第1項6号，法基通7-6の2-9)。なお，リース料相当額のうち利息相当額を区分できる場合にはこれを資産の取得価額から除き，その利息相当額を利息法又は定額法により必要経費・損金の額に算入することも認められています（所基通49-30の10，法基通7-6の2-9)。

一方，賃貸人の側では，原則として，リースの対象である資産の引渡時に譲渡対価の額と譲渡原価の額をそれぞれ計上します。ただし，収益及び費用を繰り延べる一定の方法も認められています（所法65条，所法令188条，法法63条，法法令124条)。そして，所有権移転外リース取引ではリース契約が終了すると対象となっていた資産が賃貸人に返還されますので，その資産をその時の時価で取得したものとして処理します（所基通49-30の12，法基通7-6の2-11)。

また，所有権移転リース取引についても，前記の所有権移転外リース取引とほとんど同様の処理を行うことになりますが，賃借人の減価償却方法はリース期間定額法ではなく他の減価償却資産と同様の方法になる点，所有権移転リース取引では最終的に所有権が賃借人に移転しますので，賃貸人の側で最終的な資産の受け入れ処理がない点は，相違します。

エ 消費税法上のリース取引の取扱い

消費税でも，このリース取引について所得税・法人税の処理と平仄を合わせた取扱いがされます。すなわち，所得税・法人税で金銭消費貸借として処理することになるリース取引は消費税においても金銭の貸付けと取り扱われ，所得税・法人税で売買として処理することになるリース取引は資産の譲渡と取り扱われることになると解されています（消基通5-1-9）。

6 借地権の課税関係

(1) はじめに

借地権が経済的価値を持ち，そのために新規に借地権を設定する場合には権利金が授受される場合があります。この場合の課税関係は，地主と借地人がそれぞれ個人であるか法人であるか，権利金の授受がなされたか否か，その後の地代の授受をするか否か，などに応じて，所得税・法人税・相続税・贈与税という複数の税目をまたいだ甚だ複雑なものになっており，また実務上参照すべき取扱いの多くがいくつかの通達に分散して定められていることが手伝って，理解が容易ではありません。そして，権利金や地代の金額をどう設定するかによって予期せぬ認定課税を招くことがあり，実務上，契約条件を組み立てるに際して慎重さを要します。そこで，前では不動産の賃貸借契約の成立から終了までの各段階における課税関係を概観しましたが，ここでは賃貸借契約における借地権をめぐる課税関係をひとくくりにして，地主と借地人がそれぞれ個人であるか法人であるかに場合分けして確認することにします。

なお，前掲のような借地権の認定課税が生じるためには，その前提として，

借地権の設定に際して通常権利金を支払う取引上の慣行がある地域における取引であることが必要です。この点，実務上はこのような取引上の慣行がある地域かどうかの判断をどのように行えばよいかという問題が悩ましいところですが，国税庁が公表している路線価図において借地権割合40％が付された土地について，この借地権割合は不動産鑑定士等の精通者による借地権の取引慣行がある地域であるとの意見を基に評定されたものであることなどを根拠に，そのような取引上の慣行がない旨の納税者の主張を退けた裁決例[12]があり，参考になります。

また，借地借家法上，借地権は「建物の所有を目的とする地上権又は土地の賃借権」であるとされており（借地借家法2条1号），特段の定義規定がなければ税法上も同義に解すればよいと考えられます。しかし，所得税法と法人税法では，借地権は建物若しくは構築物の所有を目的とする地上権若しくは賃借権とされている場面があり（所法令79条1項，法法令138条1項），構築物の所有を目的とするものを含む点で借地借家法上のそれよりも範囲が広い意味で使われていることがありますので，注意が必要です。

(2) 地主も借地人も個人である場合の借地権の課税関係

これ以降では，その権利金の授受に関する具体的な課税関係を確認します。

ア　借地権設定の基本的な課税関係

前に述べたとおり，不動産や不動産の上に存する権利の貸付けによる所得は不動産所得に区分することになりますが，地主が受け取る借地権設定の対価は全て不動産所得となるのかといえばそうではなく，その対価の額が一定程度以上に多額である場合には取扱いが異なります。すなわち，借地権設定の対価がその土地の時価（一定の場合時価の2分の1）の2分の1を超える場合には，この借地権の設定は譲渡所得の対象である資産の譲渡となり，受け取った対価は譲渡所得の総収入金額になります（所法33条1項，所法令79条1項1号。なお，建物等の一部の所有を目的とする借地権設定の場合，大深度地下の公共的使

---

[12] 裁決平成25年4月24日TAINS F0-3-452。

用に関する特別措置法の適用がある場合の地下について上下の範囲を定めた借地権の設定である場合について同項2号，3号参照）。借地権設定の対価が譲渡所得の総収入金額になる場合，譲渡所得の計算上，その土地の取得に要した金額及び改良費の合計額のうち一定額を取得費として控除することになります（所法33条3項，所法令174条，所基通38-4）。

そして，譲渡所得にならない場合には不動産所得になりますが，譲渡所得と異なり不動産所得には超過累進税率が適用されますので，借地権設定のために一時に受け取る権利金の額が多額であると，その年分の所得税額も多額にのぼってしまいます。このため，一定の場合に平均課税の適用を受けることができます（所法2条1項24号，90条，所法令8条2号）。

一方，借地人が支払った借地権設定の対価は，借地権の取得価額となります。

イ 権利金に代わり保証金の授受があった場合

権利金の受け渡しをすると地主は上記アのとおりの課税を受けることになりますが，その税額は往々にして多額になります。これを回避するため，権利金を受け取る代わりに，地主が借地人から無利息の保証金を預かって遠い将来返還することにしたらどうか，と考える納税者がいるかもしれません。これに対処するため，制度上，地主が借地権設定に当たって特に有利な条件で金銭の貸付けを受けるなどの特別の経済的な利益の供与を受けた場合には，その特別の経済的な利益の額を借地権設定の対価として実際に受け取った金額に加算して譲渡所得の判定を行うこととされています（所法令80条）。もっとも，課税実務上，受け入れた保証金等の金額がその土地の存する地域において通常収受される程度（その額が明らかでないときは，契約した地代の3月分相当額）以下であるときは，この場合の特別の経済的な利益の対象とはならないとされています（所基通33-15）。

ウ 権利金の授受がない場合

それでは，権利金の授受自体がない場合にはどのような課税関係になるの

でしょうか。個人である地主が，借地権の設定に当たって権利金を受け取らなかったとしても，地主の側に特段の課税関係は生じません。このことは後記の法人地主の場合とは対照的です。

これに対して，借地権設定に際して権利金等を支払う取引上の慣行がある地域において権利金等を支払わず，又は通常よりも低額の権利金等を支払って借地権の設定を受けた個人である借地人には，課税関係が生じます。具体的には，地主が個人である場合には，個人である借地人には，本来支払うべきであった権利金相当額と実際支払額の差額である利益を贈与により取得したものとみなして，その利益の金額に贈与税が課されることになります（相法9条）。

もっとも，ここで検討の対象にしている土地の賃貸借においては借地権設定の対価としての権利金等の授受がなくともその後に地代の授受をすることになりますが，この地代が権利金に代わる性質を有している場合もあるでしょう。課税実務上，このような場合，具体的には権利金の支払いに代えて土地の自用地としての価額（相続税評価額の過去3年間の平均額。相続税評価額については後掲7・292頁参照）に対して概ね年6％程度の地代を支払っている場合（このような地代を「相当の地代」といいます。）には，贈与により取得した利益はないものと取り扱われます（「相当の地代を支払っている場合等の借地権等についての相続税及び贈与税の取扱いについて」（昭和60年6月5日課資2-58，直評9）1）。なお，この相当の地代を借地権設定の後において引き下げた場合，引き下げたことに相当な理由がない限り，借地人が地主から贈与を受けたものと取り扱われます（同通達9）。

エ　借地権の返還の課税関係

借地権が契約の期間満了や合意解除により消滅する場合，すなわち，借地権が借地人から地主に返還される場合，税法上はその対価が地主から借地人に立退料として支払われるべきと考えます。

借地権の返還を受けるに際して立退料を支払った個人の地主は，その支払った金額を土地の取得費に加算します。もし立退料を受け取らなかった場

合，タダで借地権を受け取った，つまり借地権の贈与を受けたこととなり，贈与税が課されることになります。もっとも，これはここで問題としている賃貸借の場合であり，使用貸借の場合にはこの贈与税課税はありません。

また，立退料を受け取った個人の借地人は，その受け取った金額を譲渡所得の総収入金額とします（所基通59-5参照）。また，借地権の取得費を譲渡所得の計算上控除することになります。

(3) 地主が法人で借地人が個人の場合の借地権設定の課税関係
ア 借地権設定の基本的な課税関係

法人である地主が借地権設定の対価としての権利金等を収受した場合，これは益金の額に算入することになります。そして，借地権の設定直後の土地の時価（いわゆる底地価格）が設定直前の土地の時価（いわゆる更地価格）に占める割合が10分の5未満となる場合には，土地の帳簿価額のうち一定額を損金の額に算入します（法法令138条）[13]。一方，借地人が支払った借地権設定の対価は，借地権の取得価額となります。

また，地主が借地権設定に当たって特に有利な条件で金銭の貸付けを受けるなどの特別の経済的な利益の供与を受けた場合には，その特別の経済的な利益の額を借地権設定の対価として課税が行われます（同条2項）。

これらの点は，個人である地主の所得税の課税関係と同様です。

イ 権利金の授受がない場合

通常収受すべき権利金を収受しなかった場合，地主においては，通常収受すべき金額から実際に収受した金額を控除した残額について，借地人に贈与したものと取り扱われます（法法22条2項，法基通13-1-3）。このときの課税関係は前掲3(1)イ**266頁**で述べた関係会社や取引先，役員といった特定の法人・個人に対してのみフリーレントを実施しているといえる場合の課税関係

---

13) なお，一定の場合に土地譲渡の重課税の対象になりますが，本制度は現在のところ適用が停止されています（租特62条の3第2項1号イ，63条1項，2項1号，7項）。

と同様であり，地主と借地人との関係性に応じて，その贈与したものと取り扱われる金額が寄附金（法法37条1項，7項）・交際費（租特61条の4）・役員給与（法法34条1項）に該当して損金不算入となる可能性（給与の場合にはさらに，地主側に源泉徴収義務が生じる可能性）があります。また，借地人の側では，一時所得又は給与所得の所得税課税の可能性があります。なお，地主が権利金を収受することなく他人の土地を使用させた場合であっても，単に物品置き場として貸したなどその土地の使用が通常権利金の授受を伴わないものであれば権利金の認定課税はありません（法基通13-1-5）。

　ただし，地主も借地人も個人である場合と同様，地主が借地権設定の対価としての権利金等を受け取っていない場合でも，その後にその土地の更地価額に対して概ね年6％の地代の授受がある場合，すなわち相当の地代の授受がある場合にはこのような認定課税は起こりません（法法令137条，法基通13-1-2，「法人税の借地権課税における相当の地代の取扱いについて」（平成元年3月30日直法2-2，平成3年12月25日課法2-4（例規）により改正））。ただし，ここでの土地の更地価額ですが，法人税の場合には，課税上弊害がない限り，実勢価額，公示価格から合理的に算定した価額，相続税評価額（又はその過去3年の平均額）のいずれを採用してもよいこととされている点は前の場合と異なります（前掲両通達）。

　なお，この相当の地代を相当の理由なく引き下げたときは，権利金を収受しなかった場合と同様に地主から借地人への贈与があったものと取り扱われます（法基通13-1-4）。

ウ　相当の地代の改訂

　前記のとおり，相当の地代は借地権設定の時の土地の更地価額に基づいて決定されますが，この価額はその後の時の経過に応じて変動するのが通常であり，そうするとこの相当の地代もその価額変動に応じて改訂すべきかどうか，という議論があり得ます。改訂すべきという考え方は，借地権の価額は地代を収益還元して算出した底地の価額を更地価額から控除したものと捉え，地価上昇に応じて地代を改訂することは土地の収益還元価値を常に更地価額

に近似する水準に維持することに資するので借地権の価額はほとんどゼロと評価するべき，という考え方と親和的です。また，改訂すべきでないという考え方は，相当の地代が一般の地代水準を上回る部分を借地権設定の権利金の分割払いであると捉え，借地権の価額は常に一般取引相場によって評価すべき，という考え方と親和的です。

　課税実務上，相当の地代を改訂するか否か自体は納税者の選択によるものであることを前提に，その両者の間では借地権の返還の際の借地権の価額に差異が生じることから，相当の地代を改訂する方法を選択する場合には，地主である法人の納税地の所轄税務署長に届出書を提出することが通達で求められています（法基通13-1-8）。

エ　無償返還の届出をしている場合

　借地権の設定に当たっては権利金の受け渡しを行うべきというのが税法の基本的な姿勢ですが，実際問題としては，例えばオーナー株主と同族会社の間の借地契約などでは，地主・借地人間の利害対立がなく，実益が乏しいために権利金の受け渡しが行われないこともしばしばです。課税実務上もそのような実務を受け入れ，借地権の設定に関する契約書において将来借地人がその土地を無償で返還することが明記されており，かつ，その旨を借地人と連名で「土地の無償返還に関する届出書」（以下では「無償返還届」と呼びます。）により地主の納税地の所轄税務署長に届け出た場合には，権利金の認定課税はないものと取り扱われています（法基通13-1-7）。ただし，相当の地代による地代の授受がない場合，借地人に対して地主から地代に係る贈与があったものと取り扱われます（同通達）。この場合の課税関係は前掲イ**286**頁と同様に考えればよいでしょう。

　なお，この無償返還届は，契約当事者のいずれか一方が法人の場合を対象にした制度であり，地主も借地人も個人の場合には制度として準備されていません。

オ　借地権の返還の課税関係

　借地権の返還を受けるに際して立退料を支払った法人である地主の，その立退料の処理は，借地権の設定の時に土地の帳簿価額の一部を損金算入（法法令138条）していたか否かにより処理が異なります。損金算入していた場合，立退料の額とこの時の損金算入額のいずれか大きい方の金額を土地の帳簿価額に加算します（もし立退料よりも従前の損金算入額が大きい場合には，その差額が同時に益金の額に算入されます。法基通13-1-16）。また，損金算入していなかった場合には，立退料の額が土地の帳簿価額に加算されます。

　なお，もし法人である地主が立退料を支払わなかったとしても，原則として，そのことにより地主が経済的利益を受けたとは取り扱わないこととされています（同通達（注））。この取扱いは個人である地主の場合と大きく異なりますが，このように取り扱われる理由は主に資産の評価益の益金不算入を定める法人税法25条との関係にあると思われます。

　一方，立退料を受け取った個人である借地人は，その受け取った金額を譲渡所得の総収入金額とします（所基通59-5参照）。もし，通常受け取るべき立退料を全く受け取らなかったり，その2分の1に満たない金額だけを受け取った場合には，借地権を法人に贈与又は低額譲渡したことになり，借地権を時価で譲渡したものとみなされて譲渡所得を計算することになります（所法59条1項，所法令169条）。このいわゆるみなし譲渡の規定は個人が法人に対してした贈与・譲渡にしか適用がありません。

　なお，借地権の設定に関する契約書において将来借地人がその土地を無償で返還することが明記されている場合（このような場合には前記の無償返還届が提出されていると思われますが），このみなし譲渡の規定の適用はないと解されています（所基通59-5）。

(4)　地主が個人で借地人が法人の場合の借地権設定の課税関係

　ア　借地権設定の基本的な課税関係

　まず，個人である地主が借地権の設定に際して権利金を収受した場合と，権利金の代わりに保証金を受け取った場合の課税関係は，前掲(2)283頁の場

合と同様です。一方，法人である借地人が借地権の設定に際して権利金を支払ったときは，この権利金は借地権の取得価額となります。

イ 権利金の授受がない場合

まず，個人である地主が借地権の設定に際して権利金を受け取らなかった場合，前掲(2)283頁の場合と同様，特段の課税関係は生じません。一方，法人である借地人が権利金を支払わなかった場合には，借地権を無償で取得したものとして，その借地権の実勢価格相当額を益金の額に算入することになります（法法22条2項）。ただし，借地権設定の後において授受される地代を相当の地代として定めている場合及び無償返還届がある場合（前掲(3)イ287頁参照），この認定課税はないと考えられます。

ウ 借地権の返還の課税関係

借地権の返還を受けるに際して立退料を支払った個人である地主は，その支払った金額を土地の取得費に加算します。もし通常支払うべき立退料を支払わなかった場合，タダで借地権を受け取った，つまり借地権の贈与を受けたこととなるのは前掲(2)エ285頁と同様ですが，贈与者が個人でなく法人であることから，地主に課されるのは贈与税ではなく所得税になります。具体的な課税関係は，前掲(3)イ286頁の権利金相当額の贈与の場合と同様に考えればよいと考えられます。

一方，法人である借地人が立退料を受け取った場合には，この立退料は益金の額に算入され，同時に借地権の取得価額が損金の額に算入されます。もし立退料を受け取らなかった場合，借地権を無償で引き渡したこととなり，やはり前掲(3)イ286頁と同様の課税関係を生じます。ただし，地主と借地人が無償返還届を提出していた場合，又は，借地人が相当の地代を地主に支払っておりこの相当の地代を地価変動に応じて改訂していた場合には，このような認定課税はないものとされます（法基通13-1-14，13-1-15(1)）。

(5) 地主も借地人も法人である場合の借地権設定の課税関係

　ア　借地権設定の基本的な課税関係

　借地権の設定に際して権利金を受け取った場合の法人である地主の課税関係は，前掲(3)ア286頁と同様です。また，この場合の法人である借地人の課税関係は，前掲(4)ア289頁と同様です。

　イ　権利金の授受がない場合

　通常収受すべき権利金を収受しなかった場合，法人である地主において，法人である借地人に贈与があったものと取り扱われるのは前掲(3)イ286頁と同様ですが，相手が法人ですので，これに相当する金額が給与と扱われる可能性は基本的にありません。また，この場合の法人である借地人の課税関係は，前頁(4)イと同様です。

　また，地代を相当の地代として定めている場合，又は，無償返還届を提出している場合にこのような権利金の認定課税がないこととされていること，無償返還届を提出している場合に相当の地代の授受をしなければ地主から借地人への贈与があったものと取り扱われることも，前掲(3)イ・エ286・288頁と同様です。

　ウ　借地権の返還の課税関係

　借地権の返還を受けるに際して立退料を支払った法人である地主の課税関係は，前掲(3)オ289頁と同様です。地主が立退料を支払わなかった場合も，前掲(3)オ289頁と同様です。

　また，立退料を受け取った法人である借地人の課税関係は，前頁(4)ウと同様です。借地人が立退料を受け取らなかった場合も，前頁(4)ウと同様です。

(6) 定期借地権の課税関係

　ここまでは通常の借地権について地主と借地人の関係に着目して課税関係をみてきましたが，さらに近年使用例が増えている定期借地権の設定の課税関係にも簡単に触れておきます。

まず，定期借地権の設定に際して授受されたのが返還不要な権利金である場合，地主と借地人におけるそれぞれの課税関係は，これまでに述べた通常の借地権に関して授受された権利金と基本的に変わりません。一方，実務においては，定期借地権が期間の経過により消滅するものであることに起因して，将来返還される保証金の授受がされることも多いと考えられます。このような保証金は将来返還されることから，これの授受があった段階で特段の課税関係は生じませんが，この保証金が無利息とされる場合には，地主がこれを運用して利得できる機会があることが問題になります。

その課税関係ですが，まず，その保証金を造成費や賃貸事業の借入返済など事業に係る支払いに充てた場合，利息相当額を不動産所得の収入金額として計上するとともに，同額を必要経費に計上することで，実質課税がないものとされます。次に，単に預貯金や公社債で運用した場合，利子相当額は実際に源泉分離課税を受けるので，特段の税務処理は必要ないことになります。最後に，保証金を家事に使用した場合，保証金額に適正な利率を乗じて算出した金額を各年分の不動産所得の収入金額に計上することになります。なお，このときの適正な利率は平成29年分については0.02％とされています（「定期借地権の設定による保証金の経済的利益の課税に係る平成29年分の適正な利率について（情報）」（平成30年2月16日個人課税情報第1号））。

7　賃貸借契約と相続税

これまでは，「儲け」を出すために利用する賃貸借契約，という側面に着目して，主に所得への課税の諸制度を確認してきました。しかし，財産の使用及び収益を相手方に約する賃貸借契約，という側面から，賃貸借契約は財産への課税の場面においても多くの論点を提供します。ここでは税法編の締めくくりとして，賃貸借契約を相続税・贈与税の側面から確認していきます。主に問題となるのは，賃貸借契約の対象とされた財産，具体的には土地・建物の相続税評価額の計算です。

ところで，相続税は，相続又は遺贈により財産を取得した者が，その取得した財産の価額の合計額に課される税金であり（相法11条，11条の2），贈与税

は，贈与により財産を取得した者がその取得した財産の合計額に課される税金ですが（相法21条，21条の2），ここでの財産の価額とはその財産の取得の時の時価とされています（相法22条）。そして実務的にはこの時価は財産評価基本通達に従って計算することになりますので（評基通1(2)。なお，この通達に従って計算した財産の価額を一般的に相続税評価額と呼びます。），ここでは主に同通達の規定内容を確認していきます。

(1) 土地の相続税評価額と賃貸借契約
ア 概　要

土地の相続税評価の計算方法は宅地や田，山林などの地目別に定められていますが，実務上問題になることが多い宅地の評価は，路線価方式と倍率方式という大きく2つの方法で行います。このうち，国税庁が公表する路線価図において路線価を付されている土地については路線価方式によることになり，この場合，大要，宅地の相続税評価額は「路線価×地積（㎡）」という算式で計算することになります。また，路線価が付されていない宅地については，倍率方式によることとなり，このときの相続税評価額は「固定資産税評価額×国税庁が地域ごとに定める倍率」という算式で計算することになります。

しかし，宅地，と一口にいったところで，例え同額の路線価が付された宅地であったとしても，その面する道路の数，間口の広さ，奥行きの長さ，形状（真四角に近い形なのか，凹凸の多い形なのか，など），容積率，面積，将来セットバックが必要か，道路予定地であるか，用途（自用か賃貸用か，あるいは道路か，など）など，多くの条件により，その財産的な価値が変わることは想像に難くないところでしょう。財産評価基本通達もそのような実態を評価額に反映できるように多くの計算規定を設けています。

それらの中から，賃貸借契約と関わりのある計算規定の基本的なところについてその概要を紹介していきます。

イ　貸宅地

　まず，借地権，定期借地権，地上権，区分地上権及びこれに準ずる地役権の目的となっている宅地の評価についての定めがあります（評基通25〜25-3）。このような土地については，これらの権利の価額に相当する分だけ減価していると考えられるためです。これらの土地の相続税評価額は，基本的には，

　　　自用地としての価額－借地権等の価額

として計算されます。借地権や定期借地権などの価額については，それぞれ同じ通達の中に定めがあります。

　ただし，前掲6で述べた相当の地代の授受がある場合や無償返還届の提出がある場合，借地権の価額がゼロになりますが，貸宅地の相続税評価額は自用地としての価額の100分の80に相当する価額とされています（もし権利金の授受等がある場合には調整をします。前出「相当の地代を支払っている場合等の借地権等についての相続税及び贈与税の取扱いについて」3，6，8）。このような場合には借地人の側に借地権の価値がほとんど残らないことは前掲6(3)ウ287頁のとおりであるものの，借地権の設定により地主が土地の使用収益に制限を受けているための評価減です。

ウ　貸家建付地

　次に，貸家（後述。例えばアパートを思い浮かべてください。）の敷地の用に供されている宅地の評価についての定めがあります（評基通26）。このような土地は，仮に貸家とともに第三者に譲渡するとした場合にその第三者が利用に制限を受けることから，更地に比べてその経済的価値が低いと考えられるためです。貸家建付地の相続税評価額は，

　　　自用地としての価額－（自用地としての価額×借地権割合×借家権割合
　　　　×賃貸割合）

として計算されます。このうち，借地権割合も借家権割合も国税局長が公表する値を使用することになりますが，賃貸割合は，次のとおり，貸家の状況

に応じて決定する必要があります。

> Aのうち課税時期において賃貸されている各独立部分の床面積の合計÷当該家屋の各独立部分の床面積の合計（A）

ここで，貸家建付地の評価について問題となった裁判例をまず2つ紹介します。1つは，相続開始時点で賃借人の募集を開始していた建物が建っている土地がその時点で貸家建付地に該当するかが争われたもので，もう1つは，未だ空室の多かった新築の建物が建っている土地の全体が貸家建付地に該当するかについて争われたものです。なお，これらはともに新築物件についての事例であることに注意を払う必要があるでしょう。

両者を概観すると，貸家建付地としての評価を受けるためには，その上に建つ貸家について実際に借家権が発生していることが必要で，特に新築物件については，賃貸の用に供する意図や準備があるだけでは足りないことがわかります。相続税対策として賃貸用アパートの新築を検討する際にはその時期に注意しなければならないということになるでしょうか。

貸家建付地該当性全部否認事件（東京地判平6.7.22訟月42-9-2290）

事案 被相続人の死亡により信託受益権を相続した相続人が，その信託受益権の目的である土地は貸家建付地に当たるなどとして相続税申告などをしたところ課税庁からされた処分について争われたものです。争いの対象となった土地の上の貸家については，相続開始前に信託会社によって賃借人の募集が開始されていたものの，相続開始前においてはその賃借人との間で賃貸借契約の予約が交わされていたに過ぎず，実際の賃借人との間の賃貸借契約による賃貸借期間は相続開始後に開始することとされていました。

判旨「評価通達93及び26が，貸家と貸家建付地の評価額について所要の減額を認めた趣旨は，土地上の建物が借家権の目的となっている場合，賃貸人は，自己使用の必要性などの正当事由がある場合を除き，

第6章　賃貸借契約—税法編—

賃貸借契約の更新を拒んだり解約の申し入れをすることができない（借家法1条の2）から，借家権を消滅させるためには立退料の支払を要することになること，借家人は，建物の引渡しを受けた後には第三者に対する対抗要件を有する（借家法1条1項）から，建物に借家権を付着させたままで建物及びその敷地を譲渡する場合には，その譲受人は，建物及びその敷地の利用について制約を受けることになることなどから，右の建物及び敷地の経済的価値が，借家権の目的となっていない建物や土地に比べて低くなることを考慮したことにあると解される。

このような評価通達の趣旨に照らすと，建物及び土地について，貸家及び貸家建付地として評価額を減額するには，右のように経済的価値が低くなるような事情がある場合に限られるというべきである。

そうすると，右評価通達にいう貸家及び貸家建付地とは，現に借家権の目的となっている家屋及びその敷地の用に供されている土地をいうと解するのが相当である。そして，相続税法22条が，相続により取得した財産の価額をその取得の時における時価によるものとしていることからすると，貸家及び貸家建付地に当たるか否かは，相続開始時を基準として判断されるべきである。」

これを本件についてみると，信託会社は相続開始前に本件建物の賃借人の募集などをしていたが，その実質は賃貸事業を開始する準備行為をしていたにすぎず，また，信託会社と賃借人の間の覚書は賃貸借契約の予約と解するべきものだった。これらのことから，相続の開始時において，建物と土地の経済的価値を低下させる事情が発生したものとは認められないので，貸家及び貸家建付地として評価することはできない。

なお，控訴審である東京高判平成6年12月22日税資206号804頁は原判決を相当として控訴棄却。

貸家建付地該当性部分否認事件（横浜地判平7.7.19税資213-134）

事案 被相続人が新たに建築した賃貸用マンションは相続開始時点で21室中4室だけが賃貸されている状況だったものの，被相続人がその建物全体を貸家にする目的で建築していた，建築費用の全てを住宅金融公庫（当時）から借り入れており設計から賃料までの全てを管理されていて賃貸目的以外の用に供することができない，被相続人は不動産業者と賃借人募集の委託契約をすでに締結していて募集も開始していた，相続開始後にはほとんど全ての部屋が賃貸の用に供されている，などの事情から，相続人はそのマンション及び敷地の全てが貸家及び貸家建付地であるとして相続税申告などをしました。このことに対する課税庁の処分について争われました。

判旨 「本件のように，相続開始時点において，いまだ賃貸されていない部屋がある場合の建物全体の評価については，前述のように，建物の自用家屋としての評価額から，賃貸されている部屋に存在すると認められる借家権の価額を控除して算出するのが相当である（評価通達93項，94項）。すなわち，相続税法22条所定の相続開始時の時価とは，相続等により取得したとみなされた財産の取得日において，それぞれの財産の現況に応じて，不特定多数の当事者間において自由な取引がされた場合に通常成立すると認められる価額をいうものと解するのが相当であるから（評価通達1項(2)参照），相続開始時点において，いまだ賃貸されていない部屋が存在する場合は，当該部屋の客観的交換価値はそれが借家権の目的となっていないものとして評価すべきである。」

原告は，「被相続人は，本件建物全体を貸家目的とする建築計画を立案し，本件建物については，建築費用を借り受けた住宅金融公庫によりすべて管理され，賃貸目的以外の用に供し得ないばかりか，被相続人は，不動産業者との間で賃借人募集の委託契約を締結し，右募集は既に開始されているところ，原告においてこれを一方的に解約する

ことはできず，また，本件建物は，昭和63年3月には，1室を残してすべて賃借されており，かつ，本件建物全体を売買目的のものに変更するには，多額の費用と労力を要し，容易になし得ないなどの諸事情を挙げて，本件建物全体を貸家として評価すべきである，と主張する。しかし，たとえ右のような事情があっても，相続開始時点において，本件建物のうち4室以外は借家権の目的となっていない以上，残りの17室の相続開始時点における客観的交換価値は借家権のないものと認めざるを得ないのであり，これが住宅金融公庫又は不動産業者等との契約の内容及び相続開始時点の後に生じた事情等により左右されるとはいえない。」

なお，控訴審である東京高判平成8年4月18日税資216号144頁及び上告審である最判平成10年2月26日税資230号851頁も原審を支持。

なお，賃貸割合の計算式における「課税時期において賃貸されている各独立部分」には，継続的に賃貸されていた各独立部分で，課税時期において一時的に賃貸されていなかったと認められるものを含むとされています（評基通26（注）2）。ここでの「一時的」とはどの程度の期間を指すのかについて，課税実務上明確な基準が示されているわけではありませんが，判断基準と目安が示された裁判例を1つ紹介します。ここで裁判所は，前記通達において「一時的に」という期間・時間を指す文言が使用されている以上，賃貸の各状況の中でも特に空室の期間が重要な判断要素になるとして，空室期間が5か月は一時的なものとはいえない，としており（なお，本稿執筆時点において納税者が上告受理申立てを行っています。），実務上の参考になると考えられます。

> **一時的空室部分該当性否認事件**（大阪高判平29.5.11TAINS Z888-2116）
>
> **事案** 貸家及び貸家建付地の評価に当たり，一時的空室部分への該当性をどのように判断すべきかが争われました。
>
> **判旨** 「評価通達26（注）2が……，課税時期において賃貸されていなかったことが『一時的』なものであることを要件としていることからすると，上記例外的な取扱いが認められるか否かを判断するに当たっては，賃貸されていない期間（空室期間）が重要な要素となることは明らかである。」
>
> 「そうすると，一時的空室部分該当性の判断に当たっては，現実の賃貸状況，取り分け，空室期間の長短を重要な要素として考慮しなければならないのであって，これを考慮せずに，本件各空室部分が『継続的に賃貸の用に供されている』状態にあるという理由のみで上記例外的な取扱いを認めることはできない。また，本件各空室部分の空室期間は，最も短い場合でも5か月であり，……むしろ長期間に及んでいるといえるから，『一時的』なものであったとはいえない。」
>
> 「一時的空室部分該当性の判断に当たっては，単に賃貸用建物として建築されたか否かという事情のみならず，現実の賃貸状況をも考慮すべきであるところ，評価通達26（注）2の文言や趣旨を考慮すると，本件各空室部分につき，賃貸借契約が終了した後も引き続き賃借人の募集を行い，何時にても新しい賃借人が入居できるように保守・管理が行われていたとしても，それだけで直ちに一時的空室部分に該当するといえないことは明らかである。」

エ　小規模宅地等の特例

　財産評価基本通達の規定ではありませんが，賃貸借契約との関係においては，小規模宅地等の特例も重要です。平たく言えば，この特例が適用できる

場合には相続税が安くなりますから、そのことを念頭に賃貸借契約の内容や遺産分割を考えるべきことになります。

小規模宅地等の特例とは、相続人が相続又は遺贈により取得した土地で、その相続の開始の直前において被相続人又はその被相続人と生計を一にしていた当該被相続人の親族（以下、「被相続人等」といいます。また、以下では生計を一にしていた親族のことを「生計一親族」といいます。）の事業の用に供されていた宅地等又は被相続人等の居住の用に供されていた宅地等で建物又は構築物の敷地の用に供されているもののうち、この特例の適用を受ける選択をしたもので限度面積までの部分について、相続税の課税価格に算入する価額を一定割合で減額する特例のことです（租特69条の４）。

ここでの「事業……の用……に供されていた宅地等」は、さらに貸付事業用宅地等、特定事業用宅地等、特定同族会社事業用宅地等に区分されていますが、賃貸借契約との関係で特に把握しておく必要があるのは、貸付事業用宅地等と特定同族会社事業用宅地等になります。その内容は次のとおりです。

- 貸付事業用宅地等とは、被相続人等の不動産貸付業（駐車場業、自転車駐車場業及び事業と称するに至らない不動産貸付けその他これに類する行為で相当の対価を得て継続的に行うものを含む。）の用に供されていた宅地等のことをいいます（租特69条の４第３項４号、租特令40条の２第１項）。

  本特例の適用を受けるためには、この宅地等について、（被相続人が営んでいた事業の場合には）被相続人の親族が相続税の申告期限までに貸付事業を引き継ぎ、申告期限まで継続して所有し、かつ貸付事業用としていることが必要です（租特69条の４第３項４号）[14]。

  この宅地等は、200㎡を限度に、価額が50％減額されます。

- 特定同族会社事業用宅地等とは、被相続人及びその親族、その他被相続

---

14) 平成30年度税制改正により、相続開始前３年以内に貸付事業の用に供された宅地等（但し相続開始前３年を超えて事業的規模で貸付事業を行っている者が貸付事業の用に供しているものを除く。）が適用対象から除外されましたので、注意して下さい。

人と特別の関係にある者が所有する株式又は出資が50％を超える法人の事業の用に供されていた宅地等のことをいいます（租特69条の4第3項3号）。なお，法人の事業が不動産貸付業である場合には貸付事業用宅地等に該当することになります（租特69条の4第3項1号）。

　本特例の適用を受けるためには，この宅地等について，その法人の役員（法法2条15号参照）である被相続人の親族が相続税の申告期限まで継続して所有し，また，申告期限まで引き続きその法人の事業の用に供されていることが必要です（租特69条の4第3項3号，租特規23条の2第5項）。

　この宅地等は，400㎡を限度に，価額が80％減額されます。

　賃貸借契約との関係では，例えば次のような場面で上の特例を適用することができると考えられます（なお，土地の上に建物又は構築物があることを所与にしています。）。

（貸付事業用宅地等）
- 被相続人が，自己所有の土地の上に自己所有の建物を建て，これを有償で貸している場合（ただし，貸付事業以外を営む特定同族会社に対するものを除く。）。
- 被相続人が，自己所有の土地を親族又は第三者（貸付事業以外を営む特定同族会社を除く。）に有償で貸している場合。
- 被相続人の生計一親族が，被相続人所有の土地を無償で借り受けてその上に建物を建て，これを有償で貸している場合（ただし，貸付事業以外を営む特定同族会社に対するものを除く。）。

（特定同族会社事業用宅地等）
- 被相続人が，自己所有の土地の上に自己所有の建物を建て，これを有償で特定同族会社に貸しており，特定同族会社が貸付事業以外を営んでいる場合。
- 被相続人が，自己所有の土地を有償で特定同族会社に貸しており，特定

第6章　賃貸借契約―税法編―

同族会社が貸付事業以外を営んでいる場合。
● 被相続人の生計一親族が，被相続人所有の土地を無償で借り受けてその上に建物を建て，これを有償で特定同族会社に貸しており，特定同族会社が貸付事業以外を営んでいる場合。

　なお，貸付事業用宅地等と特定同族会社事業用宅地等などの他の区分とを共に選択する場合には，限度面積が調整されますので，有利な選択をしなければなりません（租特69条の4第2項3号）。
　ところで，この小規模宅地等の特例の適用を受けるためには，この特例の適用を受けるという申告内容の相続税の申告書を提出していることが必要です（租特69条の4第6項）。この特例は相続税の申告期限までに遺産分割がされていない土地については適用がないこととされていますが（同条4項），申告期限内に申告書を提出する場合に遺産分割がなされていない場合も，「申告期限後3年以内の分割見込書」をその申告書に添付して提出し，実際に申告期限から3年以内に遺産分割がなされれば特例の適用を受けることができます（同項，租特規23条の2第8項6号）。さらに，3年以内に遺産分割できなかったことについて訴えの提起などのやむを得ない事情がある場合にも，納税地の所轄税務署長の承認を受ければ特例の適用を受けることができます（租特69条の4第4項）。ただし，その承認申請は3年を経過する日の翌日から2月以内に提出しなければなりません（租特令40条の2第16項，相法令4条の2第1項，2項）。
　遺産分割協議が長引いたり調停や訴訟に至った場合には相続税の申告期限までに遺産分割が終わらないことも多々ありますが，そのような場合，これらの手続を漏らさないよう，調停等を担当する弁護士と相続税申告を担当する税理士とが互いに注意を払うことが望ましいといえます。

(2) **借地権の相続税評価額と賃貸借契約**
　ア　概　要
　借地権の評価方法についても財産評価基本通達に定めがあり，具体的には，

借地権の目的となっている宅地の自用地としての価額×国税局長が定める借地権割合

という式で計算することとされています（評基通27）。借地権の設定に際して権利金を支払った場合には，この方法によることになります。

ただし，前掲6・286頁で述べたとおり，借地権の設定に際しては権利金が授受される場合とされない場合，相当の地代が支払われている場合，無償返還届が提出される場合など，取引のありようが多彩であり，これに応じた借地権の計算方法がそれぞれ定められています。

イ　相当の地代を支払っている場合

権利金の支払いがなく，経済的な利益の供与もない場合に，相当の地代を支払っている場合には，借地権の相続税評価額はゼロとされます（前出「相当の地代を支払っている場合等の借地権等についての相続税及び贈与税の取扱いについて」3，6(1)）。一方，相当の地代のほか，権利金等の授受があった場合には，次の算式に準じて計算します（同通達2，3）。

自用地としての価額×〔借地権割合×｛1－（実際に支払っている地代の年額－通常の地代の年額）÷（相当の地代の年額－通常の地代の年額）｝〕

また，相当の地代に満たない地代の授受がある場合も，やはり同じ算式によります（同通達2，4）。

ウ　無償返還届を提出している場合

地主が法人の場合には，無償返還届を提出していることがあります。この場合，相当の地代を支払っているときと同様に，借地権の相続税評価額はゼロとされています（前出「相当の地代を支払っている場合等の借地権等についての相続税及び贈与税の取扱いについて」5）。

エ　法人である借地人の場合の特別な取扱い

　相当の地代を支払っている場合又は無償返還届を提出している場合，借地権の相続税評価額がゼロになる場合があることはこれまでに述べたとおりです。しかし，後述のとおり会社株式の相続税評価額を求める際にその法人が有している借地権の相続税評価額を求める際には，ゼロにはならないこととされているために注意が必要です。

　すなわち，法人である借地人が，その株主である個人の地主に対して，借地権の設定をする際に権利金を支払わず相当の地代を支払うことにした場合又は無償返還届を提出した場合には，その株主である個人における法人の株式の相続税評価額の計算上，借地権の相続税評価額として自用地評価額の20％相当額を算入することとすることとされています（「相当な地代を収受している貸宅地の評価について」（昭和43年10月28日直資3-22，直審（資）8，官審（資）30））。

　その趣旨は次のとおりです。法人がその株主である個人との間で借地権を設定し，その個人に相当の地代を支払うか，又はその個人と一緒に無償返還届を提出していたところ，その個人に相続が発生した場合，相続税を計算するに際して，その土地の相続税評価額は前記のとおり自用地価額の80％相当額になります。一方，法人の株式の相続税評価額を計算するに際して借地権の相続税評価額を原則どおりゼロとしてしまうと，実態としてはその個人が法人を通じて土地を使用しており土地の使用収益に必ずしも制約を受けているとはいえないにもかかわらず，その個人の相続税の計算上，その土地は自ら利用していた場合に比べて20％だけ評価額が減少することになります。このような取扱いが課税上公平とはいえないことから，このような場合には法人と個人を通じて土地の相続税評価額が100％相当額になるよう，特に取り扱うこととされたのです。

　このことの理解を深めるために，次の裁決例を紹介します。この裁判例においては，贈与の当事者から借りていた土地と贈与の当事者ではない者から借りていた土地とがあり，いずれも相当の地代を支払っていましたが，前者については借地権の20％加算が必要であるのに対して，後者にはその必要はないものと結論付けられており，参考になります。

法人借地人純資産価額への借地権加算事件
(裁決平成15年6月30日TAINS F0-3-149)

事案 医療法人の出資の贈与を受けた者が贈与税申告をしたところ，その出資の評価に当たって，医療法人がこの贈与の当事者である地主に対して相当の地代を支払っている借地の借地権と，贈与の当事者ではない地主に対して相当の地代を支払っている借地の借地権とについて自用地価額の20％相当額が不足しているとして課税庁がした更正処分について争われました。

判旨 「相当地代通達の収受がある場合には，土地の収益に対応する対価はすべて地代で清算されるものであることから，地代が低い水準に留まるということがなく，借地人に帰属する経済的な利益としての資産（経済価値としての借地権）は観念されないので，この場合における借地人の借地権の価額は，原則として零である。一方で，借地人の土地（貸宅地）の評価上は，同様の事情で借地権を無視する考え方もあるが，借地借家法の賃貸借契約に基づく利用の制約を勘案して，土地の自用地としての価額から，その価額の20％相当額を控除することとされている。

ただし，例えば，同族法人である株式会社の代表者が，その代表者の所有に係る土地を，相当地代を収受して当該会社に賃貸している場合において，その代表者に相続が発生したときは，相続税課税上，当該賃貸に係る土地の価額から20％の借地権相当額が控除されるだけであるとするならば，代表者は会社に対して支配するという関係を有することを考慮すると，相当地代を収受して同族法人である株式会社の土地を賃貸する方法を採る場合とそうではない方法により同族法人に土地を使用させる場合とで課税の取扱い上，不公平を生ぜしめることになる。

そこで，地主と借地人が上記のような関係にある場合には，20％の

借地権相当額を，貸付けにかかる土地の評価額が株式の評価額を通じて100％顕現（地主の株式の所有割合などにより必ずしも100％顕現できるわけではないが）することができるよう，被相続人の所有に係る同族法人である株式会社の株式の評価上，同社の資産に計上することとされている。」

「『相当地代に係る貸宅地通達』は……，個別の照会に対して指示されたものであり，その趣旨……からすれば，借地人が株式会社である場合及び相続税課税の場合にのみ限定して適用されるというものではなく，土地の所有者である地主が借地人である法人を地主の所有に係る株式等で支配する関係にある場合には，相続又は贈与を原因として当該株式等の所有権が他に移転するときにも同様に取り扱うことが，課税の公平の観点から，合理的であり適切であると認められる。」

一方，同通達の趣旨からすれば，地主が贈与の当事者ではない土地については，その自用地価額の20％相当額を医療法人の資産に計上する必要はない。

なお，この場合の借地権は，通常，権利金という対価を一時に支払っていないために法人の貸借対照表に資産として計上されていないことから，法人の株式の相続税評価額の算定に当たっては特に注意を払って有無を確認することが必要です。

オ　小規模宅地等の特例

前掲(1)エ299頁で述べた小規模宅地等の特例は，借地権についても適用があります（租特69条の4第1項）。

(3) 家屋の相続税評価額と賃貸借契約

自ら利用している家屋の相続税評価額は，

固定資産税評価額×1.0

として計算することとされており（評基通89，別表1②），家屋と構造上一体になっているいわゆる建物附属設備の評価額もこれに含まれるとされています（評基通92(1)。なお，前掲4(1)イ270頁を参照）。

そして，借家権の存在により使用収益に当たって制約を受ける貸家については，

　　　自用家屋の価額×（1－借家権割合×賃貸割合）

という式により計算することとされており（評基通93），貸家建付地の評価方法に似ています（なお，借家権割合は国税局長が公表します。）。

そして，貸家該当性や賃貸割合についての考え方は前掲(1)ウ294頁で示した各事例において示された考え方が妥当し，貸家建付地と同様に考えることになります。

(4) 株式の相続税評価額と賃貸借契約

上場会社の株式のように取引相場が形成されている株式については基本的にその取引相場により相続税評価額を算定することになるのですが，取引相場のない株式（概ね，非上場会社の株式はこれに該当することになります。）については，その時価を客観的に算定することの困難性から，財産評価基本通達は画一的で詳細な計算ルールを設けています。

具体的には，会社の規模（評基通178）に応じて，類似業種比準価額方式（評価対象会社と事業内容が類似する業種目の上場会社の株価に比準して計算する方式）と純資産価額方式（評価対象会社の課税時期における各資産の相続税評価額から負債の価額等を控除して求めた純資産価額により計算する方法）のいずれか一方，又はその折衷方式により，株式の相続税評価額を計算することになります（評基通179，185）。

このうち，純資産価額方式で株価を計算する場合，その会社が有する全資産の相続税評価額を求めてこれを合算し，負債の価額等を控除することになりますので，会社がこれまでに述べてきた貸宅地や貸家建付地，借地権や貸家を所有している場合には，それぞれ相続税評価額を計算する必要が生じま

す。

　すなわち，会社を当事者とする賃貸借契約の内容はその株式の相続税評価額の計算を通じて株主の相続税額に影響を及ぼすことがありますので，その影響を事前に予測した上で契約内容を固めていくのが望ましいということになるでしょう。

　なお，株式の相続税評価額の計算に関連して，前掲(2)エ304頁の特別の取扱いも参照してください。

実務編

　実務編では，税法編の最後，「7 賃貸借契約と相続税」292頁で確認した各取扱いが，現実の問題を検討する際にどのように関連してくるのかを実践的に理解するために，簡単な設例を検討することにします。

▎設　例▐

　被相続人Aには子Bと子Cがおり，土地Xと土地Y，土地Xの上に建つアパートZ，飲食業を営む株式会社Dの株式（Aの持株比率は100％）を所有しており，Aは生前，Dの代表取締役であり，Bは取締役だった。
　X・Y・Zの状況は次のとおりだった。

- Aは生前，Zを長らく賃貸の用に供しており，不動産所得の申告を行っていた。ただし，Aの相続開始時点においてZの全30部屋のちょうど半数である15部屋が空室であり，その空室である期間は1年を超えていたにもかかわらず，Aは漫然と賃借人の募集を続けるのみで特段の対策をとっていなかった。

- Aは生前，Dとの間でYの賃貸借契約を結び，DはAに対してその借地権の設定の対価である権利金を支払わない代わりに相当の地代を支払っていた。DはYの上に店舗建物を建設し，飲食店を営んでいた。

　AにはBとC以外に相続人はいなかった。また，Aは生前，自身が体調を崩した後もよく面倒を見てくれて家業も継いでくれるというBに全財産を相続させたい旨をBに口頭で説明していた。Bも，弟であるCは昔Aに多額の借金をした後返済をしていないばかりか老いた親の面倒を全くみなかったという事情があり，また苦労して家業を継いできた自負もあり，Aの生前の意思を踏まえれば遺産を全て相続するのが当然だと思っていた。しかし，Aのその意思は遺言として残されていなかった。
　Bは今後，故人の遺志を継ぎ，Dの代表取締役に就任するとともに，X，Y及びZを長く所有し，また，Zの不動産貸付業とDの飲食業を今後も長く継続するつもりである。一方，CはAの遺産を当て込んで意気

第6章 賃貸借契約―実務編―

揚々と湾岸エリアの分譲タワーマンションを購入する話を進めていたにもかかわらず，Bがそのような姿勢であることに憤慨して，Aの相続に係る相続税の申告期限が迫る中，遺産分割の調停を申し立てた。
　なお，Dはいわゆる非上場会社であり，その株式の相続税評価額は純資産価額方式で計算すべきものだった。
　このとき，Aの相続に係る相続税申告において注意すべきことは何か。

　この設例のような場合は，実務上も比較的あり得ることと思われます。相続が発生した後ではやはり財産評価が主な問題となりますが，法律や税務の専門家としては，将来相続が発生した時のこのような問題を見越したアドバイスを心がけたいものです。

(1) 土地XとアパートZの相続税評価額について
　まず，土地XとアパートZの相続税評価額の計算について確認しましょう。
　設例に記載の事実から，Xは貸家であるZの敷地の用に供されていたのでした。そうすると，税法編7(1)ウ294頁及び(3)306頁のとおり，Xは貸家建付地，Zは貸家に該当します。両者の相続税評価額の計算式は次のとおりであり，それぞれ自用の場合に比べて金額が低いのでした。これはアパート経営などの不動産賃貸業が相続税対策になるといわれる1つの原因です。

（貸家建付地）

　　自用地としての価額－（自用地としての価額×借地権割合×借家権割合×賃貸割合）

（貸家）

　　自用家屋の価額×（1－借家権割合×賃貸割合）

　ここで，賃貸割合は，

☆のうち課税時期において賃貸されている各独立部分の床面積の合計÷当該家屋の各独立部分の床面積の合計（☆）

と計算するのでしたが，「課税時期において賃貸されている各独立部分」には，継続的に賃貸されていた部分で，課税時期において一時的に賃貸されていなかったと認められるものを含むのでした。

　本設例では，AはＺを継続して貸付けの用に供していたのでしたが，1年以上も全体の半分である15部屋が空室という状況が続いていました。ここでは仮に賃貸割合を「賃貸している部屋数（一時的空室を含む。）÷全部屋数」として求めることとすると，この15部屋の空室が「一時的」であると認められれば，賃貸割合は100％，認められなければ50％になります。賃貸割合が大きいと，貸家建付地も貸家も相続税評価額が下がり，相続税額も下がりますので，この15部屋の空室を「一時的」と認めたい誘因が働きます。しかしながら，前に示した一時的空室部分該当性に関する裁判例における判断基準に照らすと，本設例のような場合に「一時的」と扱うことはハードルが高いかもしれず，慎重な検討が必要です。

　ところでもし，Ａが生前，フリーレントの活用やその他の条件の見直しなどの対策を講じてこの空室状態を解消していれば，この賃貸割合が大きくなり相続税が安くなったことになります。元々空室がキャッシュを生まないことに加えて，この節税効果までもし加味するなら，賃貸物件オーナーの置かれた状況によっては，経営のありようが変わる場合もあるかも知れません。

(2) **土地Ｙの相続税評価額について**

　第2に，土地Ｙの相続税評価額の計算について確認しましょう。

　Aは土地Ｙを株式会社Ｄに賃貸し，借地権設定の対価としての権利金を収受せずに相当の地代を受け取っていました。また，ＤはＹの上に建物を建てて飲食店を営んでいました。

　このような場合，Ｙは借地権の目的となっている土地に当たりますので，貸宅地として相続税評価額の計算をすることになります。税法編7(1)イ294

頁のとおり，貸宅地の計算式は次のとおりでした。

自用地としての価額－借地権等の価額

　税法編7(2)イ303頁のとおり，相当の地代の授受がある場合の借地権等の相続税評価額はゼロでしたが，貸宅地の評価に当たっては，税法編7(1)イ294頁のとおり，その場合も自用地価額の80％として相続税評価額を計算するのでした。したがって，本設例では，土地Yの相続税評価額は自用地価額の80％として計算することになります。

(3)　**株式会社Dの株式の相続税評価額について**

　第3に，株式会社Dの株式の相続税評価額の計算について確認しましょう。
　株式会社DはAが100％の株式を所有する非上場会社であり，その株式は一般的にいわゆる取引相場のない株式に該当します。そして，そのような株式の価額の計算方法は財産評価基本通達において画一的・詳細に定められているのでしたが，本設例では，純資産価額方式によることとされていました。純資産価額方式では，Dの全資産の相続税評価額を合計し，負債等の額を控除して株価を計算することになります。
　ここで，Dは土地YをAから賃借し，借地権設定当初に権利金を支払うことなく，相当の地代を支払っていました。このような場合，税法編7(2)イ303頁のとおり，借地権の相続税評価額は原則としてゼロです。しかし，税法編7(2)エ304頁のとおり，株主である個人が地主である場合の法人の株式の評価に際しては，例外的に自用地価額の20％相当額を加算するという取扱いがありました。したがって，本設例の場合，Dの株価の算定に当たって，Yの自用地価額の20％を加算することが必要になります。
　本設例のような経緯の場合，当初の権利金の支出がないことから，Dの貸借対照表上からは借地権の存在が明らかではないはずであり，注意を要します。

(4) 土地Xと土地Yへの小規模宅地等の特例の適用可能性について

最後に，土地Xと土地Yへの小規模宅地等の特例の適用が可能かどうか，確認しましょう。

まず，土地Xについて，AはXの上にアパートZを建てて賃貸の用に供していたのでした。そして，これを故人の遺志に基づき相続するつもりの子Bは，Xを長く所有して貸付事業を継続するつもりです。

そうすると，税法編7(1)エ299頁のとおり，Bが相続する場合にはXは貸付事業用宅地等に該当しそうです。貸付事業用宅地等に該当すると，200㎡までを限度に，相続税の課税価格に算入される価額が50％減額されます。

また，土地Yについて，AはYを自己が100％株主である株式会社Dに賃貸し，Dは相当の地代を支払うとともに，Yの上に建物を建てて飲食店を営んでいました。そして，これを故人の遺志に基づき相続するつもりのBは，Dの取締役であるとともに，この飲食店を長く継続するつもりです。

そうすると，やはり税法編7(1)エ299頁のとおり，Bが相続する場合にはYは特定同族会社事業用宅地等に該当しそうです。特定同族会社事業用宅地等に該当すると，400㎡までを限度に，相続税の課税価格に算入される価額が80％減額されます。土地Xと土地Yの減額は相続税額にとても大きい影響を与えそうです（もっとも，両者を共に選択する場合には限度面積の調整が必要になることがあります。）。

しかしながら，CはBがそれらを相続することに納得しておらず，遺産分割の調停を申し立てました。とても相続税の申告期限までに遺産分割が行われそうにはありません。

そうすると，相続税の申告期限までには，差し当たって遺産分割未了の状態で申告書を提出することになります。遺産分割が未了のままでは小規模宅地等の特例の適用を受けられませんので，一旦はこれを適用しないで計算された高い税金を申告し，納めなければならないことになります。

そして，将来遺産分割が行われた後でこの特例を受けるために，この時提出する相続税の申告書には「申告期限後3年以内の分割見込書」を添付することになります。

第7章 雇用契約

民法編

> **Point**
> ・労働の提供と給与等の支払いを内容とする（継続的）契約です。
> ・民法を修正する労働契約法，労働基準法など特別法があります。
> ・労働は時間，指揮命令，業務性を考慮して該当性を判断します。

1 「民法」と民法以外の「特別法」

　民法は，「雇用」として雇用契約（民法623条以下）の原則を定めています。

　ところが，現実の労働関係における権利，法律関係（以下「労働契約」といいます。）は，上記した一般法である民法の規定だけではなく，民法を修正する様々な特別法を含む，いわゆる労働法と呼ばれる法律群により定められています。

　具体的に，労働法の内容となる法律は，以下のように定められています（法律名は通称の場合があります。）。

(1) 民　法

　雇用契約について，民法623条から631条が定めています。

　合意するだけで成立することから諾成契約に分類されます。

　労働契約には対価があることから有償契約です。

　雇用期間中，労働，報酬支払いが継続的にあることから，継続的契約とい

第7章　雇用契約―民法編―

われます。

(2) **特別法**
　労働契約に影響を及ぼす法律として，労働契約法，労働基準法，雇用機会均等法，労働安全衛生法，労働者災害補償保険法，労働組合法などがあります。

(3) **民法と特別法の関係**
　民法は，（雇用契約に限らず）契約自由の原則がありますから，雇用契約についても，使用者と被用者が，契約の内容を比較的自由に合意して定めることができる点が特徴です。
　もっとも，現実の労働契約の多くの場面は，民法の雇用契約のみならず特別法の規定によって定められています。
　これは，民法が規定する雇用契約のみによっては，私的自治，契約自由の原則の名の下に，使用者が有利な契約で労働者を酷使していた歴史があることなどによります（日本国憲法が定める労働者の権利は，戦前の大日本帝国憲法には定めがありませんでした。）。このような歴史などを踏まえ，労働基準法などの特別法が，民法における雇用契約（私的自治，契約自由の原則）を修正し，労働者の権利を保護しています。
　このように，民法の定めた雇用契約の内容は，歴史的な経験から，特別法により修正されています。民法において契約の自由の原則から，任意に契約内容を定めることができるようにしている任意法規が多いのに対し，特別法においては，契約の自由を制限する必要から，契約においてこれと異なる内容を許さない強行法規が多く規定されています（強行法規に反する契約は，その部分が無効となります。）。
　そして，現実の労働関係，権利義務関係は，民法を原則としながらも，様々な特別法がこれを修正したものの総体として，労働法ができあがっていますので，法体系全体としては矛盾がありません（言い換えれば，労働法全体をみて矛盾がないように解釈がなされることを意味します。）。

2　労働契約の成立

(1)　労働契約の合意

　労働法は，上記のとおり，特別法による規定がない限りは，原則どおり，民法の雇用契約，契約自由の原則によるべきこととなります。そこで，労働契約の成立の場面においても，法規を把握するためには，民法に対し，特別法がどのような修正を施しているか確認する必要がありますので，以下のように整理できます。

　民法が定める雇用契約の成立は，現実のほとんどの契約について，労働契約法6条により，労働契約の成立として規定されます。具体的には，労働者（従業員など）と使用者（会社や個人事業主など）の間で，労働契約を合意することにより，成立します。

　ここで，労働契約の合意の内容は，労働者が使用者に使用されて労働すること，使用者がこれに対して賃金を支払うことの2点が必要となります。労働及び賃金について，法の規定で重要なところは，以下の特別法による定めがあります。

　まず，労働契約法8条は労働契約の内容を労働条件と規定しています。労働条件は，労働契約で合意がなかったとしても，就業規則が定めるところによります。就業規則というのは，職場において職場の規律として規定されているものを指します。その呼称は，必ずしも「就業規則」と題されているわけではなく，職場規律だとか，労働条件に関する規則などとされている場合があります。就業規則は，法令や下記労働協約に反していないこと（労働契約法13条）のほか，労働者に周知されていた場合に有効となります。そして，有効な場合，その就業規則に反する労働条件を内容とする労働契約は，その部分が無効となり，無効となった部分が就業規則で定める内容となります（労働契約法12条）。つまり，就業規則により一部無効となった契約は，その一部無効となった部分について，就業規則の内容が労働契約に置き換わることを意味します。

　次に，労働組合法16条は，労働協約に定める労働条件に反する労働契約の効力を無効としています。労働協約というのは，労働組合と使用者らが作成

する書面であり，団体交渉が最終的に妥結した事項につき締結されたものをいいます。労働契約のうち，労働協約に反する労働条件などにかかる部分は無効となり，無効となったその部分は，労働協約の定めるところによります（労働組合法16条）。つまり，労働協約により無効となった労働契約は，労働協約によって定められた内容そのものが労働契約に置き換わることを意味します。

最後に，労働契約の，変更についても，新たな契約の成立と考えることとしてここで触れることとします。労働契約の変更は，新たな合意（個々の労働者との合意や，労働者全員との合意による就業規則の変更，労働協約の締結）と，合意以外の場合として就業規則の変更について労働者の合意がない場合が考えられます。合意によらずに就業規則を変更した場合は，変更を周知させ，その内容が合理的である場合には労働条件が変更されるのが原則です（労働契約法10条）。

(2) **労働契約と請負契約**（労働者性）

一定の業務を行うことに対して金員の支払いがある関係についての契約書は，雇用契約書以外にも，業務委託契約書，請負契約書などが作成されています。しかし，その契約書の表題にかかわらず，当該法律関係が労働契約に当たるのか，請負契約に当たるのか（準委任契約の場合もありますが，準委任契約との関係については358頁参照）については，当該法律関係における労働者性の有無により判断されます。

労働者性の有無は，使用され（労働契約法2条1項，労働基準法9条）ているか否か，つまり使用従属性の有無と言い換えられています。

具体的には，①仕事の依頼，業務従事の指示等に対する諾否の自由の有無，②業務遂行上の指揮監督の有無，③拘束性の有無（場所的時間的拘束など），④代替性の有無（否定する要素）により判断され，限界事例の場合には，⑤事業者性の有無（機械，器具の負担関係，報酬の額など），専属性の程度などを勘案して総合判断されるものとされています（厚生労働省HP「労働基準法の『労働者』の判断基準について」昭和60年12月19日）。

このような要素により，労働者性がある場合には，当該契約は，契約書表題の記載にかかわらず労働契約と判断され，逆に，労働者性がない場合は請負契約と判断されます。

3 労働契約の履行

(1) 労　働

民法は，雇用契約における労働の内容について規定していません（民法625条2項が，使用者の承諾なしに第三者が労働者に代わることができないことを規定している程度です。）。

以下，特別法において，労働契約の本質的要素とされている労働時間（労働基準法32条），休憩（労働基準法34条），休日（労働基準法35条）の規定を眺めます。

まず，労働時間の原則は，1日8時間及び1週間40時間のいずれもが上限となるいわゆる法定労働時間（労働基準法32条）です。日常，法定時間外の労働（いわゆる残業）をさせるためには，労働基準法36条が規定する，いわゆる三六協定，つまり労使で法定時間外の労働について労働協定を締結し，届出をする必要があります。三六協定の締結及び届出がある場合も労働時間の上限はあります。また，労働者に労働義務を課すためには，上記契約等の法的な根拠が必要となります。なお，労働時間については「労働者が使用者の指揮命令下におかれている時間をいい，それは労働者の行為が使用者の指揮命令下におかれたものと評価できるか否かにより客観的に定まるものであって労働契約……等の定めいかんにより決定されるべきではない」（最判平12.3.9民集54-3-801）として，業務性を考慮した「指揮命令」下にある時間が労働時間となるとしています。例えば，仮眠時間であっても，労働時間とした裁判例もあります（最判平14.2.28民集56-2-361）。

次に，休憩の原則は，1日の労働時間が6時間を超える場合に45分以上，8時間を超える場合に1時間以上を，労働時間の途中に一斉に与えることを定めています（労働基準法34条1項2項）。

最後に，休日の原則は，毎週少なくとも1回です（労働基準法35条1項）。

なお，労働時間・休憩・休日の原則が適用されない者として，農業，畜

産・水産業に従事する者，管理・監督者，監視・断続的労働従事者が定めれており（労働基準法41条），この場合は，労働時間や休憩，休日に関する労働基準法が適用されません。

さて，使用者は，労働者に対し，人事権を行使することができます（人事権は，契約により発生する使用者側の裁量の一内容と位置づけることが可能と考えられます。）。

人事権の行使として，使用者は，降格（地位の引下げ）をすることができますが，賃金を引き下げる場合には前記した就業規則などの法的根拠が必要となると解されています。同様に，人事権の行使として，配置転換についても，権利濫用などに当たらない限り原則として行うことができると解されます。降格，配置転換のいずれについても，人事権は，労働契約が法的根拠となると解されていることから，契約の解釈によりその限界が明らかにされることになります。

(2) 金銭の支払い

民法は，雇用契約の報酬について，労働が終わった後又は期間によって定めた報酬はその期間を経過した後に，請求できると規定しています（民法624条）。賃金の額は，契約によって定められます。もっとも，契約以外に法的根拠がある場合もあります。例えば，賞与は，就業規則等の規定や慣行によって明確に定められている場合に支給されると解されています。また，不当に就労拒否された場合など，使用者の「責めに帰すべき事由」がある場合には，民法536条2項により賃金請求権が発生します（大判大4.7.31民録21-1356）。

特別法は，さらに，賃金について，直接労働者に全額が支払われなければならない（労働基準法24条1項）とし，時間外労働，休日労働の場合の割増賃金（労働基準法37条），使用者の責めに帰すべき事由により休業した労働者に対し使用者が支払うべき休業期間中について平均賃金の60％以上の手当てである休業手当（労働基準法26条），出来高払いのような請負制の場合も時間に応じて一定額の賃金保障があること（労働基準法27条），年次有給休暇中の賃

金（労働基準法39条）などを規定しています。また，労働基準法20条1項は，労働者を解雇する場合，少なくとも30日前にその予告をしなければならず，30日前に予告をしない使用者は，30日分以上の平均賃金を支払わなければならないとして，いわゆる解雇予告手当金債権を規定しています。

賃金債権の消滅時効期間は2年です（労働基準法115条）。

支払いが滞った場合の法定利息は，使用者が商人であることが多いことから年6分となることが多いと思われます（商法514条）[1]。

賃金のうち（最判昭48.1.19民集27-1-27），退職金支払請求権については個別に定めた根拠となる法律はありません。そこで，退職金支払請求権が発生する根拠として，契約，就業規則，労働協約等に定めがある場合，明確な慣行がある場合などが必要となります。

退職金債権の消滅時効期間は5年です（労働基準法115条）。

以上のうち，割増賃金，休業手当，年次有給休暇中の賃金及び解雇予告手当金については，裁判所に対する請求があった場合に，裁判所は，未払い金と同一額の付加金の支払いを命じることができます（労働基準法114条）。付加金の遅延損害金の利率は年5分です。除斥期間（時効期間が中断するのに除斥期間は中断の概念がないなど，消滅時効とは異なる概念です。）は違反時から2年です。

このほか，労働契約上の配慮義務（労働者がその生命，身体等の安全を確保しつつ労働することができるよう必要な配慮をすべき義務（労働契約法5条））として使用者が労働契約に基づく付随的義務として信義則上負う義務に違反した場合には，債務不履行に基づく損害賠償責任を負います。債務不履行責任に基づく損害賠償請求をした場合の遅延損害金は，使用者が商人である多くの場合には，支払いを催告した日の翌日から年6分の割合となり，消滅時効期間は民法167条2項により10年です[2]。

---

1) 旧民法と商法消滅時効は，改正民法が施行される日より前に債権が生じた場合や，施行日以後に債権が生じた場合であって，その原因である法律行為が施行日前にされたときは従前の例によることとされています（改正民法附則10条1項，4項）。
2) 改正民法により，施行日以降の利率は3％とすることなど（改正民法404条，419条）とされています。

4 労働契約の終了

(1) 合意などによる場合など

有期契約における期間の満了，合意解約，辞職（民法627条1項），定年，当事者の消滅があり得ます。

いずれも，労働契約が予定しているところであり，その解釈によって労働契約の終了の有無が判断されることとなります。

(2) 合意などによる場合以外の場合

合意などによらない労働契約の終了としての解雇は，①客観的に合理的な理由を有し社会通念上相当であること（普通解雇）②就業規則に解雇の規定があり，当該解雇事由があること，そうであるからそれを理由に解雇したこと（普通解雇）③整理解雇があり得ますが，解雇権の濫用の有無が広く問題となります。

税法編

> **Point**
> ・雇用者側には源泉徴収義務があります。
> ・労働者側の給与所得，退職所得等が実務上問題になります。
> ・給与所得控除があるので経費は原則算入できません（例外あり）。

　雇用，請負，委任，寄託はともに，役務提供契約（労務供給契約）とされますが，雇用は「労働に従事すること」自体を目的にするものであり，使用者が労働者に指揮命令をし得ること（労働者の従属性）を特徴としています。しかし，この使用者の指揮命令が使用者の過度な支配に結びつくと，使用者と労働者の対等性が失われることになります。

　民法の雇用契約と労働者を保護する労働法における労働契約は，指揮命令関係からみて同一のものだとの理解がされてきました。他方で，雇用と労働契約の概念の相違を認めるべきとの議論があり，民法改正論議においても方向性はみえていません。

　これを税法適用において考えると，給与所得概念の問題となります。報酬形態だけでなく，多様な働き方を認めようとする社会の動きもあり，そこで支払われる報酬の位置づけも従来とは異なってみえるものも出てきており，給与所得の概念が揺らいでいるともいえます。

　あとで触れる「弁護士顧問料事件」判決（344頁参照）以降，給与所得の性質を「従属的，非独立的な労務の対価」と一般に捉えられるようになってきています。しかし，他方では，「雇用契約又はそれに類する関係（例えば法人の理事，取締役等にみられる委任又は準委任等）に基づき，非独立的に提供される役務の対価として，他人から受ける報酬及び実質的にこれに準ずべき給付（例えば，各種の経済的利益等）をいうと解される」（神戸地判平元.5.22税資170-315）という判決や，「〔国会議員や法人役員の〕労務の提供等は，自己の危険と

計算によらない非独立的なものとはいい得ても、使用者の指揮命令に服してされたものであるとはいい難いものであって、労務の提供等が使用者の指揮命令を受けこれに服してされるものであること（労務の提供等の従属性）は、当該労務の提供等の対価が給与所得に該当するための必要要件とはいえないものというべきである。」（東京高判平25.10.23税資263順号12319）という判決が下されるなど、「非独立性」のみが検討されたり、「従属性」を否定したりするものがあらわれています。

働き方の変化に伴って、給与所得者の課税制度自体を変更するようなことになっていくとすれば、課税のための給与所得概念も変わっていくのかもしれません。

1　雇用者側の課税関係

雇用者側には源泉徴収義務が課され（所法183条）、労働者側には給与所得のほか、退職所得、さらには雑所得の課税が生じることがありますが、その多くは源泉徴収（給与天引き）がなされ、年末調整（所法190条）がない場合や年末調整された給与以外に一定額以上の収入がある場合には確定申告（所法120条）の必要があります。

(1)　源泉徴収義務

所得税は「申告納税制度」を建前としていますが、他方で、特定の所得については、その所得の支払者を「源泉徴収義務者」として、その支払いの際に所定の所得税額を計算し徴収して、その納付を義務付ける源泉徴収制度が採用されています。

法人や個人が、人を雇って給与を支払ったり、弁護士、税理士などに報酬を支払ったりする場合には、その支払の都度支払金額に応じた所得税のほか復興特別所得税（2013年1月1日から2037年12月31日までの間適用）を差し引くこととされています。差し引いた所得税等は、原則として、給与などを実際に支払った月の翌月の10日までに納付しなければなりません（所法183条1項ほか）。

源泉徴収が免除される場合があります。①常時2人以下の家事使用人だけに給与や退職金を支払っている人，②給与や退職金の支払いがなく，弁護士報酬などの報酬・料金だけを支払っている人（例えば，給与所得者が弁護士や税理士に報酬を支払っても，源泉徴収をする必要はありません。）。源泉徴収義務を負う法人には，会社だけではなく，学校や官公庁，人格のない社団・財団なども含まれます。

　また，役員や使用人に支払われる退職手当などの所得も所得税等の源泉徴収の対象になり，原則として，翌月の10日までに納付します（所法203条の2）。この退職手当等には，退職したことに基因して支払われる全ての給与が含まれます（所法30条）。本来の退職手当のほかに功労金などを支給した場合のほか，社会保険制度などにより退職に基因して支給される一時金，適格退職年金契約に基づいて生命保険会社又は信託会社から受ける退職一時金など，さらには解雇予告手当や退職した労働者が弁済を受ける未払賃金も退職手当等に含めることとされています。ただし，死亡退職により支払う退職手当などで相続税の課税の対象となるものは，所得税等の源泉徴収は不要です。

(2)　給与の対象となるもの

　給与所得とは，使用人や役員に支払う俸給や給料，賃金，歳費，賞与のほかこれらの性質を有するものをいい（所法28条），青色事業専従者給与も給与所得になります（所法57条1項）。

　しかし，給与等の対象となるのは基本的な給与支給額だけではありません。残業手当や休日出勤手当のほか，職務手当，地域手当，家族（扶養）手当，住宅手当など付加給も給与所得に含まれます。その例外として，通勤手当の一定金額以下のものや転勤や出張などのための旅費のうち通常必要と認められるものなどは非課税とされています。また，食事の現物支給や商品の値引販売などのような物又は権利などで支給されることがありますが，これらの経済的利益（現物給与）は，原則として給与所得の収入金額とされます（所法36条）。

(3) **典型的な費用**

支払給与は，企業にとっては，その存続に不可欠な費用支出です。したがって，法人の場合は「損金」（法法22条3項）に，個人企業の場合は「必要経費」（所法37条1項）に算入すべきものです。ただし，個人事業の場合には，生計を一にする親族に対する支払給与を必要経費に算入することを認めないとする規定があるので（所法56条），注意が必要です。

最判平成16年11月2日訟月51巻10号2615頁

事案 弁護士が所得税の申告に対し，税務署長がした更正及び過少申告加算税賦課決定の各処分につき，所得税法56条の「生計を一にする」を理由に上告人が弁護士である妻に対して支払った報酬を必要経費として算入することを認めなかったのは違法であるなどとして，処分の取消しを求めた事案。

判旨 居住者と生計を一にする配偶者その他の親族が居住者と別に事業を営む場合であっても，そのことを理由に同条の適用を否定することはできず，同条の要件を満たす限りその適用があるというべきであるから，本件各処分は，所得税法56条の適用を誤ったものではなく，憲法14条1項に違反するものではないとして，上告を棄却した。

なお，役員に対する報酬は所定の支給形態（定期同額，事前確定届出及び利益連動）による場合に限って「役員給与」とされ，従業員に対する給与と同様に「損金」（法法34条）に算入することになり，源泉徴収の対象になります。

2 労働者側の課税関係

(1) **給与所得**

給与所得と事業所得の関係は，税務においては重要な所得区分の問題をはらんでいます。一般には，雇用契約に基づくものか，請負契約に基づくものかにより区分するとしているのですが，実際にはそう簡単なことではありま

せん。給与所得と事業所得は明らかに異なる類型であるのに，実際に区分しようとすると必ずしも明瞭ではないのです。詳しくは，次章の請負契約のところで触れることとします。

なお，労働組合の専従者が組合から受ける報酬は給与所得ですが，一般組合員が会議や行動に参加することで受ける手当や日当等は雑所得と解されます。また，労働組合の決定によりストライキを実行したことによる賃金カットの補填が組合からなされる場合の金員は，従業員としての役務の提供に対する対価ではありませんので，給与所得ではなく雑所得と解されるのと同じです。

(2) 退職所得

給与所得と退職所得は，ともに勤務に対する報酬の支払いである点で共通しています。しかし，退職手当等は退職に基因していわば給与の後払いとして一時的に支払われるものであり，その支払形態の相違が所得区分の根拠とされています。

最判昭和47年12月26日民集26巻10号2013頁

事案 会社役員が死亡して4年後の株主総会で退職金贈呈の件が決議され，その10か月後の取締役会で退職慰労金を相続人3名に支払うことが決議されたが，税務署長は一時所得として更正処分した事案。

判旨 「退職者が退職手当金等請求権を取得することなく死亡したときは，その相続人等が取得するのは退職手当金等請求権それ自体ではなく，数量的にこれと内容を同じくする請求権であつて，その所得は，相続人等にとつては，もとより退職所得ではありえず，一時所得にほかならない。」

そして，最高裁は，ある金員が退職所得に該当するためには，①退職すなわち勤務関係の終了という事実によってはじめて給付されること，②従来の

継続的な勤務に対する報償ないしその間の労務の対価の一部の後払の性質を有すること，③一時金として支払われること，という要件を備えることが必要であるとしています（最判昭58.9.9民集37-7-962）。

大阪高判昭和59年5月31日税資136号672頁
（最判昭58.12.6税資134-308の差戻控訴審）

事案 従業員が勤続満10年に達したときに定年となる旨の就業規則の定め及び退職金規定に基づき支給を受けた従業員の大部分が労働条件の変更なく引き続いて勤務している場合の退職金名義の金員の支給が所得税法上の退職所得に該当するか否かについて争われた事案。

判旨 「主として従業員の側から会社倒産の危険に備えて，満55歳の定年時まで待たなくても退職金の支給を受けられる方法として，右定年制の採用が要望され，被控訴人もこれに同意し，労使の一致した意見に基くものであり，租税回避の目的に出たものとは認められないけれども，右定年制に対する従業員の関心は，専ら勤続10年の段階で退職金名義で金員を支給されることにあり，その段階で退職しなければならないとは考えておらず，むしろ従前の勤務関係の継続を当然のこととして予定しており，使用者側もこれと異なる意識をもつていたとはみられない」と認定した上で，「本件金員は，勤務関係の継続中における給与であつて，退職すなわち勤務関係の終了という事実によつて初めて給付されるものではなく，実質的にみて課税上『退職により一時にうける給与』と同一に取り扱うことを相当とするものでもないといわなければならない」から，……右金員を給与所得であるとしてなした本件各処分は，適法と判示しました。

つまりは，上記3要件のうち①を欠くということになり，給与所得と判断されることになります。

なお，退職所得と判断された以下の事例があります。

大阪地判平成20年2月29日判タ1268号164頁

事案 学校法人の理事長が同法人の設置する高等学校及び中学校の校長を退職し，同法人の設置する大学の学長に就任するに当たり，理事長に対して同高等学校の退職金規程に基づく退職金として支払った金員に係る所得を退職所得に該当するとして所得税を源泉徴収し，これを国に納付したところ，税務署長より給与所得に該当するとして納税告知処分等を受けたことから，その取消しを求めた事案。

判旨 理事長の本件校長からの退職，本件学長への就任という勤務関係の異動は，単に同一法人内における担当業務の変更といった程度のものにとどまらず，これにより，理事長の勤務関係は，その性質，内容，処遇等に重大な変更があったというべきであることなどから，本件金員に係る所得を退職所得に該当するとして，原告の請求を認容した。

実 務 編

> **Ｐoint**
> ・ストック・オプションは給与所得に区分されます。
> ・給与所得の必要経費について,「特定支出控除」の特例があります。
> ・源泉徴収に誤りがあった場合の対処法は,その原因と時期により異なります。

1　労働環境の変化と所得課税

　我が国の雇用をめぐる環境は大きく変化しています。企業にとっては,コスト削減の必要からアウトソーシング（外部委託）が重要な選択肢になっており,非正規労働者が増大し,その労働形態もパートやアルバイトのほか人材派遣業が発展して派遣労働者が大きな位置を占めるようになっています。つまり,年末調整の対象とならない賃金支払い形態が増加しているわけです。さらには,土木建設業などでは,消費税の課税仕入れの対象とならない常用の労働者を外注扱いに契約変更する例が増加し,給与所得か事業所得かという所得区分をめぐる争いが表面化しています。

　また,1997年に商法改正で全面解禁されたストック・オプション制度が外資系企業を中心に相次ぎ導入されました。これは,会社の役員や従業員が,一定期間内にあらかじめ決められた価格でその会社から自社株式を購入できる権利をいい,株価が上がることを前提に業績に貢献した者へのボーナスとして活用されます。外資系企業が,その日本法人の従業員などに与えたストック・オプションの行使で得られた利益について,対象となる外資系企業（親会社）と直接の雇用関係がないことから,1998年分までは一時所得との取扱いがされていました。これを給与所得とする取扱いに課税当局が変更して指導を強めたことから裁判に発展する事例が集中しました。最高裁が雇用関係に無い親会社からのストック・オプションでも「給与所得に当たる」との

判断を示したことから事態は収束しました。なお，ストック・オプションの企業側の税務処理は，税制非適格ストック・オプションでは，会計上の費用計上時には税務上損金算入は認められず権利行使時に損金算入することとなり（法法54条1項），税制適格ストック・オプションでは，税務上は永久に損金算入が認められません（法法54条2項）。

今日，税制適格ストック・オプションのほか，1円ストック・オプション，有償ストック・オプション，株式交付信託，譲渡制限付株式というような「株式報酬」があり，さらに進化しています。役員等に対する課税のタイミングや会社における損金算入の可否といった税務上の取扱いに注意が必要です。

最判平成17年1月25日民集59巻1号64頁

事案 外資系日本法人A社の代表取締役が，親会社の米国法人B社から付与されたストック・オプションを行使して権利行使益を取得した。その所得区分は一時所得か給与所得かが争われた。

判旨 「上告人が代表取締役であったA社からではなく，B社から与えられたものである。しかしながら，……B社は，A社の発行済み株式の100%を有している親会社であるというのであるから，……上告人は，B社の統括の下にA社の代表取締役としての職務を遂行していたものということができる。」そして，「本件ストックオプション制度は，B社グループの一定の執行役員及び主要な従業員に対する精勤の動機付けとすることなどを企図して設けられているものであり，……本件権利行使益が上告人が上記のとおり職務を遂行したことに対する対価としての性質を有する経済的利益であることは明らか」という判断のもと，「本件権利行使益は，雇用契約又はこれに類する原因に基づき提供された非独立的な労務の対価として給付されたもの」と判示して，給与所得に当たると判断しました。

2　給与所得の必要経費

　給与所得の金額は，給与等の収入金額から給与所得控除額を控除した残額とされています(所法28条2項)。原則として，実額控除は認められていません。

　いわゆる大島訴訟では，所得税法は事業所得者には必要経費の控除を認めているにもかかわらず，なぜ給与所得者にはそれが認められないのかなどが争われました。最高裁は，「旧所得税法が必要経費の控除について事業所得者等と給与所得者との間に設けた前記の区別は，合理的なものであり，憲法14条1項の規定に違反するものではない」(最大判昭60.3.27民集39-2-247)との判断を示しました。つまり，給与所得に係る必要経費について実額控除を排した代わりに概算控除の制度を設けたことは合理的であり正当であるとしたわけです。

　この裁判を経て，給与所得の範囲が経済社会の変化で明瞭性を失いつつある中で，何らかの実額控除の必要性が高まることとなりました。そこで，特定支出控除の制度改革となり，現在，特例としてその年に「特定支出」があった場合に，その年中の特定支出の金額の合計額が給与所得控除額の2分の1相当額を超えるときには，その年分の給与所得の金額は，次の算式により求めた金額とすることができるという制度が用意されています(所法57条の2)。

　給与等の収入金額-｛給与所得控除額+(その年中の特定支出の額の合計額-給与所得控除額の1/2)｝=給与所得の金額

　平成24年度に，それまでの「特定支出」の内容に，弁護士，公認会計士，税理士などの資格取得費，勤務必要経費が追加され，この特例を適用する判定基準額が給与所得控除額の総額から2分の1に緩和されるなど，控除範囲を拡大する制度改正がなされました。しかし，それ以前は全国で年間1ケタ，多くても15人程度の適用者しかいなかったものが，使いやすいものになったとはいうものの，増えて年間6,000人ほどといいますから，実効性に問題があり，なお一層の見直しが求められているといえるでしょう。

なお，特定支出には，通勤費，転居費，研修費，資格取得費，帰宅旅費のほか，図書費・衣服費・交際費等の勤務必要経費（65万円が限度）が対象となり，それぞれ給与の支払者等の証明が必要とされています。そして，この特定支出控除を活用するには，確定申告をすることになります。

図　特定支出控除のイメージ

出典：国税庁HP「http://www.nta.go.jp/shiraberu/zeiho-kaishaku/joho-zeikaishaku/shotoku/shinkoku/160926/pdf/02.pdf」

☆平成30年度税制改正により，以下の点が改正されました。
・特定支出の範囲に，職務の遂行に直接必要な旅費等で通常必要と認められるものを加える。
・特定支出の範囲に含まれている単身赴任者の帰宅旅費について，1月に4往復を超えた旅行に係る帰宅旅費を対象外とする制限を撤廃するとともに，帰宅のために通常要する自動車を使用することにより支出する燃料費及び有料道路の料金の額を加える。

3　年末調整

給与所得者に対して事業所等が支払った1年間（1月〜12月）の給料・賞与や賃金及び源泉徴収した所得税等について，原則として12月の最終支払日に

再計算し所得税の過不足を調整する我が国独自の制度ともいえる「年末調整制度」があります。

　所得税は，原則として確定申告により税額を確定する方式が採用されていますが，その例外としてこの年末調整の制度があるのです。その理由は，確定申告では年間の所得税をまとめて支払うこととなり納税者にとって高額になること，また税務署で個々の給与所得者に対応しきれないことなどから，源泉徴収義務者（給与・賃金の支払者）が代わりに納税者の給与所得及びそれに対する所得税等をまとめて調整するものとの説明がなされますが，徴税便宜の理由で設けられた制度であり，企業に徴税コストを負担させる制度でもあります。

　源泉徴収義務者と国との関係は，租税法律関係にあるものの，給与所得者と国との関係は租税法律関係ではないことになり，税法上の納税者として取り扱われないということになります。このことから，給与所得者は自身に対する課税について関与することができず，「『植物人間』の地位に追いやられる」との批判があります。また，税を負担する「痛税感」がなくなり政治に無関心になってしまいかねないとの批判も存在するのです。

　なお，年間の給与年収が2,000万円を超える場合，中途退職の場合，2か所以上の事業所から給与・賃金を受けている場合，副収入で他に20万円を超える所得がある場合などは，確定申告をしなければなりません。

4　源泉徴収と確定申告

　税務署から「扶養控除等の是正」を促す書類が届くことがあります。前年に行った年末調整の際に，扶養親族として申告した子供の所得額が38万円を超過しているため，扶養控除額等を訂正し年末調整のやり直しを求めるものです。なぜ税務署は，本人に対して確定申告による修正を求めず，勤務先に年末調整の是正を求めるのでしょうか。確定申告で精算することを前提としていない現行の給与所得に係る源泉徴収制度と年末調整制度との関係に理由があります。所得税の確定申告書には，「各種所得につき源泉徴収をされた又はされるべき所得税の額」（所法120条1項5号）があるときはこれを記載し，

精算することとされています。誤って過大に源泉徴収された場合に，この誤徴収税額について，確定申告により国に対して直接に還付を求めることができるかが争われた事例があります。

最判平成 4 年 2 月18日民集46巻 2 号77頁

事案 支払者がした所得税の源泉徴収に誤りがある場合に，確定申告の手続において誤徴収額を控除して確定申告をすることで，国に対して直接に還付請求することができるかが争われた。

判旨 「『源泉徴収をされた又はされるべき所得税の額』とは，所得税法の源泉徴収の規定（第四編）に基づき正当に徴収をされた又はされるべき所得税の額を意味するものであり，給与その他の所得についてその支払者がした所得税の源泉徴収に誤りがある場合に，その受給者が，右確定申告の手続において，支払者が誤って徴収した金額を算出所得税額から控除し又は右誤徴収額の全部若しくは一部の還付を受けることはできないものと解するのが相当である。」そして，「源泉所得税と申告所得税との各租税債務の間には同一性がなく，源泉所得税の納税に関しては，国と法律関係を有するのは支払者のみで，受給者との間には直接の法律関係を生じないものとされていることからすれば，……税額の計算に当たり，源泉所得税の徴収・納付における過不足の清算を行うことは，所得税法の予定するところではない。のみならず，給与等の支払を受けるに当たり誤って源泉徴収をされた（給与等を不当に一部天引控除された）受給者は，その不足分を即時かつ直接に支払者に請求して追加支払を受ければ足りる」と判示しました。

従来，源泉徴収の誤りは支払者において是正すべきであるものの，確定申告において精算しても，税負担をする受給者には同じ結果となるとした実務が行われていました。例えば，年末調整で扶養控除の適用を誤って所得税額を徴収した場合に，過大な源泉徴収税額を記載した給与所得の源泉徴収票を

添付して確定申告によりその過大部分の税額還付を請求する場合がその例です。この判決によれば，この場合は，支払者において是正すべきとされたわけです。このことは，納税者側においても課税庁においても容易に判断できないことも多く，実務においては対応の難しい面が付きまとうゆえに，注意が必要です。

　源泉徴収義務者の計算誤り等による過誤納金は，「源泉所得税及び復興特別所得税の誤納額還付請求書」を作成し，誤りが生じた事実を記載した帳簿書類の写しを添付して，源泉徴収義務者が税務署長に提出することで過誤納金の還付を請求します。

　なお，年末調整の計算に誤りはないものの後日控除証明書が届くなど控除漏れとなったような場合，それが分かった時期によって対処法は違ってきます。法定調書の提出期限である1月末日までの場合は，年末調整の「再調整」が可能です。しかし，それ以降は再調整できませんので，し忘れた所得控除などを確定申告することで所得税等の還付請求をします。通常，年末調整で税額確定する人は申告不要であり，つまり，提出義務のない人の申告になりますので，提出期限はその翌年の3月15日ではなく，翌年の1月1日から5年間になります。

第8章 請負契約

―民法編―

Point
・仕事を完成させることに対し報酬が支払われる内容の契約です。
・民法を修正する特別法（商法，建設業法，下請代金支払遅延等防止法，道路運送法など）があります。

1 民法と特別法

民法は，「請負」として請負契約（民法632条以下）を定めていますが，請負契約における原則を定めているにすぎません。現実の請負契約の大半は，商法，建設業法，下請代金支払遅延等防止法，道路運送法などの特別法や，当事者間の個々の契約，約款，商慣行により変容されています。

2 請負契約の成立

(1) 民 法

民法632条は，請負契約を請負人が「仕事を完成すること」と発注者が「仕事の結果に対してその報酬を支払うこと」を約束する契約であるとしています。つまり，報酬が支払われる対象が，仕事の完成という一回限りの行為ですから，（雇用契約や委任契約などの継続的契約とは異なり）一回的契約とされます。

(2) 特別法などの修正

特別法には商法における運送取扱営業（商法559条以下）や建設業法などがあります。

特に，請負契約の成立については，社会に大きな影響がある建設業法が重要です。まず，契約の主体について，建設業法は，請負人について，元請負人を「請負人」，下請負人を「下請負人」として，下請業務にかかる請負契約についても規制をしています。

そして，このほかに民法の請負契約の成立について修正を施している建設業法の重要なところは，建設業を許可制として契約の主体を限定しているほか（建設業法3条以下），建設工事の請負契約の内容について列挙していること（建設業法19条），不当に低い請負代金の禁止（建設業法19条の3），請負人が発注者からの求めがあった場合請負契約の成立前に建設工事の見積書を交付しなくてはならないこと（建設業法20条2項），一括下請負の禁止（建設業法22条），委託その他いかなる名義をもってするかを問わず報酬を得て建設工事の完成を目的として締結する契約を建設工事の請負契約とみなすこと（建設業法24条）などがあります。

もっとも，建設業法はいわゆる行政法規にすぎない部分も多く含まれています。

例えば，前記した建設工事の請負契約の内容の定め（建設業法19条）は契約を書面によるべきと定めていますが，これは民法における請負契約について口頭の合意だけで成立する契約である諾成契約が要式契約へと修正されたとは解されていません。ここで要式契約とは，契約の成立に一定の方法が必要となる契約をいいます。そして，建設業法19条には「契約の締結に際して次に掲げる事項を書面に記載し，署名又は記名押印をして相互に交付しなければならない」とあるのは，建設工事の請負契約が書面により作成する必要があるように文理上読むことができます。つまり，仮に，書面に記載することが契約の有効要件となると解される場合，建設工事の請負契約が書面により作成することが必要となる契約（すなわち要式契約）と修正されたかのように読めるわけです。しかし，建設業法が行政法規であり，私人間の権利関係に

直接影響を及ぼすものではないため，建設業法19条は，そのように解されていません。そのため，建設業法の上記記載にかかわらず，工事請負契約は諾成契約（口頭の合意だけで成立する。）と解釈されています。なお，ここで行政法規とは，行政上の必要から建設業者に対し義務を課しているもの（語弊を恐れずに言い換えますと，私法について定めたものではない，すなわち個人や会社間の法律関係について定めたものではないもの）と解されています。

なお，上記のとおり建設業法が行政法規であったとしても，建設工事の請負契約の内容が公序良俗に違反しているといえる根拠となり，この場合に契約が無効（民法90条）となることもありますので私法関係に無関係というわけではありません（建築基準法違反の建築物の建設工事請負契約を無効としたものとして最判平23.12.16裁判集民238-297があります。）。また，建設業者は現実には行政法規に従わなければ業務を行えませんので，契約の成立については，現実には，契約内容を上記のとおり制限された内容の合意しかすることができないという意味で，大きな意味を持ってきます。

また，特別法以外に，民法の修正として，契約や約款があります。

契約は，強行法規に反しない限り，その合意の効力は有効です。言い換えれば任意法規は，契約により修正することが可能です。例えば，民法が報酬の支払い時期について仕事完成時（いわゆる後払い）としているところを，現実に締結されている多くの請負契約は，契約時払い，中間払い，竣工時払いとしたり，これらを併用しています。

約款は，その契約類型に一般的なところを網羅的に記載し，契約時に交付することで契約内容を補充することを予定したものといえます。重要なものとしては，建設工事標準請負契約約款（国土交通省）や，民間連合協定工事請負契約約款委員会（(一社)日本建築学会，(公社)日本建築家協会，(一社)日本建築協会，(一社)全国建設業協会など7団体）などがあります。約款は，建設業，建築業などが契約主体となる現実の多くの請負契約の成立に当たって，これに従うことを内容とする契約として合意されているので，大きな影響力があります。

第8章　請負契約—民法編—

3　請負契約の履行
(1)　民　法

　請負人は仕事を完成させ，注文者はこれに対して報酬を支払うことが予定されています。そこで，民法上の請負契約では，「仕事の完成」がなくては，部分的に報酬を請求することはできません。

　さらに，請負が，完成された物を引き渡す債務を含んでいる場合には，引渡しと同時に報酬の支払いを請求することができます（民法633条）。この関係について，請負契約においては，引渡しと報酬の支払いとが同時履行（民法533条）の関係に立つと表現されます。

　なお，前記のとおり，現実の多くの請負契約では，支払方法が分割払いを含む方法となっていますが，これは民法の請負契約において支払方法が強行法規ではなく任意法規にすぎないため，契約により変更ができるからです。

　請負契約において，金銭の支払いを求める権利は，①請負人の報酬支払請求権，②発注者の債務不履行に基づく損害賠償請求権（民法415条），③瑕疵の修補に代えてする損害賠償請求権（民法634条2項）などがあります。

　②は，請負人の仕事を完成させない場合，③は請負人が仕事を完成させたけれども仕事の内容に瑕疵がある場合を言います。

　ここで瑕疵とは売買契約におけるのと同じ法律用語ですが，請負契約に特徴的な瑕疵もあります（例えば，構造計算上建物の安全性に問題がないにもかかわらず契約で取り決めた太さの鉄骨を用いなかった点に瑕疵を認めた最判平15.10.10判時1840-18など）。そして，瑕疵修補に代わる損害賠償請求権は，未払いの報酬代金があればそれと同時履行の関係（民法533条）にあるのが原則です（最判平9.2.14民集51-2-337，なお同判決は同時履行の抗弁を主張することが信義則に反し許されない場合もあるとしていますので注意が必要です。)[1]。

---

[1] 改正民法は，旧民法の瑕疵担保責任を契約「不適合」として債務不履行責任の一部として整理しています（改正民法636条参照）。

(2) 特別法などの修正

建設業法は，請負契約の履行についても変更を施しています。建設業の特徴として，元請業者が下請業者よりも立場が強いという関係がありますので，下請業法と同様に，下請業者が不当な扱いを強いられないようにする必要があること，建築物などの品質が広く国民生活に大きな影響を及ぼし得ることなどから，民法の私的自治，契約自由の原則を修正しています。

工事請負契約の履行において重要なところでは，建設工事に当たり必要な資材等の強制購入が禁止されていること（建設業法19条の4），注文者は元請負人に対し，建設工事の施工につき著しく不適当と認められる下請負人があるときはその変更が請求できること（建設業法23条1項），一部の元請負人（特定建設業者）は，下請業者に対し一定期間内に下請代金を支払わなければならない（建設業法24条の5）し，下請負人に関する施工体制台帳を作成，備え置くなどする義務（建設業法24条の7）などの高度の現場管理義務が課せられていることなどがあります。

4 請負契約の終了

(1) 民　法

民法は，請負契約について特殊な終了原因として，損害賠償を伴う注文者による解除（民法641条），注文者が破産した場合の請負人らによる解除（民法642条）を規定しています。

注文者による解除は，注文者は，仕事が完成する前であればいつでも，どんな理由でも（すなわち理由がなくても）契約を一方的に解除できることを内容とするので，一般的な契約解除（民法541条など）において債務不履行などがなければ契約の解除ができないのとは異なります。一方的に解除できるのは，請負契約が，仕事の完成を目的とするところ，注文者において必要がなくなった場合には，仕事の完成を強いる必要がないことに理由があります。損害賠償の支払いも，解除と同時履行の関係にはないと解されています。

注文者が破産した場合の請負人らによる解除は，請負人が解除できることを規定しますが，これは，破産により，仕事が完成したころに発生する報酬

の支払いなどできようもないことから認められています。

(2) **特別法などの修正**

　建設工事の注文者は，請負人が建設業許可を失ったなどの事実があった後30日以内に限り，その建設工事の請負契約を解除することができます（建設業法29条の3）。建設工事が国民生活に重大な影響を及ぼし得ることから建設業者は許可制となっていますので，そのような重要な請負契約においては，請負人が建設業許可を失うなどした場合には，注文者がすみやかに建設工事請負契約を解除するかどうか判断する必要があることに理由があると解することができます。

─── 税 法 編 ───

> **P**oint
> ・発注者には，源泉徴収義務がある場合があります。
> ・請負人には，法人税，所得税（事業所得，給与所得，一時所得又は雑所得）が課税されます。

1　発注者の課税関係

　実務で遭遇することが多いのが，「その契約が雇用契約なのか，請負契約なのか」という問題です。前章で扱った雇用契約と関連する面倒な問題です。ここではまずその問題の所在を明らかにしておきましょう。

(1)　源泉所得税及び消費税の追徴課税

　雇用契約に基づく報酬が支払われる場合，雇用主には源泉徴収義務が課せられます（所法183条1項）。他方，これが請負契約に基づく対価の支払いが行われる場合には源泉徴収の必要はありません。また，仕入税額控除の可否もかかわってきます。

　その典型は，建設業界の一人親方をめぐる契約関係でしょう。一般企業においてアウトソーシングの結果として起きる問題とは一味違います。もともと，親方の下で手間仕事をしながら一人前になる修行を積むという職人のイメージでしょうか。この場合は，一般には給与所得として扱われることになります。ところが，独り立ちをして住宅建築を請け負えるだけの技量を積んでくると，顧客との間で請負契約を締結できるようになります。そうなると，個人事業主として事業所得として確定申告を毎年行うことになります。

　しかし，最近では名ばかり店長ならぬ，名ばかり事業主が生まれています。例えば，大工職人に戸建て住宅を請け負うような仕事がめっきり減って，大手ハウスメーカーが幅を利かせる世界が広がってきます。そうなると，大工

の仕事も大手の下請け,孫請け,さらにはその下で仕事をもらうという形になります。その場合の多くは雇用契約とみられる契約関係になり,雇用主にとっては所得税の源泉徴収の煩わしさに,社会保険料の負担と天引きが加わり,さらには消費税の仕入税額控除の可否という問題も手伝って,形式上,外注費としての支払いに変更しようという誘惑が生じてくるのです。

そこに税務調査が入ると,「外注費ではなく給料賃金の支払いではないのか」ということになり,にわかに消費税仕入税額控除否認による消費税追徴,所得税の源泉徴収漏れという負担増を招く結果になりかねません。こうなると,「雇用契約か請負契約か」という問題は,「給与所得か事業所得か」という問題になるのです。

(2) **給与所得と事業所得の相違**

給与所得とは何か,事業所得とは何かを明らかにした最高裁判決があります。

弁護士顧問料事件（最判昭56.4.24民集35-3-672）

事案 弁護士が自身が顧客と交わした顧問契約に基づいて支払いを受けた「顧問料収入」が給与所得収入なのか,事業所得収入なのかが問われた。

判旨 「給与所得とは雇傭契約又はこれに類する原因に基づき使用者の指揮命令に服して提供した労務の対価として使用者から受ける給付をいう。なお,給与所得については,とりわけ,給与支給者との関係において何らかの空間的,時間的な拘束を受け,継続的ないし断続的に労務又は役務の提供があり,その対価として支給されるものであるかどうかが重視されなければならない」とし,事業所得については,「事業所得とは,自己の計算と危険において独立して営まれ,営利性,有償性を有し,かつ反覆継続して遂行する意思と社会的地位とが客観的に認められる業務から生ずる所得をい（う）」と判示しました。

> そして判決は,「本件顧問契約に基づき上告人が行う業務の態様は,上告人が自己の計算と危険において独立して継続的に営む弁護士業務の一態様にすぎないものというべきであり,前記の判断基準に照らせば右業務に基づいて生じた本件顧問料収入は所得税法上,給与所得ではなく,事業所得にあたると認めるのが相当である」と結論づけました。

　この点,建設職人の例でみると,この所得区分は容易ではありません。課税当局も,判断に悩んでおり,昭和28年以降に制定された個別通達[2]によれば,給与所得と事業所得の両方の性質をもつ場合があるという認識が表れています。すなわち,「個々の収入の性質に応じ請負契約に基くものは事業所得とし,雇用契約に基くものは給与所得とすべきものであることはもち論である」としつつも,次の取扱いを認めていました。①その年中を通じ職人として一定の親方に所属している者の受ける労働の報酬は,原則として,給与所得の収入金額とすること。②常時使用人を有しないで,また職人として一定の親方に所属もしていないいわゆる一人親方の受ける報酬については,③に掲げる者である場合を除き,その年収(報酬)が450万円以下であるときは,原則として,その年収額にその金額の多寡に応じ,次に掲げる割合を乗じて得た金額は給与所得の収入金額とし,その余の金額は事業所得の金額とすること(割合記載部分は省略)。③店舗,作業所等を有し常時一般顧客の求めに応じていると認められる者の受ける報酬は,雇よう契約によって受けたことの明らかな個々の報酬を除いては,原則として,事業所得の収入金額とすること,などとされていました。

　しかし,これらの通達は平成21年12月17日付国税庁長官通達(課個5-5)により廃止されました。その趣旨は,「大工,左官,とび職等の就労形態が多様化したことなどから所要の整備を図るものである。」としていますが,そ

---

2)「大工,左官,とび等に対する所得税の取扱について」(昭28直所5-20),同(昭29直所5-22),「大工,左官,とび等の所得区分の運用」(昭30直所5-8,その後改正が続き,廃止される直前は昭56直所5-9改正)など参照。

の廃止の意味は必ずしも明瞭ではありません。これは，消費税制の変貌と関連があるとみるべきでしょう。給与所得と事業所得との両方の性格をもつ取扱いを認めていては，消費税の計算に正確を期せないこと，インボイス導入が予定されている現在では，なお仕入税額控除の認否に問題を残すことになることを想定してのことと考えられます。

ただし，上記長官通達[3]は，雇用契約か請負契約であるか，給与所得か事業所得かの区分が明らかでない場合は，以下①～⑤のように例示して「次の事項を総合勘案して判定する」としているので実務において留意しておくべきでしょう[4]。

① 他人が代替して業務を遂行すること又は役務を提供することが認められるかどうか。
② 報酬の支払者から作業時間を指定される，報酬が時間を単位として計算されるなど時間的な拘束（業務の性質上当然に存在する拘束を除く。）を受けるかどうか。
③ 作業の具体的な内容や方法について報酬の支払者から指揮監督（業務の性質上当然に存在する指揮監督を除く。）を受けるかどうか。
④ まだ引渡しを了しない完成品が不可抗力のため滅失するなどした場合において，自らの権利として既に遂行した業務又は提供した役務に係る報酬の支払を請求できるかどうか。
⑤ 材料又は用具等（くぎ材等の軽微な材料や電動の手持ち工具程度の用具等を除く。）を報酬の支払者から供与されているかどうか。

2 請負人の課税関係

請負契約による対価の支払いは，請負人が法人である場合は「益金」（法法22条）に，個人事業である場合は事業所得の「総収入金額」（所法27条）か雑所得の「総収入金額」（所法35条）に算入します。

3）消費税法基本通達1-1-1も，この長官通達と同様の基準を用いている。
4）昭和28年の通達では，「労働組合に加入している者であるかどうか」も判断基準として例示されていた。

なお，雑所得は，「利子所得，配当所得，不動産所得，事業所得，給与所得，退職所得，山林所得，譲渡所得及び一時所得のいずれにも該当しない所得をいう」(所法35条1項)とされており，各種所得の定義に該当しないものを一括した所得概念ということになります。事業と非事業との差異が事業所得と雑所得を区分するものと考えられますが，その相違についての判断基準は明確ではありません。各種の要素を総合勘案して，最後は「社会通念」によって判断するということになります。この双方の所得はともに，総収入金額から必要経費を控除して所得金額を算出する点で同じです。何が異なるのかというと，資産損失の必要経費算入(所法51条1項，4項)，貸倒損失の取扱い(所法51条2項，同64条1項)，事業専従者給与の必要経費算入(所法57条1項，3項)で，所得金額の計算に違いが生じます。そして，雑所得の赤字は他の所得との損益通算が認められません(所法69条1項)。また，事業税(地方税)の課税対象となるか否かにも影響が生じます。

福岡地判昭和62年7月21日訟月34巻1号187頁

事案 電力会社の委託検針員が，一旦事業所得とし確定申告を行った後，その所得は給与所得であったとして，税務署長に対し更正の請求を行ったが棄却されたため，その取消しを求めた事案。

判旨 電力会社と委託検針員との間の委託検針契約に基づく委託手数料は，純粋な形の出来高制であって，労務提供の対価よりも委任ないし請負の報酬としての性格を持つというべきであり，勤務時間の定めがなく，就業時間が定例検針日の日数と受持枚数の如何で異なる点，就業規則による電力会社の服務規律の拘束がなく，懲戒等もない点，主要な交通手段であるバイクの購入，維持費が個人負担である点，検針業務を第三者に代行させることが禁止されていない点は，雇用契約にはない面でしかも兼業が自由である点も雇用契約でない方向を裏付けるもので，右の諸点を総合し，事実上正規の従業員に類似する部分がある点を考慮にいれても，委託手数料は，給与所得とはいえず，事

業所得に該当すると解せざるを得ない。

実務編

1 収入金額の計上時期

(1) 権利確定主義

　個人でも法人でも，収入がどの年度に帰属するかという問題が生じます。現実の収入時点を基準とする考え方を「現金主義」といい，現実の収入がなくても所得が発生した時点を基準とする考え方を「発生主義」といいます。企業会計上は，発生主義によって損益を認識することとされています。

　所得税法においては，「各種所得の金額の計算上収入金額とすべき金額又は総収入金額に算入すべき金額は，別段の定めがあるものを除き，その年において収入すべき金額……とする。」(所法36条1項)と定めており，「収入すべき金額とは，収入すべき権利の確定した金額をい(う)」(最決昭40.9.8刑集19-6-630)とされ，これは発生主義の1つとしての「権利確定主義」を採用していると考えられています[5]。法人税法においては，所得税法のような定めを置いていませんが，「当該事業年度の収益の額及び前項各号に掲げる額は，一般に公正妥当と認められる会計処理の基準に従つて計算されるものとする」(法法22条4項)を根拠として解釈されます。そして，最高裁が，「ある収益をどの事業年度に計上すべきかは，一般に公正妥当と認められる会計処理の基準に従うべきであり，これによれば，収益は，その実現があった時，すなわち，その収入すべき権利が確定したときの属する年度の益金に計上すべきものと考えられる」(最判平5.11.25民集47-9-5278)として権利確定主義を法人税においても妥当なものとしています。

(2) 請負契約の収入計上時期

　民法では，請負に関する報酬の請求権は，仕事を完成してその目的物を相手方に引き渡した時（物の引渡しを要しないときは，約した仕事が完了した時）に発生するとしています。したがって，法人税法においても原則として，その収

---

5) 金子宏『租税法（第22版）』（弘文堂，2017）294頁。

益計上は物の引渡しを要する請負契約にあっては，その目的物の全部が完成して相手方に引き渡した日の事業年度の益金の額に算入します（完成引渡基準）。物の引渡しを要しない請負契約にあっては，その約した役務の全部を完了した日の属する事業年度の益金の額に算入することになります（役務完了基準）[6]。

しかし物の引渡しを要しない請負契約，例えば，設計・測量・調査といった技術役務の提供にあっては，派遣日数，滞在日数等により，一定の期間ごとにその金額が確定している場合や報酬が作業の段階ごとに区分され，かつそれぞれの段階の作業が完了する都度，その金額を確定させている事実があれば，その都度収益を計上すべきものとされています[7]。

完成引渡基準の例外として，「工事進行基準」があります。法人の活動と所得の状況の適正な把握のために，工事の進行に応じて収益等の見積り計上をさせるものです（法法64条1項）。また，一事業年度を超える工事で長期大規模工事に該当しないものの請負については，工事進行基準によることができるとされています（法法64条2項）[8]。

所得税においても，基本的には法人税と同じ取扱いになります[9]。

なお，権利確定という法的基準で律することが妥当でない場合が存在するとして，利得が納税者のコントロールの下に入ったという意味での「管理支配基準」という考え方もあります。もっとも，請負契約にかかる裁判例では，「本件請負代金は，利息制限法の制限に違反する利息のように私法上履行を請求できない債権等とは異なるものである上，上記説示のとおり回収不能の債権とも認められないから，原則どおり役務の提供，財貨の移転などにより債権が発生するものと解すべきであり，当該債権はその発生時点の事業年度の益金の額に算入すべきものである」として，権利確定主義によるのではな

6）法人税基本通達2-1-5参照。
7）法人税基本通達2-1-12参照。
8）権利確定主義の例外であるので，確定決算において工事進行基準で経理することが条件とされている（法法64条2項ただし書）。
9）所得税基本通達36-8参照。長期大規模工事の工事進行基準については所得税法66条。

く管理支配基準により所得発生時点を捉えるべきとの納税者の主張を退けています（東京高判平17.10.26税資255順号10176）。

2 消費税法における取扱い

　所得税や法人税と同様に消費税においても，雇用と請負の区分（仕入税額控除の対象となる対価の区分）は，難しい問題です。基本的には，外注先等に支払ったものが，請負の役務提供の対価としての性格を有すれば，課税仕入にかかる支払対価として，消費税法上，仕入税額控除の対象になります。

　一方，雇用契約に基づくものとされれば，給与等を対価とする役務提供を受けたものとして，課税仕入はできません。雇用関係に基づく役務提供か，それとも請負契約に基づく役務提供かの区分に関する判断のポイントは，所得税・法人税と変わりありません。

　ただし，消費税法には，「事業者が当該課税期間の課税仕入れ等の税額の控除に係る帳簿及び請求書等……を保存しない場合には，当該保存がない課税仕入れ……の税額については，適用しない」（消法30条7項）と，仕入税額控除否認の規定を置いています。仕入税額控除方式は，これにより税に税が課税されるという税の累積を排除するために採用された仕組みです。消費税導入時に制定された税制改革法が，「消費税は，事業者による商品の販売，役務の提供等の各段階において課税し，経済に対する中立性を確保するため，課税の累積を排除する方式によるものとし，その税率は，100分の3とする。この場合において，その仕組みについては，我が国における取引慣行及び納税者の事務負担に極力配慮したものとする。」（税制改革法10条2項）としていたものです。これは，累積課税を排除するための措置であり，消費税の計算の基本をなすものでした。

　ところが，消費税法は，仕入れにかかる消費税額を計算する方法として，課税仕入れ等の事実を記載した帳簿の保存に加え，請求書等個々の取引の事実を証する書類の保存を要件とする帳簿方式を採用しました。これが，税務調査のシーンにおいて思わぬ展開になりました。

> **最判平成16年12月16日民集58巻9号2458頁**
>
> **事案** 大工工事を営む個人事業者が，帳簿書類の全てを提示しなかったことから，帳簿書類を「保存しない」場合に当たるとして，仕入税額控除を否認されたため，処分取消しを求めた。
>
> **判旨**「帳簿又は請求書等を整理し，これらを所定の期間及び場所において，法62条に基づく税務職員による検査に当たって適時にこれを提示することが可能なように態勢を整えて保存していなかった場合は，法30条7項にいう『事業者が当該課税期間の課税仕入れ等の税額の控除に係る帳簿又は請求書等を保存しない場合』に当たり，事業者が災害その他やむを得ない事情により当該保存をすることができなかったことを証明しない限り（同項ただし書），同条1項の規定は，当該保存がない課税仕入れに係る課税仕入れ等の税額については，適用されないものというべきである」と判示しました。

このことは，消費税法30条7項に帳簿等の不提示や調査拒否に対する罰則規定としての機能を持たせる結果となりました。本来の累積課税の排除という趣旨が没却されてしまいます。同旨の判決が続いたことから，こうした裁判所の判断が覆るのは難しい状況にあると考えられ，法改正もさることながら，実務における納税者の対応には，慎重さが求められるといえるでしょう[10]。

なお，旧消費税法62条の質問検査権の規定は，現在，国税通則法74条の2に移されています。

---

10) 消費税の10%への増税が先送りとなっているが，予定どおり2019年10月から実施されると，わが国の消費税制にインボイス（適格請求書）制度が導入される。消費税法規定の「保存すべき帳簿及び請求書等」にインボイスが加わることになる（改正消費税法30条9項）。

3　源泉徴収義務

請負契約に関して，源泉徴収が義務付けられる場合が限定列挙されています（所法204条）。

〈請負契約にまつわる源泉徴収が必要な報酬・料金等〉

① 原稿料や講演料など
　　1人に対して1回に支払う金額が5万円以下であれば，源泉徴収をしなくてもよい。
② 弁護士，司法書士，土地家屋調査士，公認会計士，税理士，社会保険労務士，弁理士，海事代理士，測量士，建築士，不動産鑑定士，技術士等の特定の資格を持つ人などに支払う業務に関する報酬・料金
③ プロ野球選手，プロサッカー選手，プロテニス選手，モデルや外交員などに支払う報酬・料金
④ 芸能人や芸能プロダクションを営む個人に支払う報酬・料金
⑤ ホテル，旅館などで行われる宴会等において，客に対して接待等を行うことを業務とするいわゆるバンケットホステス・コンパニオンやバー，クラブなどに勤めるホステスなどに支払う報酬・料金
⑥ プロ野球選手の契約金など，役務の提供を約することにより一時に支払う契約金

4　無償による役務提供

会社が無償で取引を行った場合，会社には利益は生じません。しかし，税法の世界では，会社が無償で取引を行った場合であっても，会社に利益が生じたものとして法人税を課すこととされています。法人税法22条2項は，「無償による……役務の提供」によっても収益が生じる旨を規定しています。そのため，たとえば，会社が無償で第三者に金銭を貸し付けた場合には，利息相当額の収益を認識することになります。私法上は，金銭の貸付けを「役務の提供」と位置づけることには違和感がありますが，税法の解釈としては伝統的にこのように考えられているのです。

なお，法人税法22条2項に明示のない「無償による役務の受領」については，文理上の根拠がないことから，収益を認識しないという解釈がなされて

第8章　請負契約—実務編—

います。「無償による役務の受領」だけそのように扱う論拠としては，役務の提供を受けたとして益金の額を計上しても，同額の損金が認定されることになり，結果として，所得金額の計算には影響を与えないと説明されています。

　　支払利息　　100　／未払利息　　100
　　未払利息　　100　／免除益　　　100

　これが個人の場合はどうなるでしょう。個人間の取引については，受け取った対価を収入として計上すればよく，原則として，時価と対価の差額に対して課税されることはありません。所得税法36条は，「別段の定めがあるものを除き，その年において収入すべき金額」を収入金額として計上すると規定しています。個人は，経済合理性のみで取引を行う主体ではないと考えます。もし，同族会社を介した親族間の取引については，利益を享受した側で，贈与税を課すこととしていますが，基本的には，別段の定めがあるものについてのみ，利益を供与した側で，時価による取引が擬制されます。

　所得税法59条1項は，法人に対する贈与や法人に対する著しく低い対価（時価の2分の1未満）による譲渡を時価で譲渡したものと「みなす」と規定しています。したがって，個人から法人への譲渡については，無償であったり，時価の2分の1未満であっても，時価で課税されるので注意が必要です。逆に，相手が個人の場合，譲渡の対価の額が，譲渡資産の取得費及び譲渡費用の合計額に満たないときは，そこで生じる譲渡損はなかったものとされ（所法59条2項），譲渡者の取得費は，譲受者に引き継がれることになります（所法60条1項2号）。

5　印紙税

　工事請負契約書，工事注文請書，物品加工注文請書，広告契約書，映画俳優専属契約書，請負金額変更契約書などが「請負に関する契約書」として例示されており，課税文書の作成の時までに印紙を貼付し，印章か署名で「印紙を消（す）」必要があります（印紙税法8条）。

請負契約といっても，実際の取引においては各種変形したいわゆる「混合契約」といわれるものが多く，印紙税法上どの契約としてとらえるべきものであるか判定の困難なものが多いと思われます。

　印紙税法では，別表第一の通則2において，「一の文書で……1若しくは2以上の号に掲げる……事項とその他の事項とが併記され，又は混合して記載されているもの……は，当該各号に掲げる文書に該当する文書とする。」と規定されています。一部の請負の事項が併記された契約書又は請負とその他の事項が混然一体として記載された契約書は，印紙税法上，請負契約に該当することになり，民法上，例えば，委任契約に近いといわれる混合契約であっても，印紙税法上は請負契約となるものも生ずることになります。

　なお，印紙税額の一覧表は，国税庁のホームページに掲載されています[11]。

---

11) https://www.nta.go.jp/shiraberu/ippanjoho/pamph/inshi/pdf/zeigaku_ichiran.pdf 参照。

第9章 委任契約

―― 民法編 ――

Point
- 委任契約とは，役務提供を目的とした契約（雇用，請負，委任）の1つです。
- 具体的には，委任者が受任者に対し，法律行為を委託する契約です。
- 法律行為ではない事実行為を委託する場合は，準委任契約といいます。
- 請負契約との違いは，完成を目的とするか，しないかです。委任契約は，プロセスを重視し，完成を目的（債務の内容）とはしません。
- 雇用契約との違いは，指揮命令関係の有無，従属性の有無です。委任契約は，雇用契約と異なり，一定の裁量があり，独立性があります。

1 委任契約とは（成立段階）

(1) 委任契約とは

　委任契約とは，本人（委任者）が第三者（受任者）に対し，自己の法律行為を委託する契約です（民法643条）。委任契約を締結すると，第三者（受任者）は，委託の趣旨に従って，本人（委任者）に代わって法律行為を行います。

　たとえば，弁護士が訴訟を引き受ける場合，税理士が税務申告を引き受ける場合，会社役員に就任する場合，不動産業者が顧客から売買の委託を受ける場合などが委任契約です。

　なお，ここで「委託」という言葉に注意する必要があります。実務上，

第9章　委任契約―民法編―

「委託」という言葉は，委任契約のみならず，請負契約でも使用されるからです。よって，委任契約と請負契約の区別は「委託」という言葉に惑わされず，契約の中身を精査する必要があります。詳細は後述しています（次頁参照）。

(2)　他の法形式との違い，見分け方
　ア　準委任との違い
　委任契約は，法律行為を委託する契約であり，法律行為ではない事実行為を委託する場合は，準委任契約といいます。
　法律行為とは，権利の発生や消滅といった法律効果の発生を目的として行う行為（売買，貸借，解除，弁済など）をいいます。そのような行為を委託するのが委任契約ですが，中には，法律行為ではない事実行為を委託する場合もあります。
　例えば，医師に手術を依頼する場合，幼児の預かりなどです。
　そのような法律行為以外の行為（事実行為）を委託することを準委任契約といいます。
　もっとも，準委任契約は，委任契約の規定が準用されるので（民法656条），分けて検討する実益はあまりなく，本稿でも特に区別して論じません。

　イ　雇用との違い，見分け方
　役務提供を目的とする契約の中で，もっとも典型的かつ馴染みがあるのは雇用契約でしょう（労働契約ともいいます。）。
　雇用契約は，労働に服すること，対価である給与（賃金）を支払うことを約束する契約です（民法623条）。つまり，「労働に服する」雇用契約は，使用者と労働者の間で指揮命令関係（上下関係）が発生します。他方，委任契約における受任者は，契約時に合意した委任の趣旨に従って，法律行為を履行していく必要はありますが，委任者の指揮命令を受ける関係（上下関係）にはありません。
　そこで，委任契約と雇用契約の区別は，指揮命令関係にあるか，具体的に

は，業務内容，業務時間，業務場所などの命令に服さなければならないか（従属性），役務提供に際し，一定の裁量を有しているか（独立性）で判断されます。従属性があれば雇用契約，裁量があり，独立対等の関係にあれば，委任契約となります。また，法人が労働者（被用者）になることはなく，役務提供者が法人の場合は委任契約になります。

　当該役務提供契約が，雇用契約と判断される場合，労働基準法，労働契約法が適用され，労働者の保護が強化されます。例えば，減給や解雇が制限されたり，労働時間に決まりがあったり，残業代の支払いが義務化されている点などです。

　この点，委任契約は，対等な当事者を前提としているので，受任者をことさら保護する法律はありません。

ウ　請負との違い，見分け方

　役務提供を目的とする契約には，請負契約もあります。請負契約は，仕事の完成を約束して，対価である報酬を支払うことを約束する契約です（民法632条）。請負契約で典型的なのは，建築請負契約です。そのほか，システム開発なども請負契約です。

　請負契約の特徴は，「完成」を目的とする契約であり，受注者（請負人）は「完成」という結果責任を負担します。よって，理由のいかんにかかわらず，「完成」できなければ，報酬を受け取ることはできません。他方，委任契約は，契約時に合意した委任の趣旨に従い，善良なる管理者の注意義務（略して「善管注意義務」といいます。）をもって法律行為を行えば，「完成」とか「成功」に至らずとも，契約違反（債務不履行）にはならず，報酬を受け取ることができます。この違いは，請負契約が「結果」に着目する契約で，委任契約が「プロセス」に着目する契約であるからと説明することもあります。

　例えば，家の建築を依頼（請負契約）した後，受注者が「がんばって作りましたが，納期に間に合いませんでした。」と弁解しても，「完成」ができていない以上，受任者は契約違反（債務不履行）になります。これが，（準）委任契約の場合，「がんばって作りましたが，納期に間に合いませんでした。」

と弁解された場合，建築過程に善管注意義務違反がなければ，たとえ完成しなくても，契約違反（債務不履行）にはならないのです。

　そこで，委任契約と請負契約の区別は，契約内容から実質的に判断する必要があるのですが，具体的には，①結果に着目しているのか，プロセスに着目しているのか，②仕事の完成を目的（債務の内容）としているか，③役務提供の結果を保証するものかという点で判断できます。また，委任契約は，高度の人的信頼関係を基礎とするものであり，原則として復委任（再委任）はできない一方，請負契約は，完成さえすれば，過程にこだわらず，原則として下請け（再請負）はできるものとされています。

　例えば，建築やシステム開発の委託は，完成が目的でしょうし，請負契約になります。弁護士の訴訟，医師の手術，店舗などの運営委託などは，もちろん良い結果（勝訴，完治，利益増）が出るに越したことはありませんが，結果が目的とされていたり，一定の結果が保証されていたりする訳ではなく，委任契約ということになります。

　もっとも，近年，医師，税理士，弁護士などの専門家に対しては，高度な注意義務が課せられており，委任契約の請負化の傾向にあります。

　なお，既述のとおり，「委託」という言葉は，委任契約でも請負契約でも使用しますので，「委託」という言葉から，契約の種別は判断できません。

エ　使者との違い

　委任と似た概念に使者があります。

　委任契約における受任者は，委任の趣旨に従い，一定の裁量の下，自ら法律行為を行います。これに対し，使者には裁量がなく，本人から頼まれたことを，そのまま，忠実に，相手に伝えたり，表示したりするだけです。

　使者は「お使い」とイメージすると，理解しやすいです。

オ　代理との違い

　委任と似た概念に代理があります。

　代理とは，他人に代わって法律事務を処理することをいい，その権限を代

理権といいます。つまり，委任は，第三者に法律行為を委託するものであり（当事者内部の問題），受任者が，実際に委託された法律行為をするときに本人（委任者）を代理することになるのです（外部的な問題）。

このように委任契約を締結する際，法律行為を円滑に遂行するため，受任者に代理権を付与することが多く，委任と代理がワンセットになることは多いのですが，委任契約において，代理権を付与しない場合もあります。

例えば，宅建業者が不動産購入を媒介する場合や，顧客から委託を受けた商社が自ら商品を仕入れる場合（問屋）などです。

(3) **法的性質**（無償，片務）

古代ローマでは，位の高い者の名誉として，他者から委託を受け，その法律事務を処理しており，高尚なことで対価に馴染まないものとされていました。そのような委任契約の由来から，委任を受ける行為自体は無償（ボランティア）とされていました。

そこで，現行民法でも，委任契約は，原則として，無償，片務（契約当事者の一方のみ債務がある契約形態。）とされています（民法648条1項）。

ただし，実務では，有償合意（特約）することがほとんどです。なお，無償であったとしても，善管注意義務の程度が軽減されることはありません。

なお，商行為を行う商人がその営業の範囲内において行う委任行為は有償が原則とされています（商法512条）。

2 委任契約の履行段階（債権債務関係）

(1) 受任者の債権債務関係

　善管注意義務　（民法644条）

受任者は，有償無償問わず，委任の本旨に従い，善良な管理者の注意をもって，委任事務を処理する義務があります。委任契約で最も重要な義務が善管注意義務であり，その内容，程度です。

義務の程度については，受任者と同様の職業，地位に付いている者に通常

期待される程度とされており，専門家には高度な注意義務を課せられ，厳しく判断されることも多いです。

大阪地判平成20年7月29日判夕1290号163頁

事案 本件は，会計監査法人が「法人税にかかる同族会社の留保金課税を非課税とする特例制度」の利用につき，納税者に誤った意見表明をしたため，それに従属，依拠して法人税の申告をした税理士が，納税者から，特例制度を利用しなかったことで法人税が過大納付になったとして，善管注意義務違反などを理由に損害賠償を求められた事案です。

被告税理士においては，特例制度の利用について，会計監査法人の誤った意見表明に従属，依拠することなく，自主的に調査，確認する義務まであるのかが争われました。

判旨 「専門家は一般人よりも高度な知識と技能を有し，公正かつ誠実に職務を執行すべきものとされているが故に，依頼者からの明示的な指図がなかったとしても，依頼者及び第三者の利益を保護するために，専門的な立場から，通常人以上に慎重な配慮をもって業務を遂行すべきである。専門家は，依頼者の説明に従属することなく必要な範囲で自主的な調査，確認をし，依頼者に適切な説明，助言を与える義務を負うと解するのが相当である。原告は被告〔税理士〕に対して，法人税確定申告書の作成及び税務代理を委任した。このような場合，税理士は，税務の専門家として，税理士法上の義務として法令に適合した適切な申告をすべきことは当然であるが，法令の許容する範囲内で依頼者の利益を図る義務がある。」と判示して，税理士には高度な善管注意義務があることを認め，被告税理士の注意義務違反を認めました。

報告義務 （民法645条）

受任者は，委任者の請求があるときは，いつでも委任事務の処理の状況を報告し，委任が終了した後は，遅滞なくその経過及び結果を報告しなければなりません。

受取物引渡義務 （民法646条1項）

受任者は，委任事務を処理するに当たって受け取った金銭その他の物を委任者に引き渡さなければなりません。

取得権利移転義務 （民法646条2項）

受任者は，委任者のために自己の名で取得した権利は委任者に移転しなければなりません。

金銭消費の賠償義務 （民法647条）

受任者は，委任者に引き渡すべき金額又はその利益のために用いるべき金額を自己のために消費したときは，金額の引き渡しは当然ですが，さらに，消費した日以後の利息を支払わなければなりません。委任者に損害があるときは，その賠償責任も負担します。

(2) **委任者の義務**

報酬支払義務 （民法648条2項）

委任契約は原則無償ですが，有償の合意（特約）をすることはできます。有償合意をした場合，受任者は，委任事務を履行した後でなければ，これを請求することができないものとされています。ただし，期間によって報酬を定めたときは，期間経過後に請求できます（民法648条2項の準用する624条）。

いずれにしても，これらの規定も任意規定であることから，委任契約において，報酬の支払い方法について自由に定めることはできます。

第9章　委任契約―民法編―

> 費用前払義務 （民法649条）

委任事務を処理するについて費用を要するときは，委任者は，受任者の請求により，その前払いをしなければなりません。

> 費用償還義務 （民法650条1項）

受任者が委任事務を処理するのに必要と認められる費用を支出したときは，委任者は，受任者の請求により，その費用と支出日以降の利息を受任者に償還しなければなりません。

> 弁済義務 （民法650条2項）

受任者が委任事務を処理するのに必要と認められる債務を負担したときは，委任者は，受任者の請求により，その債務を弁済しなければなりません。

(3) **民法以外の法律による債権債務**（忠実義務，誠実義務など）

　委任契約につき，民法以外の法律による義務，債権債務関係もあります。
　会社法355条では，会社と委任契約のある取締役につき，「法令及び定款並びに株主総会の決議を遵守し，株式会社のため忠実にその職務を行わなければならない。」と規定して忠実義務を課しています。
　宅地建物取引業法31条1項では，「宅地建物取引業者は，取引の関係者に対し，信義を旨とし，誠実にその業務を行なわなければならない。」と規定しています。
　弁護士法1条2項では，「弁護士は，前項の使命に基き，誠実にその職務を行い，社会秩序の維持及び法律制度の改善に努力しなければならない。」と規定しています。
　これらの義務は，善管注意義務をそれぞれの委任形態に応じてより具体的にしたものですが，そのほか，いわゆる業法では，より詳細な債権債務関係が規定されています。

3 委任契約の終了

(1) 終了事由

委託の趣旨に従った委任事務の遂行が終了すれば，委任契約は終了となります。

そのほか，民法653条は，委任の終了事由として，以下の３つを挙げています。

① 委任者又は受任者の死亡。
② 委任者又は受任者が破産手続開始の決定を受けたこと。
③ 受任者が後見開始の審判を受けたこと。

もっとも，上記にかかわらず，委任契約は，各当事者が，いつでも自由に解除することができます。これを任意解除権といい，委任契約独特の概念です。

(2) 任意解除権

民法651条１項は「委任は，各当事者がいつでもその解除をすることができる。」ものと規定しています。これを任意解除権といいます。もっとも，当事者の一方が相手方に不利な時期に委任の解除をしたときは，相手方の損害を賠償しなければならないものとされています（同条２項）。ただし，この場合でも，解除することにやむを得ない事由があったときは，賠償する必要はありません（同項ただし書）。

委任契約は，高度の人的な信頼関係を基礎とする契約であり，当事者の一方がもはや委任契約の継続を望まない場合に，委任契約を継続させることは無意味であることから，任意解除権を認め，後は損害賠償で処理するものとしたのです。なお，株式会社も取締役など会社役員を任意に解任できますが，解任に正当な理由がない場合，会社役員に対し，損害賠償義務を負担します（会社法339条２項）。

任意解除権について，委任契約が委任者の利益のみならず，受任者の利益のためにもなされている場合，委任者は任意に解除することはできないのではないか，任意解除権にも限界があるのではないか，問題になったことがあ

りました。

> ### 任意解除権の限界 （最判昭56.1.19民集35-1-1）
>
> **事案**　賃貸建物の所有者（委任者）が第三者（受任者）に建物管理を委託していたところ，委任者が，建物管理委託契約を解除して，受任者に預託していた預託金の返還を求めた事案で，受任者の利益（預託金の利用）のためにも委任契約が締結されていた場合の任意解除の有効性が争いになりました。
>
> **判旨**　「単に委任者の利益のみならず受任者の利益のためにも委任がなされた場合であつても，委任契約が当事者間の信頼関係を基礎とする契約であることに徴すれば，受任者が著しく不誠実な行動に出る等やむをえない事由があるときは，委任者において委任契約を解除することができるものと解すべきことはもちろんであるが……，さらに，かかるやむをえない事由がない場合であつても，委任者が委任契約の解除権自体を放棄したものとは解されない事情があるときは，該委任契約が受任者の利益のためにもなされていることを理由として，委任者の意思に反して事務処理を継続させることは，委任者の利益を阻害し委任契約の本旨に反することになるから，委任者は，民法651条に則り委任契約を解除することができ，ただ，受任者がこれによって不利益を受けるときは，委任者から損害の賠償を受けることによって，その不利益を填補されれば足りるものと解するのが相当である」とと判示し，任意解除権に限界はなく，後は損害賠償で処理すべきとされました。

(3) **債務不履行解除，損害賠償**

　もちろん，委任契約に任意解除権が認められるとしても，相手方に債務不履行があれば，通常の債務不履行解除や損害賠償請求が認められます。

　任意解除，債務不履行解除にかかわらず，解除した場合の効力は，将来に向かって生じるものとされています（民法652条が準用する620条）。遡及しないことの不利益，損害も，損害賠償で処理することになります。

(4) **委任契約終了後の事務処理**

　委任契約が終了した場合においても，急迫の事情があるときは，受任者（又はその相続人）は，委任者（又はその相続人）が委任事務を処理することができるようになるまでの間，必要な事務処理をしなければならないものとされています（民法654条）。

税法編

> **Point**
> ・委任契約における報酬は，個人の場合，事業所得，雑所得，給与所得になります。法人の場合は益金として法人税の問題となります。
> ・事業所得と雑所得の区分は，事業性の有無によります。
> ・事業所得も雑所得も「総収入金額－必要経費」で算出されます。
> ・会社役員の報酬は，「雇用契約に類する契約」として給与所得となります。

1 課税対象

委任契約では，法律行為の委託の対価として受け取る報酬が課税対象となります。そして，受任者が個人の場合，報酬の性質に応じ，一般的には，事業所得，雑所得，給与所得のいずれかの所得区分に分類されます。

受任者が法人の場合，報酬は益金として法人税課税の問題になります。

2 事業所得と雑所得

事業所得は，自営業者（個人）の事業から生じる所得をいいます（所法5条，27条）。事業所得の所得金額は「総収入金額－必要経費」で算出されます。

雑所得は，他の所得区分以外の所得です（所法35条）。包括的所得概念の下，いずれの所得区分にも入らない所得は全て雑所得となります。具体的には，事業所得，不動産所得，給与所得，退職所得，譲渡所得，山林所得，利子所得，配当所得のいずれにも区分されない所得で，かつ，対価性・継続性のある所得（対価性・継続性がない偶発的な所得は一時所得）が雑所得となります。雑所得の所得金額は，事業所得と同様「総収入金額－必要経費」で算出されます。

雑所得の具体例は，著述家や作家以外の人が受ける原稿料・印税・講演料，

非営業用貸金の利子，公的年金などです。

したがって，事業者が事業として委任契約の報酬を受け取る場合，事業所得に該当し，事業者ではない者が委任契約の報酬を受け取ると，雑所得に該当すると一般的に考えられます。

3 事業性の判断

事業所得の場合と雑所得の場合では，税金の取扱いにおいて他の所得との損益通算の可否（事業所得は可能。）が異なります。

ここで，事業所得における事業とは，「自己の計算と危険において独立して営まれ，営利性，有償性を有し，かつ反覆継続して遂行する意思と社会的地位とが客観的に認められる業務」（弁護士顧問料事件（374頁参照））とされています。

もっとも，委任契約における事業性の判断が困難な場合も多く，その場合，受任者の活動内容，規模，反復性，相手方の範囲など様々な要素を総合考慮して，上記判断基準を検討していくことになります。

4 給与所得の例外（役員報酬）

役員が会社との委任契約に基づき，受け取る報酬は，給与所得になります。

給与所得とは，俸給，給料，賃金，歳費及び賞与並びにこれらの性質を有する給与です（所法28条）。役員報酬は委任契約における委任事務遂行の対価ですが，所得税法上，「雇用関係に類する契約」として「給与所得」に分類されるのです。

5 受任者が法人の場合の留意点

委任契約が有償の場合，当然に法人が受領した報酬は，益金に算入されます。

この点，委任契約が無償の場合であっても，報酬相当額を受け取ったものと擬制して，益金算入する必要があります。これは，法人税法22条2項が，益金に算入すべき金額につき，「有償又は無償による資産の譲渡又は役務の

提供」と規定しているからです。

そして，現実には受け取っていない報酬相当額は，受任者たる法人が委任者に寄付したものとして処理され，一定額まで寄付金控除を受けることができます。

6 印紙税

請負契約書は課税文書ですが，委任契約書は課税文書ではありません（不課税文書）。

印紙税の場面においても，当該契約が請負契約か委任契約かの判断が重要になります。

実 務 編

1 報酬の収入計上時期 (年度帰属の問題)

委任契約に基づき報酬を受け取る場合，その報酬は，いつの時点の収入として計上すべきでしょうか。

(1) 権利確定主義

委任契約における報酬がいつの時点の収入となるか，いつ所得が実現したと考えるべきかについては，一般論として，現金主義（実際に現金を取得した時点），発生主義（権利が発生した時点）の考え方があります。

所得税法36条1項は，「その年分の各種所得の金額の計算上収入金額とすべき金額又は総収入金額に算入すべき金額は，別段の定めがあるものを除き，その年において収入すべき金額……とする。」と規定しており，この「収入すべき金額」とは，「収入すべき権利の確定した金額」と解されることから，発生主義の，中でも法律上権利行使することができるようになったときを基準とする権利確定主義を採用しているものと考えられています（所法36条1項，最決昭40.9.8刑集19-6-630）。

(2) 権利確定主義の限界

権利確定主義によると，「権利が確定したとき」，言い換えると「法律上権利行使することができるようになったとき」が収入計上時期となるのですが，そもそも無償が原則の委任契約において，いつ報酬債権が確定するか，いつ報酬債権の権利行使ができるのかについては一義的でなく，恣意的な操作も可能であり，難しい問題が残ります。

この点，所得税基本通達36-8(5)は，収入計上時期について「人的役務の提供（請負を除く。）による収入金額については，その人的役務の提供を完了した日。ただし，人的役務の提供による報酬を期間の経過又は役務の提供の程度等に応じて収入する特約又は慣習がある場合におけるその期間の経過又は役務の提供の程度等に対応する報酬については，その特約又は慣習によりそ

の収入すべき事由が生じた日」と規定しています。

上記通達の解釈によると，収入計上時期は，原則として役務提供完了時となりますが，期間の経過や役務提供の程度に応じて収入とする特約や慣習がある場合は，その特約や慣習に従い，収入計上時期を分割することを認めており（民法648条2項を考慮しているものと思われます。），やはり不明確性は残ります。

この点，弁護士報酬である着手金の収入計上時期が争われました。

弁護士報酬（着手金）の収入計上時期（東京高判平20.10.30税資258順号11062）

事案 法律事務所を経営する弁護士が，弁護士報酬の一部を収入に計上しなかったところ，過少申告であるとして，税務署から，所得税及び消費税の更正処分，過少申告加算税の賦課決定処分を受け，弁護士報酬の収入に計上する時期が争いになりました。

判旨 「弁護士報酬についても，報酬支払請求権が確定的に発生した時期を基準として収入すべき金額を計上して所得を算定すべきであり，報酬支払請求権が確定的に発生した時期については，弁護士と依頼者との間で締結される委任契約において定められる弁護士報酬支払時期その他の支払に関する合意に基づいて判断すべきである。」と判断基準を示し，「着手金は，ほかの種類の弁護士報酬と異なり，事件等の結果のいかんにかかわらず，委任事務処理が開始される前に支払を受けるものであり，その金額も受任時に確定されることによれば，弁護士が依頼者から事件等を受任した時点で収入の原因となる権利が確定するとみるのが自然である。」（原審の判決を引用）と判示しました。

---

(3) **管理支配基準**

「いつ報酬債権が確定するか」，「いつ報酬債権の権利行使ができるのか」といった権利確定主義の判断基準だけでは，収入計上時期の判断が難しい場

1　報酬の収入計上時期（年度帰属の問題）

合もあります。

　そこで，管理支配基準という考え方があります。管理支配基準は，納税者が収入をコントロールできる状態になったときをもって，収入計上時期する考え方です。

　権利確定主義が法的な観点からの判断基準であるのに対し，管理支配基準は事実に着目した判断基準といえます。

歯列矯正料の収入計上時期（歯列矯正事件・高松高判平8.3.26行集47-3-325）

事案　歯列矯正治療において，歯科医師が患者から一括受領した矯正料につき，矯正装置装着日に一括して収入計上すべきか，数年にわたる治療期間において，分割して収入計上すべきかが争われました。

判旨　「控訴人は，検査・診断の際，その結果に基づいて矯正料金規定を示し，矯正治療契約を締結し，同時に矯正料を請求してそれを一括して受領しているものであり，本件矯正治療契約には，『人的役務の提供による報酬を経過又は役務の提供の程度等に応じて収入する特約又は慣習がある場合』（所得税基本通達36-8）に該当するような特約又は慣習は存在せず，矯正治療契約に基づき受領した矯正料は，患者等のやむを得ない事情（転勤等）による治療の中断がある場合には一部返金することとされているものの，その返金割合は治療予定期間ないし治療の進行状況に応じたものとはなっておらず，また，各年分における返金実績も全体の1パーセント強にすぎず，また患者等の一方的都合により治療の中断や中止をした場合及び治療予定期間の70パーセントを経過したときは返金されないこととされている上，控訴人は，治療装置装着後に行われる治療・調節等については別途，治療の都度その内容に応じた対価を受領しているというのであるから，本件矯正料は，遅くとも矯正装置の装着日には控訴人において収入金額として管理・支配しうることになったものであり，その時点において収入すべき権利が確定したと認めるのが相当である。」（原審の判決の引用部分あ

373

り）と判示し，管理支配基準により収入計上時期を矯正装置の装着日と判断しました。

2　課税における委任契約と雇用契約の区別

委任契約に基づく報酬（事業所得，雑所得）と雇用契約に基づく給与（給与所得）では，以下の点など，課税上の取扱いが大きく異なります。

・所得税における給与所得控除の可否
・所得税における源泉徴収義務の有無
・消費税における仕入税額控除の可否
・社会保険料負担の有無

そこで，当該収入金額が，事業所得なのか，給与所得なのか，所得区分が争われることがあります。

弁護士の受け取る顧問料収入の所得区分
（弁護士顧問料事件・最判昭56.4.24民集35-3-672）

事案　弁護士の受け取る顧問料収入が，給与所得か事業所得かが争いになりました。

判旨　「事業所得とは，自己の計算と危険において独立して営まれ，営利性，有償性を有し，かつ反覆継続して遂行する意思と社会的地位とが客観的に認められる業務から生ずる所得をいい，これに対し，給与所得とは雇傭契約又はこれに類する原因に基づき使用者の指揮命令に服して提供した労務の対価として使用者から受ける給付をいう。なお，給与所得については，とりわけ，給与支給者との関係において何らかの空間的，時間的な拘束を受け，継続的ないし断続的に労務又は役務の提供があり，その対価として支給されるものであるかどうかが重視されなければならない。」と判示し，本件においては，「上告人は，本件係争年度当時，事務所を設けて弁護士業務を営み，依頼事件を処

理するほか，一般の依頼者と同様の立場にある顧問会社数社と顧問契約を結び，特定の会社のために常時専従する等格別の支配，拘束を受けることなく，会社から相談を受ける都度，自己の事務所において多くは電話で法律上の助言という労務の提供をしており，その回数も，会社が特別の問題をかかえている場合は別であるが，普通は月に1回ぐらいで，会社によっては2年に1回というところもあるというのであるから，本件顧問契約に基づき上告人が行う業務の態様は，上告人が自己の計算と危険において独立して継続的に営む弁護士業務の一態様にすぎないものというべきであり，前記の判断基準に照らせば右業務に基づいて生じた本件顧問料収入は所得税法上，給与所得ではなく，事業所得にあたると認めるのが相当である。」との結論を言い渡しました。

第10章 寄託契約

── 民 法 編 ──

Point
- 民法上の寄託契約でなく商法上の寄託が重要な役割を果たしています。
- 寄託者はいつでも返還を請求できます。
- 消費寄託は銀行預金で多く使われています。

1 寄託契約とは

　寄託契約とは，当事者の一方が相手方のために保管をすることを約してあるものを受け取ることによってその効力を生ずる契約です（民法657条，ただし，民法改正により後述のとおり諾成契約となりました）。預かる者を受寄者，預ける者を寄託者といいます。

　寄託は，保管という労務の提供を行うものであり，単に場所を貸すだけで労務の提供が無いコインロッカーや貸金庫，車庫などは賃貸借契約です。

　労務の提供を行う点で寄託は委任と近似します。しばしば，両者の区別は困難です。

　基本は無償かつ片務契約ですが，特約により有償・双務契約にできます（民法665条，648条）。有償（商法512条）である商法上の寄託（商法502条10号，具体的内容は商法593条以下）は特に倉庫営業について重要な規定を置いていますが，無償である民法上の寄託は現実の取引社会で重要な役割を果たしているとは言えません。

2　寄託の成立要件

当事者の一方が相手方のためにものを保管することを約する，保管の合意が必要です。

受寄者がものを受け取ることによって効力を生じる，要物契約でしたが，改正民法では現実に即して諾成契約となりました（改正民法657条）。

寄託物を受け取るまでは，受寄者は寄託契約を解除できます（改正民法657条の2）。ただし，有償の受寄者は，その解除によって生じた寄託者の損害を賠償する義務を負います（同条1項）。なお，銀行店頭で預金を従業員に預けて証書をもらったが，その従業員の横領行為で銀行が実際には金銭を預かっていない場合でも消費寄託契約は成立するとした裁判例がありました（最判昭58.1.25金法1034-41）。

寄託物に制限は無く，動産でも不動産でもよく，第三者の所有物でも成立します。誤振込によっても，消費寄託契約は受取人との間に成立します（最判平8.4.26民集50-5-1267）。

3　寄託の効果

受寄者は受寄物を保管する義務を負います。その注意義務は，有償か無償かで異なります。無償の場合は，自己の財物と同一の注意で保管すればよいとされていますが（民法659条），有償の場合は善管注意義務をもって保管しなければなりません。なお，寄託物の損傷などによる損害賠償請求や受寄者の費用償還請求は，寄託者が返還を受けてから1年以内に請求しなければならない，という消滅時効の規定が設けられました（改正民法664条の2）。

一方，商人がその営業の範囲において寄託を受けたときは，無報酬であっても善管注意義務を要します（商法593条）。旅館や飲食店などの主人は，客から寄託された物品について，不可抗力を証明できなければ損害賠償しなければならないという重い義務を負います（商法594条）。

受寄者は，寄託者の承諾が無ければ，受寄物を利用したり，第三者に保管させることはできません（改正民法658条1項，2項）。受寄者から受寄物を預かった第三者は，受寄者と同じ義務を負って保管しなければなりません（改

正民法同条3項)。

　受寄物について権利を主張する第三者が受寄者を提訴等したとき，受寄者は，寄託者が既に知っている場合を除き，遅滞なくその事実を寄託者に通知しなければなりません（改正民法660条1項）。この場合には，原則として受寄者は寄託者に受寄物を返還しなければならず（改正民法同条2項），例外的に確定判決などによって第三者に受寄物を渡した場合には，損害賠償義務を免れます（改正民法同条2項，3項）。

　受寄者は，その仕事の中で受け取った金品その他を寄託者に引き渡す義務を負います（民法665条，646条1項，2項）。寄託者に引き渡すべき金銭を自分で使った場合には，利息を付けて返さないといけません（改正民法665条，647条）。

　当然ですが，寄託契約が終了したとき，受寄者は，契約に基づいて受寄物を返還する義務を負います。

　寄託者は，特約があれば報酬支払義務を負います。受寄者は報酬請求権につき，留置権を行使できます。

　寄託者は，寄託物の性質又は瑕疵によって生じた損害を受寄者に賠償しなければなりません（民法661条）。ただし，寄託者が過失無く性質又は瑕疵を知らなかったとき，又は受寄者がこれを知っていたときは責任を負いません（同条ただし書）。

　寄託者は，受寄者の請求により，寄託の費用を支払わなければなりません（改正民法665条，650条1項）。

4　寄託の終了

　寄託は，期限の到来や解除条件の成就，目的物の滅失などの一般的終了事由によって終了します。

　返還時期を定めていたとしても，寄託者は告知していつでも返還請求ができます（改正民法662条1項）。期限前の返還請求によって受寄者が損害を受けた場合には，寄託者に賠償義務が生じます（改正民法同条2項）。有償寄託の場合には，受寄者は期間中の報酬を請求できます（改正民法665条，648条3項）。

返還時期の定めが無い場合，受寄者は告知によりいつでも返還することができます（民法663条1項）。

返還時期の定めがある場合，受寄者はやむを得ない事情が無ければ期限前に返還することはできません（同条2項）。

5　消費寄託

受寄者が受寄物を消費することができる寄託を，消費寄託と言います（改正民法666条1項）。代表的な消費寄託は，銀行預金です（改正民法666条3項）。

消費寄託には消費貸借の規定が準用されています。

消費寄託（銀行預金）の当事者が契約名義者なのか，実際にお金を出した者なのかがよく問題になります。裁判例は，名義ではなく実際にお金を出した者こそが当事者である（客観説，最判昭32.12.19民集11-13-2278）としています。

受寄者は，受寄物と種類，品質及び数量が同じ物を返還しなければなりません（改正民法666条1項）。有償の消費寄託では，受寄者は善管注意義務を負います。なお，銀行が過失無く預金者以外の第三者に返済した場合には，債権の準占有者への弁済（改正民法476条）として処理されます。

寄託者は，期限の到来までは寄託物の返還請求はできませんが，定期預金の実務では特約で解約可能となっていました。

改正民法では，返還期限にかかわらず，預貯金の寄託者はいつでも返還請求することができるようになります（改正民法666条3項，591条2項，3項）。

金融機関は，預金契約に基づき，預金者の求めに応じて預金口座の取引履歴を開示しなければなりません。また，預金者が死亡した場合，その共同相続人は，単独で預金口座の取引履歴の開示を求めることができます（最判平21.1.22判タ1290-132）。

6　混合寄託

複数の者が種類や品質が同じ物を同一の受寄者に寄託した場合，受寄者は，各寄託者の承諾を得た場合に限り，これらを混合して保管することができます（改正民法665条の2第1項）。同じメーカーの同じ型番の品を複数の小売店か

ら預かる配送センターなど，実務的には重要な役割を果たしている契約類型です。物の処分権を受寄者に与えられていない点で，消費寄託と異なります。

　寄託者は，受寄者に対して，寄託物と同じ数量の物を返還請求できます（改正民法同条2項）。

　受寄物の全部が滅失すれば，寄託者は受寄者に損害賠償請求できます。一部が滅失した場合，損害賠償請求は妨げられませんが，残った物は複数の寄託者の間でどのように分配されるのでしょうか。この場合，混合寄託物の総合計と当該寄託者の寄託物の割合に応じた数量の物の返還を請求できます（改正民法同条3項）。

税法編

> **Point**
> ・ものを預けただけでは課税関係は発生しません。
> ・物品を預けるか金銭を預けるかで印紙税の有無が変わってきます。
> ・法人税法上，無償の受寄行為からも収益が発生します。

1 概 要

基本的に，ものを預けただけでは，以下に述べる印紙税を除いて課税関係は生じません。有償である場合に，その寄託料について課税関係が生じます。

2 受寄者の課税関係

(1) 受寄者が個人の場合（所得税・相続税）

受寄者は，契約継続中に受け取った寄託料を収入金額（所法36条）に計上しなければなりません。これらは利子所得（所法23条），事業所得（所法27条）又は雑所得（所法35条）に該当します。

なお，法人の場合と異なり，無利息又は低利息の貸付けから収入金額が生じると擬制する規定は存在しません。

(2) 受寄者が法人の場合（法人税）

受寄者は，寄託料を益金（法法22条2項）に計上しなければなりません。

また，無報酬の寄託からも「無償による……役務の提供……に係る……収益の額」として益金が生じるものとされています。この場合，通常の利息額が益金に計上され，損金に原則として（広告宣伝費に当たる場合などを除き）寄附金（法法37条7項，8項）が計上されます。寄附金は一定の限度額までしか損金算入できません。

3　寄託者の課税関係

(1)　寄託者が個人の場合（所得税・贈与税・相続税）

寄託者は，業務の遂行上必要な寄託料の支払いの額を必要経費（所法37条），取得費（所法38条1項）等の経費に算入できます。

(2)　寄託者が法人の場合（法人税）

寄託者は，支払寄託料の額を損金（法法22条3項）に算入できます。

なお，個人の場合と異なり，無償の寄託からは益金が生じません（無償による役務の享受又は譲受けが益金（法法22条2項）の発生事由となっていません。）。

4　印紙税

印紙税法で課税される寄託契約は，金銭又は有価証券の寄託を約する文書です。消費寄託もこれに含まれるとされています。

したがって，物品の寄託契約については課税されません。課税される寄託契約かどうかは，当該文書の記載からそれが明らかかどうかで判断されます。

実務編

1 ゴルフ会員権の預託金〜値下がり分を損益通算できるか〜

ゴルフの会員権はバブル期に資産として盛んに売買されました。ゴルフ会員権取得に際して預託金を支払うことが通常でした。バブル期以降はゴルフ会員権の価値は下落し，評価額として損失が生じる状況が生まれました。なお，この預託金の法的性質が争われた別の事件（名古屋高判平19.3.14金判1265-8）では，預託金会員制のゴルフクラブ会員権は，ゴルフ場施設の優先的利用権，預託金返還請求権及び年会費納入義務等が一体となった債権の法律関係であり，預託金返還請求権の法的性質は消費寄託であると判示されました。

このように高額で購入したゴルフ会員権を下落した価格で譲渡した場合，その損失は総合課税として損益通算できました。現在では個人については法改正により損益通算が不可能になりましたので，このような節税方法は使えなくなっていますが，法人が会員の場合には今でも損益通算が可能です。

下記の事案は，預託金返還請求権の譲渡という構成によって損益通算ができるのかが争われました。裁判所は，このゴルフ場が一度経営破綻した際の処理により本来のゴルフ場利用権も消滅（履行不能）していたとして，資産の譲渡に当たらないとして損益通算を否定しています。

東京地判平成26年7月9日税資264号順号12502

事案 XはK社のゴルフ場会員権を220万円で取得した。当初のゴルフ会員権には，会員に対する優先的低額設備利用が保証されていた。その後，K社は経営破綻してA社にゴルフ場の不動産所有権が代物弁済された。A社は，一定の手続を踏めば，K社時代の会員権について優先的低額設備利用を保証したが，それを一代限りとした。Xはゴルフ場会員権を2万円で譲渡し，損益通算して税務申告した。これに対し，税務署長Yは増額更正処分及び過少申告加算税の賦課決定処分を行った。

> **判旨** 損益通算が可能となる「資産の譲渡」（所法33条）につき，金銭債権が「資産」に当たらないことを前提に，預託金返還請求権は資産に含まれない。さらにK社が負っていた会員に対する優先的かつ低額で設備利用させる債務は，経営破綻によるゴルフ場不動産の代物弁済によって履行不能となっていたとして，「資産の譲渡」に当たらないと判示した。

ゴルフ会員権の内容は，大まかに言って，施設を優先的に利用できる権利と預託金返還請求権が含まれています。そのうち，預託金返還請求権自体は金銭債権です。金銭債権が「資産の譲渡」の「資産」には当たらないという解釈は裁判実務でも概ね支持されています。本裁判例もそのように解釈しています。

では，施設の優先利用権が「資産」に当たるのでしょうか。金銭債権では無く，財産の価値のある利用権ですから，「資産」に当たり得るのでしょう。しかし，本件では，ゴルフ場が一度破綻しています。当該会員権は破綻前の運営会社時代のものです。現在の運営会社（ゴルフ場自体の代物弁済を受けた）は従前の会員にも配慮はみせていたのですが，従前の運営会社が約束していた会員に対する施設優先利用権自体は履行不能な状態にあり，現在の運営会社に主張できる権利では無いため，利用権自体が財産的価値が無い，「資産」に当たらないものと判断されました。

本件では，当該会員権を発行した当時の運営会社がすでに消滅しているという特殊事情があったため，「資産の譲渡」が認められませんでした。一方，運営会社が破綻していない場合にどのような処理になるかは本裁判例では判断されていません。

なお，ゴルフ会員権の実質の価値は毀損していても，実際に会員で無くなるまで損失計上はできません。

2 利子・利息の所得分類

預金とは，通常は法人に対する消費寄託金であると解されますが，所得税

法上の預金は，不特定多数者に対する定型的，継続的かつ集団的な金銭（利子）の支払という経済的特質を有するものは広く預金に含まれるとされています（東京高判昭41.4.28税資44-455）。

⑴　これって預金？

　取引社会においては，様々な形態の金融に関する契約が締結されます。銀行預金のように明確に預貯金であるものもあれば，中には外見や名称からはとても預金＝消費寄託と思えない契約もあります。以下は，社債の償還義務を引き受ける「デット・アサンプション契約」と称する契約が預貯金に当たるかが，源泉徴収義務の有無という形で争われた事件です。

> **デット・アサンプション取引事件**（東京高判平18.8.17訟月54-2-523）
>
> **事案**　Xが，社債発行会社との間で，Xが一定の金額を受領し，社債の償還債務の履行を引き受けることなどを内容とする契約（「デット・アサンプション契約」と称されている。）を締結し，Xが社債の元利金を支払った。課税庁は，Xが支払った上記社債元利金から社債発行会社から受領した金員を控除した差額相当額について，「預貯金の利子」を国内で支払ったものであるとして，源泉徴収税の支払いを求めた。Xは，上記差額相当額は「預貯金の利子」（所得税法23条1項）に当たらないと主張して争った。
>
> **判旨**　Xは社債発行会社から受領した金銭を費消して運用することを前提に寄託を受け，元利金に相当する金員を返還したものであるから，「預貯金の利子」に当たる。

　金融の世界は日進月歩であり，次々と新しい金融手法が誕生しています。「預貯金の利子」とややニュアンスが異なる契約類型が生じることもあります。

　上記のデット・アサンプション契約は，要するに，料金を取って社債の履

行を肩代わりする契約です。社債の履行時期は将来に到来するため，引受人はこの期間に徴収した料金を運用して社債の利息よりも高い運用益を得ることを目的としています。裁判所は，この行為の実質を捉え，契約は要するに消費寄託契約であると解釈し，履行した社債元利金から料金分を控除した額を「預貯金の利子」に当たるとしました。

　一見全く新しい契約類型のように見えても，裁判所はその経済的実質を探求してきます。名称や見かけの機能にとらわれず，実際の機能に着目して処理することを心がける必要があります。

(2) 担保預金なのに利子所得課税される？

　融資を得るためにする預金を担保預金と言います。この場合，受けた融資の支払利息と，担保預金に発生する受取利息が発生します。この２つは，実質的には相殺（あるいは支払利息には受取利息分が上乗せされている）されるべき状況とも考えられます。この場合に，担保預金の受取利息が全額課税されるのはおかしい気がします。なお，融資の担保として解約を制限した預金を行うことを拘束預金などと称しますが，場合によっては独占禁止法や通達によって禁止されています（下記事例はシンガポールの事案）。

国税不服審判所名古屋支部平成25年７月８日裁決

事案　シンガポールの銀行でのdepositから生じる利子が利子所得であるとして課税処分された。請求人は，当該depositは融資を得るための担保預金であるから，実質的には貸付金の支払利子との差損益が雑所得となると主張した。

裁決概要　シンガポール法が適用され，これによると当該depositは消費寄託に当たる。したがって，当該depositは所得税法23条１項の「預貯金」に該当し，その利子は同条同項の「預貯金の利子」に該当するため，利子所得となる。

担保預金は,基本的に,預金者にとって望まざる預金です。また,上記のように,別の貸付契約による支払利息が必ず存在するため,差引きで考えてくれないと困るという気持ちはよく分かります。

しかし,本裁決では,準拠法であるシンガポール法に従って契約が解釈され,その法的性質が日本法の消費寄託契約類似であるとして,当該depositは「預貯金」であり,利子所得となると判断しました。

契約の解釈では,実質的な機能も重要ですが,準拠法や外形ももちろん重要です(むしろより重要です。)。求める結論がある場合は,それをより導きやすい法形式を選択することも重要となります。

3 相続税法上の名義預金の扱い

最後に相続税に関する問題を取り上げましょう。

相続において,被相続人(例えば祖父)が子や孫の名義を使って預金口座を開設し,多額の預金をしている事例がしばしば存在します。誤振込でも受取口座名義人との間に消費寄託契約が成立するのであれば,この場合も,民法上は預金名義人との間に消費寄託契約が発生しているように思えます。

では,相続税法においても,他人名義の預金に入っているお金は相続財産にはならないのでしょうか。

東京地判平成26年4月25日税資264順号12466

事案 被相続人が出捐して開設した複数の親族名義口座は課税対象となる相続財産か。

判旨 被相続人が預金者であり,相続財産となる。

もしも,親族名義口座に入金すれば相続財産から外れるならば,脱法的な相続対策が簡単にできてしまいます。しかし,それでは不合理ですので,本件では,諸事情を検討した上で,被相続人がお金を出した親族名義口座も相続財産となるとされました。

第11章 組合契約

─ 民 法 編 ─

Point
- 組合といっても法人格はありません。契約関係ですが団体としての性格は否定できません。
- 組合は組合員による共同事業を行いますが、商法の匿名組合は匿名組合員が出資をするのみで営業は行いません。

1　組合契約の意義と性質

　組合というと労働組合や信用組合を思い浮かべますが、これらは各特別法によって法人格を付与された団体で、民法の組合契約とは全く異なります。ここで民法の組合契約の身近な例として、建設業界の共同企業体（JV）、映画の「〇〇製作委員会」等が挙げられます。

　この組合契約には二面性があります。第一に「組合契約」であることから、複数の当事者（組合員）による契約関係として考えることができます。その視点から、組合の成立、組合事業の運営、解散、清算に至るまで、組合員間の権利・義務、第三者と組合員との間の権利・義務や、訴訟に関しての組合員や第三者との関係について、解釈することになります。第二に「組合契約」によって、法人格はないものの複数の組合員による団体としての「組合」を結成しているとも考えられます。したがって、その「組合」の組織と運営、そして「組合」の財産と組合員の関係、「組合」と対外関係について、

「組合」という団体を主体として，解釈することができます。

(1) 意　義

　組合契約は，各当事者が出資をして共同の事業を営むことを約することによって，その効力が生じるとされています（民法667条1項）。そのため，組合員が2人以上いなければ組合契約は成立しませんが，理論的には人数の上限はないことになります。

　「出資」については金銭だけではなく，動産，不動産も可能ですし，出資できるものの範囲は広く，ほとんど金銭的な価値のあるものは全て含まれると言ってよいとされます。又，「労務」の出資も認められています（民法667条2項）。この「労務」については，広く考えられ「信用」も含まれるとされます。

　組合員全員で共同の事業を営むことが必要であって，契約当事者の一部のみが事業を行う場合は，組合契約ではないとされます。事業の目的に制限はありませんが，違法行為又は強行法規に違反する目的の組合契約は無効とされます。組合員は，契約を結んだ後は，共同の事業の成功を目指す義務を負い，成功を妨げる行為を行ってはなりません。

(2) 法的性質

　民法667条に規定されているとおり，複数の当事者の合意による諾成契約です。この場合の当事者の意思は，明示はもちろん黙示でもよいとされます。また，契約の方式は要求されていません。

　合意の内容は，組合員全員が出資をして，共同の事業を営むということが必要です。そのため，特定の組合員だけが，全ての利益を得て，その他の組合員が損失だけを負担するという組合は，獅子組合と呼ばれて，無効とされています。

2　出資と財産

　組合契約は，複数の者が出資をして，共同の事業を行うことを約束して成

立するのですが，出資された財産は「総組合員の共有」（民法668条）になるとされています。

この場合，組合員には出資義務があるので，仮に出資を怠れば遅延したため利息を支払わなければならないし，別に損害賠償の責任が生じることになります（民法669条）。

「総組合員の共有」になると，その権利が制限されます。例えば，組合員が出資持分を処分しても，組合や組合と取引をした第三者に対抗することができないとされています（民法676条1項）。

また，組合の清算前に組合財産の分割の請求をすることはできません（民法676条2項，改正により3項に変更されています。）。この点は，通常（民法249条）の「共有」が持分に応じた使用ができ，いつでも共有物の分割の請求をすることができる，とされているのとは異なっています（民法256条1項）。

組合と組合員とは区別されて，組合員は組合に対して無限責任を負うことになります。そのため，組合の債権者は組合員に対しても債権の行使ができます（民法675条）。改正民法では，2項が新設され，「組合の債権者は，その選択に従い，各組合員に対して損失分担の割合又は等しい割合でその権利を行使することができる。ただし，組合の債権者がその債権の発生の時に各組合員の損失分担の割合を知っていたときは，その割合による」とされました。

反対に，組合の債務者は，その債務と組合員に対する債権の相殺はできません（民法677条）。改正民法では相殺に限定されず，「組合員の債権者は，組合財産についてその権利を行使することができない」と規定されました。

組合員の間では，共同の事業による損益分配については契約に定めるか，もし定めなかった場合は出資の価格に応じることになります（民法674条1項）。なお，利益又は損失についてのみ，分配の割合を定めたときは両方に共通すると推定されます（民法674条2項）。

組合員は脱退することができます（民法678条1項）。

任意の脱退理由としては，次の場合があります。

① 組合の存続期間を定めなかったとき。
② 組合員の終身の間，組合が存続すべきことを定めたとき。

第11章　組合契約—民法編—

やむを得ない事由がある場合は，いつでも脱退できるが，それ以外は組合に不利な時期に脱退できない。

法定の脱退理由として，以下のものが定められています。

① 死亡
② 破産手続開始の決定
③ 後見開始の審判を受けた
④ 除名

脱退した場合は，出資持分について金銭で払戻しができます（民法681条2項）が，払戻しは，脱退の時の組合財産の状況に従って計算しなければなりません（民法681条1項）。

3　組織と運営

　組合契約は，複数の者によって結ばれることによって成立し，法人格はないものの，その団体は，その事業の目的が完了するまで継続することになります。

　民法は，原則として組合の業務の執行は総組合員の過半数で決定することにしています（民法670条1項）。改正民法では，過半数で決定し，「各組合員が執行する」とされました。

　組合の業務の内で，常務（日常の業務）については，他の組合員がその常務の完了前に異議を述べない限り，各組合員も単独ですることができるとされています（民法670条3項，改正民法同条5項）。

　契約で業務執行者を定めた場合には，委任の規定が準用されます。ただし，業務執行者が複数ある場合はその過半数によって決定されます（民法670条2項）。

　改正民法では，「組合の業務の決定及び執行は，組合契約の定めるところにより，一人又は数人の組合員又は第三者に委任することができる」とされました。

　なお，委任された業務執行者は，正当な事由がなければ辞任できません（民法672条1項）。また，解任する場合も正当な事由がなければ解任できず，

その場合も他の組合員の一致が必要です（同条2項）。

4　解散と清算

　共同の事業を行うために，組合契約を結んで目的とする事業を行った結果，事業が成功した場合や，事業の継続が不可能になった場合には，組合は解散することになります（民法682条）。改正民法では，解散事由が，その他に①組合契約で定めた存続期間の満了，②組合契約で定めた解散の事由の発生，③総組合員の同意が解散事由として追加されました。

　また，やむを得ない事由があるときは，各組合員は組合の解散を請求することができます（民法683条）。

　組合が解散したときは，総組合員が共同して清算することになります。なお，清算人を選任して，清算を行わせることもできます。この場合の選任も総組合員の過半数で決定します（民法685条2項）。

　清算した後の残余財産は，各組合員の出資額に応じて分割され引き渡されることになります（民法688条3項）。

5　匿名組合契約について

(1)　匿名組合の意義と成立

　民法の特別法である商法に，もう1つの組合契約が定められています。それは匿名組合契約といいますが，商法535条において以下のように効力の発生要件が定められています。

　「匿名組合契約は，当事者の一方が相手方の営業のために出資をし，その営業から生ずる利益を分配することを約することによって，その効力を生ずる」

　この匿名組合契約の当事者は「出資をする者」と「営業する相手方」で，出資をする者は匿名組合員と言われ，営業する相手方は営業者と言われています。「利益」はその「営業から生ずる」もので，この利益は商法の規定（商法19条1項，2項）によって計算されます。分配されるのは「生ずる利益」です。これは不確定なものであって確定しているものではありません。この

不確定な利益について「分配することを約する」ことによって匿名組合契約は有効となります。

> **税法における匿名組合等の意義**（最判昭36.10.27民集15-9-2357）
>
> **事案** 所得税法上の匿名組合契約等に該当するか。
> **判旨** 法律（所得税法）が，匿名組合に準ずる契約としている以上，その契約は，商法上の匿名組合契約に類似するものがあることを必要とするものと解すべきであり，出資者が隠れた事業者として事業に参加しその利益の配当を受ける意思を有することを必要とするものと解するのが相当である。

(2) **匿名組合員の権利**

匿名組合契約を結ぶことにより，匿名組合員は営業者に対して以下の権利をもつことになります。

ア　営業執行請求権

匿名組合員が，営業者に契約に定める「営業」をするべきことを請求する権利を営業執行請求権といいます。したがって営業者が約定の時期に営業を開始せず，任意に営業の変更・休廃止をし，約定以外の目的に匿名組合の出資を使用する等の場合には，匿名組合員は，営業者の善管注意義務違反（民法671条により，644条の準用）として，その損害賠償の請求権を行使することができます（商法535条)[1]。

イ　内部的な業務参加権（特約による）

匿名組合員は，対外的に，営業者の営業に関して，その営業を執行する権利もないし，営業者を代理する権限もありません。しかし特約により匿名組

---

1) 最判平成28年9月6日裁判集民253号119頁。

合員であっても，営業者との内部関係では，匿名組合員の業務参加が認められます[2]。

ウ　競業避止の請求権

匿名組合員が，営業者に匿名組合の営業と同種の営業をしないことを請求する権利です。営業者と匿名組合員には，共同の「匿名組合の目的である事業」（商法541条1号）があり，営業者はその営業を，善管注意義務をもって行う地位にあるので，反対の特約がない限り，一般に競業避止義務を負うことになります（商法535条）。

エ　営業者の地位譲渡に対する同意権

営業者の地位は，匿名組合員の同意なく他に譲渡することはできないと解されます。匿名組合は，当事者相互間の人的信頼関係に基づいて組合の目的とする事業の成功を目指すものであり，営業者の能力と，これに対する匿名組合員の信頼は，大きいからです（商法535条）。

オ　匿名組合員の営業監視権

匿名組合員は，出資をするとともに利益の分配を受け，また特約で排除しない限り，その損失も分担することから，営業者の営業に対して，強い利害関係を持ちます。したがって，営業者にその業務及び財産の状況を開示する義務を負わせ，匿名組合員に営業者の業務及び財産の状況を検査する権利（営業監視権）が与えられています（商法539条）。

カ　匿名組合契約の解除権

匿名組合員は，匿名組合契約に基づき出資をするため，営業者が匿名組合契約に定められたとおりに「営業」をせず，営業者の義務を履行せず，匿名組合員の信頼を裏切るような場合には，「匿名組合の存続期間を定めたか否

2）平出慶道『商行為法』（青林書院，第2版，1989）335頁

かにかかわらず，やむを得ない事由があるときは，各当事者は，いつでも匿名組合契約の解除をすることができる」（商法540条2項）と定められているように匿名組合契約を一方的に解除することができます。もちろん契約違反による損害賠償もできます。

具体的に何が「やむを得ない事由」に当たるかは個別に判断されますが，営業者が約定の時期に営業を開始せず，任意に営業の変更・休廃止等をし，約定以外の目的に匿名組合の出資を使用する等の場合には営業者の義務違反になるとされています。なお，この法定解除権については，仮に制限する特約があったとしても民法90条により無効とされます。

このように，匿名組合員の法定解除権は，匿名組合員の営業監視権（商法539条）によって担保されており密接に関連しています。

キ　利益配当請求権

匿名組合員が，営業者に契約に定める「営業」から生じる利益の分配を請求する権利をいいます（商法535条）。ただし商法は「営業」から「利益」だけでなく「損失」が生じることも予定しており，損失が出た場合の利益の配当について制限をしており「出資が損失によって減少したときは，その損失をてん補した後でなければ，匿名組合員は，利益の配当を請求することができない」と制限をしています（商法538条）。

ク　出資価額返還請求権

匿名組合契約が終了した場合には，営業者は匿名組合員に出資の価額を返還しなければなりません。ただし，営業者の営業により損失が出る場合があることを予定しており，出資が損失によって減少している場合にはその残額を返還することになります。

この趣旨は，匿名組合契約の存続を前提とした各当事者の義務は終了し，当事者は，匿名組合が終了するまでの間に生じた当事者間の債権・債務について計算をしなければならないことにあります。出資の払戻し・利益の分配を行い，損失分担の場合には，その分担をして，当事者間の計算関係を終了

することとなります（商法542条）。

(3) 匿名組合員の義務

匿名組合契約を結ぶことによる匿名組合員の義務には，営業者に対する出資義務があります（商法535条）。この出資は金銭その他の財産に限られ，労務や信用の出資は認められません。また，匿名組合員は営業者の業務を執行したり，営業者を代表することはできません（商法536条3項）。

匿名組合員は営業者の行為によって，第三者に対して権利や義務を負わない（商法536条4項）のですが，例外として匿名組合員が営業者に対して商号等の使用許諾をした場合には営業者と連帯して責任を負わなければなりません（商法537条）。

(4) 民法の組合契約と匿名組合契約の相違

組合契約と商法の匿名組合契約が根本的に異なる点は以下のとおりです。

① 民法の組合契約は共同事業を営むが，匿名組合契約は，相手方の営業のために出資をし，その営業から生ずる利益の分配を受けます。なおこの点については，後で詳しく説明します（次頁参照）。

② 匿名組合契約は，営業をする者と出資する者が，完全に分離されています。

③ 匿名組合契約では，対外的に出資者が匿名になり第三者に対し権利義務を負いません。

④ 民法の組合契約は組合員が全員出資することが必要ですが，商法の匿名組合契約では一方が出資するだけです。

⑤ 匿名組合契約は，出資した財産は，営業者に属します。民法の組合契約では，総組合員の共有に属します。

⑥ 匿名組合契約は，営業者と出資者との二者間のみの契約です。

⑦ 民法の組合契約では，出資に労務が認められていますが，匿名組合契約では労務の出資は認められません。

6　共同事業性

(1)　営業者と匿名組合員の法的関係

　商法上は，対外的に営業の主体となるのは営業者です。そもそも匿名組合員は第三者から見えません。しかし，匿名組合契約の共同事業性の有無はそのこととは無関係です。営業者と匿名組合員の法的関係が商法上，どのように構成されているかによります。

　しかし，営業者と匿名組合員との関係について最高裁の裁判例（最判平27.6.12税資265-95順号12678）は，「匿名組合員は，これらの商法の規定の定める法律関係を前提とすれば，営業者の営む事業に対する出資者としての地位を有するにとどまるものといえるから，匿名組合契約に基づき匿名組合員が営業者から受ける利益の分配は，基本的に，営業者の営む事業への投資に対する一種の配当としての性質を有するものと解される」としています。しかし筆者はこれには疑問を持っています。その理由は，第一に，匿名組合員は営業から生ずる利益の分配を受けるとともに，損失の分担をすることも予定されているからです（商法535条，同538条）。単に「営業から生ずる利益の分配を受ける地位を有するにとどまるもの」ではありません。

　第二に，匿名組合員は営業者に対して様々な権利や義務を持つことから，匿名組合員は単に営業者に対し出資しただけの者と見るべきではないと思います。

　特に営業執行請求権（商法535条）は，匿名組合員が，営業者に契約に定める「営業」をするべきことを請求する権利であり，営業者にとっては営業執行義務です。このため営業者は，営業の基本的な事項については匿名組合契約にしたがって業務を執行する必要があり，仮にこの契約の合意に反して営業者が業務を執行した場合には，匿名組合員は，営業者の義務違反（民法671条，644条の類推適用）として，匿名組合契約の解除権（商法540条2項）の行使をすることができます。営業監視権（商法539条）は，この解除権を担保するために商法が匿名組合員に認めているものです。このような法的関係がある

からこそ，ほとんどの学説は一致して，匿名組合は経済的[3]・実質的[4]には共同企業であると表現したり，あるいは当事者間又は内部的には共同事業であるとしているのです[5]。

(2) 「組合の共同事業」と「匿名組合の事業」

確かに民法上の組合契約は同法667条に「共同の事業を営む」とあり，これに対し商法535条の匿名組合契約には，そのような文言はありません。しかし同法541条は契約の終了事由の1つとして，同条1号は「組合の目的である事業の成功又はその成功の不能」と定めています。ここで注目すべき点は2つあります。第一は同号が「組合の目的である営業の成功又はその成功の不能」とは定めていないことです。第二は本号の文言が，民法の組合契約の解散事由の規定（民法682条）の文言の「組合の目的である事業の成功又はその成功の不能」と全く同じであることです。このことから，匿名組合契約も共同事業を営んでいると解することができるのではないでしょうか。

また，民法上の組合契約は当事者としての組合員は最低限2人いれば成立し，匿名組合契約の当事者は営業者と匿名組合員の二者で成立します。つま

---

[3] 蓮井良憲ほか編『商法総則・商行為』（法律文化社，第4版，2006）218頁は，匿名組合を経済的には，事業の経営者と資本の提供者とが合体した一種の共同企業形態であるとしています。

[4] 田中誠二ほか『新版　商法』（千倉書房，11全訂版，2000）312頁は，匿名組合も実質的には営業者と匿名組合員の共同事業であり，これから生ずる利益分配を目的とする点で民法上の組合と類似しているとしています。

[5] 内的組合説とは，平出慶道『商行為法』（青林書院，第2版，1989）330頁によれば，営業者と匿名組合員との間の内部関係として，内的組合の法律関係を認めることは可能であり，営業者の匿名組合員に対する受任者としての権利義務や損益分配の割合等のごとき両者の間の内部関係については民法上の組合に関する規定の類推適用がなされることになるとする見解です。

また金子宏教授も，匿名組合の性質について，「特に注目されることは，有力な商法学者の多くが，匿名組合を内的組合と見ていることである。匿名組合内的組合説については，特に異論は見当たらないようであるから，それはおそらく商法の通説に近い有力説であると理解してよいと思われる」と述べています。金子宏編『租税法の基本問題』（有斐閣，2007）164頁。

り匿名組合契約も，民法上の組合契約と同じく，その目的とする事業を成功させるために，契約当事者である営業者と匿名組合員が共に，その目的である事業の成功を目指して契約を結ぶものです。つまり営業者の「営業」であって，営業者の「事業」ではないのです。そして匿名組合契約の「事業」であって，組合の「営業」ではないのです。

　以上のように商法の匿名組合契約においても民法上の組合契約においても，その目的は同じく，それぞれの契約に定めた共通の事業の成功であることは明らかです。繰り返しますが，このことは商法の匿名組合の規定（商法535条）が，民法の組合契約の規定（民法667条）と異なり「共同の事業を営む」と条文に明示していないからといって異なるものではありません。このような法的関係にある営業者と匿名組合員との関係は，正に共同事業にあるものといえるのではないでしょうか。

税法編

1 総論

Point

・組合には法人格がないので，組合員に所得が帰属します。
・個人の組合員については帰属する所得区分が重要であり，税務上の争いが多い。
・法人の組合員のうち特定組合員については，出資額以上の損失は認められません。

　税法（法人税法・所得税法）においては，民法の組合に限定されず「任意組合等」という用語が使用され，対象とする契約の範囲が広く定義されています。これは民法の組合契約という契約にとどまらず実際に利用されている民法の組合契約に類似のものも含めて，国内外を問わず広く規制するために税法が考えた概念です。具体的には①民法667条1項に規定する民法の組合，②投資事業有限責任組合契約に関する法律3条1項に規定する投資事業有限責任組合，③有限責任事業組合契約に関する法律3条に規定する有限責任事業組合，④外国におけるこれらに類するものが含まれています。

　所得税法の裁判例においても，事業を営むに当たって，納税者とその兄の間で，組合もしくはそれに類似した契約関係の規律に従って，納税者とその兄との共同経営の形態でこれを営むとの合意があり，実際に本件事業が納税者とその兄との共同経営により営まれていた場合には民法の組合として認められています（広島地判平19.5.9税資257-98順号10707）。

　「任意組合等」が法人格をもたないことから，所得税法や法人税法では，納税義務の主体となれません。そのため組合員にその所得が帰属することになります（民法667条）。つまり「任意組合等」はパススルーされるのです（法基通14-1-1）。

　もっとも，法人格がなくても「人格のない社団等」に該当すれば，限定的

ではありますが法人税の納税義務が生じることになります（法法4条）。この人格のない社団等というのは、多数の者が、一定の目的を達成するために結合した団体のうち法人格を有しないもので、単なる個人の集合体でなく、団体としての組織を有し統一された意思の下にその構成員の個性を超越して活動を行うものをいいますので、税法においては、民法の組合（民法667条）や、匿名組合（商法535条）は人格のない社団等に含まれません（法基通1-1-1, 所基通2-5）。この点には注意を要します。

　このように税法では、法人格の有無によって、課税関係が大きく変わることになります。また現代では、国際的な取引も多く、外国の組織体について税務的に問題になる場合もあります。そのため過去において何度も、法人格の存在をめぐって争いがありました。特にリミテッド・パートナーシップ（LPS）に対する裁判例は重要なので注意が必要です。

リミテッド・パートナーシップ（LPS）の所得税法上の扱い
(最判平27.7.17民集69-5-1253)

事案　米国デラウェア州の法令によって設立されたLPSは所得税法上の外国法人に該当するか。

判旨　日本の所得税法上の外国法人に該当するか否かの判断の基準は、最初に①その組織体に係る設立根拠法令の規定の文言や法制の仕組みから、その外国の法令において日本法上の法人に相当する法的地位を付与されていること又は付与されていないことが疑義のない程度に明白であるか否かを検討する。そして、それができない場合には②その組織体が権利義務の帰属主体であると認められるか否かを検討して判断すべきものであり、具体的には、その組織体の設立根拠法令の規定の内容や趣旨等から、その組織体が自ら法律行為の当事者となることができ、かつ、その法律効果がその組織体に帰属すると認められるか否かという点を検討することになる。以上の基準を本件について鑑みると本件LPSは、自ら法律行為の当事者となることができ、かつ、そ

> の法律効果が本件LPSに帰属するものということができ権利義務の帰属主体であると認められるから，所得税法2条1項7号に定める外国法人に該当するものというべきである。

　この判旨のとおり，外国の組織体である以上，その国の「設立根拠法令」を前提に考える必要があることは当然のことと思われます。外国の組織体が，所得税法における外国法人に当たるか否かについての判断基準として最高裁が示した判断ですが，この判決の射程は広く，租税法全般において，今後の実務に与える影響は大きいと思われます。

2　個人における取扱い

　所得税法では，任意組合等について特別な規定は，特定組合員等の不動産所得に係る損益通算等の特例（租特41条の4の2）と有限責任事業組合の事業に係る組合員の事業所得等の所得計算の特例（租特27条の2）があるのみです。それ以外は収入金額（所法36条）と必要経費（所法37条）の解釈の問題として通達が定められています。

(1)　契約の成立

　契約者（組合員）が組合契約を結ぶことによって契約は成立します。組合員は個人でも法人でもかまいませんが，個人の場合は所得税法が適用され，法人の場合は法人税法が適用されます。通常組合契約が結ばれると書面が作成されます。また出資は金銭だけでなく，労務でもよいのですが，その評価額は適正でなければなりません。この出資金は，所得税法上資産になりますので，必要経費にはなりません。

(2)　契約の履行

ア　計算期間

　組合契約が結ばれると，組合事業が開始され，組合事業に係る利益の額又は損失の額は，発生したその年分（暦年）の各種所得の金額の総収入金額又

は必要経費に算入されます。ただし，例外として組合事業に係る損益を毎年1回以上一定の時期において計算し，かつ，その組合員への個々の損益の帰属がその損益発生後1年以内である場合という条件を満たせば，任意組合等の計算期間を基準に計算してその計算期間の終了する日の属する年分の各種所得の金額の計算において総収入金額又は必要経費に算入するものとされます（所基通36・37共-19の2）。

イ　分配の割合

任意組合等において営まれる事業に係る利益の額又は損失の額は，その分配割合に応じて各組合員の利益の分配を受けるべき金額又は損失を負担すべき金額とされています。この分配割合は，それぞれの契約において決められている損益分配の割合をいいます。しかし，その割合は，各組合員の出資の状況，組合事業への寄与の状況などからみて経済的合理性を有していない場合には認められません（所基通36・37共-19）。

ウ　計算方法

任意組合等の利益の計算方法については，原則としてその組合事業による収入金額，支出金額，資産，負債等をその分配割合に応じて各組合員のこれらの金額として計算する方法（総額方式）とされ，例外として継続を条件として，2つの方式が認められています。第一は，その組合事業による収入金額，その収入金額による原価の額及び費用の額並びに損失の額をその分配割合に応じて各組合員のこれらの金額として計算する方式（中間方式）で，具体的には損益計算書の項目だけで組合員に配分する方式です。ただし，この方法による場合には，各組合員は，その組合事業に係る取引等について非課税所得，配当控除，確定申告による源泉徴収税額の控除等に関する規定の適用はありますが，引当金，準備金等に関する規定の適用はありません。第二は，その組合事業について計算される利益の額又は損失の額をその分配割合に応じて各組合員にあん分する方式（純額方式）です。そして，この方法による場合には，各組合員は，その組合事業に係る取引等について，非課税所

得，引当金，準備金，配当控除，確定申告による源泉徴収税額の控除等に関する規定の適用はなく，各組合員にあん分される利益の額又は損失の額は，その組合事業の主たる事業の内容に従い，不動産所得，事業所得，山林所得又は雑所得のいずれか1つの所得に係る収入金額又は費用経費となります（所基通36・37共-20）。

上記の所得の計算方法をめぐって争われた裁判例として次のものがあります。

任意組合から生ずる所得の計算方法（東京高判平23.8.4税資261順号11728）

事案 A組合の組合員が，平成15年から平成17年分までの各所得税について，組合員の出資先である任意組合等から生じた利益又は損失の額を所得税基本通達の36・37共-20に定める純額方式により平成15年分，平成16年分を計算し，平成17年分については総額方式により納付税額を計算して，確定申告を提出したところ，課税庁は総額方式が原則であり，純額方式は例外である。純額方式をとる場合には総額方式による計算が煩雑，困難であるなどの合理的理由が必要であるとして更正処分を行った。そのため，その処分を違法として争われた。

判旨 ①通達は，継続適用を要件としているほかは特段の要件を定めていないものであって，本件通達に定めていない要件を通達の改正をしないまま解釈により付加することは租税法律主義の趣旨に抵触する。

②平成12年から平成16年までの5年間純額方式により計算しているものであり，平成17年分につき継続適用が要件とされていない総額方式に変更したとしても，これによってその前の年度の継続適用の要件が遡って否定されるという解釈には合理的根拠がない。

以上の理由により，課税庁の処分は違法とされ取り消された。

この裁判例は，例外的計算方法は継続適用の要件のみが求められているとしたもので，実務の指針となるものです。

エ　収入の所得区分

所得税法においては，後で説明する法人税法と異なって，所得税法の特有の問題として所得区分の問題があります。つまり法人税法では法人所得という法概念しかありませんが，所得税法では所得の種類が10種類あり，そのどれに分類されるかによって課税所得が異なることになるからです。組合員の所得は，その組合事業の主たる事業の内容に従い，不動産所得，事業所得，山林所得又は雑所得のいずれかの1つの所得に区分されます（所基通36.37共-20）。

ただし，裁判例では，以下のように給与所得とされたものがあります。

> **組合からの組合員に対する給与の支払い**（最判平13.7.13訟月48-7-1831）
>
> **事案**　民法の組合は法人格がないが，組合から組合員に支払われた金銭の支払いについて，組合員の給与所得となるか事業所得となるかが争われた。
>
> **判旨**　支払いの原因となった法律関係についての組合及び組合員の意思ないし認識，当該労務の提供や支払いの具体的態様等を考察して客観的，実質的に判断すべきものであって，組合員に対する金員の支払いであるからといって当該支払いが当然に利益の分配に該当するものではない。また，当該支払いに係る組合員の収入が給与等に該当することが直ちに組合と組合員との間に矛盾した法律関係の成立を認めることになるものでもないとした。

民法の組合であっても，組合員に対して金銭の支払いがあった場合には組合員に対する利益の分配だけとは限りません。給与の支払いとして認められる場合もあります。

また，この民法の組合の組合員の所得区分を巡って争われた有名な事件として，航空機リース事件があります。

2 個人における取扱い

> **航空機リース訴訟**（名古屋高判平17.10.27税資255順号10180）
>
> **事案** 民法上の組合契約により，航空機リース事業を結んで，その事業による所得を不動産所得（損失）として確定申告をした。課税庁は，この組合契約は利益配当契約であり，これによって生じる所得は雑所得（損失）であるから損益通算ができないとして更正処分等を行ったため，所得の区分について争われた。
>
> **判旨** 判決は，本件航空機リース事業による所得は不動産所得として区分されるべきであるとした。
>
> 不動産所得とした理由について，以下の4点を挙げました。①組合員らが，締結した契約がいかなるものであったかを判断するのに当たって，民法上の契約類型を選択したことを前提として表示行為の解釈を行うことは当然のことであり，②現代社会における合理的経済人の通常の行動として租税負担を伴わないかあるいはそれが軽減されることを動機ないしは目的として何らかの契約を締結する場合その目的が達成可能な私法上の契約類型を選択することは当然かつ合理的なことである。③よって，当事者の契約締結の形式から異なる効果意思の存在を推認できず，仮に推認するとすれば，当事者の意思を離れて動機等の主観的要素のみに着目して課税することになり，当事者が行った法律行為を法的根拠なく否定する結果になる。④本件事業において民法上の組合契約の法形式が用いられないわけではないから，契約の文理解釈を中心として当事者の意思を探求する必要性がある。その結果として組合員らの検査権及び解任権が排除されていないと解すべきである。

民法の組合は，組合員が共同で事業を営むことが必要とされていることから，組合契約が成立する以上は，組合員が航空機リース事業を行っていることは明らかです。

オ　不動産所得に対する特例

航空機リース訴訟の判決が出た後に，不動産所得を生ずべき事案を行う民法の組合等の一定の個人組合員が，平成18年以後の各年において，その年分の不動産所得の金額の計算上，組合事業から生じた不動産所得の損失の金額があるときは，その損失の金額は生じなかったものとされる特例が定められ，このような節税策が規制されました（租特41条の4の2）。

特定組合員等の不動産所得に係る損益通算等の特例（租特41条の4の2第1項）

特定組合員……又は特定受益者……に該当する個人が，平成18年以後の各年において，組合事業又は信託から生ずる不動産所得を有する場合においてその年分の不動産所得の金額の計算上当該組合事業又は信託による不動産所得の損失の金額として政令で定める金額があるときは，当該損失の金額に相当する金額は，同〔所得税〕法第26条第2項及び第69条第1項の規定その他の所得税に関する法令の規定の適用については，生じなかったものとみなす。

この一定の組合員とは，「特定組合員」と定義され，組合契約を締結している組合員のうち，組合事業に係る重要な財産の処分若しくは譲受け又は組合事業に係る多額の借財に関する業務の執行の決定に関与し，かつ，当該業務のうち契約を締結するための交渉その他の重要な部分を自ら執行する組合員以外のものをいいます。

(3) 契約の終了

組合は，その事業が成功した場合や，事業が不能になった場合に解散され，やむを得ない場合にも解散されます。解散された場合には清算手続に入り，残余財産を確定し出資額に応じて分配されることになります。その場合出資金と分配金の差額は，組合が行っている共同事業の所得分類に応じて所得課税されます。

3 法人における取扱い

　法人税法では所得税法と異なり所得分類の必要はなく，法人の所得金額は益金の額から損金の額を控除した金額になります。また法人税法においては任意組合等についての特別な規定は，組合事業等による損失がある場合の課税の特例（租特67条の12）と有限責任事業組合契約による組合事業に係る損失がある場合の課税の特例（租特67条の13）があるのみです。それ以外は法人税法22条の解釈として通達があるのみです。

(1) **組合契約の成立**

　民法の組合自体は法人格がないので，組合の共同事業から生じる所得は法人組合員に直接帰属することになります（法法4条，法基通14-1-1）。

　組合契約の組合員が法人であれば，その法人組合員の所得計算には法人税法が適用されます。新規に組合契約を結ぶ場合には，出資をする必要があるので，出資をしなければ契約は成立しません（民法667条1項）。

(2) **契約履行時**

　ア　利益等の帰属の時期

　法人組合員の組合事業から生じる利益や損失の計上の時期については，原則として，その発生する期間と法人組合員の事業年度とは一致しなければならない。ただし，例外として，その組合事業に係る損益を毎年1回以上一定の時期において計算し，かつ，その法人への個々の損益の帰属が当該損益発生後1年以内である場合には，帰属損益額は，その組合事業の計算期間を基として計算し，その計算期間の終了の日の属するその法人の事業年度の益金の額又は損金の額に算入するものとされます（法基通14-1-1の2）。

　イ　利益等の額の計算

　法人組合員の利益，損失の計算については，原則として総額で計算することとされています（総額方式）。具体的には，その組合事業の収入金額，支出金額，資産，負債等をその分配割合に応じて各組合員のこれらの金額として

計算する方法です。ただし，法人が次の２つの方法により継続して各事業年度の益金の額又は損金の額に算入する金額を計算しているときは，多額の減価償却費の前倒し計上などの課税上弊害がない限り認められます。第一はその組合事業の収入金額，その収入金額に係る原価の額及び費用額並びに損失の額をその分配割合に応じて各組合員のこれらの金額として計算する方法です。この方法による場合には，各組合員は，その組合事業の取引等について受取配当等の益金不算入，所得税額の控除等の規定の適用はありますが，引当金の繰入れ，準備金の積立て等の規定の適用はありません。これを中間方式といいます。第二はその組合事業について計算される利益の額又は損失の額をその分配割合に応じて各組合員に分配又は負担させることとする方法です。この方法による場合は，各組合員は，その組合事業の取引等について，受取配当等の益金不算入，所得税額の控除，引当金の繰入れ，準備金の積立て等の規定の適用はありません。これは純額方式といいます（法基通14-1-2）。

ウ　組合事業等による損失がある場合の課税の特例

　法人組合員が，特定組合員に該当する場合は，租税特別措置法によって損失の計上額は一定の金額に制限されています。

組合事業等による損失がある場合の課税の特例（租特67条の12第１項，第２項）

法人が特定組合員……又は特定受益者……に該当する場合で，かつ，その組合契約に係る組合事業又は当該信託につきその債務を弁済する責任の限度が実質的に組合財産……又は信託財産の価額とされている場合その他の政令で定める場合には，当該法人の当該事業年度の組合等損失額……のうち当該法人の当該組合事業に係る出資の価額又は当該信託の信託財産の帳簿価額を基礎として政令で定めるところにより計算した金額を超える部分の金額……に相当する金額……は，当該事業年度の所得の金額の計算上，損金の額に算入しない。

２　確定申告書等を提出する法人が，各事業年度において組合等損失超

> 過合計額を有する場合には，当該組合等損失超過合計額のうち当該事業年度の当該法人の組合事業又は信託……による利益の額として政令で定める金額に達するまでの金額は，当該事業年度の所得の金額の計算上，損金の額に算入する。

　なお，この「特定組合員」というのは，組合員のうち，「組合事業に係る重要な財産の処分若しくは譲受け又は組合事業に係る多額の借財に関する業務の執行の決定に関与し，かつ，当該業務のうち契約を締結するための交渉その他の重要な部分を自ら執行する組合員その他の政令で定める組合員」以外ものをいうとされています。要するに組合事業の意思決定に能動的に関与していない，出資するだけの組合員のことです。

(3)　**組合契約の終了**

　個人の場合と同じなので，前述したところを確認してください（408頁参照）。ただし，出資金と分配金の差額は，個人の場合と違って，所得分類の必要はなく，法人組合員の益金又は損金として課税されます。

(4)　**裁判例**

　民法の組合契約を利用して，節税を図った裁判例として次の事件が有名です。具体的にはリース事業による費用（減価償却費）の計上の可否をめぐって争われました。

映画フィルムのリース事件（最判平18.1.24税資256順号10278）

事案　法人組合員Xは，昭和63年11月1日から平成4年10月31日までの4事業年度の法人税等の確定申告において，本件映画のうち，自己の出資持分相当額（19分の1）に応じた金額を器具備品勘定に計上し耐用年数を2年として減価償却費を損金に算入した。これに対して課税庁は，法人組合員Xが計上した減価償却費の損金算入を認めず更正

第11章　組合契約―税法編―

及び過少申告加算税の賦課決定をした。この事案の争点は法人組合員Xの映画の減価償却費の損金算入は認められるかどうかであった。

判旨　本件組合は，実質的には，本件映画についての使用収益権限及び処分権限を失っているというべきである。本件映画は，本件組合の事業においては収益を生む源泉とみることはできず，本件組合の事業の用に供しているものということはできないから，法人税法31条1項にいう減価償却資産に当たるとは認められません。

結論として減価償却費の損金算入は認められなかったのですが，その理由として判決は次のような事実認定をしています。

①　本件組合が各契約を結んだ私法上の真の意思は，甲（映画の売主）においては本件映画に関する権利の根幹部分を保有したままで資金調達を図ることであり，本件組合においては，専ら租税負担の回避を図ることにあったものと認められます。

②　法人組合員Xの出資金は，その実質において本件組合を通じて甲による本件映画の興行に対する融資を行ったものであって，本件組合ないしその組合員であるXは，本件取引により本件映画に関する所有権その他の権利を真実取得したものではなく，単に法人組合員Xらの租税負担を回避する目的の下に，本件取引に関する契約書上，本件組合が本件映画の所有権を取得するという形式や文言が用いられたにすぎません。

③　本件組合は，本件売買契約と同時に，乙（配給会社）との間で本件配給契約を締結し，これにより乙に対し，本件映画につき，題名を選択し又は変更すること，編集すること，全世界で封切りをすること，ビデオテープ等を作成すること，広告宣伝をすること，著作権侵害に対する措置を執ることなどの権利を与えており，このような乙の本件映画に関する権利は，本件配給契約の解除，終了等により影響を受けず，乙は，この契約上の地位等を譲渡することができ，また，本件映画に関する権利を取得することができる購入選択権を有しています。

3　法人における取扱い

> ④　他方，本件組合は，乙が本件配給契約上の義務に違反したとしても，乙が有する上記の権利を制限したり，本件配給契約を解除することはできず，また，本件映画に関する権利を乙の権利に悪影響を与えるように第三者に譲渡することはできません。
> ⑤　本件組合が本件借入契約に基づいて銀行に返済すべき金額は，乙が本件配給契約に基づいて購入選択権を行使した場合に本件映画の興行収入の大小を問わず本件組合に対して最低限支払うべきものとされる金額と合致し，また，乙による同金額の支払債務の大部分については，本件保証契約により，H銀行が保証しています。
> ⑥　法人組合員Xは，不動産業を営む会社であり，従来，映画の製作，配給等の事業に関与したことがなく，Xが本件取引について証券会社丙から受けた説明の中には，本件映画の題名をはじめ，本件映画の興行に関する具体的な情報はありません。

このような事実を前提に，法人組合員Xは，実質的に，本件映画についての使用収益権限及び処分権限を失っているから，本件映画は収益を生む源泉とみることはできず，本件組合の事業の用に供しているものとはいうことはできないとしています。

第11章　組合契約―実務編―

━━━━━ 実　務　編 ━━━━━

> **Ｐoint**
> ・節税対策のため，実際には任意組合だけでなく匿名組合契約も多く利用されています。
> ・匿名組合員に帰属する所得について，どの所得になるか慎重な判断が必要です。

1　匿名組合に対する税法の取扱い

(1)　匿名組合契約による組合員の所得

　匿名組合員が個人の場合には，原則，雑所得に分類されます。ただし，例外として匿名組合員がその匿名組合契約に基づいて営業者の営む事業（以下，組合事業という。）に係る重要な業務執行の決定を行っているなど組合事業を営業者と共に経営していると認められる場合には，その匿名組合員がその営業者から受ける利益の分配は，その営業者の営業の内容に従い，事業所得又はその他の各種所得とされます（所基通36・37共-21）。

　この通達で，匿名組合契約に基づいて営業者から受ける利益の分配というのは，匿名組合員がその営業者から支払いを受けるものをいいますが，出資の払戻しとして支払いを受けるものは除かれます。また金銭の貸付けによる所得が事業所得に当たるかどうかについては，その貸付口数，貸付金額，利率，貸付けの相手方，担保権の設定の有無，貸付資金の調達方法，貸付けのための広告宣伝の状況その他諸般の状況を総合勘案して判定することになります（所基通27-6）。

　現行の通達では営業者から受ける利益の分配は原則として雑所得とされています。そのため所得税法では，雑所得の赤字は損益通算が認められていませんので，節税の効果はありません。もっとも例外として匿名組合員が組合事業を営業者と共に経営していると認められる場合にのみ，事業所得などに

当たります。

(2) 匿名組合員が法人の場合

　法人が匿名組合員である場合における，その匿名組合営業について生じた利益の額又は損失の額については，現実に利益の分配を受け，又は損失の負担をしていない場合であっても，匿名組合契約により，その分配を受け又は負担をすべき部分の金額を，その計算期間の末日の属する事業年度の益金の額又は損金の額に算入しなければなりません。なお税法編で説明したように，法人税法の場合は，所得税法と異なり所得分類の必要がありません。法人税法上は発生主義によって益金の額又は損金の額に計上することになります（法基通14-1-3）。なお法人が営業者である場合におけるその法人のその事業年度の所得金額の計算に当たっては，匿名組合契約により匿名組合員に分配すべき利益の額又は負担させるべき損失の額は損金の額又は益金の額に算入されます。営業者にとっては，匿名組合員に分配すべき利益は損金になり，分配すべき損失は益金になります。要するに営業者と匿名組合員は逆の関係になるのです。

2　航空機リース（匿名組合）の裁判例

匿名組合契約による所得の区分（最判平27.6.12民集69-4-1121）

　事案　匿名組合により航空機リース事業を行った個人の組合員が匿名組合からの損失を，不動産所得の損失として損益通算を行ったが，課税庁は雑所得であるとして損益通算を認めず，更正処分を行った。

　判旨　匿名組合員は，商法の規定の定める法律関係を前提とすれば，営業者の営む事業に対する出資者としての地位を有するにとどまるものといえるから，匿名組合契約に基づき匿名組合員が営業者から受ける利益の分配は，基本的に，営業者の営む事業への投資に対する一種の配当としての性格を有するものと解される。

> ただし，匿名組合員が，権限の行使を通じて実質的に営業者と共同してその事業を営む者としての地位を有するものと認められる場合には，このような地位を有する匿名組合員が当該契約に基づき営業者から受ける利益の分配は，実質的に営業者と匿名組合員との共同事業によって生じた利益の分配としての性格を有するものというべきである。本件には，実質的に営業者と共同してその事業を営む者としての地位を有するものと認められる事情はないので，雑所得に該当するものと解するのが相当である。

　この裁判例は，名古屋高判平成17年10月27日の航空機リース事件（407頁参照）と異なり，匿名組合によるものです。この事件は，航空機リースによって匿名組合員に分配される利益や分担する損失が所得税法上のどの所得になるかが争点でした。不動産所得の定義を定めている所得税法26条1項には，「不動産所得とは，不動産，不動産の上に存する権利，船舶又は航空機の貸付による所得をいう」とあることから航空機リースが「不動産の貸付」になることは明らかです。しかし，最高裁は，匿名組合契約に基づき匿名組合員が営業者から受ける利益の分配は，基本的に，営業者の営む事業への投資に対する一種の配当としての性格を有するものと解されるとして，雑所得であると判断しました。そのため匿名組合の税務実務においては，この判例が先例的意味を持つことになりました。

　一方で，最高裁は「もっとも，匿名組合契約の法律関係については，契約当事者間の合意により匿名組合員の地位等につき一定の範囲で別段の定めをすることも可能であるところ，当該契約において，匿名組合員に営業者の営む事業に係る重要な意思決定に関与するなどの権限が付与されており，匿名組合員がそのような権限の行使を通じて実質的に営業者と共同してその事業を営む者としての地位を有するものと認められる場合には，このような地位を有する匿名組合員が当該契約に基づき営業者から受ける利益の分配は，実質的に営業者と匿名組合員との共同事業によって生じた利益の分配としての性質を有するものというべきである。」と判断しています。この点について

は次の項目において更に検討したいと思います。

3 裁判例に関する批判的検討

　商法においては匿名組合契約によって，匿名組合員は利益の分配だけでなく損失も分担することや民法編5⑵（395頁参照）に述べたように匿名組合員に営業執行請求権や監視権を与えていることから匿名組合契約にも共同事業性があると考えられます。そして匿名組合員はこの監視権を行使して，もし営業者が匿名組合契約に違反していることが判明した場合には匿名組合契約を解除することができます。このことからは匿名組合員は単なる出資者ではなく営業者に対し，その影響力を行使し得る法的地位にあることが明らかです。また，商法が匿名組合の終了原因に「組合の目的である事業の成功又はその成功の不能」と定めていることからも，このような法的地位にある匿名組合員と営業者は共同の事業の成功を意図して結合した共同企業であると解することもできます。こうした見方をする有力な見解も存在しています[6]。

　本件匿名組合契約では航空機リースが，その目的とする事業であり，営業者は匿名組合契約に従って航空機リースをしなければならず，匿名組合員の意思に反して他の事業をすることはできません。つまり匿名組合員の意思によって営業者に航空機リース事業を行わせているのですから，匿名組合員も営業者と共に航空機リースを行っていると解されます。したがって所得税法26条1項により航空機リースは不動産の貸付けであり，匿名組合契約により，匿名組合員も営業者と共に航空機リースを行っていると解されるのですから本件航空機リースによって匿名組合員に分配される利益や分担する損失は不動産所得と考えられます。

　実は，平成17年改正前の通達では，次のように定められていました。

---

6) 金子宏編『租税法の基本問題』（有斐閣，2007）167頁。

> **旧所得税基本通達36・37共-21**
> 匿名組合の組合員が当該組合の営業者から受ける利益の分配は，<u>当該営業者の営業の内容に従い，事業所得又はその他の各種所得とする</u>。ただし，営業の利益の有無にかかわらず一定額又は出資額に対する一定割合により分配を受けるものは，貸金の利子として事業所得又は雑所得とする。
> 匿名組合の営業者が組合員に分配する利益の額は，当該営業者のその営業に係る所得の金額の計算上必要経費に算入する。

　旧通達では，匿名組合員と営業者を，一体の組織体と考えて，共同事業を行っているのですから同じ所得分類になるとされています。この点は民法編6（398頁参照）で説明したとおりです。また，商法の匿名組合の法的性質に照らしてみれば，現行の通達よりも，旧通達の方が匿名組合の法的性質に合致していたという前述のような有力な学説もあります[6]。この裁判例については，単に所得分類の点だけでなく民法・商法の規定の解釈も合わせて，今後さらに検討されるべきではないかと思われます。では実務においては，どのようにしたらよいのか，悩ましい問題です。最高裁判決が，商法の匿名組合契約の規定は，必ずしも共同事業者組織性を反映したものとなってないと判断した以上これに従うしかないのでしょうか。しかし，筆者は民法編5（394頁参照）に説明した特約による内部的な業務参加権を匿名組合契約において結ぶことによって解決できるのではないかと考えています[7]。

7）清水智恵子「最高裁時の判例」ジュリ1496号（2016）70頁は，契約当事者間の合意により匿名組合員の地位につき別段の定めをすることは可能であるとしている。最高裁判所判例解説69巻1号226頁参照。

第12章 終身定期金契約

民法編

Point
- 人が死ぬまで，定期的に金銭を支払うという契約で，実際に民法が適用されるケースはほとんどありません。
- 我が国では，公的年金制度や私的年金制度が発達し，特別法や保険約款が適用されます。

1 意義と性質

　終身定期金契約（民法689条）は，当事者の一方（債務者）が，自己，相手方（債権者）又は第三者の死亡に至るまで，定期に金銭その他の物を相手方又は第三者に給付することを約することによって，その効力を生ずると定めています。条文見出しでは「定期金」となっていますが「金銭」に限りません。金銭以外の「物」も含まれます。それは具体的には，契約で決められますが，少なくとも金銭に代替することができるものとされています。

　弁済期限については「定期」としか定められていないことから年，半年又は月のいずれでもよいとされます。ただし契約解除の場合とか，契約が期間の中途で終了する場合には日割りで計算することになります（民法690条）。この定期金の給付が前払いか，後払いか，についても契約で任意に決められますが，契約に定めがない場合は後払いとされています。

　この契約自体は自己と相手方の合意によって成立することになりますが，

第12章　終身定期金契約―民法編―

　この契約の背後には次のような様々な事情が存在することが考えられます。例えば，自己が相手方に，財産を贈与した場合，又は定期金給付債務の負担付きで財産を贈与した場合，財産を譲渡した場合，金銭を貸した場合などです。ともかく，何らかの事情があって，自己や，相手方，第三者のいずれかが死亡するまで金銭その他の物を相手又は第三者に給付することを約束することで成立します。

　この契約形態は民法の起草者が，親の老後の生活を保障するために，将来普及すると予想して立法化したものであることから，具体的にイメージできるのは，子供Aが，老いた母親のBに対して，Bが死ぬまで，毎月一定額の金銭を給付する契約を結んだという場合です。この場合にはAとBの間には取引関係はなく，対価はないのですから，無償契約，片務契約となります。

　実際に，過去の判例においても類似のものがありました。事実上の，むこ養子Aが，養親Bに対し，水道光熱費及び家賃として毎月5,000円を給付する契約を結びましたが，そのとき作成した契約書（誓約書）には，「AはBに対し，毎月生活の事情が許す限り，家賃及び光熱費代金5,000円を支払うものとする。但し病気その他の理由によりやむを得ない時は，この限りにあらず」という文言があったので，これが終身定期金契約に当たるかどうかが争点となったのです。判決は，Aが病気などで仕事ができなくなるとか，その他それに準ずるやむを得ない理由で収入が減少し，Aとその家族の生活を維持することができなくなるような場合には，Aの金銭支払い義務が消滅することを定めたものと解すべきであるとして，特殊な解除条件を付した通常の終身定期金債務であると判断しました（大阪地判昭40.4.23判タ178-156）。

　もう1つ民法が想定したのは，例えば不動産の売買代金を終身定期金契約によって支払う場合です。この場合は買主が，定期金債務者であり，売主が定期金債権者ということになります。そして売買代金が元本ということになります。このような元本の授受がある場合には，後で説明するように契約を解除した時には，元本の返還を請求することができることになっています（民法691条1項）。

　自己や，相手方，第三者のいずれかの死亡という不確定な期限がある有期

契約であり，無期限の契約ではありません。死亡という終期がある有期契約です。無償契約の場合もあり有償契約の場合もありますが，契約自体は要式の定めのない契約です。また人の死亡という偶然によって契約が終了するため一種の射幸契約[1]といわれていますが，射幸性が低いので公序良俗には反しないとされています。

死亡[2]によって，自然人の権利能力は消滅します。それにより私権も消滅することになります。この契約は，典型契約に定められたものの実際に民法の適用があるものはまれです。実際には適用例はほとんどありません[3]。判例も極わずかです。しかし今回の民法改正においても，終身定期金契約については，改正はなくそのままになっています。

2 契約の成立と継続

自己（債務者）が，相手方（債権者）との間で，自己，相手方，第三者が死亡するまで，定期に金銭その他の物を，相手方又は第三者に給付することを合意して成立します。合意があればよく，他に形式は必要とされません。有期契約になりますが，特定の者の死亡という事実が終期です。したがって10年，20年というふうに一定の期間が定められているものは「終身定期金契約」ではありません。なお第三者に給付することを，債務者が合意した場合には，この第三者も債権者となり，債務者に直接給付を求めることができます（民法537条1項，2項（改正民法は，3項））。その結果債務者は，特定の第三者に対して終身定期金を給付する債務を負うことになります。

有効に成立した，終身定期金契約は，特定人の死亡に至るまで，その効力が継続することになります。しかし，終身定期金債務者の責めに帰すべき事由によって，特定人の死亡が生じた場合には，終身定期金債権者及びその相

---

1) 当事者の行うべき給付が契約の当初から契約成立後の偶然の事情に依存している契約（内閣法制局法令用語研究会編『法律用語辞典』（有斐閣，1996）635頁。
2) 死亡の定義について，従来は心臓停止，呼吸停止，瞳孔拡大を標識として考えられていましたが1999年の「臓器の移植に関する法律」の改正により脳死が認められました。我妻榮・有泉亨その他『我妻・有泉コンメンタール民法　補訂版』（日本評論社，2006）56頁。
3) 内田貴『民法Ⅱ』（東京大学出版会，1997）292頁。

続人の請求により，裁判所は終身定期金債権が相当の期間存続することを宣告することができます。この場合，相当の期間として，天然の死亡までの推測期間だけ，なおその人が死亡しないものとみなされます（民法693条1項）。

3　契約の終了
(1)　死　亡
死亡については，失踪の宣告も当然に含まれます（民法30条1項，2項）。

(2)　契約の解除
明文の規定がある終了事由としては，死亡の他に解除があります（民法691条1項）。終身定期金の元本を債務者が受け取った場合において，債務者が，終身定期金の給付を怠ったとき，又はその他の義務を履行しなかった場合に，債権者は契約を解除することができます。解除した場合には，債権者はすでに受け取った終身定期金の中から，その元本の利息を控除して返還しなければなりません。そして，債務者は反対に元本の返還を請求することができます。この元本と定期金の返還は同時履行の関係にあります。なお債権者は，別に損害賠償の請求もできます。この契約の解除と前に説明した契約の存続の宣言は，債権者が選択することができます（民法693条2項）。

(3)　時　効
時効により，終身定期金債権は消滅します。契約も終了します。この時効の起算点には2つあります。1つは，債権者が定期金の債権から生ずる金銭その他の給付を目的とする各債権を行使できることを知ったときです。知った時点から10年間行使しなかったときは，その権利は消滅するとされています（改正民法168条1項1号）。もう1つは，これら各債権を行使できるときから20年間行使しないときも権利は消滅します（同条同項2号）。包括的債権としての基本権と，契約による定期ごとに発生する定期金債権としての支分権に分けられますが，支分権としての債権は10年間で消滅します（改正民法による。）。なお，債権者は，時効の更新の証拠を得るために債務者に対して，承

諾書の交付を求めることができます（改正民法168条2項）。

(4) 撤　回

　終身定期金契約のうち，無償契約について，書面がない場合には当事者双方は契約を撤回することができます。もっとも履行が済んだ部分については撤回できません（民法550条。改正後は「撤回」は「解除」になります。）。

4　契約の準用と損害賠償

　終身定期金契約は，遺贈の規定が準用されます（民法694条）。したがって遺言は，民法に定められた方式によるものでなければなりません（民法967条）。終身定期金契約は，債務者が給付を怠ったり，契約の義務の不履行があった場合と，債権者の死亡について債務者に帰責事由がある場合には損害賠償を請求することができます（民法693条）。具体的には，債務者が定期金債権者又は第三者を故意，過失によって死亡させた場合又は，債務者が自殺した場合など契約解除の場合と同様に損害賠償が認められるとされています（民法545条3項）。

┃設　例┃
　父親Aが不動産を長男Bに遺贈した。なお遺言書には，条件として母親Xが死亡するまで，毎月20万円を送金するように記載してあった。

　民法の適用される事例がほとんどないといっても，上記設例のような遺贈による終身定期金契約の例はいくらかあるようです[4]。なぜこのような事例を挙げたかというと，終身定期金契約の規定は全て，終身定期金の遺贈をした場合に準用されているからです（民法694条）。この例の場合，もし長男Bが，母親Xに対して毎月20万円の送金をしなかったときは，母親Xはどうすればよいのでしょう。この場合，民法では，母親Xは長男Bに対して不動産

4）山崎敏彦ほか『新・民法学4　債権各論』（成文堂，2006）221頁。

を返却しろということができるのです。その代わりに母親Xは受け取った定期金から，元本の利息を控除した残額を返還しなければなりません（民法691条）。

税法編

> **Point**
> ・終身定期金契約の事例はほとんどなく，実際には同様の法的効果をもつ生命保険会社や郵便局などの金融機関が販売している個人年金保険契約がほとんどです。
> ・終身年金を個人が受け取ったときは，雑所得として所得税が課税され，相続で相続人が年金債権を受け取ったときは相続税の対象になります。民法の終身定期金も生命保険・損害保険契約等に基づく年金に類似するものとして雑所得に分類されます。

1 総論

　明治31年に民法は施行されましたが，実際には終身定期金という契約は普及せずに，同じ法的効果をもつ各種の年金制度が発達しました。年金は，大まかに分類すると公的年金と私的年金に分けられ，さらに私的年金は個人年金と企業年金に分けることができます。

　各種の年金に対し税制は大きく2つの側面から規制しています。第一は個人が年金を受け取ったときです。所得税法は，雑所得として課税していますが，終身定期金については年金に類似するものとして考えているようです。所得税法施行令183条1項に規定する生命保険契約等に基づく年金及び同施行令184条1項に規定する損害保険契約等に基づく年金は雑所得に該当すると明示されています。さらに個人が年金を受け取ったときの所得分類については，所得税基本通達35-1(9)にも定められています。終身定期金については，所得税法では明示されていませんが，この基本通達35-1の「次に掲げるようなものに係る所得は，雑所得に該当する」としている規定ぶりからみても，民法が定めている終身定期金は，生命保険契約等に基づく年金等に類似するものとして雑所得に分類されると思われます。なお，この雑所得の計算は，

第12章　終身定期金契約―税法編―

図1　終身年金を相続した事例

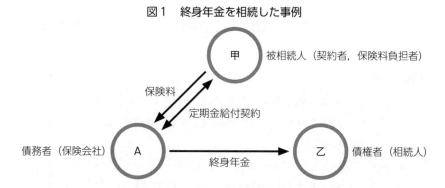

生命保険契約等に基づく年金については同法施行令183条3項，損害保険契約等に基づく年金については同法施行令184条1項に定められています。

(2)第二は，個人が定期金受給権を相続した場合です。これを図1に示しました。この場合には相続人の乙に相続税が課税されます。相続税法では「定期金」という用語を用いていますが，その範囲は広く，民法の終身定期金だけでなく，有期限・無期限の定期金や各種の年金も含まれます。相続税法3条1項4号では，「定期金に関する権利」として，「相続開始の時において，まだ定期金給付事由が発生していない定期金給付契約で被相続人が掛金又は保険料の全部又は一部を負担し，かつ，被相続人以外の者が当該定期金給付契約の契約者であるものがある場合においては，当該定期金給付契約の契約者について，当該契約に関する権利のうち被相続人が負担した掛金又は保険料の金額の当該契約に係る掛金又は保険料で当該相続開始の時までに払い込まれたものの金額に対する割合に相当する部分」は，相続又は遺贈により取得したものとみなすと規定されています。この定期金給付契約には，民法の終身定期金契約も含まれます。

しかし，実際に普及しているのは個人年金保険であることから，相続税法は生命保険，損害保険による年金に対する規定を詳細に定めています。例えば，相続税法3条1項5号は「定期金給付契約」として規定していますが，これは生命保険会社や損保会社と結んでいる契約をいいます。また同法1項6号では，「契約に基づかない定期金に関する権利」について規定していま

すが，これは生命保険，損害保険会社との契約によらないものをいいます。このように相続税法は民法の終身定期金だけでなく，有期限，無期限の年金を含んだ広い意味で，定期金を考えています。

なお，年金の評価額については財産評価基本通達（第8章第3節）に定められています。具体的には「定期金に関する権利の評価明細書」によって評価しますが，国税庁のホームページから作成できるようになっています。

2 公的年金
(1) 加　入

加入の要件については，各年金制度の根拠法において定められ，加入は強制されていますので任意に選択はできません。公的年金の範囲は，所得税法35条3項に定められていますが，主要なものは次のとおりです。

① 国民年金法，厚生年金保険法，国家公務員共済組合法，地方公務員等共済組合法，私立学校教職員共済法，独立行政法人農業者年金基金法の規定に基づく年金
② 恩給及び過去の勤務に基づき使用者であった者から支給される年金
③ 確定給付企業年金法の規定による年金
④ 適格退職年金契約に基づいて支給を受ける年金
⑤ 中小企業退職金共済法に基づき分割払いの方法により支給される分割退職金
⑥ 確定拠出年金法の老齢給付金として支給

(2) 年金の受給

年金受給の要件は根拠法において定められています。これらの公的年金を受け取った場合は，雑所得となりますが，その所得金額の計算は個人年金保険の計算と異なり下記のとおりとなっています。

　　その年の年金額 − 公的年金控除額[※] = 雑所得の金額

　　　（※）この公的年金控除額は所得税法が定めている金額です。

実務的には，次の表の計算式によって雑所得の金額が計算されます。

受給者の年齢	収入金額(A)	控除額(B)
65歳未満の者	70万円以上130万円未満	70万円
	130万円以上410万円未満	(A)×25％＋37万5,000円
	410万円以上770万円未満	(A)×15％＋78万5,000円
	770万円以上	(A)×5％＋155万5,000円
65歳以上の者	120万円以上330万円未満	120万円
	330万円以上410万円未満	(A)×25％＋37万5,000円
	410万円以上770万円未満	(A)×15％＋78万5,000円
	770万円以上	(A)×5％＋155万5,000円

(3) 終 了

公的年金は本人の死亡により終了します。ただし，遺族がいる場合には遺族年金が支給されることになっています。

3 個人年金保険

(1) 契約の成立と履行

前述したように今までの税務上の争いは，ほとんどこの個人年金保険によるものです。例えば，生命保険会社の終身個人年金保険契約では，生命保険会社が債務者（保険者）となり，契約者は債権者（被保険者・年金受取人）となります。契約時に契約者は元本（保険料）を支払います。債務者の保険会社は，その後，終身年金の支払い事由が生じた場合には契約者に終身年金を支払うことになります。契約時に，契約者が支払った個人年金保険料は，支払った年の生命保険料控除の対象になります。ただし控除額はその他の生命保険料と合算した上で，一定額までに制限されています。この場合契約者は，

終身にわたって年金を受け取りますが，その年金は雑所得として毎年所得税が課税されます。その取扱いは，所得税基本通達35-1の(8)で所得税法施行令183条1項に規定する生命保険契約等に基づく年金及び所得税法施行令184条1項に規定する損害保険契約等に基づく年金は雑所得に該当すると定めていることによります。また，この通達は例示を示していることから，民法が定めている終身定期金は，生命保険・損害保険契約等に基づく年金に類似するものとして雑所得に分類されると思われます。この場合の雑所得の計算は下記のとおりとなっています。

① その年の年金額－必要経費＝雑所得
② 必要経費の金額
　　その年の年金額×保険料の総額÷年金の支払総額（又は支払総額見込額）

(2) 契約者が死亡した場合

契約が成立した後では，契約者が死亡したとしても契約は終了しません。もし年金支払い開始後に契約者（被保険者）が死亡し，相続が生じた場合には，契約者（被保険者）の年金受取債権は相続財産となり，相続税が課税されます。相続税法では「定期金に関する権利」として相続財産として取り扱われ，その評価方法が財産評価通達（第8章第3節「定期金に関する権利」）に定められています。相続税の評価額は以下のとおりとなっています。

イ　有期定期金
　次の①から③のいずれか多い金額
　① 解約返戻金相当額
　② 一時金相当額
　③ 1年間に受け取るべき金額の平均額×予定利率等の複利年金現価率（残存期間に応ずるもの）
ロ　無期定期金
　次の①から③のいずれか多い金額
　① 解約返戻金相当額

② 一時金相当額
③ １年間に受け取るべき金額の平均額÷予定利率
ハ　終身定期金
次の①から③のいずれか多い金額
① 解約返戻金相当額
② 一時金相当額
③ １年間に受け取るべき金額の平均額×余命年数に応ずる予定利率による複利年金現価率

　民法編の設例（423頁参照）の場合で，母親Xの課税関係を考えてみると，AからBへの不動産の遺贈の結果，毎月20万円の金銭の給付を受ける権利（終身定期金）を遺贈により取得することになり，この権利は相続税の対象となります（相法3条1項6号）。この終身定期金の評価については，Xの余命年数と複利年金現価率に基づいて計算された複利年金現価が評価額とされています（相法24条1項3号）。

> **Ｐoint**
> ・個人年金保険契約の締結時において，死亡給付金の受取人を定めただけで，保険事由の発生後に年金の種類を指定する給付金は，有期定期金に当たります。

定期金給付契約に該当するか
（変額個人年金保険事件・東京高判平26.9.24判時2240-21）

事案　変額個人年金保険契約について，その締結の時には死亡給付金の受取人を定めただけで，その支払事由の被保険者の死亡後に死亡給付金の受取人によって，その支払期間を36年とする年金の方式による

旨の指定がされた場合に，その給付金は「有期定期金」に当たるか。
判旨 判示の事情の下では，当該死亡給付金の請求権は，みなし相続財産として相続税法24条１項１号の「定期金給付契約で当該契約に関する権利を取得した時において定期金給付事由が発生しているものに関する権利」のうちの「有期定期金」で「残存期間が35年を超えるもの」に該当する。

　もし，この給付金が，「有期定期金」に当たらないとすれば，死亡給付金の相続税評価額は大幅に高くなります。しかし，判決は「有期定期金」に該当するとしました。この判旨の「判示の事情」として，以下の各事実が挙げられています。①被保険者（契約者）が，保険契約を締結する時に，生命保険会社との間において，年金特約を付加する旨の合意をしている[5]。②被保険者（契約者）には，保険契約に年金特約を付加した時点において，死亡給付金の支払い事由の発生時に死亡給付金の全部を年金基金に充当するとの充当範囲の指定をしていた。③保険金受取人においては，支払事由の発生日を基準として定まった第１回目の年金の支払いの履行時期よりも前である平成19年８月20日に，支払請求書をもって，死亡給付金請求権に係る年金の種類等につき年金支払期間を36年とする確定年金とする旨の指定をした。④死亡給付金については，現に保険金受取人らの指定に従って定まった年金の方法により給付を受けている。この裁判例では，以上のような事実があれば，保険契約締結時ではなく，支払事由が生じた時に年金の方式による旨を意思表示すれば定期金給付に当たるとされました。

(3) **契約の終了**
　ほかの一般の契約と同じように，契約者は個人年金契約の解約ができます。

---

5) この特約は，年金支払開始前に被保険者（契約者）が死亡した時に生命保険会社から，保険金受取人ら，それぞれに対して支払われる死亡給付金について，年金の方法により支払うことをその趣旨としています。また，当該年金は，毎年１回支払われるものとされ，その支払日も支払事由の発生日を基準として定まるものとされています。

その場合には，契約者に解約返戻金が支払われますが，所得税法では契約時に支払った保険料と解約返戻金との間で差益があれば一時所得として課税されます。なお，保険契約に特有の制度としてクーリング・オフ制度が適用されます。契約申込者は，申込日から申込日を含めて8日以内であれば，書面により契約の申込みの撤回又は契約の解除ができます。また契約者等に詐欺の行為があった場合には契約は取消しとなりますし，契約者が年金給付金の不法取得目的で保険契約を結んだ場合には契約は無効になります。

これに対し保険会社側は，例えば契約者が暴力団関係その他の反社会的勢力に該当すると認められた場合のような重大な事由があれば契約を解除することができます。

実 務 編

1 企業年金の減額等

Point

・企業年金契約（規定等）が，合理性を有し，年金の減額の程度が年金制度の目的を害する程度のものではなく必要性があり，減額の手続が相当であれば減額は有効とされます。

・企業年金の廃止により，企業年金契約等の規定に基づいて支払われる一時金は，雑所得や退職所得ではなく一時所得とされます。

バブル崩壊後の長引く不況と長期に及ぶ低金利のため，私的年金に分類される企業年金について，その企業の財務状態の悪化等にともなって，支給されている年金の減額や廃止を行うケースが頻発しています。しかし，企業年金をすでに受給している退職者に対して，企業が支給額を減額する場合の法的規制はないため，その減額の適法性は，その企業との契約（又は規定等）に基づいて解釈され判断されます。今までの裁判例で減額が認められている場合は①契約等に定めがあるか，②減額についての必要性があるか，③その内容，手続についての相当性の有無が要件とされています。そして年金支給額の減額が適法に行われた場合には，雑所得の金額もその減額の内容に応じて減少することになります。また遡及して減額された場合には更正の請求をすることによって税額の還付を求めることも可能です。

受給開始後の自社年金の減額は適法か
（自社年金減額事件・大阪高判平18.11.28判時1973-62）

事案 A社は，昭和41年に永年勤続した退職者を対象とした私的な福祉年金制度を創設した。この年金制度は退職金の拠出による20年の有期基本年金と基本年金が終了した20年後から退職者の死亡時までの終

身年金からなる。A社を退職したXは平成11年1月に退職し，同時にA社と年金契約を結んだ。給付利率は9.5％であった。A社は平成13年度に赤字となり株式配当も減少した。そのためA社は，平成14年度から，年金支給額を減額し給付利率は7.5％となった。A社の福祉年金規程には「将来，経済情勢もしくは社会保障制度に大幅な変動があった場合，あるいは法制面での規制措置により必要が生じた場合は，この規程の全面的な改定または廃止を行う」という定めがあった。この受給開始後の自社年金の減額は適法か。

判旨 (1)福祉年金契約については，年金規程が福祉年金制度の規律としての合理性を有している限り，A社の各退職者において，年金規程の具体的内容を知っていたか否かにかかわらず，年金規程によらない旨の特段の合意をしない限り，福祉年金規程に従うとの意思で年金契約を締結したものと推定するのが相当であり，その契約内容は，年金規程に拘束されると解すべきである。

(2)年金規程を改定して加入者の権利を変更する要件としての「経済情勢の変動」は，改定の必要性を実質的に基礎づける程度に達している必要があり，改定の程度についても，変更の必要性に見合った最低限度のものであること（相当性）が求められているというべきである。

(3)本件の減額は，Xらの退職後の生活の安定を図るという年金制度の目的を害する程度のものとはいえず，A社は減額の実施に先立ち説明等もしており相当性もあったことから減額は適法である。

また，企業年金を廃止した場合に，企業年金契約等の規程に基づいて年金受給者に一時金を支払うことがあります。この一時金について所得区分が争われた裁判例がありましたが，判決では，この一時金は退職により支払われるものではないとして，雑所得や退職所得ではなく，一時所得と判断されています（東京高判平25.7.10税資263順号12254）。

2 相続税と所得税の二重課税

> **Point**
> ・年金受給権が，相続財産として相続税が課税された場合，その後に所得税が課税される部分は，その後の運用益の部分のみであって，同一の課税対象には二重に課税されません。

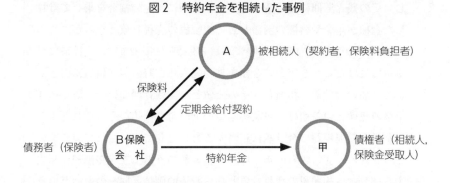

図2 特約年金を相続した事例

相続税と所得税の二重課税に該当するか
(二重課税事件・最判平22.7.6判タ1324-78)

事案 A（甲の夫）は，B生命保険会社との間で，自己を被保険者とし甲を保険金受取人とする年金払特約付きの生命保険契約を結んで，その保険料を負担していた（図2）。平成14年10月28日にAは死亡した。それにより甲は保険契約に基づく特約年金として，平成14年から同23年まで，毎年10月28日に230万円を受け取る権利（年金受給権）を取得した。甲は翌年に所轄税務署長に対し年金受給権（総額2,300万円）を相続財産として相続税の申告をした。甲は，平成14年分の確定申告に，230万円の年金を雑所得として申告しなかったので，所轄税務署長は，年金から払込み保険料より算出された必要経費9万2,000千円を控除

して220万8,000円を，甲の雑所得として認定し更正処分を行った。この年金に対する所得税の課税は適法か。

判旨　①所得税法9条1項15号[6]の趣旨は，相続税又は贈与税の課税対象となる経済的価値に対しては所得税を課さないこととして，同一の経済的価値に対する相続税又は贈与税と所得税の二重課税を排除したものであると解される。②年金の方法により支払を受ける年金受給権のうち有期定期金債権に当たるものについては，その残存期間に応じ，その残存期間に受けるべき年金の総額に所定の割合を乗じて計算した金額が年金受給権の価額として相続税の課税対象となるが，この価額は年金受給権の取得の時における時価（相法22条）で，将来にわたって受けとるべき年金の金額を被相続人死亡時の現在価値に引き直した金額の合計額に相当し，その価値と上記残存期間に受け取るべき年金の総額との差額は，当該各年金の上記現在価値をそれぞれ元本とした場合の運用益の合計額に相当するものとして規定されているものと解される。③これらの年金の各支給金額のうち上記現在価値に相当する部分は，相続税の課税対象となる経済的価値と同一のものということができ，所得税の課税対象とならないものというべきである。

　所得税法9条1項は非課税所得を限定列挙していますが，その16号に「相続，遺贈又は個人からの贈与により取得するもの」が明示されています。この規定の趣旨について，この裁判例は，同一の経済的価値に対する相続税と所得税の二重課税を排除するとしています。そして，本件年金受給権に基づく年金は，被相続人の死亡日を支給日とする第1回目の年金であるから，その支給額と被相続人死亡時の現在価値が一致するものと解され，本件年金の額は，全て所得税の課税対象とならないから，これに対する所得税を課することは許されないとしました。

6）現在は，所得税法9条1項16号「相続，遺贈又は個人からの贈与により取得するもの（相続税法……の規定により相続，遺贈又は個人からの贈与により取得したものとみなされるものを含む。）」。

この判決を受けて，平成22年3月に相続税法と所得税法施行令の改正が行われ，改正後の相続税法24条によるものは，その年金の種類に応じて，その年金に係る相続税評価割合と，その年金の支払総額又は支払総額見込み額を基に計算した支払年金対応額（課税部分）の合計額に限り，その年分の雑所得に係る総収入金額に算入されます。この相続税評価割合は，その居住者に係る年金の支払総額又は支払総額見込額のうちにその年金に係る権利について同法24条の規定により評価された額の占める割合をいいます（所法令185条3項3号)[7]。

---

7) 改正前の相続税法24条による相続税法対象年金については，その年金の種類に応じて，その支払開始日における残存期間年数又はその者の権利取得時の年齢に応じた倍数とその支払総額又は支払総額見込額を基に計算した支払年金対応額の合計額に限りその年分の雑所得に係る総収入金額に算入されます。上記の必要経費は，その生命保険契約等に係る支払保険料のうち総収入金額算入額に対応する部分となります。

第13章 和解契約

――民法編――

Point
- 和解は紛争解決において多用される形式です。
- 後に和解内容が争われる場合があり、錯誤無効等の主張があり得ます。

1 和解契約とは
(1) 概 要

　和解契約とは、当事者が互いに譲歩し、その間にある争いをやめることを約することによってその効力を生ずる契約です（民法695条）。

　契約の成立に当たり、書面等様式は不要であり（諾成契約）、当事者が互譲してそれぞれが損失を被る契約である（詳しくは後述441頁参照）ため、有償かつ双務契約です。

　現在の日本では、法律的な争いが生じても訴訟になる前に和解によって解決することが多く、また訴訟が係属しても最終的な解決として判決では無く和解が好まれる傾向があります[1]。交通事故や刑事事件において多く使われる用語である「示談」も和解契約の一種といえます[2]。近時ではADR（裁判

---

[1] 以前、筆者がカリフォルニア州の弁護士にインタビューした際、カリフォルニア州でも近年和解が増加しており、判例主義との関係で懸念が生じていると聞いたことがあります。
[2] ただし、示談には和解契約以外に、互譲の要素がない別の契約類型も含まれるとする

外紛争解決手続）が法整備されたこともあり，その利用も盛んになってきています。裁判所の民事調停・家事調停やADRでの調停による解決も和解の一種といえます。

和解のメリットには，合意事項について任意の履行が期待できること（お金をかけて執行手続をしなくて済むというメリット），弁護士が代理人として双方についている場合の和解や，裁判所等での和解においては概ね合理的な内容が担保されること，などがあります。

(2) 裁判上の和解

裁判所で行われる和解手続には，提起前の和解（民訴275条）と訴訟継続中に行われる裁判上の和解（民訴264条以下）があります。いずれも調書に記載されると確定判決と同じ効力となり（民訴267条），これを用いて強制執行手続を行えます（民執22条7号）。

裁判上の和解は訴訟上の行為ではありますが，同時に和解契約としての性質を持つため，一般の契約に適用される錯誤による無効（民法95条）や債務不履行解除なども適用されます。債務不履行解除されても，それは私法上の契約にすぎず，和解による訴訟終了の効果には影響を及ぼしません。

いわゆる既判力[3]の有無については，裁判例は裁判上の和解についてこれを否定しています。

なお，離婚訴訟などの人事訴訟においても，離婚と離縁についてのみ和解が認められています（人訴19条2項，37条，44条）。

裁判ではありませんが，和解の性質を有する制度として調停（民事・家事）があります。合意が成立すれば，その調停調書への記載は確定判決と同じ効力を有します。

裁判例がありました（大判明41.1.20民録14-9）。
3）既判力とは，事実審の口頭弁論終結時点においての裁判所の判断が，それ以降裁判所の判断や当事者の攻撃防御方法を拘束する効力のこと。既判力の及ぶ範囲では，これに矛盾する後訴の裁判所の判断や攻撃防御方法が禁じられ（蒸し返し防止），既判力を前提とした判決がなされます。

2　和解の要件

　まず，争いがあることが要件となります。通説は，法律関係が不明確にすぎない場合や，判決で確定した法律関係でも含まれるとし，広く解しています。

　当事者が互いに譲歩すること（互譲）が必要です。どの程度であれば譲ったことになるのかについて，通説は，緩やかに解する傾向にあります。当事者の一方のみが譲歩する内容は和解における互譲ではないと考える学説が一般的です。交通事故（過失割合が10：0の場合）における示談のように，一方にしか非がないため，他方は全く譲歩していない内容の契約について，互譲がないため和解契約ではない（類似の無名契約）とも考えられますが，通常はそこまで厳密に区別されず，和解に含めるのが実務であると言えましょう。

　当事者に，和解をなすについての行為能力及び権原が必要です。例えば，まだ法的に人として生まれていない胎児を代理して母親が和解することはできないとされています。

　また，和解の対象は，当事者に処分権限があることが必要です。公序良俗違反に当たる違法な法律関係を和解によって有効とすることはできません。

　争いをやめるという合意が要件となります。

3　和解の効力

　原則として，争いになっていた権利の移転や消滅について，和解した内容で決着がつき，以降はこれを争えなくなります（和解の確定効，民法696条）。

　例えば，和解した後になって決定的な証拠（一方当事者の主張が全て正しいことを証明するもの）が出てきたとしても，和解契約の無効を主張することはできません。

　和解も契約ですから，債務不履行があれば解除できます。

　争いの前提に錯誤があった場合には，錯誤による無効の主張が限定的に認められます。

第13章 和解契約─民法編─

> **最判昭和43年3月15日民集22巻3号587頁**
>
> **事案** 交通事故の示談をした後になって，予期しない後遺症の損害が発生したときに，被害者は和解契約の錯誤無効を主張できるか。
> **判旨** 全損害を正確に把握し難い状況のもとにおいて，早急に小額の賠償金をもって満足する旨の示談がされた場合には，示談によって被害者が放棄した損害賠償請求権は，示談当時予想していた損害についてのもののみと解すべきであって，その当時予想できなかった不測の再手術や後遺症がその後発生した場合，その損害についてまで，賠償請求権を放棄した趣旨と解するのは，当事者の合理的意思に合致するものとはいえない，として限定的に錯誤主張を認めた。

　これは予想できなかった将来発生損害部分については，和解による遮断の対象外とする判断です。全ての和解の効力が否定されるのではありませんが，実質的には被害者を救済する判断でした。

　和解の内容は，当事者の意思表示の内容を合理的に判断して明確化されますが，意思表示の内容が不明確である場合は無効となる場合があります（最判昭31.3.30民集10-3-242）。

　なお，遺産分割協議はその法的性質として和解契約そのものとは言いがたいものですが，似た性質を有するものとして，以下の税法編で取り上げます（454頁参照）。

コラム　不法行為

　和解契約の前提となる法律関係でしばしば登場するものの1つに，不法行為があります。そこで，以降の理解の一助として，当コラムでは不法行為について民法的に解説します。

　不法行為とは，契約関係にない者の間で，一方が他方に損害を与えた場合に成立し得る損害賠償請求権を定めたものです。典型例としては，交通事故，先物被害や詐欺等の消費者事件，名誉毀損事件があります。

　民法709条の要件は以下になります。

① 故意又は過失
② 他人の権利又は法律上保護される利益の侵害
③ 損害の発生
④ 因果関係

　不法行為の効果は，損害賠償請求権です。裁判所は，名誉毀損の場合には，名誉を回復する適当な処分を命じることができます（民法723条）。

　①の要件で，故意とは結果発生を容認すること（認容）と考えられています。過失とは，「結果発生の予見可能性がありながら，結果の発生を回避するために必要とされる措置を講じなかったこと」（結果回避義務違反）と解されています。

　②の要件は権利侵害と呼ばれています。裁判例上，明確な権利性が必要なわけでは無く，比較的緩やかに解されてきています。このことから，権利侵害ではなく「違法性」こそが要件であるという考えが学説上主流になりました。ここでは，文言を重視して上記の要件を指摘しておきます。

　③の要件における損害とは，不法行為が無ければ被害者が得られたであろう財産状態と，不法行為があったために現に被害者が甘んじている財産状況との差額であると考えられています（差額説）。損害の種類としては，財産的損害（積極損害の他に，得べかりし利益である消極損害も含まれます。）の他に，非財産的損害（慰謝料や無形損害）があります。

　④の要件は，一般的には，「相当因果関係」であると解されています。因果関係とは，条件関係（あれなければこれなし）に加えて，その行為が結果発生にとって相当性を有することを要求する考えです。

税法編

> **Point**
> ・和解金が非課税となる損害賠償金かどうかで大きく扱いが異なります。
> ・和解の内容や性質，当事者（個人か法人か）を実質的に判断する必要があります。

1 損害賠償金に当たるか

（個人が受け取った）和解金は，それが損害賠償金であるならば非課税所得です。

和解においては，各当事者が譲歩する理由は様々です。主張立証が困難な部分について請求を放棄したのか，単に債務免除したのかによって課税関係が異なります。そのため，損害賠償金に当たるかどうかは大変重要です。以下の基準が参考になります。

大阪地判昭和54年5月31日判時945号86頁，上告確定

事案 マンション建設における紛争解決のために和解し，金銭支払いを合意したが，この金銭は損害賠償金（非課税）か補償金（一時所得）か。

判旨 損害が客観的になければその支払金は非課税にならないし，また，損害が客観的にあっても非課税になる支払金の範囲は当事者が合意して支払った金額の全額ではなく，客観的に発生し，又は発生が見込まれる損害の限度に限られるとしなければならないとして，補償金あるいは承諾料と判断した。

税務訴訟では，紛争の経緯や従前の主張なども検討した上で判断されるた

め，合意書面上での小細工は通用しないと考えた方がよいでしょう。

　法律実務上は，示談金，解決金，補償金など様々な用語が用いられていますので，和解契約において交付される金銭がどのような性質を持つのかによって，課税関係が変わってきます。民事調停における調停条項に「解決金」として表示された金員の所得区分が争われた事例がありました。

調停解決金事件（東京地判平11.3.30税資241-484）

事案　民事調停の調停条項で「解決金」とされたところ，これは非課税所得たる損害賠償金に該当するのか，あるいは課税所得中の一時所得に該当するのか。

判旨　本件解決金は，損害賠償金で紛争解決金として支払い，原告らが居住者又は所有者としての事実上の利益を失うことに対する補償金として受け取ったものであって，これは譲渡所得あるいは事業所得たる収益の補償的性質を有するものに該当しないから，一時所得に該当するとされた。

　和解当事者の意識としては，特に被害者は，心情的に交付された金銭は損害賠償金（非課税）と捉えることが多いのですが，客観的には営業補償金などのように課税される場合もあります。当事者としては，あらかじめ税務上の取扱いを意識して和解に臨むべきでしょう。

2　基本的な取扱い

(1)　価額の算定

　課税される場合，価額の算定は，法人の場合は時価で算定されますが，個人の場合はみなし規定（所法59条1項2号）による修正がない限り，当事者間の取引内容が尊重されます。

(2) 当事者の課税関係
　ア　対象が金銭の場合
　双方ともに個人の場合，債務免除によって，免除を受けた側には贈与税課税が生じます。
　法人が個人に対して債務免除した場合，法人には寄附金課税，個人には一時所得課税されます。
　個人が法人に対して債務免除した場合，法人は受贈益として益金計上しなければなりません。
　双方ともに法人の場合，免除した法人に寄附金課税，免除された法人は益金計上となります。

　イ　対象が金銭以外の資産の場合
　双方ともに個人の場合，譲った側に譲渡益課税が，受けた場合に贈与税課税が生じます。
　譲った側が法人で受けた側が個人の場合，譲った側に時価による益金課税等が，受けた個人の側には一時所得や給与所得等の課税が行われます。
　受けた側が法人の場合は，時価の2分の1未満の価格による譲渡の場合はみなし譲渡課税（所法59条1項2号）が，受けた法人の側では時価との差額について受贈益として課税されます。
　双方が法人の場合は，譲った側は時価による益金課税等が，受けた側では時価との差額について受贈益として課税されます。

3　損害賠償金の取扱い
(1) 個人の場合
　ア　受け取る側
　心身に加えられた損害について支払いを受ける場合など，基本的には所得税は課税されません（所法9条1項17号，所法令30条1項1号）。ただし，医療費控除からは差し引かれます（所法73条）。
　また，社会通念上相当な見舞金は非課税とされます。

所得補償としての賠償金（逸失利益）についても，所得税は課税されません（所法9条1項17号，所法令30条1項1号，所基通9-22）。

一方で，モノすなわち（不法行為による）資産に対する損害の賠償金については，事業用の資産に対するものの場合は事業所得の収入金額となります。

イ　支払う側

基本的な場合，すなわち，個人事業主が事業遂行に関連したものが原因で，故意重過失がない場合，必要経費となります（所法37条1項）。

一方，故意重過失がある場合や事業遂行に無関係の場合は必要経費となりません。

なお，総額が未確定でも，申し出た和解金額相当額を必要経費として算入できます（所基通37-2-2）。

(2) 法人の場合

ア　受け取る側

法人が支払いを受けることが確定した年度の益金に算入します。なお，損害については，補填される分を除いて損害の発生した日の属する事業年度の損金に算入可能です（法基通2-1-43）。

イ　支払う側

法人が従業員等の行為によって発生した損害賠償金を補填した場合の税務上の処理は，従業員等の行為に事業関連性があるか，あるいは故意重過失があるかによって異なります。

事業関連性があって故意重過失がない場合は，従業員には何も課税関係は生じません（所基通36-33(1)）が，支払った法人にとっては給与以外の損金となります（法基通9-7-16(1)）。

事業関連性はあるが故意重過失である場合や事業関連性がない場合は，法人から従業員等への債権として扱われます（法基通9-7-16(2)）。

(3) 商品先物取引の損害賠償金

　和解の前提となった取引の性質が和解金の税務処理に影響を与える場合があります。商品先物取引においては，販売員が，顧客にその無知に乗じて無意味・過当な取引をさせ，多額の手数料を証拠金から出させて損失を与える事件が後を絶ちません。当然，損失を被った顧客からの（不法行為に基づく）損害賠償請求も数多くなされます。以下は，そのようなトラブルが和解で終了した後の課税関係についてです。

先物取引被害和解金事件
（名古屋地判平21.9.30税資259順号11281，名古屋高判平22.6.24税資260順号11460）

事案　商品先物取引に関する和解において，顧客が受け取った和解金は非課税所得か。

判旨　本件和解の元となった商品先物取引において，顧客が支払わされた手数料等は，顧客の利益を度外視し，先物会社の利益のみを目的とした違法行為そのものによる損害であって，雑所得ではない。（必要経費との二重控除を防ぐ所法令30条柱書との関係では）多額の取引損を被った顧客が先物会社から得た和解金は，売買差益を売るための必要経費ではあり得ない。したがって，非課税所得となる。

　商品先物取引における消費者被害の実態は，いわゆる客殺し商法と言われるものです。取引の体裁を取り繕いつつも（体裁すら取り繕わない場合もありますが），断定的な判断や偏ったアドバイスによって間違った取引に誘導し，短期間に何度も大金をかけさせ，大量の取引注文を出させて多額の取引手数料を稼ぐものです。

　上記のような実態に鑑みると，和解金は，そのような悪徳商法に遭遇しなかった状態に戻すだけですので，不法行為における損害賠償金そのものです。そうした取引実態から見ても，本裁判例は納得できるものといえます。

(4) 和解金の年度帰属

和解契約は，過去に起こった事件の後始末として締結されることがままあります。和解契約によって当事者間では手打ちとなりました。では，過去に起こった事件を前提になされた課税処分が間違っていた場合，その修正申告や更正の請求はどうなるのでしょうか。過去に遡って課税を改めるべきでしょうか。それとも和解契約をした時点の年度で精算すべきでしょうか。

過大徴収電気料事件（最判平4.10.29判タ842-110）

事案 電力会社のミスで12年間にわたって料金が過大に徴収された。利用者と電力会社との和解契約が成立したが，戻ってきた料金分に当たる収益は，どの事業年度に帰属したとして計算すべきか。

判旨 原因は装置設定の間違いであり，利用者も電力会社も過大徴収の事実に気がつくことができず，利用者が電気料金の返還を受けることは事実上不可能であった場合で，その後事態が発見されて，当事者が交渉の上で和解に至ったという事情においては，戻ってきた電気料金による収益が帰属すべき事業年度は，和解によって合意された金銭の支払日の属する事業年度である。

この場合の税務処理のやり直しの内容ですが，基本的には益金が増えるので課税額が増加する更正処分等を受けることになります。そうすると，5年より前の事業年度については更正処分できないため，間違った年度ごとに更正処分をしてもらう方が納税者にとって有利でしょう。間違った年度ごとに更正処分をする方が論理的であり，この裁判例のような結論には納得できない方も多いのではないでしょうか。なお，この裁判例には味村治裁判官の反対意見がつけられています。

(5) 和解金の分割払い

和解においては，和解金を分割払いとすることがしばしば起こります。こ

の場合に，支払う側は，分割払いであっても一括で損金計上できるのでしょうか。

> **和解金分割払い事件**（最判平7.6.20税資209-1048）
>
> **事案** 法人が土地明渡請求事件で和解した際に，土地明渡しまでの月額23万円ずつ，総額約4,800万円の金銭を支払うことが約束された。土地明渡し時点で，残額は免除される。この場合に，未だ支払っていない損害額の全額を損金として計上できるか。
>
> **判旨** 法人税法22条3項は，事業年度終了時までに債務が確定していない費用は控除できないとしている。そのためには，当該債務に基づいて具体的な給付をすべき原因となる事実が発生していることが必要である。月額23万円の支払いは，地代相当損害金の趣旨であり，法人が土地を占有してはじめて発生する。本件では，未来分の土地占有は行われていないのであるから，未だ支払っていない損害額の全額は損金とならない。

本件には，やや特殊な事情があります。法人が支払う損害金は，実質的には法人が立ち退くまでの地代相当損害金であり，仮に今月引っ越せば，来月からは生じなくなります。そうであれば，たとえ法人が期限一杯まで土地を占有するつもりであったとしても，その月の占有ごとに発生する地代相当損害金について一括で損金計上することはできないと考えるべきでしょう。

4 慰謝料

精神的な損害に対する賠償金であるのが慰謝料です。不法行為に基づく損害賠償金であることは身体に関する場合と同じですから，非課税扱いが原則です。

もっとも身近な慰謝料発生原因として，離婚に伴う慰謝料があります。離婚に伴う慰謝料は例外として贈与に当たらず，所得税も課されません（所法

9条1項17号，所法令30条1項1号，3号）。支払った側にも課税関係は生じません。

一方，財産分与については，（原則として）贈与税は課されません。しかし，財産分与が過大である場合や課税のほ脱を図るものの場合は，贈与税は課税されることがあります（相基通9-8）。一方，財産分与をした者に対して譲渡所得として課税がされる場合があります。

養育費も贈与税は課税されません。支払った側は，扶養控除等が使えます。

ところで，慰謝料名目で支払われるものの中には，精神的損害の慰謝を超えて，事件そのものの解決に対する報酬，いわゆる口止め料的性質が含まれる場合があります。その場合に，全額を非課税扱いとできるのでしょうか。通常の精神的損害の賠償額からかけ離れた額の慰謝料について問題になることがあります。

1億円慰謝料事件（福岡高判平18.11.28税資256順号10583）

事案 1億円を慰謝料として申告したところ更正処分を受けた。

判旨 慰謝料としての性格を有するもののほかに，「口止め料」としての性格を有する金員等が含まれていたことは明らかであり，慰謝料額に相当する部分は1,000万円を超えない。

慰謝料に当たるかどうかについて，裁判所は相当に具体的に和解内容を検討し，あくまで客観的に判断しています。不自然に高額な慰謝料については問題になる可能性がありますので，注意が必要です。

5　共有物の分割

不動産に関する事件が和解となる場合に，共有する土地を分割する場合があります。分割方法によって，課税関係が異なります。

(1) **現物分割の場合**

土地を分筆するなどして，実際に不動産を分けた場合です。この場合，土地の譲渡は無かったものとされます（所基通33-1-6）。持分比率と面積比が対応していなくても価格が概ね対応していれば構いません。分割に要した費用は土地の取得費に算入可能です。

(2) **代金分割の場合**

不動産を売却して代金を分けた場合，譲渡所得課税がなされます。

(3) **価格賠償の場合**

1人が所有する代わりに他の共有者に価格で賠償する場合，譲渡所得として課税されます。なお，固定資産の交換の特例（所法58条）があります。

6　更正の請求の特則

(1) **概　要**

通常，更正の請求は，法定申告期限から5年以内に限り税務署長に対してすることができるとされています（通則法23条1項）。

例外として，法定の請求期間経過後でも一定の場合には更正の請求ができます（後発的事由の更正の請求）。

和解の場合には特則があり，「その申告，更正又は決定に係る課税標準等又は税額等の計算の基礎となつた事実に関する訴えについての判決（判決と同一の効力を有する和解その他の行為を含む。）により，その事実が当該計算の基礎としたところと異なることが確定したとき　その確定した日の翌日から起算して二月以内」（通則法23条2項1号）とされています。すなわち，訴訟上の和解等をした場合，確定した日の翌日から2か月以内であれば，法定の請求期間経過後でも更正の請求ができます。

(2) **馴れ合い訴訟**

上記のとおり，国税通則法23条2項1号は，更正の請求期間が過ぎた後で

も，申告の基礎となった事実関係についての判決や裁判上の和解により，更正の請求ができるとしています（後発的事由による更正の請求）。

しかし，課税を逃れる目的でわざと一方に有利になる和解をすれば（いわゆる馴れ合い訴訟），この裁判上の和解を理由として更正の請求ができるのでしょうか。

神戸地判平成19年11月20日訟月55巻4号1933頁

事案 相続人らが，被相続人の養子と称する表見相続人を被告として養子縁組無効確認訴訟を提起し，勝訴した。そこで，相続人らは，表見相続人に対する相続回復請求権を相続財産に含めて相続税の申告をした。

その後，表見相続人に対する相続回復請求訴訟を提起したものの，表見相続人に十分な支払能力がなかったため，請求額を大幅に減額して裁判上の和解をした。

相続人らが更正の請求をしたところ，税務署から拒絶された。

判旨「同条2項1号の『和解』とは，遺産の範囲又は価額等の申告に係る税額の計算の基礎となった事実を争点とする訴訟等において，当該事実につき申告における税額計算の基礎とは異なる事実を確認し又は異なる事実を前提とした裁判上の和解をいうものと解すべきである。」

そして，「遺産の範囲及びその価額」が異なるかどうかの基準時等については「相続人の相続税納税義務が成立する遺産取得時期であり，前記税額計算においても取得する遺産の範囲を決定する基準時となり，かつ，その財産の価額評価の基準時でもある相続開始時における遺産の範囲及び価額と，申告書に記載されたそれとが異なることが確認等されたか否かによって判断することになる。」

そのため，「相続開始後に遺産が滅失し又はその価額が減少したことを確認し又はこれを前提とする裁判上の和解がなされても，この和

> 解は同号の『和解』に当たらない。」として請求を棄却した。

事案としては，両当事者の対立は激しく，決して馴れ合いとはいえない展開であったと思われますが，裁判所は後発的事由による更正の請求を認めませんでした。「和解」という語の解釈として，ここまで読み込むべきかどうかは議論があるところでしょう。

7 相 続
(1) 遺産分割

通常の相続事件における和解（遺産分割が成立すること）については，相続税や登録印紙税の他に，遺産中に収益物件がある場合は所得税も問題となります。ただし，相続自体で移転する遺産それ自体については，資産の移転とならず所得税は課税されません。

遺産分割後の再分割については，基本的には，贈与又は交換等があったとして，贈与税又は所得税が課税されます。

遺産分割の争いが，裁判の上では別の形を取ることがあります。共有物の分割を請求した裁判での和解が，実態としては遺産争いであった場合，和解の内容として譲渡が明記されているので譲渡所得が発生するのか，遺産争いの一部であるとみて相続税を課税するのかが争われた事件で，裁判所は，和解調書の記載を重視して譲渡所得としました（名古屋地判平14.12.20税資252順号9250）。

(2) みなし贈与

一方，相続事件では無くても，債務免除した場合にみなし贈与課税がされるという規定があります。ただし，被免除者が資力を喪失して債務を弁済することが困難である場合は課税されません（相法8条）。

━━実 務 編━━

1　税務署長と手打ち？

　税務調査を受けた際，修正申告等で対応する場合に，どのような論点を取捨選択するかについて，税務署職員と話し合うことがしばしばあります。税務署の職員と合意した内容が後から覆されるはずはない，ましてや署長クラスならばなおさらだ……そんなふうに考えていませんか？

> **税務署長手打ち事件**（福岡地判昭25.4.18行集1-4-581）
>
> **事案**　税務署長と一旦は贈与税の分割延納で合意した。その後，この延納許可の取消処分がなされた。
>
> **判旨**　元来贈与税の分割延納は許されない違法なものである。したがって，税務署長と仮にそのような合意をしたとしても無効である。

　本件は，法律上違法（無効）な約束であった事例ですが，違法とはいえない合意であっても，覆される可能性があることは覚えておいた方がよいでしょう。

2　和解契約を解除したら更正の請求ができる？

　和解契約に基づいて税務申告をした後になって，和解契約が履行されず解除することになった場合，これに合わせて更正の請求をして払いすぎた税金を取り戻したいと考えた人がいます。

> **和解契約解除事件**（東京地判平13.1.26税資250順号8821）
>
> **事案**　法人Aを売主，法人Bを買主とする土地売買契約が締結され，特約としてAは，いつでもBの請求があれば不動産を約15億円の買戻しに応じるとされた。

第13章 和解契約―実務編―

　　法人Bの所有者Cは，その持分をX（Cの推定相続人）に譲渡した（本件持分譲渡契約）。

　　その後，Aは買い戻し不可能となり，Bとの間で，買戻し代金（本件未収金）が約15億円であること及び買戻し代金支払を猶予することを内容とする和解が成立した。

　　Cが死亡して相続が発生した。相続人Xは，法人Bの持分の価格を，Bが有する本件不動産の路線価等（約7億円）で計算していたが，税務署から和解契約で約15億円の買戻し金が確認されている以上，これを元に持分価格を計算するべきと指摘された。

　　しかしその後，Aの清算にともなって和解契約が解除された。

　　Xは，和解契約が解除されたから，約15億円と指摘される事情が消滅したとして更正の請求をした。

　判旨　いわゆる後発的事由による更正の請求の根拠である国税通則法施行令6条1項2号は「その申告，更正又は決定に係る課税標準等又は税額等の計算の基礎となった事実に係る契約が，解除権の行使によって解除され，若しくは当該契約の成立後生じたやむを得ない事情によって解除され，又は取り消されたこと。」と規定している。

　　「課税標準等又は税額等の計算の基礎となった事実」とは課税価格の一部を構成する本件未収金が存在するという事実であり，本件未収金発生の根拠となる契約は，本件持分譲渡契約に他ならないから，「計算の基礎となった事実に係る契約」とは本件持分譲渡契約である。

　　本件持分譲渡契約は解除されていないため，更正の請求は認められない。

　なんともややこしい事案ですが，結局，相続税の対象はBの持分（とその価額評価）であり，Bの持分が譲渡されたこと（本件持分譲渡契約）が後に解除されればまだしも，そうではないBの有する資産に関する和解契約が解除されたことは後発的事由にあたらないとしています。バブル期の地価高騰が背景にありますが，和解契約自体は，債権額を確認しつつ，支払を猶予する内

容であって，必ずしも不当とは言えない内容です。安易に減額することもその時点では困難であった可能性もあり，処理が悩ましい事案ではないでしょうか。

3　遺産分割を間違えた！

通常，遺産分割を行うに当たり，その結果生じる相続税負担を考慮しながら方法や分配を決めていきます。しかし，時として，想定していた税負担が間違っていた，なんてこともあります。この場合，遺産分割を錯誤無効とすることはできるのでしょうか。

民法的には，いわゆる「動機の錯誤」として扱われます。すなわち，当該遺産分割協議が税負担を軽減させると考えて行われるとの動機が，「法律行為の要素」（契約の重要部分）に関するものであって，表意者に重過失が無く，協議の相手方に明示的あるいは黙示的に表示されていることが必要とされています（最判昭29.11.26民集8-11-2087）。

仮にこれらの要件を満たして遺産分割が民法上無効になったとしても，軽減した税負担を基に更正の請求ができるのでしょうか。

遺産分割やり直し事件（東京地判平21.2.27判タ1355-123）

事案　被相続人Aの相続財産である同族会社の株式について，妻Xに配当還元方式による評価を受けられる割合で相続させる等の遺産分割協議を行い，これに従って法定申告期限内に各自相続税の申告をした。

ところが，この計算方法が間違っており，Xの取得した株式が類似業種比準方式による評価を受け，相続税が増加してしまうことが判明した。

そこで，Xら相続人は，この点に錯誤があったとして，Xの取得株式が配当還元方式を受けられる取得数に改めた遺産分割協議を成立させた。

そして，法定申告期限から約4か月半後にXは更正の請求を行った

が，税務署長は，当初申告において類似業種比準方式によるべきであったとして増額更正をした。

判旨 国税通則法23条1項1号にいう「当該申告書に記載した課税標準等若しくは税額等の計算が国税に関する法律の規定に従っていなかつたこと」との事由に該当するかどうかについて，「申告者は，法定申告期限後は，課税庁に対し，原則として，課税負担又はその前提事項の錯誤を理由として当該遺産分割が無効であることを主張することはできず，例外的にその主張が許されるのは，分割内容自体の錯誤との権衡等にも照らし，①申告者が，更正請求期間内に，かつ，課税庁の調査時の指摘，修正申告の勧奨，更正処分等を受ける前に，自ら誤信に気付いて，更正の請求をし，②更正請求期間内に，新たな遺産分割の合意による分割内容の変更をして，当初の遺産分割の経済的成果を完全に消失させており，かつ，③その分割内容の変更がやむを得ない事情により誤信の内容を是正する一回的なものであると認められる場合のように，更正請求期間内にされた更正の請求においてその主張を認めても上記の弊害が生ずるおそれがなく，申告納税制度の趣旨・構造及び租税法上の信義則に反するとはいえないと認めるべき特段の事情がある場合に限られるものと解するのが相当である。」

として，①，②を満たすことを認定し，続いて③の該当性を以下のように検討した。

「株式の評価に係る配当還元方式の適用は，その適用の有無により評価額に合計約19億円の差異が生ずることから，遺産分割における重要な条件として当初から相続人らの間で明示的に協議されていた事項であり，相続人らが当該株式の評価方法を誤信して第1次遺産分割の合意に至ったのは，本件税理士の誤った助言に起因するもので，事柄の内容も税務の専門家でない相続人らにとって同税理士の助言の誤りに直ちに気付くのが容易なものとはいえないものであったこと，……遺産分割の協議に際して，相続人らは，第1次遺産分割に基づく当初の申告を経て，自らその誤信に気付いた後，速やかに，配当還元方式

> の適用を受けられる内容に当該株式の配分方法を変更した第2次遺産分割の合意に至っていること」が認められるため，③も満たす。

　課税負担の錯誤について，裁判所は基本的にやり直しを認めません。申告期限後に錯誤無効による更正の請求を許せば，実質的には申告期限を延長させることと同じになってしまうからだと考えられます。
　一方，本件では，税務署からの指摘もなく，わずか4か月ほどで間違いに自ら気がついて更正の請求等をした事案だったため，例外的な救済の要件を定めて認容しました。極めて厳格な要件であり，簡単には認められないと考えるべきでしょう。

4　外国法人に払った和解金で源泉徴収義務？

　内国法人が外国法人との間で締結した特許権に関する和解契約に基づいて支払われた金員が所得税法における国内源泉所得に該当するかが争われた事例がありました。
　外国法人に対する課税は国内源泉所得のみであり，国内源泉所得の1つとして「国内において業務を行う者から受ける『工業所有権その他……使用料』で当該業務に係るもの」が規定されています（所法161条1項11号イ）。

シルバー精工事件（最判平16.6.24判タ1163-136）

事案　米国に製品を輸出していた内国法人が，同種特許を有する米国法人との間で和解契約を行った。内容は，内国法人が米国で製品を販売できるようにするための非独占的実施権の許諾や侵害訴訟を提起しないこと，内国法人が一定のロイヤルティを支払うことであった。内国法人が支払った金員は国内源泉所得（所法161条7号イ〔現11号イ〕）に当たる使用料か。

判旨　和解の内容から，本件和解金は米国内での製品の販売のための特許権の使用料であり，内国法人の日本国内における業務に関して支

> 払われたものということはできず，国内源泉所得に当たる使用料ではない。

　裁判では和解の内容が具体的に吟味され，国内源泉所得該当性が検討されています。和解の内容が米国での製品販売が骨子であったため，国内源泉所得には当たらないとされています。仮に，外国法人が我が国で同種製品を販売するについても包括的に規定されていたならば，国内源泉所得に当たるとされる余地もあり得るでしょう。

5　和解したら所得区分が変わった？

　和解においては，従前と取扱いが異なる合意をすることが通常です。例えば，従前は一括払いだった契約を分割払いで和解したり，あるいはその逆もあるでしょう。

　とある会社が従前規定されていた退職年金制度[4]を終了させ，年金給付総額の6割を一括で支払うこととしました。これに反対した旧受給者達が会社等を提訴して従前どおりの年金受給資格を争いましたが，訴訟上の和解が成立し，結局6割を一括払いで受領することとなりました。この一時金の所得区分はどうなるのでしょうか。

> **TBS退職年金和解事件**（東京地判平24.12.11判時2186-23）
>
> **事案**　退職年金（企業年金）制度の廃止の是非を争った裁判において和解し，給付額の約6割を一時金として受領することとなった。この一括金の所得区分は退職所得と言えるか。所得税法施行令72条2項4

---

[4] 国民年金・厚生年金にさらに積み増される，いわゆる3階部分に当たる企業年金。なお，適格退職年金に係る税制上の適格要件等については，法人税法84条（平成13年法律50号による改正前のもの。）に規定されていましたが，確定給付企業年金法の施行日（平成14年4月1日）以降，適格退職年金制度が廃止されるとともに，経過措置として平成24年3月31日までの10年間は同制度の継続が認められていました。

5 和解したら所得区分が変わった？

号に規定する「適格退職年金契約に基づいて支給を受ける一時金」で「退職により支払われるもの」として、みなし退職所得に該当するといえるかが問題となる。

判旨 本件一時金は「適格退職年金契約に基づいて支給を受ける一時金」に該当するが、これは会社が本件年金制度の終了に伴い適格退職年金契約である本件年金信託契約を解約し、その年金基金を退職年金受給権者及び加入者に分配したことによって行われたものであって、本件各受給権者が会社を「退職」したという事実によって初めて支給されたものではない。

また、本件一時金は、既に退職年金を受給し、公的年金等に係る雑所得としての課税関係が開始されていた本件各受給権者に対し、将来の年金給付の総額の6割に相当する金員が繰上支給されたものである。

したがって、本件一時金は「退職により支払われるもの」（所得税法施行令72条2項4号）には該当しない。

結局、本件一時金は一時所得であると判断されました。従前は課税上納税者にとって有利な退職所得であったものが、制度がなくなって一時金となったことで相対的に不利な一時所得へと所得区分が変更されることとなったわけです。和解においては、このような課税の変更によるロスも考慮に入れる必要があります。

あとがき

　お読みいただきいかがでしたでしょうか？　近時，民法と税法の関係をまとめた書物が増えてきたのは喜ばしいことです。税法は私法を前提としていますので，両者の関係に留意する必要があるのはいうまでもないことだからです。ただ，これまでの解説書の多くは，民法税法の相互関係の基本的な部分の解説にとどまるものが多かったようにも思います。これに対して，本書は各種契約内容に深く言及し，その法律関係から生じる課税問題を多面的に検討しているので，従来にない詳しい解説が付されていると思います。その意味で従来の解説書で概要を理解され，さらに個別ケースについては本書で確認いただくような利用をしていただければ嬉しく思います。

　課税の現場では，調査官が「法的に考える」機会が少ないせいか，最高裁の判例などが出ると，その一部だけを課税に有利に理解し，契約内容などを当事者の真意と異なって解釈し，修正申告を迫ることが少なくありません。税理士さんや弁護士さんが税法と民法の関係を適切に踏まえた課税関係を主張できれば，不合理な課税が未然に防げます。本書がそのような機能を持つことを願っています。

　本書の出版については，日本加除出版の前田敏克さんにいろいろお世話をいただきました。記して謝意を表したいと思います。

2018年3月

青山学院大学学長
三木　義一

索 引

【アルファベット】

ADR（裁判外紛争解決手続）……439
OECD移転価格ガイドライン……141

【あ 行】

青色事業専従者給与……………7, 325
遺産取得税方式…………………………11
遺産分割………225, 236, 454, 457
慰謝料………………………………443, 450
遺贈……………………………11, 40, 423
委託………………………………357, 360
一税目一法律主義………………3, 5, 12
一年合算課税制度…………………………46
一般に公正妥当と認められる会計処
　理の基準………11, 120, 136, 257, 349
移転価格税制…………………………141
違約金……………………………………266
遺留分……………………………………147
印紙税………………………31, 354, 370, 383
益金………10, 49, 120, 136, 190, 195, 197,
　　204, 216, 257, 349, 368, 382, 409, 415
役務完了基準……………………………350
役務提供契約……………………………323

【か 行】

解決金……………………………………445
外国私法基準説…………………………26
外国税額控除……………………………9
概算控除………………………………8, 332

買戻特約…………………………………162
解約…………………………………18, 246
解約手付…………………………………102
確定決算主義……………………………10
確定申告…………………………………334
貸家建付地……………………231, 294, 310
家事上の経費（家事費）………………256
貸宅地…………………………………294, 312
貸付事業用宅地等……………………234, 300
貸倒損失…………………………………193
貸倒損失の損金算入……………………211
課税標準………………………………4, 452
課税物件……………………………………4
課税要件……………………………………3
株式の相続税評価額……………307, 312
株主優待金…………………………………54
仮執行宣言付判決………………………261
完成引渡基準……………………………350
間接消費税………………………………274
間接対応……………………………………9
管理支配基準……121, 199, 261, 350, 372
期間税………………………………………3
企業年金…………………………………433
期限…………………………………………17
帰属…………………………………………4
帰属所得…………………………………202
基礎控除額…………………………11, 12, 43
寄附金………35, 52, 142, 149, 191,
　　　194, 212, 230, 287, 382
寄附金控除…………………………………51

索　引

寄附金の損金不算入……………………… 52
求償権……………………………… 187, 218
給与所得……………… 323, 327, 330, 332, 344
給与所得控除額……………………… 8, 332
共同事業性……………………………… 398
共有物の分割…………………………… 451
居住者………………………………… 7, 116
グループ法人課税制度………………… 139
契約自由の原則…………………… 15, 316
契約の成立要件………………………… 14
契約の有効要件………………………… 15
減価償却資産………………… 28, 113, 268
現金主義…………………… 119, 123, 349, 371
原状回復費……………………………… 269
源泉徴収義務……………………… 324, 459
権利確定主義……… 9, 26, 119, 260, 349, 371
権利金………………… 227, 230, 242, 282, 303
権利金相当額……………………… 227, 230
高額譲渡………………………………… 155
交換差金…………………………… 172, 174
交換特例…………………………… 176, 178
航空機リース……………………… 407, 415
工事進行基準…………………………… 350
公正処理基準…………………………… 11
更正の請求の特則……………………… 452
公的年金………………………………… 427
国税……………………………………… 2, 7
固有概念………………………………… 20
ゴルフ会員権……………………… 33, 384
混合寄託………………………………… 380
混合契約…………………………… 252, 355

【さ　行】

債権譲渡………………… 35, 100, 109
財産分与………………………… 22, 451
再売買の予約…………………… 162, 167
裁判上の和解…………………… 440, 453
債務確定主義……………………………… 9
債務控除………………………………… 12, 61
債務免除……………………… 14, 34, 444
債務免除益……………… 34, 194, 213, 252
雑所得………………… 114, 347, 368, 425
更地価格………………………………… 286
仕入税額控除………………… 275, 343, 351
死因贈与………………………………… 40, 79
敷金………………………… 74, 242, 258
事業所得…………… 22, 110, 112, 114,
　　　　　　　　　　　　326, 330, 344, 368
時効…………………………………… 321, 422
獅子組合………………………………… 390
事実行為…………………………… 21, 358
使者……………………………………… 360
事前確認制度…………………………… 141
示談……………………………………… 439
実額控除……………………………… 8, 332
実質所得者課税の原則…………… 4, 7, 24
私的自治…………………………… 16, 316
自動確定方式……………………………… 6
借用概念………………………………… 20
射幸契約………………………………… 421
収益認識時期…………………………… 125
就業規則………………………………… 317
修正申告………………………………… 5, 449
修繕費……………………………… 222, 267

466

従属性 …………………………… 323, 359
酒税 ……………………………………… 2
準委任契約 ………………………… 318, 358
純額方式 ……………………………… 404
純資産価額方式 ……………………… 307
準消費貸借契約 ……………………… 183
準棚卸資産 …………………………… 107
小規模宅地等の特例
　　……………… 233, 238, 299, 306, 313
条件 …………………………………… 17
使用従属性 …………………………… 318
譲渡所得 ………………… 20, 107, 112
譲渡担保 ……………………………… 162
消費税 ……………………………… 2, 13
消費寄託 ……………………………… 380
商品先物取引 ………………………… 448
所得控除 …………………………… 9, 332
所得税 ……………………………… 2, 7
所有権移転外リース取引 …………… 280
所有権移転リース取引 ……………… 280
申告納税方式 ………………………… 5
人的帰属 …………………………… 4, 24
ストック・オプション ………… 54, 330
税額控除 ……………………………… 9
制限納税義務 ………………………… 8
制限納税義務者 ……………………… 12
正当の事由 …………………………… 245
税率 …………………………………… 4
セール・アンド・リースバック取引
　　………………………………… 277, 280
善管注意義務 ………………………… 359
総額方式 ………………………… 404, 409
相続時精算課税 ……………………… 44

相続税 ………………………………… 11
相当の地代 …………………………… 285
双務契約 …………………………… 17, 38
贈与税 ………………………………… 12
底地価格 ……………………………… 286
組織再編税制 ………………………… 139
租税法律主義 ………………………… 1
損益通算 ……………………………… 9
損金 …………… 11, 32, 52, 136, 142, 191,
　　　194, 210, 257, 268, 289,
　　　326, 331, 382, 409, 415

【た　行】

対抗要件 ……………………………… 100
退職一時金 …………………………… 325
退職所得 ………………………… 149, 327
退職手当 ……………………………… 325
退職年金 ……………………………… 460
代物弁済 ……………………………… 103
代理 …………………………………… 360
諾成契約 …………………………… 17, 38
立退料 …………………… 245, 271, 275
建物買取請求権 ……………………… 245
棚卸資産 ……………………………… 107
単純累進税率 ………………………… 4
担税力 ………………………………… 8
単独行為 …………………………… 14, 41
担保契約 ……………………………… 162
担保預金 ……………………………… 387
地代 …………………………………… 282
地方税 ………………………………… 2
地方税条例主義 ……………………… 3
中間方式 ……………………………… 404

中途解約……………………………… 253, 277
中途解約不能要件……………………… 278
超過累進税率…………………………… 5, 9
徴収処分………………………………… 6
調停…………………………………… 440
帳簿方式……………………………… 351
直接対応………………………………… 9
賃借権の譲渡………………………… 248
賃借物の転貸………………………… 248
賃貸借契約の合意解約……………… 252
賃貸人たる地位の移転……………… 248
賃料増減額請求……………………… 243
低額譲渡……………………………… 128
定期借地権…………………………… 291
定期用船契約………………………… 252
適正所得算出説………………………… 21
手付…………………………………… 101
手付金………………………………… 124
デット・アサンプション契約……… 32, 386
デット・エクイティ・スワップ（DES）
　……………………………………… 32, 216
典型契約…………………………… 14, 16
同居相続人…………………………… 224
同時履行……………………………… 340
同族会社の行為計算否認規定…… 205, 263
登録免許税…………………………… 169
特定居住用宅地等……………… 235, 236
特定組合員…………………………… 411
特定事業用宅地等……………… 234, 236
特定同族会社事業用宅地等
　………………………… 234, 236, 300, 301
匿名組合……………………………… 393
独立性………………………………… 359

途中解約……………………………… 266

【な　行】

内国私法基準説………………………… 26
馴れ合い訴訟………………………… 452
二段階説（有償取引同視説）………… 21
年度帰属……………………………… 371
年末調整……………………………… 333
納税義務者………………………… 4, 25

【は　行】

配偶者控除……………………………… 44
配当控除………………………………… 9
配当所得…………………………… 9, 115
倍率方式……………………………… 293
発生主義………………………… 349, 371
非課税所得……………………………… 8
非居住者……………………………… 116
引越費用……………………………… 272
必要経費……………………………… 255
必要費………………………………… 242
非典型契約……………………………… 17
比例税率………………………………… 4
賦課課税方式…………………………… 5
附加価値……………………………… 274
付加給………………………………… 325
不確定概念……………………………… 85
複合契約……………………………… 32
負担付贈与………………………… 40, 72
負担付贈与通達………………………… 74
不動産取得税………………………… 169
不動産所得……………… 115, 251, 408
不服申立前置主義……………………… 7

索　引

不法行為 …………………………………… 443
扶養控除額 ………………………………… 334
フリーレント ……………………………… 265
不良債権の焦付き ………………………… 209
フルペイアウト要件 ……………………… 278
別段の定め ……………… 11, 119, 123, 128, 136
片務契約 ……………………………… 17, 420
法人税 ………………………………………… 10
法律行為 …………………………………… 358
法律要件 ……………………………………… 4
補完税 ……………………………………… 42
補足金付交換 ………………………… 171, 174

【ま　行】

みなし譲渡 …………………………… 45, 48
みなし贈与 ………………………… 43, 130, 454
無期定期金 ………………………………… 429
無償契約 ……………………………… 16, 38, 420
無償返還届 …………………………… 229, 288
無制限納税義務 ………………………… 8, 206
無制限納税義務者 ………………………… 12
無名契約 …………………………………… 441
無利息融資 …………………………… 197, 204
名義変更 …………………………………… 94

【や　行】

約款 ………………………………………… 339
有益費 ………………………………… 244, 270
有期定期金 ………………………………… 429
有償契約 ……………………………… 16, 38
要物契約 …………………………… 17, 38, 378
預金 ………………………………………… 385

【ら　行】

リース取引 ………………………………… 276
利益供与 …………………………………… 54
利息の年度帰属 …………………………… 191
リミテッド・パートナーシップ（LPS）
　………………………………………… 402
類似業種比準価額方式 …………………… 307
累進税率 ……………………………………… 4
暦年課税 ……………………………… 12, 43
レポ取引 …………………………………… 207
連結納税制度 ……………………………… 10
連帯納付義務 ………………………… 43, 47
連帯保証 …………………………………… 187
路線価図 …………………………………… 283
路線価方式 ………………………………… 293

469

執筆者一覧

[監修者]

中村　芳昭　　青山学院大学法学部名誉教授

三木　義一　　青山学院大学学長

[執筆者]（五十音順）

池田　清貴　　くれたけ法律事務所　弁護士
　　　　　　　青山学院大学大学院法学研究科ビジネス法務専攻税法務プログラム修士課程修了

岡田　俊明　　税理士・元青山学院大学招聘教授
　　　　　　　青山学院大学大学院法学研究科ビジネス法務専攻税法務プログラム博士後期課程単位修得満期退学

木山　泰嗣　　青山学院大学法学部教授・弁護士

櫻井　博行　　さくら中央会計事務所　税理士
　　　　　　　青山学院大学大学院法学研究科ビジネス法務専攻税法務プログラム博士後期課程単位修得満期退学

背戸柳　良辰　背戸柳税理士事務所　税理士・行政書士
　　　　　　　青山学院大学大学院法学研究科ビジネス法務専攻税法務プログラム博士後期課程単位修得満期退学

執筆者一覧

髙原　崇仁	森大輔法律事務所　パートナー弁護士 青山学院大学大学院法学研究科ビジネス法務専攻税法務プログラム修士課程修了
田村　裕樹	本多総合法律事務所　パートナー弁護士 青山学院大学大学院法学研究科ビジネス法務専攻税法務プログラム修士課程修了
道下　知子	西武文理大学サービス経営学部准教授・税理士 青山学院大学大学院法学研究科ビジネス法務専攻税法務プログラム博士後期課程単位修得満期退学
藤間　大順	青山学院大学大学院法学研究科博士後期課程・ 日本学術振興会特別研究員 青山学院大学大学院法学研究科博士前期課程終了
馬渕　泰至	みなと青山法律事務所　弁護士・税理士 青山学院大学大学院法学研究科ビジネス法務専攻税法務プログラム修士課程修了
峯岸　秀幸	税理士法人峯岸パートナーズ　公認会計士・税理士 青山学院大学大学院法学研究科ビジネス法務専攻税法務プログラム修士課程修了
山本　悟	ＬＭ総合法律事務所　弁護士 青山学院大学大学院法学研究科ビジネス法務専攻税法務プログラム修士課程修了

典型契約の税法務
―弁護士のための税法
×
税理士のための民法―

定価：本体4,800円（税別）

平成30年4月23日　初版発行

監修者　中　村　芳　昭
　　　　三　木　義　一

発行者　和　田　　裕

発行所　日本加除出版株式会社
本　社　郵便番号 171-8516
　　　　東京都豊島区南長崎3丁目16番6号
　　　　ＴＥＬ（03）3953－5757（代表）
　　　　　　　（03）3952－5759（編集）
　　　　ＦＡＸ（03）3953－5772
　　　　ＵＲＬ http://www.kajo.co.jp/
営業部　郵便番号 171-8516
　　　　東京都豊島区南長崎3丁目16番6号
　　　　ＴＥＬ（03）3953－5642
　　　　ＦＡＸ（03）3953－2061

組版・印刷・製本　(株)倉田印刷

落丁本・乱丁本は本社でお取替えいたします。
Ⓒ 2018
Printed in Japan
ISBN978-4-8178-4472-9 C2032 ¥4800E

JCOPY　〈出版者著作権管理機構　委託出版物〉

本書を無断で複写複製（電子化を含む）することは、著作権法上の例外を除き、禁じられています。複写される場合は、そのつど事前に出版者著作権管理機構（JCOPY）の許諾を得てください。
また本書を代行業者等の第三者に依頼してスキャンやデジタル化することは、たとえ個人や家庭内での利用であっても一切認められておりません。

〈JCOPY〉　HP：http://www.jcopy.or.jp/、e-mail：info@jcopy.or.jp
　　　　　電話：03-3513-6969, FAX：03-3513-6979

法律実務家のための
親族・相続・渉外家事の税務

藤曲武美 監修　舘彰男・原口昌之・戸田智彦 著
2013年12月刊 A5判 532頁 本体4,400円+税 978-4-8178-4130-8

- 押さえておきたい税務的な留意点や問題点について、実際の相談を想定した91問のQ&Aで平易かつ網羅的に解説。
- 弁護士の視点に基づき①「なぜそうなのか」②「税法の文言」③「税法の趣旨」の３つを重視した内容で、考え方から理解できる。

商品番号：40536　略号：法税

実務に活かす！ 税務リーガルマインド
納税者勝訴事例から学ぶ税務対応へのヒントを中心に
効果的な税務調査の対応・国税不服審判所の活用まで

佐藤修二 編著
2016年11月刊 A5判 208頁 本体2,000円+税 978-4-8178-4360-9

- 税務専門家に向けて、リーガルマインドとは何かを分かりやすく解説。納税者勝訴事例をもとに、リーガルマインドがどのように展開され、勝訴につながったのかを解説するとともに、納税者側におけるリーガルな議論の構築の仕方・ケーススタディを紹介。国税不服審判所とその活用法も解説。

商品番号：40659　略号：税リ

渉外不動産取引に関する法律と税金
購入・賃貸借・売却・相続・登記・
所得税・法人税・相続税・租税条約

山北英仁・清水和友 著
2016年12月刊 A5判 504頁 本体4,300円+税 978-4-8178-4352-4

- 外国人・外国会社による日本の不動産の購入・賃貸借・売却から保有不動産所有者の相続発生に伴う諸手続を解説。
- 関連する法律知識や、契約、登記、税務に関する実務までを網羅。
- 多数の登記添付情報を収録した事例や参考となる書式例・契約書例も収録。

商品番号：40652　略号：渉税

第2版 事例解説 不動産をめぐる税金
不動産の取得／相続・贈与／保有・賃貸／譲渡

桑原秀年・關場修・庄司範秋 編著
2014年3月刊 A5判 508頁 本体4,600円+税 978-4-8178-4145-2

- 不動産取引の形態別に、関係する税の種類と概要を説明。
- 相続・贈与、賃貸及び譲渡等が行われる際の課税関係、特例適用の条件や留意点、計算例を具体的かつ豊富な事例を用いてわかりやすく解説。
- 元国税庁職員OBの税理士による、信頼のおける内容。

商品番号：40481　略号：不税

日本加除出版
〒171-8516　東京都豊島区南長崎３丁目16番６号
TEL（03）3953-5642　FAX（03）3953-2061（営業部）
http://www.kajo.co.jp/